KB230863

克念作聖

국역 方山李邦憲先生文集 上

勳老 徐正淇先生 儒教大全

卷30 文集

勳老 徐正淇先生 儒教大全

卷 30 文集

克念
作聖

국역

方山李邦憲先生文集 上

이방헌 저
서정기 역

한국학술정보[주]

方山 李邦憲先生 眞影

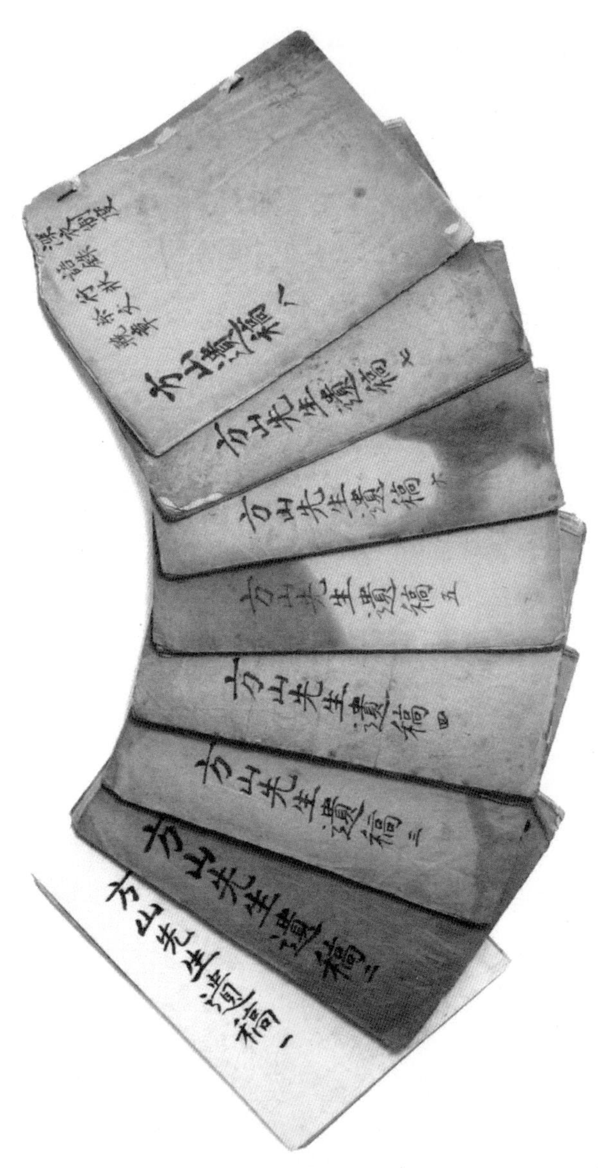

方山先生 遺稿 筆書本 寫眞

深衣制度説後小識

余素性謹拙讀朱子之書必信從之不暇而不敢生疑或有一二未安於心

者則必反覆参究以解吾心之惑而歸於朱子然後乃已蓋平生一無

背馳朱子之論得於大何矣今此深衣制度謹以家禮為準奈

以蔡楊二子之附註而前之也二子親開親見於朱子晚年衣制書也

實禮記玉藻及深衣篇之旨也自白雲朱氏以後至我東諸家之説

少有遺於家禮者乃[illegible]而不取辯論前輩固知其櫡論然其[illegible]朱

子制度則廢得其義足為深衣之正誤先生家奴従地中出未忍曰

先生之所服如是也余德薄而無位雖有著説孰肯信而従之歟姑

留之箧笥以為吾家子孫之通用云爾丙辰季春書于如岳齋

方山先生의 筆跡

方山先生遺稿卷之三

序

送別序

古語云悲莫悲於別離別離者人情之最不可堪處
也夫人之情少好合而惡離其相合也陶然而樂歡
欣而道杯酒傾心及其相離也悵然而悲介然而懷
解釗石贈此人事之所固有者而人情之所不能已也
雖以異趣者否一離人情猶然況志意相孚食
周旋者乎若夫群雁齊飛順風以度天寒月明隻
影中斷路分南北叫聲凄涼驕客悲人仰視義

方山先生 遺稿 原文 筆跡

方山先生 門中 墓洞碑

義以爲質　禮以行之
孫以出之　信以成之

爲祝方山先生文集出刊

檀紀四三四一年　小暑節　宋河璟書

前　成均館大學校　儒學大學長　宋河璟教授　祝書

방산(方山) 이방헌(李邦憲) 선생문집

서문

대저 사람이 경서(經書)를 읽는 뜻은 성인(聖人)을 배우고자 함이다. 그러나 독서(讀書)의 길은 쉽지 아니하여 어떤 사람은 과거(科擧)에 합격하거나 떨어지면 그만두고, 어떤 사람은 가난하여 굶주리면 그만두고, 어떤 사람은 늙고 병들면 그만두고, 어떤 사람은 시대가 어지러우면 그만두나니 이리하여 난세에는 글을 읽어서 성공한 학자를 찾아보기가 더욱 어렵게 되는 것이다.

방산(方山) 이방헌(李邦憲) 선생은 철종(哲宗) 8년 정사(丁巳, 서기 1857년)에 태어나서 67세까지 사는 동안 한번도 독서(讀書)를 그만둔 때가 없었으니 날마다 새벽부터 밤까지 쉬지 않고 글을 읽었으며 일찍이 과거에 대한 꿈을 버리고 성학(聖學)에 뜻을 세워 열심히 경서를 읽었고 가세가 기울어 매우 빈곤하였지만 굶주림을 인내하고 글을 읽었으며 나라가 망하고 세상이 바뀌어도 변함없이 늙도록 글을 읽어서 마침내 호서(湖西)의 학통을 이어 한 지방의 유종(儒宗)이 되어 온 세상이 크게 어지러울 때에 풍기를 붙들어 세웠다.

학자는 무엇 때문에 평생 경서(經書)를 읽는가? 사람의 고귀한 인간성을 기르기 위함이고 성인(聖人)의 밝은 마음을 간직하기 위함이다. 사람은 누구나 하늘로부터 인의예지신(仁義禮智信)의 다섯 가지 착한 본성을 받아서 태어났지만 이것을 기르지 않으면 마침내 이적(夷狄: 오랑캐)이나 금수(禽獸: 짐승)로 전락하게 될 뿐이다. 또한 사람은 누구나 본성(本性)과 감정(感情)을 스스로 통제하는 마음이 있는데 이 마음이 허령(虛靈)한 지각(知覺)을 갖추어 한결같이 도덕심을 간직하면 성인(聖人)의 마음과 똑같이 합한다. 그러나 만약 기질이 탁박(濁駁)하고 식견이 혼암(昏暗)한데도 글을 읽지 않고 방심(放心)하거나 동심(動心)하며 인간의 감각적 욕구만을 따르는 인욕심(人慾心)을 간직하면 범인(凡人)의 마음과 똑같이 되는 것이다.

만물의 영장인 사람으로 태어나서 고상한 선비나 군자가 되지 못하고 이적(夷狄)이나 금수(禽獸)처럼 산다면 어찌 부끄럽지 않으며 밝고 밝은 성인(聖人)의 마음을 간직하지 못하고 흐리멍덩한 범인(凡人)의 마음을 간직한다면 어찌 안타깝지 않으리오.

이리하여 학문에 뜻을 둔 사람은 젊어서부터 늙을 때까지 불철주야(不撤晝夜), 발문망식(發憤忘食) 성현의 글을 읽어서 착한 인간성을 기르고 도덕심을 간직함에 마치 하느님이 머리 위에 임하시고 신령한 귀신이 옆에 늘어서 있는 것처럼 하여 털끝만치도 인간의 착한 본성을 의심하지 않고 한순간도 도덕심을 떠나지 아니하여 마침내 한 몸으로 천리(天理)를 밝혀 태극(太極)을 세우고, 인간의 성리(性理)를 밝혀 인극(人極)을 세우며, 사회의 윤리(倫理)를 밝혀 황극(皇極)을 세워서 하늘땅의 성대한 조화(造化)에 참여하여 3재(三才)의 사명을 완수하는 데 이르는 것이다.

이것이 우리나라의 독서수신(讀書修身) 하는 학문 전통이니 포은(圃隱), 정암(靜菴), 퇴계(退溪), 율곡(栗谷), 사계(沙溪), 우암(尤庵), 수암(遂菴), 남당(南塘), 병계(屛溪)로 이어 내려왔던 것이다.

  그러나 제국주의의 식민지 쟁탈전으로 천하가 크게 어지러운 암흑시대로 변한 20세기 초에 많은 독서인(讀書人)이 시세에 영합하여 개화파(開化派)로 전향해서 친일파, 일진회와 더불어 경서(經書)를 버리고 신학(新學)을 취했으며 구학(舊學)을 꿋꿋이 지키던 수구파(守舊派)는 의병(義兵)을 일으켜 항일독립전쟁을 선포하고 장렬하게 항쟁하였으나 악독한 일본군의 총칼에 이 강산을 피로 물들였으니 전사한 사람이 17,779명이요 포로가 된 사람이 4만 명에 이르러 바야흐로 독서종자(讀書種子)가 멸절하는 위기에 봉착하였다.

  방산(方山) 선생은 이적금수(夷狄禽獸)들이 날뛰면서 요악스러운 독기를 뿜어 독서인을 멸종시키며 경서(經書)를 모두 폐기함을 목도하고 비분강개(悲憤慷慨)하여 홀로 나라가 멸망한 것을 결단코 인정하지 않고 권토중래(捲土重來), 와신상담(臥薪嘗膽)의 정신으로 호해(湖海)에 숨어 정부가 없는 유민(遺民)이 이 세상에 붙어사는 것을 구차하게 생각하여 사는 것도 아니요 죽은 것도 아닌 사람으로 자처하여 마침내 개골창에 쓰러져 죽을 운명임을 알면서도 끝내 독서인(讀書人)의 자세를 잃지 아니하여 의관(衣冠)을 바로하고 용모를 꾸며 위의(威威)를 갖추어 성현의 글을 읽고 가르치며 남당(南塘)과 병계(屛溪)의 학문 사상을 높이 받들고 송자(宋子)가 수암(遂菴)에게 전수한 '인통함원(忍痛含怨) 박부득이(迫不得已)'의 여덟 자를 제자에게 전하여 세상을 비웃고 방탕하지 못하게 하면서 시례(詩禮)의 가풍(家風)과 청고(淸苦)한 사절(士節)을 지켜 한 세대의 표준이 되니 그 청풍(淸風)과 아망(雅望)이 한 지방의 모범이 되었다.

  살피건대 을미사변(서기 1895년)에 의암(毅菴) 류인석(柳麟錫) 의병대장은 국모 시해(國母弑害)에 대한 원수를 갚기 위하여 8도에 의병을 일으키면서 국가의 변란에 대처하는 길은 세 가지뿐임을 밝혔으니 첫째는 거의소청(擧義掃淸)으로 의병을 일으켜 싸워 왜적을 소탕하는 것이요 둘째는 부해거수(浮海去守)로 세상을 피하여 숨거나 망명하여 민족의 문화전통을 끝까지 지키는 것이며 셋째는 자정치명(自靖致命)으로 자기의 지조를 깨끗이 하여 죽는 것이라고 하였다. 또한 경술국치(서기 1910년)에 매천(梅泉) 황현(黃玹)은 나라가 망함에 인간으로 글을 읽은 사람이 되기가 어렵다(難作人間識字人)는 절명시(絶命詩)를 남기고 죽었다.

그리하여 나라가 망해 가는 15년 동안에 의병을 일으킨 사람이 연 30만에 이르러 전사한 사람이 17,779명이 넘고 포로가 된 사람이 4만 명에 이르렀으며 벼슬을 버리고 초야의 산림(山林)에 숨거나 망명한 사람은 그 수를 헤아릴 수 없으며 을사5늑약(서기 1905년)과 정미7늑약(서기 1907년) 시에 순절(殉節)한 열사(烈士)도 열 손가락을 헤아린다.

나는 이러한 시대에 민족의 맥박을 가장 장렬하게 뛰게 했던 민족영웅과 민족학자를 현창하여 민족의 위대한 전통을 계승발전하기로 결심하고 석정(石井) 김동식(金東植) 장군과 방산(方山) 이방헌(李邦憲) 선생의 행적에 주목하였다.

석정(石井) 김동식(金東植) 장군은 정미7늑약으로 군대까지 해산당하자 그 아들과 제자를 데리고 안성에서 의병을 일으켜 지리산에 웅거하며 신출귀몰한 전략전술로 3년간 왜적을 토벌하다가 장렬하게 순국(殉國)하였으니 이것은 살신성인(殺身成仁)과 사생취의(舍生取義)의 화신으로 영원불후(永遠不朽)한 민족혼이기에 나는 이미 그 전기를 엮어서 『항일독립전쟁의 영웅 석정 김동식 장군』을 출간하여 널리 보급해서 민족영웅으로 높이 현창하고 또 창의(倡義) 100주년 기념 『민족정기선양시집』을 발간하였다.

방산(方山) 이방헌(李邦憲) 선생은 나라가 망하고 독서인(讀書人)이 모두 살해당하는 암흑시대에 산림(山林)에 은둔(隱遯)하여 명리

(名利)와 빈부(貧富)와 생사(生死)를 초월하고 비폭력·비타협적 저항
정신으로 가슴속에 칼을 갈고 삼천리를 빼앗아 간 저 왜적을 노려보
며 바위 구름이 쓸쓸한 곳에서 움막이나 통나무집을 짓고 풀뿌리와
나무껍질을 먹으며 개울물을 마시는 망국민족(亡國民族)을 뜨거운
마음으로 동정하면서 오로지 국권이 회복될 날만을 학수고대(鶴首苦
待)하다가 가슴속에 뭉쳐진 원한이 가끔 화산처럼 폭발하면 슬픈 노
래를 부르며 민족의 불행을 통곡하면서도 끝까지 성인(聖人)의 옷을
입고, 성인의 글을 읽고, 성인의 도덕을 지켰으니 이것도 또한 수사
선도(守死善道)와 국무도(國無道)에 지사불변(至死不變)하니 강재교
(强哉矯)여의 강인한 정신으로 자손만대의 귀감이기에 나는 『방산
이방헌선생문집』을 번역하여 출간해서 민족학자로 크게 현창하는 바
이다.

방산(方山) 선생은 일본이 극악무도하게 날뛰며 우리 민족을 포악
하게 학살하던 시대를 살다가 서기 1923년에 졸하니 그 문인이 서
기 1925년에 『방산선생유고(方山先生遺稿)』 16권을 편집하였으나
왜적 치하라 발간하지 못하였고 고대하던 을유해방이 되었어도 6.25
동란이 겹쳐서 출간하지 못하였는데 20년 전 성균관대학교 동양철학
과 동문인 이재영(전 성균관 총무처장) 동지가 이 책의 번역을 부탁
하였다. 당시 나는 군사독재시절에 많은 지식인들이 곡학아세(曲學
阿世)하여 식민지시대 황도유학자(皇道儒學者)의 탈을 벗지 못하는
작태를 탄식하고 이 책을 번역하여 민족 학문으로 들어가는 안내서
로 삼으려고 하였다 이제 함평 이씨 방산 문중의 합의로 문집을 간
행하니 오늘날 독서계의 추세를 고려하여 먼저 국역본을 上·中으로
편집하고 원문본을 下에 편집하여 읽고 연구하기 편하게 하였다.

대체로 어지러운 세상의 노래는 음란하고 산만하며, 멸망한 나라
의 노래는 슬프고 나약한 것이다. 그러나 방산 선생은 나라가 없는

하늘과 땅을 더욱 신성한 우주의 하늘과 땅으로 인식하고, 정부가 없는 친척과 민중을 더욱 정다운 하늘의 친척과 민중으로 생각하여 강의(剛毅)한 정신으로 자애(慈愛)롭게 사는 길을 노래하였으니 그 시(詩)는 묘경(妙境)에 들어가서 학자의 골격과 군자의 풍신(風神)이 깃들어 있고, 그 글은 도경(道境)에 들어 천리(天理)와 인욕(人慾)을 엄격하게 분별하여 선(善)의 본체와 악(惡)의 실체를 뚜렷이 밝혔으며 그 행실은 인간으로써 성인(聖人)을 호위하여 이적((夷狄), 금수(禽獸)를 멀리 배척하였으니 동방예의지국(東方禮義之國)의 별천지(別天地)를 전하는 기쁜 소식으로 가득하노라.

단기 4341년 8월 15일
동양문화연구소 소장 서정기

〈上〉

‖ 방산 선생 문집 제1권 ‖
/ 45 /

시(詩)
- 45-

‖ 방산선생문집 제2권 ‖

/ 115 /

시(詩)

- 115-

‖ 방산선생문집 제3권 ‖
/ 165 /

서(序)
- 165-

‖ 방산선생문집 제4권 ‖
/ 232 /

기(記)
- 232-

|| 방산선생문집 제5권 ||

/ 280 /

논(論)·문(文)·잠(箴)·명(銘)·표(表)·찬(贊)·책(策)

소(疏)·의(議)·발(跋)·변(辯)·묘지(墓誌)
- 330-

행장(行狀) · 제문(祭文)
- 344-

‖ 방산선생문집 제8권 ‖
/396/

설(說)
-396-

〈中〉

‖ 방산선생문집 제9권 ‖
/ 53 /

서(書)
- 53-

‖ 방산선생문집 제10권 ‖
/ 107 /

서(書)
- 107 -

‖ 방산선생문집 제11권 ‖

/ 151 /

서(書)

-151-

잡저(雜著)·잡지(雜誌)
- 187-

|| 방산선생문집 제13권 ||
/ 267 /

잡저(雜著)

- 267-

‖ 방산선생문집 제14권 ‖
/ 318 /

잡저(雜著)
- 318-

‖ 방산선생문집 제15권 ‖
/ 364 /

잡저(雜著)
- 364-

‖ 방산선생문집 제16권 ‖
/ 429 /

부록(附錄)
- 429-

일러두기

1. 필서한 원본의 종이는 매우 조잡한 옥수수대로 만든 모조지였다. 이에 세월의 연륜을 이기지 못하고 부식되어 1권의 앞은 이미 탈락이 있어 채우지 못하고 빈칸으로 두었다.

2. 1권과 2권은 시인데 5언절구와 5언율시, 그리고 7언절구가 흩어져 산재하였기에 금번에 편차를 바로잡아 5절(五絶), 5율(五律), 7절(七絶), 7율(七律)의 순으로 정리하여 편집하였다.

3. 5권의 율리정사상량문은 문자의 의미가 중요하므로 문장의 끝에 놓인 것을 자경문 다음으로 옮겼다.

4. 국역함에 있어서 제목을 현대말로 바꾸지 않은 것은 원문본의 제목과 같게 하여 찾아보기 쉽게 함이다.

5. 국역함에 있어서 고유명사와 철학적 용어는 한자로 써서 개념 파악을 쉽게 하였으며 또한 유학연구의 중요한 과제에 대한 식견을 넓히고자 하였다.

6. 영탑강의(靈塔講義)는 옛날의 강회(講會)의 진면목을 엿볼 수 있는 귀중한 내용이므로 국역본에서는 칸을 띄워서 편집하여 읽기 쉽게 하였다.

7. 방산 선생의 행장(行狀)은 16권 부록에 있으니 차봉대가 엮은
   내용이 대단히 자상하므로 먼저 읽어서 방산 선생이 간직한 풍
   채와 지조를 추상하기 바란다.

8. 번역문을 원문의 사이사이에 넣을까 생각하였으나 번잡함을 피
   하여 따로 엮었으며 원문본과 번역문의 편집순은 응당 원문본
   을 앞으로 하고 번역문을 뒤에 놓아야 하지만 현재 우리나라
   독서 경향을 살필 때에 부득이 국역본을 앞에 놓아 上과 中으
   로 하고 원문본을 뒤에 놓아 下로 편집하였으니 독자의 편의를
   위한 것이다.

9. 같은 제목으로 여러 편이 이어 있는 글은 학자들의 인용에 편
   의를 주기 위하여 제목에 번호를 넣어 구별토록 하였다.

방산선생문집 제1권

시(詩)

지곡도중에서(芝谷道中) (五絶)
푸른 물결은 넓은 들판에서 반짝이고
지는 햇볕은 온 산에서 나오도다
시험 삼아 묻노니 그윽한 임이 어디에 사는고
밭가는 농부가 손가락 한마디 가르치네

면성도중에서(沔城道中)
문을 나섬에 뜻에 맞는 것이 없고
눈을 들면 얼을 빼는 것만 있도다
사귀어 노는 재미 이로부터 식으니
좋은 벗은 책 속에 있는 사람일세

<과유교견산정로송(過柳郊見山頂老松)……,　　　망처기일(亡妻忌日),
과팔봉산(過八峯山), 제석(除夕) 등 缺落>

서시제생(書示諸生)

매달린 절벽에서 모름지기 손을 놓고
바릿대를 들고 문을 맴돌지 말라
이것은 비록 佛家의 말이지만
깊은 경계가 여러분에게도 있도다

문매화(問梅花)

風儀는 어찌나 맑고 깨끗하여
世間人 같지 않아라
姑射山 神仙宅에
몸을 나타내지 아니함 없네

매화답(梅花答)

玉京이 오직 故國이러니
淪落하여 한 초가집에 있으려니
우연히 詩人을 따라와
나그네가 되어 江南에 살도다

문(問1)

어찌 고생스럽게 먼저 봄을 맞이하고
高孤하게 世俗과 함께하지 아니하며
萬山의 風雪 속에서
누구와 서로 의지하리

답(答)

世俗과 다르니 곧 奇品이거늘
지난번에 지름길에서 헤어져

가련하게도 桃李와 짝하여
날아 떨어져서 봄꽃이 되었다네

문(問2)

오래된 나무 그루터기 사람이 사랑하지 않고
하얀 꽃떨기 또한 안타까워라
오늘날 모든 게 격이 새롭거늘
가지마다 여러 가지 꽃 색깔 있다네

답(答)

쓰든 버리든 내가 어찌 상관하리
세상 사람에게 한번 맡겨버렸는걸
만약 具眼者가 본다면
나의 참뜻 알아주리라

문(問3)

金箔으로 장식한 따뜻한 장막 속
그대를 위하여 골라서 친하며
가고 오는 사람들
나처럼 가난함 없는 것 알리리

답(答)

그대의 淸苦한 절개 사모하여
반간 초가집 서로 지키리
千門의 큰집에 惡臭가 많으니
마침내 더불어 淡香도 드물다네

문(問 4)

幽閑한 그대 모습 사랑스럽고
淸潔한 그대 모양 사랑스럽네
숲 속에 바람 질투할까 두렵거늘
아담한 얼굴 누구를 위하여 다듬는가

답(答)

貞節은 마침내 헐뜯기 어렵나니
꽃다운 자태 굳게 스스로 지킨다네
피고 지는 것 오로지 깨끗한 땅
번영도 시들어짐도 모두 天時 따르도다

문(問 5)

집안에 머물러 짝이 되니
예전에 늙은 마누라 생각나네
있다가 없으면 문득 그립거니
꽃 앞에 술잔 들고 시를 지을까

답(答)

찬 꽃술 모두 생각 머금고
暗香에 곧 넋이 돌아오는 것
살아서는 끝없이 원망만 하더니
이제 시들어 黃昏 길에 서 있네

개심사효기(開心寺曉起)

염불 소리에 여러 나무 깊어가고
경쇳소리에 새벽 별이 밝도다

동쪽 하늘이 물처럼 맑으니
먼 나그네 힘없이 깨도다

원평석상문세로요요(元坪席上聞世路擾擾)

시끄러운 세상일 내 귀를 따갑게 해
潁川 물가에서 씻고 싶어라
집에 들어 幽寂함 사랑하며
讀書人들과 함께 살리라

자탄(自歎)

기걸찬 젊은 날의 뜻
이렇게 늙을 줄 그 누가 알았으리
저절로 한이 맺히거니
百事가 다만 이와 같도다

별서정(別西亭)

나를 아는 것은 샘물 흐르는 소리
마음에 드는 것은 국화꽃 피는 것
옛사람 다 보낸 뒤에
수풀 속이 詩人의 집이라네

매하독작(梅下獨酌)

눈 속에 生理도 깨끗하니
梅花 아래 꿈길도 맑아라
만사 올해 넉넉하니
한 잔 술로 아담한 마음 붙이도다

원평추야독숙(元坪秋夜獨宿) 〈五律〉

집 남쪽 가을 나뭇잎 아래
날이 새도록 잠 못 이루네
병든 가운데 가을벌레 나오고
근심 끝에 겨울 기러기 날도다
벽에 걸린 등불만 홀로 비추는 밤
숲 속에 비가 어둡게 닫아버린 때
한평생의 일을 차례로 셈하니
신음 소리가 저절로 나오도다

옥병계상송오해사(玉屏溪上送吳海史)

절길이 멀어 일찍 나서서
지팡이를 따라 돌고 돌았더니
서늘한 해는 산에 기대며 넘어가고
작은 시내는 좁은 길에 맑도다
단풍은 추어지면 혼자 속삭이려니와
돌멩이야 늙은들 무슨 정이 있으리
차마 그대 떠나는 것을 바라볼 수 없는 건
온 들에 가을 빛깔 널림이어라

산사한음(山寺閒吟)

올해에 가장 안타까웠던 일
한번 병들어 석 달 봄을 보냄일세
꽃잎 아래 어찌 술이 없으리
산중이라 사람을 보지 못하도다
어두컴컴한데 꾀꼬리가 비에 젖고
쓸쓸하여 푸른 버들을 이웃하네

벗을 노래한 글월을 기쁘게 대하니
절에 달빛도 새로워라

시유진태(示俞鎭台)

몸가짐은 처녀처럼 조심조심
세속에 굽히지 않음은 다듬은 선비같이
방을 흔들어도 오히려 잠이 온다면
함을 사도 구슬이 돌아오지 않으리
겉으로 화려한 것 부질없이 뜻만 빼앗기니
공경경자를 차고 부적을 삼아라
그렇게 한 다음에 큰 그릇 되면
이것 참으로 대장부일거야

서증김원기비치기대인락성여관
(書贈金元起俾致其大人洛城旅舘)

좋은 절에 다시 와서 모이니
아득히 지난일 생각나네
지팡이 짚고 걷던 소나무 산길이요
시 짓고 술 마시던 탑 아래 자리일세
헤어져서 세월을 보내노니
쌓인 구름 노을만 바라볼 뿐
어진 임의 글만 손에 펼치나니
이 마음을 전해 주소서

제우내방인여점운(諸友來訪因與拈韻)

산에 들어 숨는 버릇 생기니
소나무 아래 외로운 마을 있도다

역사를 노래함에 감회도 많은데
그리운 임에게 감히 말 못하네
봄이 오니 기러기 소리 느리고
연못이 맑으니 해오라기가 자주 날도다
높은 선비들이 마침 나를 찾으니
너무 기뻐서 함께 술 한잔 하세

여호석매하정좌대화(與皓石梅下鼎坐對話)

흐르는 세월에 백발만 남았는데
평소의 큰 뜻은 젊어서 저버렸도다
일만 골짜기에 새벽 눈이 내리는 때
등불 하나 켜놓고 세 늙은이 앉았네
시구를 말함에 병든 몸만 탓하고
술을 생각함에 다시 가난을 탄식하도다
시든 국화꽃만 마주 보고 앉았거니
그 모양이 참으로 정겨워라

여호석방매곡부시(與皓石訪梅谷賦詩)

협곡 속에 사립문을 가리고
추위가 무서워 이불 덮고 누웠도다
벗님이 와서 나를 깨우니
윗마을 문으로 가서 마음을 논하도다
슬픈 곡조는 흰 눈을 노래하고
씩씩한 선비는 황금이 없다네
난능땅에 좋은 술도 많거늘
어떻게 빌려서 함께 마실까

모과방호(暮過方湖)

어둠 속으로 풀나무 숨어
저 멀리 구름 노을 쌓였도다
한가로이 지는 해를 근심하다가
발걸음마다 남은 세월 아까워하네
늙은이의 흥취는 바다처럼 넓거니
신나서 놀면 하늘에 오르는 신선이라
여러분이 함께 내 짝이 돼주면
바람 달이 시원하여 끝이 없겠네……

망일사(望日寺)

해를 보니 산도 높거늘
노는 사람이 몇이나 올라올까
외로운 암자는 경쇠처럼 매달리고
첩첩이 쌓인 돌은 누대가 되었도다
산줄기가 뻗어 얼크러진 땅이 적고
바다는 커서 하늘 끝에 열리네
마음먹고 좋은 벗 모였으니
팔뚝을 잡고 또한 술잔을 물세

탄로(嘆老)

손자 아이를 안고서 말하거니
늙은 내가 너처럼 어리석고나
아프고 괴로워 어버이를 부르다가
앉고 누움에 체통을 잃었도다
밥을 먹임에 집안 형편 가리지 않고
옷을 말아 철철이 입혔도다

오직 어려운건 부지런히 배움이니
다리가 약해 걸음 도리어 더디었네

송서정(送西亭)

그대 보내는 무한한 생각
저녁 경치에 배나 마음 아파라
눈물을 흘림은 참으로 兒女子요
정분을 잊으면 어찌 벗이라 하리
강물과 나무 아련한 곳
바위 구름 쓸쓸한 옆
보내며 일러주는 말
두 곳에서 그 몸 보존하자세라

매하독작(梅下獨酌)

清虛하게 骨格 이루고
높이 精神 단련 하였네
어스름 저녁에 눈인가 속았거니
때 아니게 봄을 남겨 두었도다
平生에 俗物 없거니
온종일 詩人을 대하도다
파발 말이 번거롭게 전한 소식
어찌 반드시 은하수를 물으리

독좌대매화(獨坐對梅花)

밤이 깊으니 등불도 깜박깜박
책을 덮고 寒梅를 보도다
그윽한 경지 말할 데 없거니

눈 속에 외기러기 오도다
초가집 양지쪽 향해 열고
이른 봄 스스로 매화 피도다
俗人은 風韻이 적거니
雪月에 찾아오지 않네

증별(贈別)

이별하면 금방 괴롭거늘
이제 또한 초가을이라
산에 해는 비끼어 비치고
대나무 노을 울며 흐르지 못하네
風光에 멀리 놀러 가고픈 생각이 나는데
詩客이 맑은 놀이 저버리네
다음 모임 어느 곳인 줄 알리오
호수에 달만 바야흐로 아득하도다

서시아조(書示兒曹)

집에 전해온 천 권의 책
子孫이 읽기에 족하고
孝悌를 실천하여 어버이 친하며
文章은 어여쁘게 빛이 나야지
後世에 부지런히 사람이 되면
先靈이 웃으며 福을 주리니
너희들이 또한 이와 같이 하면
마음속에 능히 부끄러움 없으리라

유감(有感)

사람은 모두 하는 일 있는데
나만 홀로 하는 바 없도다
남의 富貴를 부러워 않지만
내 모양 스스로 부끄러워라
사람을 붙들고 날 보라 하니
얻은 것은 히히 웃음뿐
나이는 쉰하나가 되었는데
책을 안고 누구와 기약하리

부득맥숙음(賦得麥熟吟) (五言古詩)

언덕 밭에 보리 익은 것 직접 보니
가난한 초가집에 굶는 것 면했네
푸른 이삭을 일찍 베어내니
한 끼니 먹는데 거의 반 이랑이로세
깨진 솥에 찌고 볶아
그릇에 누룽지는 한쪽에 붙였다가
들에서 밭가는 일꾼 들점심을 먹일 제
부드럽고 조촐한 것 아들 손에 움켜주네
상추는 지난 밤비에 자랐고
소나무 처마에는 종일 연기 나네
집집마다 형편 생각하여 보니
어려운 살림살이 불쌍도 해라
어떻게 벼농사를 잘 지어
배를 두드리며 해마다 즐길 수 없을까

효회옹보살만회문(效晦翁菩薩蠻回文) (詞)

저녁연기 아련히 이어진 다리 끝 길
길 끝 다리에 이어진 아련한 연기 저무네
꽃잎이 떨어져 바람 따라 나부끼고
나부끼는 바람에 떨어진 꽃잎 휘날리도다
나그네가 돌아가니 자리 뜰 것 다투고
자리가 파하니 나그네가 돌아가기를 다투도다
깨고 취하는 것 옛사람의 정분이요
정든 사람이라 함께 취하고 깨도다

우(又)

늦은 산에 푸른 시냇가 맑고 얕게 돌고
얕고 맑은 시냇가 파랗게 산을 돌아 저물도다
깨끗한 곳에는 한가로운 사람 보거니
사람이 한가로워야 세상의 진실을 보도다
늙은 나이에 오직 배움이 좋거니
배우기를 좋아하며 오직 나이가 늙도다
긴 날에 한 병 술이 향기로우니
향기로운 술에 하루가 길도다

서강월(西江月)

대자리에 가을바람 절로 일거니
연밥 송이에 하얀 이슬을 어찌 묶을까
이 몸이 물질 밖에서 사니 마음 편코
홀로 앉아 초연히 숲 속에 머물도다
나무꾼의 어리석음이 촌스러움 때문이라고 말하지 마소
섬이 척박하고 들이 추운 줄 그 누가 알리

향기로운 책상에는 오직 옛날 책이 닳았거늘
즐거운 이곳 임금 자리와도 안 바꾸리

억진아(憶秦娥)

노랫소리 흐느낌이여
미인이 멀리서 장안 땅의 달을 바라보네
장안의 달이여
어느 집에서 저녁 피리를 부는가
한 소리에 이별을 재촉하도다
국화는 부질없이 9월 9일 흘러 보내니
가을 석 달이 소식 끊긴 채 다 갔네
소식이 끊겼네
찬 연기 저녁 나무에 걸린 한나라 궁궐이여

염노교황화사(念奴嬌黃花詞)

봄꽃은 꿈과 같아라
東園을 보소 모든 꽃잎들
휘날리는 바람에 희끗 붉긋 떨어지네
가을바람에 홀로 서 있는 국화여
정말로 사물 밖에서 꿋꿋하게 서 있는
아름다운 자태 흩뜨리지 않으니
선명케 아름답도다
누구일까 기러기와 이슬을 짝하는 이
맑은 행실 높은 지조
봄비에 핀 복숭아꽃이나 눈 속에 핀 매화에게 떨어지리오
스스로 가을밭에 참향기로세
담담하게 한가로이 시를 외고 술을 마시니

바로 重陽節이라 날씨도 좋을시고
뜰에 가득히 핀 국화
서리가 내리는 밤의 외로운 달과 다투도다
귤껍질처럼 늙은 사람도 정신이 굳고
구리쇠같이 튼튼해도 게으른 사람 있다네
本色은 언제나 감출 수 없는 것
말라 시들어 땅에 떨어진 국화라도
썩은 선비들이여! 와서 꺾지 마소

만강홍하민산청장장중로연(滿江紅賀閔山淸丈丈重牢筵)

검은 머리에 붉은 얼굴이여
두 老人의 성대한 잔치 신기하여라
이에 長庚星의 祥瑞로운 光彩 내렸고
婺女星이 비쳤도다
南極의 밝은 빛이 집에 가득히 드리우고
화려한 세월은 해마다 더하여 오래 사소서
학이 남쪽으로 날아가니 한 굽이 지날 때마다 다시 맑아지리
복숭아꽃 피는 철에 좋은 잔치 하니
아름다운 비파를 울리도다
장차 가서 일을 해주고 이야기를 거들어야지
옛날 베옷에 술병 들고 휘장 머리에 연기 맺히도록
검은 우산에 타관 벼슬살이의 속된 꿈 깨고
烏羊野禮를 오늘 아침 베풀어
어진 아들, 어진 며느리, 어진 손자의 대접 받으니
내 마음 즐거워라

우호사근(又好事近)

봄날 술자리에 벗들이 찾아오는데
二月 東風은 맑고도 그윽해라
손에는 가득히 아름다운 玉을 받고
頌壽하는 詩文을 이어 보도다
호수와 산의 맑은 기운 가득하고
동산 위의 정자는 꽃나무에 묻혔으니
바로 神仙의 놀이로세
방울과 생황을 연주하는 화려한 집이여

우수조가두(又水調歌頭)

문채 나는 솜씨는 오색구름처럼 찬란하고
큰 걸음은 洛陽城을 드나드네
어쩌다가 늙어버린 반세상
小科에 늦게야 합격하여
烏紗帽 쓰고 머리 숙이며 여러 官署를 왔다 갔다 하였고
검은 官印을 찬 끈 옆으로 휘날리며
여러 산골을 돌았도다
한번 웃고 보니 돌아가는 발걸음도 가벼워라
이렇게 靑春이 늙었으니
좋은 모양은 서울을 떠나서
고향에 파묻혀 농사를 짓는 것이네
백로가 노는 호수도 고요하고
나이를 먹으면 오로지 바람 달 그리니
곳에 따라 깊은 정취 즐거워라
다섯 수레의 책을 밤새워 읽고
한 말의 술로 종일 시를 짓도다

부질없는 榮華로 이 기쁨 바꿀쏘냐
집안의 정겨운 이야기 들으며
뜻과 일은 子孫에게 맡기도다

수조가두하김척형창연실내홍숙인쉬연
(水調歌頭賀金戚兄蒼淵室內洪淑人晬筵)

壽命과 福祿을 어찌 찾는다고 얻으리
貞靜한 성품 스스로 타고났도다
청컨대 婦道를 다 갖춘 저 모습 보소
오래오래 사는 길 닦아 놓았네
이 밤이 어느 밤인지 알 수 없지만
머리 검은 두 神仙 마주 앉았네
琴瑟은 상 옆에서 울리고
술자리를 베풀어 親戚이 모였으니
공경하고 칭송하는 말 모두 한소리오
아름다운 자리 만들어 和氣가 넘치니
발이 흔들려 펄렁펄렁
老人星의 光彩가 문으로 들어오니
長久한 壽命 끝없으리
작은 수레에 백년을 함께 살고
물오리가 물을 만나듯 一家가 함께 기뻐하도다
君子는 깊은 情趣를 좋아하나니
孝子가 색동옷 입고 춤추도다
해마다 성대한 잔치 더 하소서

자고천홍엽사(鷓鴣天紅葉詞)

어젯밤 찬 서리에 일만 나무 떨더니

분홍 실을 아름답게 일천 문에 걸었네
美人이 거울 앞에 앉아 부끄러워하는 모습이요
烈士가 悲憤하여 피를 토하는 흔적이로다
노란 국화 언덕에 붉은 수유 동산
風光도 좋은 철에 만물 같이 논하세
동그란 가을 달은 시구의 제목이요
한 조각 석양빛은 술잔에 떨어지도다

완계사하신참봉회갑생조(浣溪沙賀申參奉回甲生朝)

한겨울 冬至에 날씨 따뜻하여 매화꽃 피네
어느 곳에 때 아닌 봄이 왔나봐
德이 있는 집안에는 가을에도 꽃이 만발하도다
예순한 해 回甲을 맞이하니
높은 자리에 萬年의 술잔을 다투어 올리네
남쪽으로 나는 신선이 타는 鶴 타고 함께 놀게나

호사근(好事近)

烏紗帽 쓰고 높은 누대에 기대니
눈에 가득 찬 끝없는 바람 달
맑고 파리한 顔色도 사랑스럽거늘
아름다운 몸가짐에 웃음 띠었네
西湖에 한 조각 대나무 숲이 푸른데
깊은 정취 다함이 있으리오
때로 가슴속의 기걸찬 기운을 토하면
아름다운 무지개가 아롱거리도다

서강월송서정(西江月送西亭)

골목마다 노랑 국화 이슬에 젖고

온 산에 붉은 단풍 바람에 나부끼네

철에 나온 물건을 보니 詩想이 일거늘

하물며 人生을 이별하는 恨을 어찌 하리오

외로운 학이 되어 계수나무 언덕에 한가로이 머물지라도

기러기처럼 철새가 되어 江村에서 무엇 하리

서로 권하며 마셔도 술병이 가득 차 있으니

이별가를 부르며 다시 권하오

우남가자(又南歌子)

이 몸이 宇宙에 붙어사니

가을 달, 봄바람에 웃고 찡그리네

예로부터 이별은 창자를 찢거늘

어쩌다가 깊어진 友情 늙도록 새로운가

어지러운 세상은 수레바퀴처럼 도는데

하루 종일 숲 속에 단풍이 머리에 떨어지네

이름 높은 손님은 푸른 산 어느 곳에서 사람을 그리워하는고.

눈으로 돌아가는 구름을 보내며 바닷가에 이르렀네

설조(雪朝) (七絶)

밤에 들건대 온 골짜기에 소나무 바람 치더니

아침에 보니 뜰에 하얀 옥가루 쌓였네

나는 눈 춤추는 바람 초가집에 드니

긴 달밤에 어느덧 좋은 꽃 피었도다

과한양3결(過漢陽三関)

하룻밤에 東風이 서울에 퍼지거늘
성안에 꽃 버들 봄날을 희롱하네
노래하는 아가씨는 새봄을 노래하니
길가는 사람도 모두 같은 기분일네

높은 방에 홀로 기대 城門을 바라보니
종일토록 사람들이 오고 가는도다
장차 얻고 잃음으로 마음 상하지 마소
모든 일은 아득히 한 줌 티끌이라네

글 읽은 본래 뜻은 文王을 기다림인데
文王은 보이지 않고 구레나룻만 희었도다
우연히 술집을 지나다가 한잔 사서 마시니
푸르른 대궐의 숲에 夕陽이 비치네

입춘일(立春日)

陰이 가고 陽이 오면 경치가 새로워
天心을 볼 수 있는 사랑이 싹트네
내 몸의 이 원리 본래 두 가지 아니니
한 조각 마음에서 萬物이 살아나도다

정사제석(丁巳除夕)

지난번 丁巳年에 내가 태어났으니
예순한 해 돌아서 다시 맞이하였네
내일 아침이면 이미 올해가 아니
어떻게 하면 또다시 丁巳年을 볼까?

자탄(自歎)

만사는 모두 부지런히 고생하여야 이룩된다는
家訓을 생각하니 내 마음 서글퍼라
이렇게 늙어서는 힘을 쓸 수 없으니
게으름 한 글자가 나의 평생 그르쳤네

김승초(金升初)

그대는 서로 사랑하는 내 짝이 아닌가
항상 나를 깨우쳐 내가 탄복하였지
요즈음 사귐은 豪傑士에게 기울었다니
이제는 졸업하여 어디로 가려는지

박치명(朴致明)

멀리 따라와서 함께 숲 속에 머무니
그대 성품 靜肅하여 더욱 사랑하였네
이제부터는 愼重하여 오래 머뭇거리지 말라
오늘의 工夫는 뜻을 세우는 데 있도다

유기범(兪箕範)

그대는 어릴 적부터 나와 서로 친했지
타고난 아름다운 자태는 옥처럼 빛나도다
조그만 재주의 文章力을 어찌 말하리
나를 따르되 仁에 당하여 양보하지 말라

이무경(李武卿)

學業에 전공하여 산속에서 몇 달을 기약하니
나가서 장차 가축 기르고 나무 심어 무엇 하려나

서울의 꽃 버들 봄바람이 일거늘
마음과 일을 반드시 배우고 읽을 때 지키소

민현필(閔賢弼)

英才는 젊어서 배움에 방법 가릴 것 없나니
꾀꼬리 소리만 흉내 내고 배만 두들기지 말라
원컨대 誠敬에다가 마음을 두게나
노랗게 흘러 들어간 곳이 옥돌 술잔 된다네

민남규(閔南圭)

타고난 자상한 성질 가장 아끼며
세속에 젖은 버릇 고치려고 애썼지
나와 그대는 사귄 지 오래되어
그대에게 바라는 것 보통 아니었네

김성서(金聖書)

만나는 기쁨 헤어지는 슬픔 며칠 사인가
英才로서 朱子學을 배운 것 고마우이
썩은 나무 썩은 흙은 냄새나는 것 부끄럽고
봄바람은 저절로 좋은 꽃향기 있다네

김원기(金元起)

사람이 學業을 않고 다시 무엇 찾으리
얼굴도 잘생기고 재주 또한 뛰어났으니
萬事가 勤勉과 勞苦에서 얻어짐을 깨닫고
바라건대 뜻을 지켜 아이들과 놀지 말라

이연식(李淵植)

진중한 마음으로 노력하여 차례차례 배우고
인정도 두터운 그 맵시 아름다워라
어진 스승은 가르침을 게을리 아니함을 깨닫고
聖學을 밝히는 데 온갖 힘 다해야지

박명규(朴明圭)

글씨와 글월은 세상에서 아끼나니
오늘날 사람들 겉으로 화려함에 끌리도다
내가 알기로 좋은 일은 글 속에 있으니
권컨대 擊蒙要訣에 潛心 하게나

송김생2수(送金生二首)

함께 와서 먼저 가니 시간도 바쁘게 지나고
아련히 떠나가는 모습만 푸른 숲 사이로 보이네
山房에 혼자 남으니 문득 쓸쓸한데
내 인생 이별하다가 벌써 늙었구려

늙은이가 惜別을 아쉬워한들 무슨 소용 있을까
종일 마음만 급해 생각이 많도다
생각하니 그대와 送別한 것 한두 번이 아니거늘
旅館이 내 집과 다른 것 처음 알았도다

산사송영식(山寺送永植)

그대들을 다 보내고 쓸쓸히 돌아와
이제는 나도 또한 바위굴의 문으로 내려가야지
이로부터 젊은 나이에 노력들 하여라

산속의 날씨 벌써 가을빛이로다

류동암(留銅岩)

池塘에 봄물이 아주 맑으니
구름 빛의 비단 무늬 그림자도 고와라
그윽한 사람이 마주 앉아 돌아갈 줄 모르니
저절로 본디 마음이 솟아나도다

제석(除夕)

묵은해를 보내고 새해를 맞은 쓸쓸한 마음
외로운 등불만 깜박깜박 잠을 쫓도다
백년의 인생 물과 같이 반이 흘러갔으니
나이를 더하는 것이 아니라 남은 해를 빼 먹는 것일세

기부김도사서중문이헌구(寄付金都事書中問李獻九)

李君의 형제들도 태평하게 잘 있는지
요즈음은 무슨 책을 읽으려고 창문을 여는고
五柳先生 집 앞에 꽃길도 아름다운데
의젓하고 멋진 모습 눈앞에 어른거리도다

망군성구점(望君城口拈)

손바닥만 한 城邑에 집은 게딱지같은데
오고 가는 사람들은 사치스러워라
나그네는 참으로 조심할 것도 많으니
우리 집이 편한 것 이에 알겠네

계정민충정영환순절후혈죽가위천고정충야
(桂庭閔忠正泳煥殉節後血竹可謂千古精忠也)

丹忠碧血이 엉겨 대나무 되니
千古綱常이 이 대나무에 있도다
五百年 聖朝가 培養한 정신
이제 홀로 빼어난 桂庭竹일네

네 나무 아홉 가지 한데 푸르러
꼿꼿하게 서서 파란 하늘 찔렀네
맑은 바람 늘 일어 높은 기상
간신배 무리들 뼈에 사무칠 거야

當年에 華夷論 배우지 못한 恨
道德이 망하는 것 나라 망함과 비슷해라
公으로 하여금 일찍이 이 義理 알았더라면
이 대나무 응당 머리털 깎을 때 생겼을걸

기방천단종렬(奇朴靑丹琮烈)

杜鵑花가 다하여 술에 남은 향기
펄럭펄럭 술집 깃발 푸른 버들에 나부끼네
병이 깊은 山房에 흰머리 돌아보니
친구들 오지 않았는데 이미 해가 지도다

유기재치흥련정추화기선조판서공휴퇴시3수
(俞杞齋致興蓮亭追和其先祖判書公休退詩三首)

元堂을 이어받아 正堂에 머물다가
勇退하여 돌아와 고기를 낚도다

漁翁이 이로부터 休官의 이름이니
앞에는 尙書 두고 뒤에 秘書라

湖上의 이름난 정자 起居에 편하거니
연꽃을 헤치고 낚시 드려 앉아 고기보네
뺨을 비비고 입김을 부는 夕陽 속에
움직이는 그림 너울너울 벽에 가득한 책이어라

한 구역의 별장에서 그윽이 살거니
초연한 참맛 새와 고기 함께 하네
연못에 그림자도 굽은 난간 꽃나무 고요한데
角巾을 쓰고 홀로 古人의 글 읽도다

영사월야문두견회망아(靈寺月夜聞杜鵑懷亡兒)

두견새 울음소리 돌아가지 않으니
하소연 하는 怨恨 나를 슬프게 하도다
五峯山 아래 달 밝은 밤
불쌍한 너의 혼 어느 곳에 있느냐

김청우약제만8수(金淸愚若濟輓八首)

기상도 당당하여 일찍 짝이 없거니
섬 늙은이 家世에 함께 우뚝 하였네
雪月 같은 儀容에 水玉 같은 志操
이제는 어느 곳에 이런 사람 보리오

붉은 비단옷에 음식 노래 잔치
그날의 榮名 열 길이나 빛났도다

젱그렁 옥돌 차고 金門에 출입하며
임금님 은혜 갚으려고 홀로 뛰었도다

나라 운명 어지러워 날로 어렵거니
일찍이 名利 끊고 湖山에 물러왔네
집신 먼지 묻은 관 스스로 털고
鄕人과 노래하는 옛날 깨끗한 집

절에서 밤새도록 이야기 끝없었거니
지난해 재미있던 놀이 생각나도다
洪陽城 안의 술잔이 千古에 다시 나눌 수 없는 것일 줄
그 누가 짐작했으리

兩堂에 어버이 계시니 무슨 말로 弔慰하리
세 아들이 집을 이으니 그 뜻 받들리라
아득한 어느 곳이 황천길인가
英靈이 가는 길 더딤을 알겠네

붉은 깃발 하얀 상여 길에 너울너울
해를 보니 靑山에 저녁노을 띠었네
예로부터 상여꾼 노래 있었거니
어진 이나 어리석은 이나 한 길로 돌아간다네

그대가 푸른 산머리에 높이 누운 것 부럽거니
돌아보니 이 몸도 머물 땅이 없도다
뒤에 죽음 지리하여도 또한 소원 있나니
斯道가 千秋에 다시 일어나는 것을 보고지고

안타까워라 그대가 이번에 가면 언제 돌아오려나

흰머리 바람 맞아 홀로 서러워라
百里에 소리 부쳐 상여 메는 소리
오직 열 장의 시 있어 슬픔 달래도다

우중독좌대국(雨中獨坐對菊)

찬비가 連日 오는데 기러기 높이 날거니
山中에 가을 저물어 세월을 느끼도다
국화야 너도 나처럼 말랐거늘
오직 風霜 속에 무엇 할거나

심주사달직만3수(沈主事達稷挽三首)

青山이 예로부터 아주 無情하여
나의 벗 또 빼앗아 이 길을 가누나
湖海의 風流가 이제 寂寞하거늘
노랑꽃 붉은 잎 붉은 명정에 비치네

상여꾼 노랫소리 가장 마음 아프지만
賢愚가 다 같이 황천길로 간다네
黃墟山 아래 斜陽 길
울고 웃으며 먼저 간 사람 응당 만나리

가운데 집 뜻 즐겨 文官도 많더니
예순다섯 해도 아주 짧은 것을
이번에 가는 무덤을 어찌 차마 잊으리
상주들이 낮에 우니 다시 둘러보도다

추야(秋夜) (七律)

가슴에 사무친 가을 기분 이기지 못해
지팡이 짚고 혼자 노래하며 돌담길 걷도다
오동나무 머리에는 우뚝 그믐달이 걸리고
베적삼은 바스락 서리 소리를 알리도다
단풍은 물에 막혀 추워서 떠는데
기러기는 강을 건너 높이 울며 날도다
국화꽃이 빨리 떠나라고 알리거늘
집에 술 익고 선비들 모여 있다네

도중구점(道中口拈)

詩人은 본래 東風을 원망하니
늙은 사람 남은 봄에 쓸쓸도 해라
물개 뼈가 어찌 검게 늙은 피부 고치며
난새의 아교로 누가 떨어진 꽃잎 붙일까
산에 봄빛은 지팡이 끝에 퍼지고
바다 아지랑이는 아득히 발밑에 깔렸네
부탁하건대 東方에 찾을 사람 있나니
하늘이 우리로 하여금 강태공처럼 살게 하리

금치심주사생조치주장기여창연호석급제인영야부시
(金峙沈主事生朝置酒藏妓興倉淵皓石及諸人永夜賦詩)

팔월 강남에 기러기 나는 가을
찬바람이 솔솔 비구름을 걷어가네
늙은 사람 어디 간들 이런 모임 있으리오
세상에 없는 奇緣이 이 작은 집에 있도다
큰 배는 둥실둥실 붉은 노을 적시는데

歌舞하는 부채는 천천히 흰 눈을 날리도다
名姬들이 불쌍하여 괴로움을 노래하니
主人의 깨끗한 마음씨에 한가로운 걱정이로세

도호도중(桃湖道中)

실버들은 반짝반짝 꾀꼬리 소리에 늘어지고
옷깃은 펄럭펄럭 바람결에 나부끼네
옛사람은 보이지 않고 푸른 산만 있더니
옛 친구 다시 오니 흰머리 낫네
길가에 늙은 나무 마을 오래 되었는데
바다로 지는 해에 섬도 아름다워라
젊은 날의 큰 뜻을 한번 웃어버리고
외로운 지팡이로 봄을 보내는 마음

도송태옥가여제인공부(到宋泰玉家與諸人共賦)

벗도 있고 술도 있는 이 좋은 밤
湖南 右道지방 풍류 끊어지지 않았도다
蓮根으로 배를 띄우니 손님 오는가 의심하고
버들가지로 피리를 부니 가을 낙엽 재촉하네
그대 만나 웃으며 시를 읊는 늙은이
늙어가며 생각하는 것은 배불리 먹는 것
벌레들의 울음소리 무엇을 호소하나
사람으로 하여금 끝없는 감회에 잠기게 하네

정사원조자탄(丁巳元朝自歎)

내가 태어나 예순한 번 설을 쇠는데
나이만 많았지 장점이 별로 없네

근심 걱정에 싸여서 이 몸 늙거늘
지난 세월 꿈결처럼 바쁘게 흘렀도다
讀書는 이미 顔淵처럼 되기 글렀고
노래만 부질없이 草堂에서 일어난 것 사모하네
두 아들 다섯 손자가 오직 기쁨인데
섣달 그믐날 무사히 한 해 보내기만 생각하네

이도재쉬연(李道齋晬筵)

洞庭湖의 봄물이 하늘보다 푸르른데
둥실둥실 하얀 배가 완연히 눈앞에 있도다
돌아보니 우리 同甲 모두 白髮인데도
그대는 회갑에 청년처럼 검구만
본래 백 가지 복에 壽가 으뜸이니
三神山에 神仙 말고 또 다른 神仙일세
한 마리 학이 남으로 날며 옥피리를 울리니
滿堂에 嘉客이 질펀히 취하도다

역도박종렬가(歷到朴琮烈家)

숲 동산이 그윽하여 대나무도 고요한데
해는 새봄의 나무 끝에 걸렸도다
바다 갈매기로 하여금 이 자리 의심케 말라
마을에 개가 높은 冠 쓴 이에게 짖는 것 몇 번이나 볼까
눈이 녹으면 다시 산이 고요함을 보리나
누대가 헐어지니 멀리 들판이 훤하도다
다행히 여러분의 情이 따뜻하여 잊지 못하거니
모양새를 서로 잊고 담담하게 봐 주게

유제생(論諸生)

이 理致는 원래 現象과 本體가 틈이 없나니
마땅히 먼저 탄 바의 기틀을 살펴야지
萬物이 나에게 갖추어 있는 것을 반드시 認識하고
한 마음을 主張하여 이에 의지하라
행동을 단속해도 가끔 잊고 게으르니
道義를 배우고 밝혀 어기지 말라
청컨대 그대들은 本然處를 보게나
고기는 연못에서 놀고 솔개는 하늘에 나네

추일만음(秋日謾吟)

어금니가 울퉁불퉁하기를 누구와 기약할까
가을 추위가 지독하니 이미 알조로다
바람이 연못에 부니 夕陽 물결 반짝이고
산 그림자 집으로 드니, 맑고 시원하도다
집은 가난해도 아직 풍환의 칼이 있고
뜻이 굳어 장차 사조의 시를 읽으리라
詩人의 모임에 와서 술도 많으니
내 마음 어찌 할꼬 기러기 날도다

여매하호석로암야화(與梅下皓石老庵夜話)

烈士가 심경을 토론함에 술도 많거니
不平客이 되어 떠돌아 슬픈 노래만 부르네
늙어서 서로 만나니 탄식이 나오지만
국화도 시들어 가거늘 무슨 소용 있으리
마을은 나뭇잎 사이에 있어 고요한 밤이 없고
산골 물도 가을 추위에 맑은 물결 그쳤네

오늘밤의 모임을 바꾸자는 것은 아니지만
창밖에 쓸쓸히 기러기 떼 날아가네

한호귀로입최익량가창연이송급제우부시성성회2수 (閒湖歸路入崔翼亮家蒼淵二松及諸友賦詩成盛會二首)

오래도록 子徽와 앉아서 모두 잊는 것만 논하고
詹尹의 뜻을 펴고 숨기는 것을 찾지 않았네
다만 인연 따라 벗이 그리워 배를 탔고
다시 시를 노래하고 싶어 이 집에 왔도다
낙엽 진 가을 소리는 물방울 속으로 들고
엷은 구름 달빛 속에 기러기 유유히 날도다
여러분은 이미 風流를 익혔으니
술 나라 글 서울이 바로 고향이로세

늙은 버드나무 남쪽에 맑고 얕은 시냇물
작은 다리에 꾸부정한 노인도 작아라
가을을 생각하니 이미 옷깃 차갑고
詩境에 잠기어 헤어지는 섭섭함 모르도다
넓고 넓은 맑은 하늘 기러기 멀리 나는데
처량한 옛 성터에 한낮 닭이 울도다
그대 집에 심은 국화 그냥 두기 아깝지만
갈 길이 바쁘니 이리저리 헤매도다

동지야여창연호석상수(冬至夜與蒼淵皓石相酬)

운치 있는 선비가 서로 만나니 흥도 깊은데
호를 치고 노래하고, 총채 들고 이야기하여 조용하지 못하네
詩境은 넓은 누대에 사람 하얗게 모였는데

술 자국은 두 소매에 나그네 늙었도다
雪月은 온 山村에 하얗거늘
은하수는 나무에 걸리어 밤이 깊었도다
뗏목 타고 江湖로 갈 생각 하다가
베개를 베고 바깥바람에 소나무 소리를 듣도다

창연댁여강재공숙점운(蒼淵宅與剛齋共宿拈韻)

산 아래 소나무 그늘이 반쯤 문을 가리고
밤새도록 정다운 이야기 함께 듣도다
사귀는 友情은 물과 같아 볼수록 담담하고
人生은 구름처럼 흘러 쉬지 않네
밝은 달은 외로이 경치 따라 있고
늙은 매화는 오히려 봄기운에 시드네
우리들이 이 시대에 어디로 갈 건가
흰머리로 가난한 집에서 聖經을 읽으리

정월념5일배숙부여창연호석야집
(正月念五日陪叔父與蒼淵皓石夜集)

깊은 정취 한가로운 이야기로 등잔 심지 돋우고
구레나룻 희끗희끗 함께 웃으며 보도다
둘러앉은 형용은 沈約처럼 늙었고
산골에서 사는 형편 孟郊같이 가난하네
저녁연기 동네 나무 시골경치 어울리고
초가집에 소나무 대문 좁은 생각 편안해라
예순 살을 살아보니 도리어 서글픈데
느릿느릿 밝은 달은 윗난간으로 오르도다

김동려장연(金東藜長筵)

二月의 봄바람이 살랑살랑 불어오니
권컨대 그대는 회갑을 맞이하여
오래 산 것 치하하지 말고 늙은 것 안타까워하세
어찌하여 이런 세상에 나서 때를 잘못 만났는가
장막에 엉긴 불 그을음은 모두 우애 좋은 금슬이요
마당에 가득한 단아한 자태는 여러 손자들이로세
이제 또 다시 60년을 산다면
四海에 하늘 맑아 祥瑞로움 많으리

유흥렬신이가회음(柳興烈新移家會吟)

五鳳山 꼭대기에 달이 떠오르니
초가집이 깨끗하여 경치도 고와라
시냇물을 위아래로 서로 붙어사는데
百畝의 농사지으니 生計 넉넉하리라
섬돌이며 주춧돌이 엎드린 호랑이 같고
소나무 물결이 집을 둘러 고기 노는 것 같네
그대가 어진 마을에 집 지은 것 치하하고
세상 밖의 田園에도 즐거움이 많도다

제회쌍룡폭(齊會雙龍瀑)

보는 곳마다 風光이 나에게 새로운데
綠陰은 정말로 꽃잎 떨어질 때가 좋대나
신바람은 원래 放縱하는 것이 아니거늘
마음 알면 어찌 반드시 親疏를 따지리
구름도 浮生과 함께 세상에 붙었거니
버들은 어찌하여 늘어진 가지 춤추나

나무꾼이 풀피리 소리에 해 저문 길
끝없는 생각만 너울너울 만물 밖으로 퍼지도다

이시종서익장연(李侍從序翼長筵)

나는 그대를 보고 웃음 지을 뿐일세
어느덧 예순한 해가 흘러갔도다
글을 잘못 읽어 같이 나그네가 되었고
늙어서 마주 보니 둘 다 자기를 잊었도다
책을 들고 쓸모없이 가르쳐 세월만 보내니
뗏목을 타고 언제나 江湖에 놀까
산 앵두꽃 만발하고 난초도 어여쁜데
神仙이 탄 학이 남쪽으로 날며 쇠피리를 불도다

승석후구점(僧夕後口拈)

저녁을 마치고 숲 속을 거니노니
들어갈수록 오히려 意氣가 넘치도다
늙은 느티나무 덮은 골에 샘물 소리 졸졸
저녁 햇살이 비치는 산모롱이에 塔이 하나 높도다
부추를 입 안에 가득히 씹으니 맛이 깨끗하고
차를 끓이는 솥에서는 하얀 거품 일도다
원컨대 여러분과 함께 더불어 노세나
산 노을은 반쯤 숲을 덮었도다

봉화시산(奉和詩山)

아름다운 글월을 받들어 읽으니 기쁘고 놀라운데
지난날 생각하니 그리운 정을 이길 수 없도다
돌아가신 아버지께서 林下에 寓居하실 때

丈人께선 달밤에 찾아오셨지요
父母 잃은 남은 人生이야 모름지기 세상에 바칠지나
才能이 뛰어난 두 英才는 잘 키워야지요,
빈산을 왔다 갔다 하면서 바라본 지 오랜데
老湖에 가을 물이 마음에 들도다

〈부원운〉(附原韻)

20년래에 한 꿈을 깨노니
바위에 구름 숲 속에 달 아직도 정다워라
원래 신령한 경지는 사람에 의해 나타나니
오로지 文章은 道德을 싣고 간다네
듣건대 원추새와 난새만 다투어 모인다고 하니
불쌍한 돼지와 강아지가 배우지 못할까 두려워라
이제 백발이 되어 이리저리 회상하니
일만 나무에 매미 소리가 도리어 시원하도다

유연견남산득연자(悠然見南山得然字)

갑자기 정신이 맑았다가 다시 아득하거니
宇宙의 萬象이 모두 인연이로세
마음은 옛것을 좋아하는데 태어나기는 어찌 그리 늦었는고
사람이 期日을 어기면 일이 원만치 못하지
지는 해는 기울어지며 붉은 숲을 머금고
엷은 구름은 푸른 하늘에 무늬 붙였네
아이를 불러 한없이 술 치라고 해놓고
벌써 세상일 잊고 홀로 졸도다

도개심사사우이회혹유류기불래자3수
(到開心寺社友已會或有留期不來者三首)

늦어서 절에 들어 돌아가지 못하고 자거니
9월 9일 重陽節일세
그윽한 경치 좋은 철 가는 곳마다 좋거늘
浮生이 이런 모임 이제는 얼마 못 보리
늙은 중이 저녁에 돌아오니 塔에 구름 일고
모임에 참석한 사람은 가을 맞아 달이 옷깃에 가득하네
또다시 서로 생각하는 마음 남아 있어 저 멀리 기러기에
띄워 보내며
날면서 우는 기러기 소리 벗님 집을 지나도다.

四方에서 솟는 우물 길이 흐르는데,
萬象은 엉긴 듯한 방에 모였도다
단풍나무는 석양빛에 일천 가지 색깔 띠고
국화는 서리 맞아 7分의 향기로세
제비가 늦게 돌아오면 비바람을 근심하고
당나귀가 길을 떠나지 않으면 빈 마구간에서 먹나니
이제 내가 한가로운 것은 배워서 얻은 것 아니고
소년들처럼 風流를 좋아함이라네

저녁 종을 처음 치니 물시계가 뎅그렁
이 밤의 깊은 생각 누구와 함께 하리
절 대문은 낡아서 달빛도 차가운데
佛殿은 높아서 서늘한 바람 일도다
現實을 떠나는 것이 도리어 累가 되나니
몸과 세상 서로 잊으면 空인 것을

이로써 내 마음에 한 물건도 없나니
다시 그윽이 앉아 작은 등불 보도다

전왕보덕사계벽정2수(轉往報德寺憩碧亭二首)

山 모임에 헤어지고 와서 떠나는 노래에 和答하노니
그윽한 흥취는 늘 그윽한 경치에 많은데
붉은 비단 같은 햇빛에 단풍 숲길 열리고
黃金 같은 바위는 물결 위에 떴도다
이곳은 술이 없어도 구경할 만하거니
놀러 다니는 사람이 시 읊기 좋도다
앉으면 일어나 가는 것 잊고 서면 걸음 걷는 것 잊거늘
九秋의 風物을 어찌하리

흰 구름 붉은 숲이 일만 봉우리에 깊었는데
하룻밤을 호젓하게 산속에서 자도다
돈과 곡식을 모르는 이 몸을 누가 알까
玉燈에 고요한 밤을 홀로 찾도다
천천히 치는 종소리는 푸른 산을 흔드는데
겨울 철새는 밤하늘에서 홀로 울도다
오로지 스님 한 분 있어 이야기 나누거늘
정신을 차리는 것이야 마음 간직하였는지 물어보면 족하네

회암동서원유허(晦庵洞書院遺墟)

두견새 울음소리에 끝 봄이 가는데
회암동 옛터에서 나그네가 쉬도다
지금은 그때 그 모습 터만 남았거니
墓도 없지만 눈앞에 나타나도다

우거진 녹음에 날씨도 맑거늘
떨어진 꽃향기 한껏 스며들도다
옛날에 鄕飮酒禮 하던 모습 아른거리는데
홀로 바위에 흐르는 물 아직도 맑아라

봉명도중(鳳鳴道中)

약속대로 따라가니 제대로 길 찾아
夕陽은 몇 곳에서 나그네 옷을 비치나
悲憤한 感慨는 좋은 벗을 만나야 풀고
병든 몸은 짧은 지팡이가 제격이라
저녁노을은 어둑어둑 고을을 알 수 없는데
나무 그늘은 너울너울 산골 문을 닫는도다
아득히 걸어 느티나무 마을에서 자거니
꾀꼬리 노래 듣다가 오늘도 못 가네

조발괴음(朝發槐陰)

사립문을 나서니 푸른 숲이 우거지고
멀리 바라보니 비가 갠 산봉우리네
옷깃에 이슬이 젖는 것이야 어떠리
산허리에 얇은 구름 아름답도다
온갖 경치가 앞에서 나그네 길 인도하고
하느님이 멀리 놀러가고 싶어 하는 마음을 허락하였거니
크게 앓니 빠진 늙은이들을 불러 모아
술잔을 가득히 새벽까지 읊으면 어떻고.

모춘독음(暮春獨吟)

가는 비에 시내마을 저물어 어두운데

그윽한 삶에 오로지 한가로움 남았도다
앉아 있거니 주룩주룩 복숭아 꽃물 흐르고
아픈 몸 일어나니 아득히 두견새 우는 산이네
술이야 사 오면 될지나 달을 멈출 길이 없고
사람이 그리워도 가는 봄을 돌리지 못해
오늘 아침에 또다시 여울물의 약속을 저버리거늘
기일을 어김에 오히려 한 번 모임만 빠지기 어려워라

영랑도중(影浪途中)

나그네 옷깃도 너울너울 초여름이 오니
壯觀은 산에 들어 노는 것만이 아닐레라
파도치는 빛깔이 아득히 흔들리어 앞길을 잃었고
느티나무 그늘이 성곽을 뒤덮었는데 官樓가 솟았네
출렁출렁 다리를 건너니 먼 생각 떠오르고
망망한 바다에 임하니 이 생명이 떠있도다
고요한 절에 끝없는 달을 맞이하려니
응당 우리들이 한 밤을 기다려야 되겠네

도영랑사(到影浪寺)

옛날에 영랑사가 바닷가에 있다는 소문 듣고
몇 해를 별러서 이 먼 길을 왔도다
길을 물으니, 멀리 나무가 우거진 곳을 보고
구름이 걷히니 오직 산속에 드는 것 즐거워라
놀던 사람들 돌아가니 뜰에 이끼 부숴지고
佛殿은 높아서 들에 경치가 들어오도다
오늘밤은 다 함께 契의 일을 보거니
절의 한쪽을 士林이 빌렸도다

등영랑산3수(登影浪山三首)

멀리 바다는 하늘에 이어 물결치는데
아득히 멀리 사방을 바라보니 눈이 아찔
絶頂에 오르니 높아서 세상을 떠났고
가벼운 옷깃을 터니 바람이 절로 일도다
바다는 돌고 들은 넓어 서로 이었는데
새는 날아가고 배는 떠오니 어지러워라
돌아와 禪房에서 홀로 읊조리거늘
맑은 종소리 처음 치니 생각도 끊어졌네

초여름 느티나무 우거져 마을도 푸르른데
몇 그루 소나무가 다시 우뚝하네
며칠이나 흰 구름과 함께 있으려니
꾀꼬리가 찾아와 문득 꿈을 깼도다
나그네는 院을 돌면서 시를 짓고
술집에서는 술을 보내 강 언덕을 지나도다
물오리는 표연히 갈 길을 재촉하니
기울어진 해가 서쪽으로 지려 하네

절간이 고요하니 나의 생각 끝없는데
다행이 내 인생을 한 상에 같이 하도다
비록 親知가 있지만 늘 모였다가 헤어지니
멀리 이별할 때마다 너무도 처량하네
생각하고 생각하여 惡을 끊는 길
잘못하면 도리어 세월만 낭비하네
뜬 구름은 본래 마음이 없는 물건인데
어쩐 일로 하늘 끝을 부지런히 가는가

남선달규희만(南先達圭熙挽)

먼 땅에서 놀라운 소식 듣고 문득 믿기지 않으나
나의 벗님이 늙지도 않았는데 이게 무슨 일인가
형과 아우도 다 죽고 慈母만 남으니
안방에서 종일 울어 어린아이도 슬퍼라
늙은이는 머리 위의 冠을 탄식하고
푸른 산은 뱃속의 詩를 아까워하네
無心히 武陵桃源의 길을 다시 묻노니
복숭아꽃 붉은 골에 달도 더디 가도다

산사독음(山寺獨吟)

미투리에 등나무 지팡이로 홀로 걷거니
여위어 후리후리하게 늙은 몸 절로 우스워라
느티나무 잎에 그늘지니 구름도 검고
찔레꽃이 숲을 덮으니 눈이 향기를 날리도다
그 누가 좋은 일이 靑山에 있는 것을 알까
처음 마음을 이미 저버리고 백발만 길었도다
늙어 가며 風流의 감정을 버릴 수 없는데
꾀꼬리가 종일 울어 詩想을 일깨우네

회서향제자(懷瑞鄕諸子)

옛 절 동쪽 집이 물을 향하여 열려 있어
그리운 임 찾지 못해 홀로 올랐도다
다리는 높아서 여러 느티나무와 나란히 섰고
산은 벌의 허리처럼 끊어져 들이 넓도다
龍峰의 松桂에 모임을 어긴 지 오래니
鷺谷의 노을이 꿈길에 어리도다

작약꽃 앞에서 일어나는 생각
봄빛을 오래 멈추어 쫓지 말게나

전가(田家)

두세 집 촌락이 산언덕 아래 있는데
달팽이처럼 작은 집에 가시 울타리
어린 삼은 길었다 짧았다 길을 덮었는데
보리는 푸르며 노랗게 사립문을 가리도다
늙은 할머니가 구부리고 걷는데 손자아이를 업었고
들점심을 하는 며느리는 바쁘게 돌아가는데 늙은 개가 따라가네
시아버지는 멀리 나와 낮잠을 즐기니
방석만 마당 옆에서 은행나무 그늘에 들었도다

산사송유진태(山寺送俞鎭台)

나이 오십 줄에 보내는 사람도 많으니
모든 근심을 흘러가는 파도에 붙였네
오늘 이 마음 참으로 견디기 어려우나
하나는 남고 하나는 가니 어이하리
산은 깊어 나그네도 없는데
들은 넓어 떠나가는 말만 아득히 아른거리도다
꾀꼬리는 이별하는 한이 더함을 아는지 모르는지
지는 해에 푸른 숲 속에서 홀로 노래하네

팔월망일왕우현인체우여창연호석공부3수
(八月望日往牛峴因滯雨與蒼淵皓石共賦三首)

푸르고 서늘한 작은 樓閣에서 靑峯을 마주 보니
詩話도 많고 술도 익었는데

비구름이 바야흐로 한밤에 걷히니
쟁반 같은 달이 벌써 높은 소나무에 있도다
멀리 백로는 날아서 돌며 들 빛을 나르고
뭇 닭은 울면서 시골 모양 보도다
신바람이 나서 서로 찾아 두 밤을 자나니
山水의 자연경치가 내 마음에 들도다

띠자리가 깨끗하니 푸른 산에서 자랐고
세상 밖의 漁樵들이 한마을에 살도다
우글쭈글 병든 몸이 가을 노인 맞아서
울퉁불퉁 詩句를 술잔 들고 읊도다
들판은 아득히 새벽이 밝아 오는데
오동잎은 어지러이 비를 뿌리도다
날이 개기를 기다려 손잡고 나오니
국화꽃과 단풍잎이 함께 속삭이네

한 해의 밝은 달이 누각을 비추거니
큰 술잔을 잡고 우렁차게 노래하네
늙어가는 이 마음 벌레도 알거늘
쓸쓸한 가을밤에 기러기까지 나는고
벽오동 잎이 우물에 떨어지니 비 내리는가 의심하고
하얀 이슬이 들판에 가득하니 물결이 일도다
詩話를 모두 잊은 한 밤이 되거니
발끝에 아득히 은하수가 걸렸도다

우현여창연급유진사경순김덕운김태우체우이류점운상수2수
(牛峴與蒼淵及俞進士璈淳金德云金泰禹滯雨而留拈韻相酬二首)

물 건너 들판을 지나서 구름숲에 이르니
산마루 위에 외로운 마을 아주 고요하네
관서의 스승은 이 마음 알아주고
낙하의 학생이 콧노래를 부르도다
비바람 치는 산골에 외로운 등불만 깜박깜박
집 주위에는 푸른 숲만 우거졌네
詩句로 그려낼 수 없는 곳에 眞境이 있나니
저 원량이 가야금을 치지 않은 뜻을 알리로다

7월 서풍에 한가락 피리 소리도 길거늘
깊은 산속 수풀에 집이 파묻혔도다
딴 생각나면 모름지기 구름이 한가로이 가는 것을 볼지나
지나가는 시간은 흐르는 물이 증명하리라
몇 집의 저녁연기가 마을 가에 퍼지는데
하루 종일 찬비 오니 나그네가 걸상에 앉아만 있도다
일찍 오는 기러기는 지금쯤 어디에 있을까
사람의 마음을 흔들며 江湖를 떠돌겠지

중양익일배숙부여창연호석회송해산박종헌인동식우영탑사
(重陽翌日陪叔父與蒼淵皓石會宋海山朴琮憲印東植于靈塔寺)

숲 속에 달지니 이슬이 내리는데
소리 높여 읊는 흥취 거두기 어려워라
온 산이 흔들흔들 메아리가 울리고
바위는 삐죽삐죽 머리 끄덕이도다
오늘밤은 국화와 함께 새울 만하거니

참된 멋은 반드시 늙은이 따라 찾게나
여러분의 시구가 정말 좋은 걸 보니
전생에 惠休가 다시 태어났는가

송제생(送諸生)

이별함에 섭섭한 마음 근심하지 말고
회포를 노래하여 서로 화답하세나
다듬은 글 솜씨는 그 얼마나 높은지
넓고 넓은 배움터는 끝이 없도다
문밖에는 도리어 楊氏의 길이 많은데
山中에는 저절로 管寧의 집이 있다네
그대를 위하여 뜰 앞의 돌에 증명을 하노니
강의를 들으면 언제나 머리 끄덕인다네

매하댁배숙부여창연호석로암부시4수
(梅下宅陪叔父與蒼淵皓石老庵賦詩四首)

십 년을 멀리 숨었더니 도리어 고기잡이 나무꾼 되어
매양 글벗들의 초대 편지만 받았도다
청주나 막걸리는 병머리에서 익은 게 좋고
기장밥은 시루 밑에 누룽지가 맛있데나
물그림자에 별이 비치니 작은 누각 매달고
서리꽃에 달을 가두어 찬 밤을 흔드네
주인이 성찬으로 손님을 대접하지만
좋은 것은 산마을에 아침저녁인 것을

좋은 선비와 심금을 논하는 이 구레나룻이 희끗희끗
도량도 크고 넓어 말없이 서로 통하네

뜻을 세워 일어나는 데는 詩歌보다 좋은 것 없고
근심 덩어리를 떨쳐버리는 데는 술이 최고로세
매화를 즐기려면 달을 먼저 구경하고
대나무 밭을 거닐며 바람과 속삭여야지
깊은 마음 끝없어 말로 다 하기 어려우니
세모에 외로운 불빛만 깜박이도다

머리는 풀리고 큰소리로 읊으며 취하여 떠들거니
밤이 깊어 은하수도 돌았는데 기러기 다 비껴가네
높은 선비 가슴속은 달빛처럼 맑거니
시인의 기골은 매화처럼 고결하네
늙어감에 이때가 어떤 세상인가
가는 것은 이처럼 한 시대가 끝나네
문을 잠그고 이 산속을 나가지 말라
風雲은 여러 가지 탄식이 따르도다

梅花 한 가지가 사립문을 덮었는데
參星이 기울고 北斗七星이 돌아 밤이 깊었도다
검은 갓을 비스듬히 쓰니 달그림자 지고
맑은 술을 가만히 받아도 파문이 일도다
닭이 꼬끼오 하며 산을 기대고 우는데
사람 소리 도란도란 숲 사이에 들리네
쓸쓸한 들판 섬 늙은이 詩句가 애달프니
세모에 내 마음 아는 건 대나무뿐이리

춘일(春日)

숲 속 집 하루 종일 사립문을 닫거니

깊은 세계에 사는 사람 세속 일 없네
산에 봄이 오니 새들끼리 지저귀고
마을에 비 내리니 백로가 함께 날도다
책상에서 파랑 실을 꼬아 술병에 매고
상자에 흰 천을 잘라 옷을 꿰매도다
글벗에게 약속 장소 알리노니
꽃과 버들 찾는데 어디로 가리오

한식야독음(寒食夜獨吟)

서울에서 한식 맞은 그때 생각노니
성안에 가득한 풍경 참으로 그리워라
말발굽은 붉은 먼지를 일으켜 비단결처럼 달리고
꾀꼬리 소리는 파란 실버들 사이에 노을처럼 퍼지도다
꽃 파는 술집에 봄 생각이 가득한데
촛불 켜고 노래하는 집 밤도 깊었네
이제는 좋은 철에 山河가 바뀌어
아득한 내 마음 홀로 잠 못 이루도다

강재김영년만(剛齋金永年輓)

인생 70년 물이 동쪽으로 흐르듯
剛翁과 산에서 놀던 일 그리워라
글 속에서 황금 집을 찾지 못했거니
하늘 위에 응당 白玉樓를 다듬겠지
우리들이 靑山까지 따라가지 못하니
장례행렬에 명정 근심 이길 수 없네
버들 성 남쪽에 살구꽃이 피었는데
올해의 봄나들이 누구와 함께 하리

차제생운(次諸生韻)

푸른 산은 들쑥날쑥 집은 동쪽서쪽
四境에 봄이 깊어 바라보기도 어지러워라
지는 해에 사람을 보내니 꽃이 옷깃에 스치고
앞마을에서 술을 사 오니 버들가지가 언덕에 늘어지네
시냇가에서 길이 갈라지니 三分한 蜀이요
황폐한 마을에 노을 지니 九點의 齊로세
책상 위에 책이 마음에 드는 곳이거늘
깊은 산새는 어디서 와서 울어대나

조감찰종호장연(趙監察鍾灝長筵)

회갑 잔칫날을 맞아 아름다운 꽃피고
笙島가 너울너울 제비가 하례하네
세 아들 여덟 손자 세상에 없는 보배요
한 집안 백 가지 복에 함께 봄을 노래하네
마음 씻는 우물물에 몸도 깨끗하거늘
골에서 이름난 집안 德을 심어 왔다네
선녀에게 부탁하여 술 한 잔을 올리니
오사모 쓰고 앉은 사람 웃으며 술잔 들도다

유무이천(遊武夷川)

놀러 나가는데 흐리고 갠 것 따질 필요가 없고
신나서 오는 때 발걸음도 가볍네
이 같은 風流가 살아서 즐김이니
집안 살림살이야 머슴에게 맡겼도다
매실 익고 보리 패는 좋은 철을 만났거니
산 겹겹 물 졸졸 기분도 상쾌하네

여기에도 武夷라는 이름이 있어
天光 한 줄기가 이 마음 비추도다

효강절수미음3수(效康節首尾吟三首)
方山은 시 읊기를 즐기는 것 아니라오
詩는 方山이 興에 겨운 때라네
사물의 때를 따라 오묘한 진리 살피고
고요한 가운데 저절로 착한 마음 찾도다
봄바람에 새들이 동산 숲에서 울고
저녁노을에 한가로운 구름 들판을 지나네
그윽한 경치에 신나도 말할 사람 없으니
方山이 시 읊기를 즐기는 것 아니라오

方山은 시 읊기를 즐기는 것 아니라오
詩는 방산이 悲憤慷慨한 때라네
夷狄禽獸들이 날뛰는 오늘날 세계에
요악스러운 기운이 사나이를 얼마나 죽였나
옛날 책을 다 버리니 袁生이 울고
달팽이집이 쓸데없이 모이니 杜老가 찡그리네
가슴속에 얽힌 생각 쏟을 데가 없으니
方山이 시 읊기를 즐기는 것 아니라오

方山은 시 읊기를 즐기는 것 아니라오
詩는 方山이 생각을 굳게 먹는 때네
人生末路에 사람 만나면 白髮이 아쉬워
봄 산에 술을 싣고 푸른 실로 얽도다
좋은 날에 약속은 동지들 뜻을 따르고

한가로운 날 찾아가 옷깃을 끌도다
씩씩한 선비도 세상을 비웃으면 방탕하기 쉬우니
方山이 시 읊기를 즐기는 것 아니라오

산사고음(山寺苦吟)

靑山을 사자니 萬金을 달라고 하여
붙어사는 걸로 만족하며 마음을 노래하네
늙은 중은 바릿대를 紅泉에 씻고
멀리 온 나그네는 누대에서 우거진 숲을 보도다
참새들은 놀면서 함께 쪼아 먹고
매미는 시끄럽게 가는 세월 아까워하네
노는 사람 기일 늦어 달려가는 시골길
구름을 멈추고 생각에 잠기는 것 금할 수 없도다

추접(秋蝶)

가는 곳마다 번화한 경치 다 보고 지났거니
이웃집에 늙은 농부 어이하리
붉은 수염 어지러이 찬바람에 날리는데
하얀 날개 한들한들 이슬에 젖도다
봄새의 꽃 걱정 꿈처럼 흘러갔는데
들벌은 시든 국화꽃 속에 아직도 노래하네
마침내 떠나가는 이치 차차 깨닫거니
해마다 가을이면 흐르는 물결 애달퍼라

3월10일입영탑사(三月十日入靈塔寺)

재 넘어 지는 해에 갈 길 노래하는데
芳草는 노을처럼 길가에 우거졌네

佛殿은 신령하여 그 속을 알겠거니
나그네는 술을 싣고 몇 번이나 왔다 갔나
바위에 핀 꽃은 가는 비에 붉은 방울 맺히고
들판에 물은 微風에 파란 물결 일도다
이번 길은 절에서 이틀 밤을 자거니
끝없는 생각 깊은 산속에서 어이하리오

숙부여창연해사회영탑2수(叔父與蒼淵海史會靈塔二首)

뜻을 모아 우리가 여기에 왔거니
종려나무 뿌리와 오동나무 잎이 연못 누대를 둘렀도다
산속에 봄이 깊었으니 한 번 걸을지나
우리들도 늙어가니 술잔을 듭시다
숲 속에 뜨는 달이 이 밤을 밝히거니
뜰 안에 꽃이 어우러져 피었도다
한평생에 좋은 일 얼마 안 남았거늘
가는 경치 쓸쓸히 재촉하지 마소

깊은 산 옛 절에 인적도 끊겼거늘
그대와 함께 이 밤은 세상에 드문 일
사방 산에 아름다운 풀 향기도 좋거니
한길로 가는 구름 그림자 끌고 가네
말없이 바라보니 佛性을 느끼고
생각 없이 깨달으니 良心이로세
다시 밝은 달을 따라 바위 앞에 서니
지팡이 짚고 오래도록 혼자 있었네

영탑독야(靈塔獨夜)

그윽하고 아름다운 탑 아래 있는 집
깊은 생각 오늘 밤 누구와 함께 하리
흘러가는 구름은 느릿느릿 붉은 절벽에 들고
초승달은 아련히 푸른 느티나무에 숨도다
佛法의 혜택은 모두 비워 깨끗한데
저녁 종소리 울리니 다시 맑고 신선하네
술병 들고 自酌하며 외로이 읊은 지 오래거니
늙은 중이 혼자서 섬돌을 올라가네

영탑신청(靈塔新晴)

붉은 우물 푸른 절벽 고요하고 깨끗한데
집 한 채가 땅 위에 높이 솟았도다
답답한 구름 걷히니 여러 산이 맑고
아침 해가 붉게 타오르니 푸른 숲도 듬성듬성
좋은 일엔 반드시 앞 가게에서 술 사고,
깊은 정은 언제나 옛글에서 찾도다
사물을 자세히 관찰하면 하늘 뜻을 알지나
우는 새의 낯선 소리 나는 몰라라

김덕운내방여제생공부인보기운
(金德云來訪與諸生共賦因步其韻)

깊은 산 저녁 날씨 약간 차가운데
마당엔 느티나무 그늘지고 달은 난간에 올랐네
멀리 온 나그네는 오래 머물며 이야기를 나누고
늙은 중은 조용히 앉아 바라보도다
괴상한 새들은 무슨 일로 골짜기에서 울고

흰 구름은 어찌하여 처마 끝에 멈추는가
몇 번의 버들피리가 이별을 재촉하거니
내 인생에 한 번 더 모이기 어려우리

월야여제생등탑전(月夜與諸生登塔前)

나그네 옷깃이 가벼우니 밤이 차가운데
절정에 올라가 보니 돌난간이 있도다
이 몸이 높아서 떠 있는 것 같거늘
下界는 아득하여 굽어보도다
느티나무로 뒤덮인 절은 깊은 골에 잠기고
달은 높은 탑에 매달려 하늘 끝에 솟았도다
오늘밤은 괴로운 인생 모두 벗어나서
저 하늘에 구름과 한 덩어리가 되어보세

상원야재원평여창연공수(上元夜在元坪與蒼淵共酬)

새해가 되니 작년 근심 풀리는 듯하여
술잔 들고 은근히 그대에게 권하네
몇 번이나 맑은 시내로 좋은 곳을 찾았나
이제는 밝은 달을 따라 높은 누대에 올랐도다
지나온 곳을 생각하니 어떤 世界였나
두 사람의 對話에도 또한 風流 있는 것
正月 보름밤이 가장 화려하거니
집집마다 촛불 밝히고 다리 끝을 돈다네

숙부산장아집(叔父山庄雅集)

푸른 숲을 바라보면 시든 꽃잎 애달파
가는 봄을 한탄하며 고요히 있도다

대껍질 冠을 썼더니 옛 비가 내리는데
어느 집에서 버들피리 동풍을 원망하나
큰 길에 사람 늙는 것 어찌하리
뜬 구름에 술잔 비는 것 근심이로세
그대에게 할 말이 바다처럼 많거니
소나무 끝에 하늘 빛깔 모두 한가지일세

석교아집3수(石橋雅集三首)

불평 속에 쓸쓸한 집이 다리 끝에 있는데
초가을 기러기 홀로 오니 벌레 소리 그치지 않네
늙은 나무 가을 되니 바람 소리 울리고
먼 산은 밤이 되니 어둔 근심 일도다
어지러운 세상은 楊朱나 墨翟을 가리지 않고
머리 센 늙은이들만 謝眺樓에서 서로 만나도다
홀연히 앞마을에 술집 깃대 흔들리니
어느 집에 손님 있어 달빛 속에 노는고

웃는 이야기 늦도록 촛불만 가물가물
은하수는 아득히 난간에 걸렸도다
고요함은 끝없이 생각하기 좋으나
쓸쓸함에 베옷이 추운 줄 알겠네
四境이 텅 비니 가을 빛깔 일고
바람소리 시끄러우니 밤도 어지러워라
우리들은 스스로 숨을 곳이 있으니
山門을 한번 나가면 길도 험난하리

백년의 떠돌이 인생에 가을 생각 아득한데

내 인생에 만나고 헤어짐 참으로 많았네
어느덧 晩境에 가을벌레 소리
끊임없는 근심 속에 기러기만 날도다
다 같이 좋은 사람 백발노인 되었거니
내일이면 노랑꽃을 마주하리라
원컨대 그대들이 다시 오솔길 찾는다면
저절로 그 집이 저녁노을에 숨으리

부개심사사회강당도중구점(赴開心寺社會絳堂途中口拈)

협곡을 돌고 돌아 가을 해가 저물거니
조용히 지팡이 들고 긴 정자를 나서도다
힘을 다하여 올라가니 파란 하늘 나타나
높은 데서 바라보니 공중에 솟았도다
하늘 끝에 바다 경치 봉우리 위로 보이고
골짜기를 울리는 물소리 나무 끝에 들리도다
왔다갔다 생각만 하는 절간의 밤
국화가 금방 핀 뜰에 달빛이 가득하네

개심사증별(開心寺贈別)

한 번 내 인생에 남은 가을 얻었으니
쓸쓸한 마음에 근심만 늘도다
백년의 惡夢을 절구통에 부셔버리고
사흘의 참인연을 절 마루에서 맺었도다
생각이 둥근 염주에 미치니 붉은 잎이 떨어지고
맑은 경쇠 울리니 흰 구름이 날도다
이번 이별에 뒷날의 약속 없지는 않지만
맑고 맑은 절밤을 늘 아쉬워하네

왕원평봉제익자개심사승유귀래
(往元坪逢諸益自開心寺勝遊歸來)

가을빛이 한가지로 사방 들판에 이었으니
게으른 몸 일으켜 술 옆에 왔도다
노는 이들 시내 길로 떠나갔는데
공부방만 높아 달빛 속에 솟았네
좋은 일은 고요한 절에 있는 것 알지만
하는 일 없이 혼자서 논밭 돌며 읊도다
겹겹 단풍 숲에 흰 구름이 지나가니
옛날에 절에서 놀던 일 그리워지네

가을 하늘 집 남쪽 근심 많은 사람
국화철 마음에 들어 며칠을 취했나
정말로 어려운 것은 산속에 누워서
문득 물질을 초월한 몸을 만나는 것이라오
어지럽고 복잡한 오늘이 어느 세계인가
고요하고 담박한 것이 진실이라네
자다가 일어나 문을 나오며 흰머리를 긁어 보니
어젯밤 서리 맞은 단풍처럼 모두 희었도다

의현도중(義峴途中)

가야산 길에 흰 구름이 나는데
십리 길을 늦게야 서둘도다
서툰 마부는 봉우리의 눈 속을 어지러이 달리고
느린 나귀는 석양빛을 가득 싣고 오도다
산새는 추위를 호소하며 협곡 숲을 날고
마을 사람은 손님을 보고 사립문을 나오네

옛날 제자들이 茶果를 대접하니
이처럼 진실한 마음 이젠 보기 어렵네

여김부솔배사숙력입보덕사2수
　　(與金副率陪舍叔歷入報德寺二首)

연등이 반짝반짝 밤은 깊어 가는데
좋은 일은 이 시간 그대와 함께 함일세
절간을 쳐다보니 달을 높이 매달았고
돌탑을 거니노니 구름이 쉬어 가도다
佛法과 僧侶를 다 잊고 머물러 마주하니
종소리가 저절로 울리어 먼 곳에 들리네
우리 인생의 苦海를 앞으로 건너가려면
스스로 세상에 없는 깨끗한 인연 있어야지

浮生이 몇 번이나 이런 여행 하리오
잠을 깨니 좋은 경치 처음 느꼈네
佛殿이 높으니 계율 소리도 그윽하고
종소리 우렁차니 산봉우리가 울리도다
한 생각의 부처님 은혜 비로소 깨달으니
평생의 죄업 너무도 놀라워라
동쪽 창문에 점점 曙光이 비치거늘
만물이 본래 이 마음인 것을

보덕귀로숙원평2수(報德歸路宿元坪二首)

며칠을 여행하며 온갖 바쁜 일 잊으니
절에서 돌아오는 길에 또 山房에 쉬도다
온 골에 소나무 바람 소리도 맑은데

한 덩어리 눈과 달 하늘도 넓어라
문득 어진 사람과 함께 놀다 보니
子徽를 찾아 坐忘을 논한 것 같도다
오늘밤 좋은 벗 만난 것 기쁜데
술잔에 매화향기 아주 진하네

등불도 밝고 술잔도 가득한데
매화 아래 詩人이 매화꽃을 보도다
추운 밤에 닭이 울어 歲暮를 재촉하니
별빛 속에 기러기가 산봉우리 넘어가네
함께 와 나그네 되어 이리저리 떠돌거니
그 누가 내 마음 알아 먼 종을 치는가
雪月이 오늘밤에 한없이 맑으니
하느님이 우리로 하여금 여기에 모이게 하였네

박해두만(朴海斗挽)

하얀 상여 펄럭펄럭 붉은 명정 휘날리니
바람결에 통곡하며 그대를 보내네
예순 해 세상살이 참으로 꿈같으나
두 아들이 家門 이으니 가장 든든하네
빈 골짜기에 높은 理想 찾지 마소
푸른 소나무가 홀로 隱居한 곳 감추어주리
무덤이 멀다 해도 가 보면 좋거니
그 속에는 아무런 是非가 없다네

화동려매화시(和東藜梅花詩)

책상머리에 뛰어난 물건 業緣도 기묘해

방 안에 봄을 감추고 늦도록 즐기네
아무것도 없는 데서 어여쁜 꽃을 피우는데
늘어진 가지는 반쪽이 썩었도다
운치 높은 밝은 선비 혼자 읊는 밤
마음에 든 다정한 사람 쓸쓸히 그리는 때
나그네야 세상 돌아가는 운수 알지 못하지만
문득 머리를 매만지며 나의 어리석음 비웃도다

창연척형수연(蒼淵戚兄壽筵)

육십일 년의 봄 술이 맑았는데
남쪽으로 나는 仙鶴은 왜 소리치는고
높은 나무 우뚝우뚝 군자의 집이요
오색구름 높고 높아 美人의 純情일세
집안에는 도란도란 기쁨도 많고
슬하에는 차례로 子孫도 잘났네
다시 마음 편히 한세상을 살려거든
요악스런 기운을 보는 대로 쓸어버리소서

송서혜춘회보부임영동(送徐惠春晦輔赴任永同)

아미산 모임에서 그대를 보내거니
다섯 말이 동풍 따라 영동으로 가도다
멀리 가는 길이 늙어서 초야로 숨는 것 아니니
이때에 더욱 두터운 정을 남기고 가게
士元은 百里땅에 굽힐 사람 있는 것 알라고 하였고
子路는 三年 다스림에 成功 있다고 하였네
문득 가야금을 뜯으며 그 고을이 치하하면
梅花 집을 내려오지 않아도 절로 봄노래 하리

족숙단하만(族叔丹霞挽)

先祖 事業 잘 받들어 내 몸 지키시고

선비의 우아한 풍류 누구에게 비기리

늙어감에 詩篇으로 생활하셨으니

가을 물처럼 맑은 精神이었네

연못 누대는 그대로 있는데 사람은 어디 갔나

꽃과 새만 무정하게 봄을 기리도다

외람되게 나에게 竹林契를 부탁하시니

모든 일이 마음 아파 눈물만 흐르도다

이진운서익김육당이유산이우천김화은자보덕사제도3수
(李晋雲序翼金六堂李酉山李愚泉金華隱自報德寺齊到三首)

푸른 숲에 꾀꼬리 날아 해가 기우는데

글벗이 서로 찾아 詩境도 높아라

어제는 갈림길에서 헤어지기도 어렵더니

다시 만나 즐겁게 꽃 숲을 보도다

뜰은 고요히 참새들이 놀고

창문 벽은 희미하게 갈가마귀 그렸네

나그네는 蘇東坡 같은 시인인데 술이 없으니

오늘밤 밝은 달은 산속 집에 있도다

하루 종일 한가로운 근심에 홀로 난간 기대다가

사뿐사뿐 발걸음은 작은 시내 여울이라

돌아다니며 일찍이 누에 세잠 자는 것 보았거니

시를 읊음에 먼저 대나무 몇 그루 보도다

이제 기장밥이라도 먹고 살거니

가난을 너무나 두려워 말게나

다 같은 우리 인생 부평초 같거늘
좋은 때 한번 모이기 예로부터 어려웠네

거친 밥이라도 많으면 농부들에게 부끄러우니
마음대로 돌아가는 길 재촉하지 마소
산속에 나물이 오히려 얻기 어려운 것
불평스러워도 마음을 잠시 넓게 가지게나
골짜기 물에 미나리 밭 흙을 두 제비 물어 나르고
들판에 보리 패도 먼 기러기 추워하네
각별한 잔치에 성남길 생각하며
우거진 숲 시원한 그늘에 즐겁게 웃자구

노곡지운장공동려련사야화(老谷芝雲庄共東藜蓮史夜話)

문을 나서 타달거려도 할 일이 없거니
어지러운 세상에 그 누구와 淸濁을 가릴꼬
양철지붕 높은 곳에 夕陽이 비치고
섬 사이 급한 물결 파도소리 일도다
국화는 멀리 江山에 피었거니
흰머리는 모름지기 옛 친구의 정을 알리라
다시 큰 술잔을 잡고 약속하거니
뗏목 펼쳐 나막신 벗고 그대와 함께 가리라

제유태기재치흥련정(題兪台杞齋致興蓮亭)

다리를 가로질러 시냇물 건너니 물가에 사립문이 나타나고
우뚝 높은 정자 있어 세상을 벗어났네
맑은 기운 서리어 나그네의 자리 깨끗하고
공중에 솟아 푸르니 사람의 옷을 펄럭이네

담장 친 섬 모양은 물에 떠있는데
숲에 엉긴 향기는 쌓여 흩어지지 않네
한없는 봄바람과 가을 달 있으니
詩人이 술 싣고 어디로 가리오

영사아회2수(靈寺雅會二首)

벗들이 나귀 타니 날씨도 맑은데
늦게야 절에 도착해 내 마음을 열도다
늙은 사람 이 밤을 함께 하거늘
한잔 술이면 남은 인생 위로하리라
벌레 소리 책상에 들어 시들어 감을 호소하고
매미는 놀라 나무에서 떨어지며 슬피 울도다
여러분의 문장력은 그칠 줄을 모르거니
젊어서의 名價도 가볍지 않았도다

문득 매미 소리 듣고 흐르는 세월 그리워
근심에 찬 사람 깨워서 술 옆으로 가도다
늙은 느티나무는 노래하며 微風을 일구는데
푸른 佛殿은 높이 솟아 산줄기에 이었도다
재미나는 놀이 이보다 아름다운 곳 없나니
좋은 일은 원래 하늘 날씨에 있도다
늙은 바위야 아예 俗世 눈으로 보지 마소
봄가을 다 겪어도 홀로 우뚝 하도다

오해사방도영탑선방인유숙야화
(吳海史訪到靈塔禪房因留宿夜話)

옛사람 기분 나면 하늘에까지 솟구쳐

다정한 이야기 하룻밤에 십 년 공부 능가했네
푸른 숲에 아련히 달빛이 보이고
저녁 산은 흐리어 노을 진 듯하여라
그대 만나 또다시 재미를 더하니
우연히 나그네 되어 林泉을 관리하네
성 남쪽에 가서 술 사 오는 것 어렵지 않거늘
부질없이 兩頭船에 삼백 잔 먹는 일만 생각하네

산사우중병회(山寺雨中病懷)

나그네 머문 곳 쓸쓸한 옛 절간
울퉁불퉁 병든 몸 찬바람이 무섭네
詩人은 이미 가고 시내와 산만 저물거늘
늙은 부처 서로 보니 모양새가 없도다
뜬 구름이 집에 오니 그 누가 보냈나
처마에 빗방울 소리 끝없이 듣도다
白蓮의 結社를 이제 계속하기 어려우니
한없이 옛사람 그리워지도다

벗들은 하나하나 내 마음에 들어
오고 가며 자주자주 한가한 때 없었네
올 여름도 국화꽃 속에 사라져 가는데
외로운 암자만 그대로 흰 구름 속에 있도다
오는 길에 잠깐 蓮湖宅에 쉬었거늘
소나기가 쏟아져 서산 길을 근심하네
홀로 侯芭 있어 머물러 떠나지 못하다가
栗里의 옛집으로 함께 돌아오도다

영사여김도사해운중근상수(靈寺與金都事海耘仲根相酬)

한 조각 신령한 땅이 물질을 벗어나니
우리들이 덤으로 風流하기 좋아라
하느님이 오늘밤을 빌려 주셨거늘
나그네 방에 온 세상 가을 소리 먼저 들리도다
흰머리가 서로 만나니 옛 생각이 나지만
靑山이 그대로니 재미나게 놀아보세
울 넘어 닭과 술 맑은 취미 더하거늘
웃음소리만 늦도록 함께 누대에 기대도다

창동김교관상설택야화(蒼洞金敎官商說宅夜話)

親知들이 한자리에 모이니 문득 기분이 좋은데
사람이 봄 동산에 있으니 일백 가지 새들도 따르도다
가는 비에 희미하게 살구꽃을 비친 달빛
들판은 아득히 푸른 버들 속에 들었도다
늙어가며 함께 놀기 어찌 그리 어려운고
옛날에 놀던 일 생각하며 다시 햇수 묻도다
마음이 어지러워 말로 다 하기 어렵거니
하루 종일 주고받으며 질펀히 놀아보세

개심사사회3수(開心寺社會三首)

짧은 지팡이에 가죽신 신고 멀리 봄맞이 나서보니
산속에 경치가 비온 뒤에 새로워라
술 먹을 다른 생각 많지 않거니와
온전한 눈으로 꽃 보는 사람 몇이나 되리
흰머리 마주 보고 탄식하지 마소
이번 길에 어지러운 세상 벗어난 것 기쁘도다

다시 와서 如來佛에게 묻고자 하나
浮生이 苦海에 떠도는 것 응당 비웃겠지

구름과 나무 푸른 절간 숲 속에 숨었는데
부처 그림 고운 빛깔에 경쇠 소리도 길도다
온 세상이 고요하니 새만 홀로 지저귀고
한가로운 시간 속에 물은 어찌 바쁜가
우리 인생 벌써 늙어 매화처럼 말랐거늘
부처가 동정하여 달빛을 맑게 하네
옛날에 놀던 일 생각하니 느낌도 많은데
그 누가 양지쪽에서 한가락 피리를 부는고

꽃나무는 禪房에 좁은 길 열어주고
숲 향기는 새벽하늘에 옷깃을 적시네
산봉우리의 구름은 저절로 외로운 중을 깨우칠지나
골짜기 물이 나뉘듯 먼 손님 돌아가리
벗들의 모임에 헤어지는 무렵이 중요하나
내 인생은 너무 괴로워 유쾌할 때 없네
여러분이 서로 생각하는 곳 인식한다면
다섯 버들 깊은 마을에 사립문을 가리리라

매하독작3수(梅下獨酌三首)

온 하늘에 눈 개니 밤이 휘영청 밝은데
흰머리가 매화꽃을 비추어 보도다
꽃그림에 은은한 향기 노을처럼 퍼지고
문창살에 비친 그림자 달빛에 어른거리도다
俗人들과 만나보아야 한갓 속만 상하거늘

옛사람이 오지 않으니 오직 마음뿐
비로소 詩人이 奇絶한 일 만났으니
이때에 술병 들고 오는 서생 있도다

오래 볼수록 아름다운 사랑 이길 수 없거니
歲暮에 산속에서 웃음으로 맞아주네
초췌한 屈原은 연못가에서 읊조렸고
비틀거리는 越나라 딸은 江城을 거닐었도다
눈 속의 달같이 밝아 밤빛을 거두니
솔바람이 운치 더해 차를 끓이도다
옆 사람은 關山의 피리를 불지 마소
술 한 말에 시 한 편 읊으리로다

일만 섬 맑은 향기 가지마다 엉기는데
하얀 눈 찬 얼음에 운치도 기묘하네
바라보아도 친할 수 없어 도리어 교만커니
말하려고 하여도 먼저 웃고 금방 돌아서네
늙은 아내와 등불 아래 마주하는데
높은 선비는 달 지는 때 어디서 왔는가
그윽한 몸매 담담한 생각 그려낼 수 없거니
이제까지 쓸데없이 백 편의 詩를 버렸도다

세모서회(歲暮書懷)

아름다운 산 고운 물 한데 어울렸는데
늙도록 한 터전의 집에 숨어 살도다
梅花 아래에서 詩를 말하니 선비의 값이 더하고
달빛 속에 술상 차리니 家風을 알겠네

무엇이 가슴 속에 있어 울퉁불퉁 하는고
이 시대에 보는 것마다 흐릿하도다
歲暮에 슬픈 노래 거슬러 올라간 지 오래거늘
그 누가 바다에 맹서하니 魚龍이 꿈틀댔나

강재김영년쉬시(剛齋金永年晬詩)

다박머리가 어느덧 흰머리로 되었거늘
세어보니 불과 예순한 해로세
萬事는 유유히 바깥 세상에 맡겨두고
한 마음은 篤實하게 책 속에 남겼도다
남은 세월 오래도록 詩社에서 마주할지나
생일날이 마침 국화 피는 가을일세
어진 손자가 아내 맞아 섬돌 올라 절하니
이로부터 그대 집에 늦복이 찾겠네

여제우유숙차산강재댁(與諸友留宿次山剛齋宅)

정다운 사람들 이야기에 밤이 깊었거늘
오늘처럼 즐거운 일 이제 알았네
동산에 밝은 달빛 벗이 모인 자리요
남쪽 나라 국화꽃잎 술이 익는 때로다
늙었다고 風流의 感情이 줄어지는 것 아니지만
同流들의 歲時 몰골 달라질까 두려워라
헤어짐에 서로 생각하자고 약속하고선
다시 우체통에 시를 써서 보내도다

월야독음(月夜獨吟)

그윽한 사람의 생각은 아주 초연하여

가야금 그치고 술병 비어도 仙境이어라
찬 잎은 빈산에 가을 소리 울리고
맑은 서리는 흩어진 별에 맑은 날씨 알리네
늙은 생각이야 국화꽃 속에 털어버리고
쓸쓸한 집의 불평은 흰 기러기 앞에 토하도다
사랑스럽기도 하고 밉기도 한 남쪽 벌판의 달빛
반달이 홀로 비추어 잠 못 이루네

시(詩)

임우후야좌독음(霖雨後夜坐獨吟)
아주 낮고 짧은 처마 집 모퉁이에 작은 난간 걸려
홀로 앉아 읊조리며 物情을 보도다
맑은 달 구름에서 나오니 예 보던 얼굴이요
어제 비에 불어난 물소리 새로워라
天理는 마침내 변하지 않는 것을 그 누가 깨달으리
氣數야 간혹 서로 밀려도 또한 놀라지 마소
며칠 밤 동안 달 없는 것 두려울지라도
한해를 따져 보면 마침내 밝은 달이 뜬다네

맹직원선술댁배숙부여창연이만해창순야화
　　(孟直員善述宅陪叔父與蒼淵李晚海昌淳夜話)
나그네 지팡이가 기러기와 함께 표연히 내려와
그윽한 집을 한번 보니 들판이 하늘에 이었도다
자욱이 눈이 내리려고 강물과 구름이 합했거늘
띄엄띄엄 마을 집들 차례로 등불 켜네

늙으면 당연히 세상 잊고 초연히 놀아야 하니
죽으면 문득 술잔 엎어진 앞에 내 몸 묻어야지
주인이 늦복 받은 것 치하하노니
가야금 울리며 한가로이 손자 안고 잠드소서

하한제동가군쉬석(賀韓濟東家君晬席)

西平 집안에 사람 있어 어질거니
九月 좋은 날에 회갑 잔치 베풀었네
예로부터 仁하면 壽하는 이치 어김이 없나니
그대야말로 땅에 다니는 신선이라고 할 수 있겠네
집 주위에 단풍과 국화 활짝 피었고
책장에 가득한 詩書는 오래 전해 왔도다
턱밑에 자손들이 다투어 받들거니
앞으로도 이처럼 오래 사소서

영사수계단하창연강재김해운중근해사개집공상련화봉3수
(靈寺修稧丹霞蒼淵剛齋金海耘仲根海史皆集共上蓮花峯三首)

한가한 날에 올라보니 절기도 좋은데
봉우리 끝에 멀리 암자가 보이도다
서쪽에 지는 해는 바위 끝에 매달리고
무너진 성의 마을 다리는 늙은 느티나무를 벗어나네
湖海에 숨어 다니는 것 절로 마음에 맞거늘
서울을 북녘으로 바라봄에 무슨 그리움 있으리
권컨대 술잔 들고 통곡을 그치소
우리들은 예로부터 믿음 끝이 없도다

연화봉 가을빛 옷깃에 떨어져 차거늘

아련하게 품은 생각 더듬기도 어려워라
단풍 바람은 손님 맞아 쓸쓸히 하소연하고
돌부처는 구름에 기대어 말없이 보도다
그 누가 우리 인생 세상으로 보냈나
정다운 벗들 만나고자 난간에 기대있었네
이 모임 총총히 헤어질까 두렵거니와
속세의 일 옛날부터 실마리가 있었다네

지팡이를 재촉하여 절집으로 찾아가니
동지들이 옛날처럼 따라왔도다
重陽節 비바람은 생각할 수도 없거니
옛 절의 詩境이 가득하도다
맑은 달빛은 부처 자리로 들어가고
흔들리는 나뭇잎은 사람 옷자락에 굴러드네
잔치에 기분 나니 강 하늘이 노 젓는데
멀리 기러기만 날며 소식 한자 없도다

원정왕창연댁김강재부약래도이김동려종휴역재좌시여식면2수(元正往蒼淵宅金剛齋赴約來到而金東藜鍾休亦在座始與識面二首)

자리에 가득한 높은 벗들 콧노래를 읊거니
하룻밤의 奇緣이 千金보다 귀하네
杜甫를 서로 만남에 일찍 알지 못하고
范張이 약속함에 마음에 싫지 않도다
시골에 집집마다 술 있으니 풍년을 알겠고
마을에 곳곳마다 노래 울리니 향토 음율 배우겠네
주인이 가장 풍류의 맛을 깨닫거니

초승달이 글방 경치 다시 깊게 하네

갓 쓰고 서로 만난 곳 작은 암자 동쪽인데
그대는 늙도록 나의 생각과 같았도다
해가 바뀌니 번거로움 잊고 가는 세월 탄식하나
흰 구레나룻만 늘 봄바람에 휘날리네
시냇물 다리에 달도 밝으니 길 가는 사람 소리 나고
불두칠성이 하늘에 늘어지니 기러기 멀리 날아갔네
黃金을 다 쓰더라도 재미나게 놀아보세나
새해의 좋은 일 술잔 속에 부치도다

제석(除夕)

옛 생각 버리고 나니 생각이 도리어 깊어져
도소주를 가득히 마시고 한 번 즐겁게 읊도다
매화는 陽氣 받아 먼저 꽃을 피우고
촛불은 어둠 속에 퍼져 저절로 심지 돋았네
새해면 다만 봄바람 오는 것 기쁘고
가는 세월에 구레나룻 희어지는 것 아주 잊었도다
天道가 돌고 도는 것 즐기거니와
늙은 느티나무 낙엽에 다시 뜰에 그늘지네

칠월기망왕원평여창연오해사김강재문가죽공부5수
(七月旣望往元坪與蒼淵吳海史金剛齋文可竹共賦五首)

서늘한 작은 집이 문을 잠그지 않았거니
비 개고 구름 걷힌 골짜기 위의 마을
물소리는 밤을 울려 뭇 골짜기 시끄러운데
박꽃은 가을 하늘 황혼에 피도다

조금 있다가 숲 속에 달빛 내 술잔을 멈추니
무엇 하려고 시골 산이 나그네 넋을 괴롭히나
내일 집에 가면 남쪽으로 기러기 오리니
詩人의 생각 쓸쓸함을 누구와 함께 논하리

江湖에 사는 하나의 浮生이
홀연히 또 만남을 기뻐하도다
前生에 원통한 일로 어려서 잘못 되고
이 세상에 맺은 인연 늙어서야 놀라네
가을 달은 사람을 흔들고 들물 속에 들어가고
저녁 구름은 나그네를 보내고 江城으로 가도다
모름지기 成佛 하려면 먼저 健康安樂한 것
소원은 산에서 놀아 다 같이 화평함이네

비온 뒤 경치가 지팡이 앞에 있어
산을 다 지나니 문득 들판에 왔도다
저녁노을은 골짝 길 찬물에 깊어가고
지는 해는 농사 집 서까래 몇 개에 걸렸네
좋은 일은 그대가 손님 머물게 하려고 마시거니
이번 놀이를 내가 사람들에게 전하리
오늘 밤 또다시 東坡의 달이 떠오르니
끝없는 생각 까닭 없이 경치 따라 옮기네

산 아래 외로운 마을 한두 집이요
푸른 갈대 가는 버들 물가로세
벼가 패는 작은 언덕에 농부가 나오고
오동 잎 맑은 바람에 제비가 날도다

멀리 온 나그네 물소리 거슬러 오르니 분수 모르는 것 근심이요
선생이 집자리 잡은 것은 노을 때문이라네
처량한 지붕 모서리에 가을 매미 소리
홀로 마지막 노래하니 생각도 끝없도다

더위가 사람을 찌는데 햇볕이 책상에 들지만
山樓에 저녁이 가까우니 시원하여지도다
나무 끝에 지는 해 더디고 더딘데
洞口에 붉은 노을 아득히 길게 퍼지네
우물과 돌 작은 동산 문득 고요하고
圖書로 가득한 방 그윽이 향기 피어나네
그대와 함께 詩 읊다가 形體 잊은 지 오래거니
흰 종이에 詩句 가득하여 술이 취했도다

야음(夜吟)

山樓에 높이 누워 해와 달도 길거니
눈앞에 숲나무 아주 푸르렀네
末路에는 북쪽 창문 아래 숨는 것을 그 누가 알리오
맑은 그늘에 저절로 거울 같은 호수처럼 시원하도다
노을이 땅을 도는 시골 저녁
북두칠성이 처마에 걸려 잠자리가 환하네
다시 깊고 깨끗한 물 문밖에 있어
세상일 모두 걷어 띳집을 감싸도다

하민시산장회근연(賀閔詩山丈回晬筵)

先生의 壽와 福은 仁에서 얻어
琴瑟이 함께 울린 80년 봄이어라

甲子를 한번 돌아 回婚禮 자리오
壬寅年 二月에 생일잔치 열었도다
婚禮도 이렇게 살아야 축하할 만하거니
경사스러운 잔치 이렇게 몇 번이나 새로 하리
술잔을 다시 올려 한없이 축복하나니
芝翁의 집안과 함께 우뚝하여라

이참봉규영쉬연(李叅奉奎永晬筵)

角巾 쓰고 숨어 살아 壽하고 건강하니
처음 맞이한 회갑에 좋은 술 올리네
홀어머님께 효도하여 집안이 화락하고
다섯 아들 함께 살아 금슬도 좋아라
春三月에 좋은 잔치 아리따운 손님 모이고
世業은 번성하니 바다 한쪽이로세
가장 친한 친구가 末席에 참석 못하니
나의 일이 못 가게 된 것 부끄럽도다

해사강재내방야화(海史剛齋來訪夜話)

일 년 중 오늘 밤에 정신도 맑은데
맑은 달밤 휘영청 가을 소리 들리네
이 순간 對酌할 이 없어 안타깝더니
수고롭게도 내 벗이 산길로 들어오네
작은 집이 훤히 밝아 무논에 비치는데
흰 구름은 가닥가닥 강 언덕을 지나가네
진중히 남기는 것은 旣望의 약속이니
元堂의 別院에 나그네 피리 불도다

영사사우공부(靈寺社友共賦)

절로 가는 외길이 바위를 돌아 좁거늘
온 절에 꽃피어 봄이 무르익었도다
돌부처는 세월 흘러 나처럼 늙었고
산새는 저녁이 되니 사람 따라 날도다
참으로 그대들 만나 흥취도 높거니
늘 좋은 말씀 듣고 참마음이 나왔네
청컨대 연화봉 위에 달을 보게나
그윽한 손님 따라와 고운 자태 설레네

영사여민지운여로서회(靈寺與閔芝雲汝魯叙懷)

문득 다시 만나니 생각도 새로운데
작년 봄에 즐겁게 놀던 일 생각나네
西海의 구름이 이웃 땅에 머물거늘
깊은 숲 달밤에 글 읽는 사람들이로세
구레나룻이 어쩌다가 더 희어졌고
눈썹 언저리에는 어느새 한 티끌이 붙었나
그대 집에 어진 자제 치하할 만한데도
이제까지 옛날 옷을 바꾸지 않았도다

와정민우지운산장(臥亭閔友芝雲山庄)

나그네가 술을 싣고 멀리 놀러가거니
봄 날씨 아침저녁으로 갰다 흐렸다 하네
바닷가 구름 노을 햇발 어지러운데
별장에 복숭아꽃 살구꽃 한창 담을 둘렀도다
淸明의 佳節이 날씨도 좋거늘
꽃다운 나이 詩人들 서로 맞이하도다

沔陽에 돌아가는 손님 정서도 많거니
당나귀 등에 느릿느릿 다리를 나서네

증창연척형(贈蒼淵戚兄)

奇緣은 詩社에서 서로 자랑하였는데
남은 흥취 돌아옴에 생각 다시 아득하네
제비 오는 동풍은 노는 사람 길이요
파란 담쟁이 넝쿨과 밝은 달은 옛사람 집이라
사립문이 고요하니 산새 소리 듣고
봄날은 길고 길어 뜰에 꽃을 보도다
아내로부터 交際 많은 것 꾸지람을 들으니
가난한 부엌에 소금과 쌀 이미 잊고 산다네

석교배숙부여창연혜춘해사강재공회3수
(石橋陪叔父與蒼淵惠春海史剛齋共會三首)

다리 문이 그윽하여 멀리 서로 찾거니
우물 돌 시내 산 흥취도 짙어라
들길은 위아래로 외로운 마을 나오는데
노을 속에 나무 얽혀 몇 집을 가렸네
이 땅에 다시 와서 봄 달을 말하거늘
먼젓번 놀이 회상하니 절 종소리 쓸쓸하네
그대 집에 풍류운치 가장 좋은 것은
늙은 매화 한 줄기 용트림하는 모양일세

예로부터 浮生은 스스로 끝이 있거니
새해면 술 가지고 山家에 모이네
한마을 저녁 날씨 물보다 맑고

일만 나무 봄 마음에 꽃이 피려 하도다
등불 아래 마주보니 오직 기쁠 뿐
그 누가 늙어 감을 불쌍히 여기나
친지들이 매양 만날 때 적은 것 한하니
이번 모임 사람들에게 뽐낼 만하겠네

서로 만나 흰머리 된 것 안타까워 하지만
선비의 우아한 풍류 몇 고을에서 뽑혔네
술에 취하는 것이 도리어 세상을 가볍게 여김이 아니요
과격한 이야기가 千秋에 남는 것 분명히 깨달으리
바위틈에 샘물이 졸졸 깊은 밤을 울리고
눈 속에 달은 아련히 작은 누대에 숨도다
길러온 寒梅가 높은 선비 같거니
자유롭게 노는 사람 여기 잠깐 머물도다

좋은 때 아름다운 손님 함께 머물거니
올해의 봄나들이 이미 알겠네
세상 밖의 鶴林은 비단처럼 꽃피고
풍류를 베풀어 버들가지 춤추도다
만물의 꽃이 활짝 피면 어느 틈에 대하리
생각나서 찾을 때 모임 늦추지 말라
오늘 이 자리 술도 있는데
上元 前夜에 달도 밝은 때로세

찬연히 한번 웃고 이른 아침에 일어나니
온 세상이 깨끗하여 생각도 높아라
좋은 일은 대부분 어진 동무로 얻나니

좋은 해에 어지러운 근심 생겨 사라질까 두렵도다
따뜻한 아지랑이 새싹에 봄이 아직 얕은데
긴 봄날 빈 누대에 경치 절로 고요하네
술기운과 시 생각이 한데 어울려
늙은 얼굴이 조금 붉어졌도다

동야독음(冬夜獨吟)

한 책상이 고요히 벽등잔이 꺼져 가는데
생각에 정력만 소비하다 새벽이 되었네
베개 가에 마을에서 닭 우는 소리 멀고
지붕 모서리 은하수에 기러기 그림자 차도다
글 읽다가 어찌하여 몸만 늙어버려
먹고살 길 방책 없어 한 해가 걱정이네
찬 방에서 내가 얼어 죽어버린다면
梅花와 雪月을 그 누가 보아주리

김지산복한장사가유선직호근재좌김중소봉제우도
(金志山福漢庄四可柳善直浩根在座金仲韶鳳濟又到)

집안에 큰 대밭 냇가에 소나무
百尺의 산수유나무 있어 큰 용이 누웠네
산마루에 덮인 구름 세속 경치 아닌데
맑고 푸른 봄빛은 마을 모습 보여주네
同志가 서로 만나니 글모임 충분하고
그윽한 사람 진한 술잔 기울이도다
이 마음 매화 잎에 모아 꿰매서
강남에 차례로 편지 띄우세

우현맹척가여창연공음(牛峴孟戚家與蒼淵共吟)

오동잎 하나가 가을을 알리거니
한가한 날 문을 나서 늦게야 돌아오네
흰머리 남은 인생 오직 친구 그리운데
蒼淵 長老가 詩를 논할 만하도다
은하수는 넘실넘실 처마에 드리우고
초승달은 은은하게 나뭇가지에 있도다
이 세상 밖에 武陵桃源이 별로 없거니
이 밤 이 경치 누가 있어 알리오

창연생일여제시반동부7수(蒼淵生日與諸詩伴同賦七首)

다리를 건너 술 사고 해를 맞이하니
걸고 건 푸른 깃발 저절로 한 떼이어라
깊은 별장 樓臺에 노을 자욱한 속에
긴 언덕 수양버들 길가에 늘어섰네
서울의 옛 풍속 다 없어졌거늘
湖海에 노는 사람 구름처럼 모였도다
나귀 타고 가는 이들 詩文도 잘하니
남쪽으로 나는 仙鶴 소리 듣겠네

하늘 땅 아득히 나타나 있는 몸
이제는 다만 衣冠만 지키도다
이번 길에 촛불 잡고 앞길 찾으리니
산마을 풍속 화전 일구며 봄을 기리도다
나비야 옛날처럼 춤을 추거니와
새소리는 말도 많아 새 세상이 시끄럽도다
듣건대 아홉 겹 산에 신선 놀다 갔다니

江湖에 일어나 홀로 근심하는 사람일세

시냇가 높은 누대 산봉우리 마주하였는데
나그네 지팡이 신발 여기에서 만났네
소나무 평상에 바둑돌 떨어지는 소리 크고
봄옷에 술 방울 떨어진 흔적 짙도다
서울 손님이 높이 읊조리니 王安石 같고
남쪽 나라 시인 이름 士龍을 본 듯
錦里에 숨은 선비 나그네 붙잡거니
노랑 대발 푸른 숲이 더욱 깊도다

일백 가지 쓸데없는 근심 날로 번거로워
억지로 시인들 따라 시내마을에 들어가네
가야금과 책을 생각하니 元亮처럼 즐거운데
멀리 구름과 숲을 보니 武陵桃源이로세
가벼운 녹음은 담담한데 봄이 물가에 드리우고
파란 버들은 너울너울 비는 문을 가리네
큰소리로 읊조리며 남아서 마시거니
전원의 봄일이 도리어 어지러워라

다리 물은 출렁출렁 들에 밝음을 건네주니
지팡이는 들떠서 새날 개기를 기다리네
꿋꿋한 매화여 殘雪 추위 아직 남고
실버들에 따뜻한 아지랑이 이미 생겼도다
문득 園公이 약초 올려 기쁜데
다시 바둑 친구가 바둑판을 들고 오네
우리들이 풍류의 뜻을 먼저 깨달았거니

봄일은 해마다 바닷가를 두루 함이로다

詩境이 淸虛하니 절로 마음 고요하고
작은 돛대에 촛불 그림자 희미해라
늘어진 버들가지 동풍도 따뜻한데
아득한 강 하늘 가는 비 내리도다
張翰은 이미 나물국을 생각하고
靈均은 또한 연꽃 옷을 만들었네
한 배에 마주하여 잔을 들거니
초야에서 한가로이 놀다 가세

부평초처럼 湖海에 떠돌아 살거니
10년 세월 아득히 여기에 왔도다
선비들 습속 고치려면 대나무를 심을지니
온갖 산이 모두 가야금 타는 것 배우리
僻地에 숨어사는 것 오로지 志操러니
또다시 새봄이 와도 마음 변하지 마소
황금을 풀어 술을 받아다가
그대와 대작하며 울화병을 씻어보세
근심 생기도다
신기루 안개비 손가락질하기 바쁘거니
이와 같은 變幻 속에 大地가 떠있다네

여김기범약제김순일상원김문오동욱민여로범주유범금도
(與金箕範若濟金順一商元金文五東或閔汝魯泛舟遊於凡金島)

산은 오를 만하고, 물은 배 띄울 만하니
내가 살아온 반 세상에 며칠이나 놀았나

이번 나들이는 신선의 인연 중하다고 할지니
가는 곳마다 좋은 일이 많겠네
石壁이 머리를 눌러 겨우 호흡 진정하고
바다 하늘이 눈에 활짝 열리니 멀리 근심 생기도다
신기루 안개길 손가락질하기 바쁘니
이와같은 變幻 속에 大地가 떠있다네

구로시계운(九老詩稧韻)

버들이 눈썹을 다 부지르니 꽃이 수염과 다투도다
젊어서 노는 사람 아주 기뻐하네
여러분은 다른 사람과 다르다고 하겠지만
봄날 모임에 취하는 것 무슨 상관있으리
옛날에 일류명사 모두 함께 모였거니
오늘날의 아름다운 일로 후세에 전하세
뒤에 와서 빠지는 것 부끄럽지만
盧狄의 풍정이 나에게 어찌 없으리

대곡여창연급만해회화2수(大谷與蒼淵及晩海會話二首)

불평 속에 늙어간 가을이 가까운 날
7월에 西風 부니 또 한 해 흘러가네
등불을 켜니 산 밑에 마을 있는 것 알겠는데
들에는 노을바다 이 밤에 끝없네
답답한 가슴 풀려면 차라리 술놀이
쓸데없는 생각에 잠 못 이루리
만사는 오늘날 잊는 게 그만이니
그대와 함께 한가로이 밤새도록 이야기하세

띠정자 산뜻하여 대자리의 무늬도 새로운데
세상 밖에 맑은 이야기 좋은 사람 만났네
우레가 구름 밀어 빗방울 떨어지고
땅이 타는 해를 올려 절로 먼지 엉기도다
산속에서 사는 것 누가 옳은 줄 알리
늙도록 따라다녀도 싫지 않았네
그대를 보내며 한가을 약속하노니
은근히 부탁하는 말 바다 선비 이웃하소서

창연장공부5수(蒼淵庄共賦五首)

하루 종일 시 읊어 취하고 노래하니
풍류의 한자리에 더불어 놀도다
浮生이 이 세상에 마침 오신 손님
좋은 일 내 평생에 그 무엇인가
나무마다 가을 소리 먼저 느끼거니
봄꿈이야 아주 없었던 듯
정이 아직 남았을 제 돌려 나누는 솜씨
쓸쓸한 검은 매미 산골 모퉁이에 있도다

푸른 산 아래 경치 어찌 좋은지
술잔 들고 노래하는 일생 함께 꾸미도다
學士가 詩를 사랑하니 항상 넉넉하여
먼 데서 온 사람 술 취하면 여기에 머물도다
언덕 노을 사라지니 일천 집이 밝고
들나무 아득하니 만상이 가을이네
신나면 찾는 곳 그 어디인가
모래섬 갈대밭에 고깃배를 매도다

깊은 근심 맺힌 한에 화평한 날 없어도
한번 만나면 그대로 좋은 일 되네
깊은 산골 맑은 가을 흐르는 물도 돌거니
은하수 넓은 하늘에 구름도 가벼워라
시와 술이 흡족하고 좋아서 머물러 마주하니
채소밭을 모두 잊어 늦도록 못 갈았네
문득 매미 소리 듣고 생각해 보니
風光과 시절이 이미 바뀌었도다

날 갤까 비 올까 앉았다 일어섰다
참으로 산속 집에 경치도 좋아라
어젯밤 가을 소리 내 마음 흔드니
올해의 시인 가운데 누가 가장 처량하나
파초는 이리저리 바람 따라 움직이고
박 넝쿨은 줄기 따라 문 위에 늘어졌네
문득 한 매미 소리에 먼 생각 일거늘
아침내 맴맴 울어 무엇을 하리오

며칠을 기쁘게 함께 한잔하였노니
그윽한 사람 깨끗한 푸른 산 남쪽
어젯밤에 부질없이 소동파의 달을 저버렸노니
반평생에 가장 측은한 건 楊子의 상일세
풀나무 우거진 녹음에 한 쌍의 백로 희고
누대에 햇발 기우니 매미 소리 처량해라
뜬구름도 문득 유유한 물건이니
노는 사람 가는 길가에 붙이도다

7월기망여제생좌적우중2수(七月旣望與諸生坐積雨中二首)

아름다운 손님이 퉁소를 가지고 술 앞에 이르니
사람으로 하여금 부질없이 소동파를 생각게 하네
넘실넘실 조각배 누가 다시 건너리
망망하게 많은 물 끝이 없어라
천리 밖에서 오늘밤의 비를 어찌 알았으리
좋은 때 작은 누대에 노을이 가리도다
원컨대 달을 사서 보상을 한다면
家産을 팔아 만 전을 준대도 아깝지 않으리

비가 열흘 넘게 괴로웠으니 이제는 비 개고 달빛 비칠까
늦게야 시인들 따라 서로 의지하리라
이웃에 사는 이도 물이 막혀 모이지 못하거늘
소나무 아래 서늘한 바람에 홀로 돌아가지 못하네
저녁연기 띄엄띄엄 산골 저녁 늦거니
벼논은 높고 낮아 마을길도 없도다
한잔 술은 나에게 풍류하는 물건이니
먼지 털고 맑은 이야기로 산방에 둘러앉세

창연장회숙부여윤소석형구형제김강재연일부시13수
(蒼淵庄會叔父與尹筱石逈求兄弟金剛齋連日賦詩十三首)

작은 누대에 봄빛을 몇 겹 두르니
詩가 천 편에 술이 백 섬이라
平原에 구름이 안개와 합하거늘
別院에 꽃향기가 버들가지에 퍼지도다
옆 사람은 응당 신음하는 몸 비웃지만
浮世에 함께 방랑하는 발길이어라

다만 소원은 여러분과 모임 만들어
아침에 오고 저녁에 가며 날로 만나는 것일세

큰 매화나무 아래에 詩情이 감도니
신바람이 절로 일어 아득히 바보처럼 앉았도다
三春의 술에 취하여 회포도 많은데
비가 사람을 머물게 하는 일 신기하도다
버들 장막에 東風은 피리 소리 날려 보내고
소나무 밭에 해는 길어 조용히 바둑 구경
한가함의 극치에 도리어 걱정 생기나니
모임에 여러 번 빠지는 날 많았도다

우리가 살기 어렵다고 울 것은 없으나
흐르는 세월에 구레나룻 희어지는 것 안타까워라
버들가지 꺾어주던 누대에 봄빛이 저무니
온 산에 비바람만 가득한 한밤이로세
철따라 사물을 인식함에 반드시 가까이 엿보소
먼지 티끌을 쓸어버리면 총명도 닫치도다
술잔을 마주 보며 이야기가 늘어지니
등불만 깜박깜박 옥벌레가 나오네

숨은 선비 한가로움 기르던 숲 아래 누대
아름다운 손님 불러 대사립문 열었네
구름 끝에 울며 나는 한 쌍의 새가 놀고
버드나무 아래 다리에 한 마리 당나귀가 오도다
봄물에 하얀 배는 깃털처럼 가볍거니
시를 쓰는 종이엔 雲母를 발라 파란 이끼 생기도다

좋은 꽃은 머물러 기다리면 밤마다 피거니
香山에서 한껏 읊고 돌아온 것 본받세나

꽃은 피어 어지러운데 버들가지 가지런하고
한 마을 위아래에 집은 동쪽 서쪽
문 앞에 푸른 물에 오리가 놀고
발 밖에 가는 바람 제비 울도다
글벗들 사는 곳 논밭도 좋거니
속된 노래 부끄러워 소리도 낮아라
다 같이 비에 막혀 나그네가 되었노니
送別에 어느 때 虎溪를 지나가리

등나무 지팡이 이리저리 취 언덕을 지나가니
서로 찾는 것은 바로 달이 밝은 때로세
들길은 기울어 돌아 푸른 풀 언덕
산수유는 흰 구름 위로 가지를 반쯤 뻗었네
시 모임은 봄 늦게 피는 꽃을 아까워하니
손님상에 기장밥 밤늦게 지어라
올해는 淸明節을 저버리지 않고
모두 취하여 돌아와 마을 아이들 비웃으리

한 모임 단란한 즐거움 예로부터 드물어
그대 집에 일찍이 사립문을 열었네
이웃에 날 좋으면 닭 우는 소리 들리고
매화꽃 피는 새봄 참새가 지껄이고 가도다
유명한 시인들 서로 이야기 나누니
산속에 좋은 철 마침 만났도다

술의 깊은 맛을 먼저 깨달았거니
술병이 비어 옷을 잡힐까 걱정이로세

오늘 아침 한 줄기 비 갤 것 같지 않네
진중히 놀러가는 것 기다려 보세
굴대빗장 던져두고 어찌 어진 주인을 수고롭게 부리며
백성의 소리를 들음에 교화받은 늙은이 밝은 것 깨닫도다
늙은 느티나무 우거진 집에 산새 울고
새풀 난 봄밭 늙은 소가 갈도다
집안일은 술잔 속에 서로 잊고
그대와 함께 내 평생을 다 이야기하세

한가로운 근심 한가로운 한 정말 아득해
시인의 잔치에 앉아 석양이 되었네
今世에 다만 시골 풍속 두터운 것 좋거니
一生에 오히려 베옷이 시원해 좋아라
萬山에 봄기운 짙게 취하고
百草에 따뜻한 산바람 절로 향기로워라
武陵桃源이 어느 곳인가
함께 가서 마음껏 숨어 살거나

산속에 우물 돌 그윽한 곳이 있어
세상 밖에 고기잡이 나무꾼 다니는 길
먼 나그네 봄을 사랑하여 물길 따라 들어오고
글벗은 술 익었다고 울타리 넘어서 부르도다
문 앞이 서로 보인 버드나무 언덕
바람 노을 새로 개인 살구꽃 불타네

한 가지 일도 없는데 마음 멈추나니
하루 종일 유연하게 짧은 지팡이 짚었네

한가한 잠에서 놀라 깨어 휘둘러보니
詩人이 먼저 경치 새로운 것 느끼도다
늘어진 버들 흐리고 맑은 외로운 저녁마을
가는 비가 일만 나무에 봄을 뿌리도다
다리 위에 푸른 깃발 좋은 술 팔고
등불 앞에 흰머리 그윽한 사람 마주하네
한 소리 긴 피리 뉘 집 아들이 부나
소 등에 황혼이 반쯤 건을 넘어가네

경계가 깊은 곳 티끌 먼지 못 와도
詩人은 오히려 아침저녁 소식 듣네
노는 사람 꽃 풀길 돌아오지 않았거늘
산골문은 저절로 푸른 느티나무 구름 덮도다
나의 인생 외로이 의지할 곳 없거니
봄일은 바쁘게 벌써 반이 지났도다
꺾어질 다리 위에 푸른 버들가지
내일 아침 낭군을 어찌 이별하리

여러 날 비가 어둑어둑 산골 마을 막는데
한봄에 돌아가는 나그네 숲 속에 멈추네
봄바람은 아름다운 꽃의 원망을 듣거늘
긴 날에 좋은 새소리 듣고 있도다
한 줄기 질펀히 흐르는 큰물을 만나니
백번 돌아 고요한 사립문 닫혔도다

여기서 노는 참된 기쁨 누가 주는지 아는가
일마다 모두 造物主의 은혜로세

박매당호경내방조우유수일(朴邁堂浩卿來訪阻雨留數日)

한번 헤어지고 삼 년 만에 다시 멀리 찾으니
쓸쓸한 마을 헌 집이 깊은 녹음 속에 있도다
손님의 나귀는 짧은 처마 밑에 서 있고
이웃집 개는 풀이 우거진 길에서 짖도다
함께 늙어빠진 몰골 처량하지만
서로 마음 통하는 것만 기뻐하도다
이틀 밤 자는 게 비 때문만이 아니거니
밤마다 정다운 이야기 천금보다 귀하네

김경산익제댁여박경보제필점운
(金鏡山益濟宅與朴敬甫齊弼拈韻)

아득한 내 인생 한 세대 흘러
문밖을 나가 둘러보니 구름 걷히도다
빈 들판에 물은 멀리 하늘 끝에 출렁이고
해 저문 석양에 풀벌레 땅을 돌며 놀도다
그윽한 회포를 푸는 데는 詩語가 좋고
風物을 노래함에는 술이 괜찮지
黃梅 이미 익었거니 사람도 늙어
쓸쓸히 흰머리 함께 안타까워하도다

왕원평여창연공음2수(往元坪與蒼淵共吟二首)

근심거리 괴로움 날마다 찾아오거니
단옷날 맞아 어떤 마음인가

맑은 하늘에 새 달 뜨니 은하수가 밝거니
사람은 외로운 마을이 골짜기 숲에 숨었다고 말하도다
보리 이랑은 파릇파릇 아낙네 돌아가고
벗은 술잔을 높이 들고 깊이 앉았도다
우연히 한번 나와 오늘밤을 만나니
다시 높은 누대에 올라 굽어보며 읊도다

기러기 따오기 생각에 바둑도 못 배우니
백년의 인생살이 허무하게 보내도다
摩詰은 말없어도 道를 거의 깨닫고
尙平은 얽힘이 많아 出家가 늦었다네
芭蕉 잎은 바람 앞에 춤을 추고
뽕나무 가지는 언덕 위에 파릇파릇
티끌 먼지 쓸어 妄想을 버리고
흰 구름 깊은 곳에 스승 찾아가세

창연자장미유여부시창연자서산귀래여자좌협환가
(蒼淵煮薔薇留與賦詩蒼淵自瑞山歸來余自左峽還家)

올봄에는 좋은 일에 각각 따로 놀았거니
나중에야 만났으나 갈 길 달라라
나물 캐는 아가씨 푸른 빛 뽑으니 산봉우리도 작고
시골 가게 날씨 맑으니 버들가지 늘어지도다
아름다운 詩句야 滿座를 놀라게 하지만
쓸데없이 멀리 놀러 다니느라고 밭갈이 게을렀도다
장미꽃으로 전을 붙여 배가 부르니
서로 달리 가는 길에 어찌 멀리 배웅하리오

도도우이원일명하유여상수(桃島遇李元一明夏留與相酬)

옛날에는 어찌 그리 멀리하다 늦게야 만나니
문득 녹음 철에 또 만났구려
톱밥이 어지럽게 날리거니 이야기나 하고
쇳소리가 잠깐 나니 詩를 노래하세
보리 익는 들집에 미풍이 이르고
넓은 하늘 강 마을에 해도 더디도
가슴속에 豪邁한 기상 가장 아깝거니
흰머리도 아직 아름답구려

임우여왕석교(霖雨餘往石橋)

푸른 낭떠러지에 작은 외길 뚫리어
떨어진 신발 비틀비틀 십 리가 아득
늙은 영감 언덕 따라 농사 걱정하거니
나그네는 술집을 나서 쌓인 구름 걷어가네
붙어사는 몸 차라리 오리나 되어 물에 띄우고
할 수 있다면 사슴이 되어 나무 밑에 엎드려 있을걸
그대 집 마당가에 나무도 곱거니
매미 소리 시원한 바람 맑은 아침이어라

궁동세연회(宮洞洗硯會)

가을 風光 정말로 아득하거니
삼복더위 지나간 뒤에 맞이하였네
하얀 잎에 교미가 다니 사람이 들을 에워싸고
푸른 통에 술이 익으니 손님이 누대로 오르도다
뭉게구름 저 멀리 나는 학 비를 걷어가고
울창한 숲 속에 서늘한 매미 소리는 문득 가을을 노래하네

그대와 함께 오늘밤 놀이 다시 즐기니
소동파의 밝은 달 예로부터 있는 것을

도유기재치흥가보기운2수(到俞杞齋致興家步其韻二首)

사람은 이 세상에 떠돌아 사는 작은 배
학 타고 나는 신선을 어찌 만나 놀까
옛날 책 벌레 먹은 데 꿰매며 흘러간 시간 아깝거늘
달팽이집같이 작은 집에서 萬國을 걱정하네
아리따운 주인 손님을 즐겨 새 길을 열거늘
다른 땅에다 꽃을 심고 누대를 세웠네
德 있는 집안에 재주 많은 아들 두었거니
아무나 사귀어도 난초처럼 그윽하네

지팡이 하나로 이랑을 지나 반짝이는 모래밭을 거닐거니
꽃풀이 파릇파릇 들길이 멀도다
들길 점방에 거미줄이 봄물을 나누고
언덕 위의 개미허리에 늦꽃이 피도다
글과 술을 품평한 어젯밤의 모임
숲과 우물을 단장한 큰 사람의 집
노래하는 앵무새 정서도 많거니
물가에 쌓인 근심 깨우쳐 주도다

도박종렬가여송해산정송사공부
(到朴琮烈家與宋海山鄭松士共賦)

작약 뜰에 푸른 두 나무 그늘지거니
옛사람의 별장 봄놀이 자취
걸어서 무너진 담을 돌아보니 지나간 세월 그리운데

바라보니 깊은 숲 속에 마을이 있는 듯
술맛에 꽃을 맛보며 시인을 초청하여
글 향기 방에 가득 사립문을 닫았네
우연히 한마디 하니 마음 다하여
며칠을 서로 생각하며 넋을 잃었나

역숙김현족인민갑가(歷宿金峴族人敏甲家)

짧은 지팡이에 저녁노을 둘러 별이 드문드문
꽃나무 고향마을 초가정자 있도다
사람의 일 마음 아픈 것 물처럼 흘러갔으나
어릴 때 놀던 꿈나라 늙은 느티나무 푸르도다
술기운에 感慨 더하니 많이 먹지 말고
詩 속에 뜻 깊으니 함께 듣세나
버들피리 한 소리가 오래 울리는데
섬 산의 맑은 기운 넓은 마당에 가득하네
(金峴은 우리 故鄕으로 태어난 곳이라 옛날 생각에 감회가
많았다)

노인회원제집회암동(老人會員齊集晦庵洞)

여기에 놀이는 규약 있어 맑은 시내에 모였거니
절하고 사양하던 옛터 지난날 그리워라
폭포는 철철 흘러 기울어진 돌에 매달리고
골짜기 문은 저녁노을이 깊이 잠그네
예로부터 뜬 이름 모두 속세의 물건이니
오늘에 좋은 일 아주 奇緣인 것
竹下의 두 손자 씩씩하게 자라거니
집안에 늦복 터진 것 축하합니다

일향노인수10원결계윤회설작소춘초순회우폐장
(一鄕老人數十員結契輪廻設酌小春初旬會于敝庄)

여러분이 약속 지켜 푸른 산을 찾거니

어지러운 먼지 털고 한가한 틈냈도다

나뭇길 지나 단풍나무 아래

초가집이 반쯤 흰 구름에 덮였도다.

음식이 어찌 입에 맞으리오

다만 소나무와 국화 보기 좋아라

석양빛 한 줄기에 그림 같은 마을

여러 섬이 펄럭펄럭 절로 오고 가도다

대설영척한풍감옥옹금패와침음구점2수
(大雪盈尺寒風撼屋擁衾猗臥沈吟口拈二首)

온 산에 눈보라 불어 홀로 문 잠그거니

情緒가 아득히 저녁 구름에 어지러워라

소나무 파도 집을 둘러 배를 맨 것 같고

새벽빛 창문에 비쳐 날이 새는가

곳곳에 외딴집 士友들 그리고

쓸쓸하고 차가운 궁궐에 임금님(高宗) 바라보네

오직 매화 있어 인연 깊거니

담담하게 마주 대함 몇 黃昏이리오

눈앞에 빚쟁이를 피하는 높은 누대 있고

빌린 쌀 갚을 게 없으니 계약서만 고치도다

무너진 집은 다만 눈과 함께 누웠거니

산속에 그 누가 밥을 가지고 오리오

벼슬 않고 배우기만 하니 부질없이 늙어가는 것 서럽고

빈손으로 살길 찾으니 이미 자본 떨어졌네
동쪽 움집에서 죽는 게 나의 분수거니
친척과 朋友들이여 하는 수 없이 울어나 보세

김청우약제만(金淸愚若濟輓)

책상 위에 萬卷書 西湖에 우뚝
斯文의 一脈 있어 외롭지 않았네
등허리에 千斤의 짐을 지고 있거늘
잘 가다가 어찌하여 중간에 쓰러지나
어버이를 공경하여 이름 없는 돈 사양하니
大義가 오늘날에 가장 늠연하여라
이 마음을 미루어 晩節을 지키니
몸을 간직함이 노나라 제나라 선비에게 떨어지지 않도다

설조(雪朝)

눈 색깔 하늘에 이어 사방이 같거니
눈꽃 하얀 나무 바람에 나부끼네
강 위에 도롱이 입고 그림 전하는데
다리 끝에 당나귀 무지개 일구도다
깊은 산 우거진 나무 사람이 있거니
봄이 차가운 숲에 들어 경치도 좋아라
밀수제비라도 내년에는 배부르게 먹으리니
지금은 오히려 참고 양지쪽에 눕세

송해산태옥여박종렬내방(宋海山泰玉與朴琮烈來訪)

봄이 다가도록 회포를 풀 대책 없거니
선반에 가야금과 책 골짜기에 위에 나무

발을 걷고 홀로 앉아 靑山을 보니
소맷자락 마주 잡은 사람 오솔길로 오도다
사는 곳 남은 백발 견딜 만하거니
세월이 흐른다고 丹心을 저버리리
詩酒는 城北의 모임 따르고 싶어
全唐의 風韻을 다시 보고지고

독좌즉사(獨坐卽事)

庭園에 꽃 언덕에 버드나무 맑은 날씨 알리거늘
홀로 앉아 그윽이 생각도 깨끗해라
처마 짧으니 푸른 산빛이 삿자리로 들어오고
境界가 깊으니 꾀꼬리가 雜書를 읽도다
가난해서 술 없지만 오히려 벗을 기다리고
늙은이 밭이랑 바라보니 아직 못 갈았네
홀연히 보니 마당에 새가 솔개에 쫓겨 돌아오니
몸을 날려 鐵甲옷 입고 征伐할거나

김진사동필61세수연(金進士東珌六十一歲壽宴)

연못 거북 소나무 섬 많은 나이 셈하니
예순한 해에 처음 잔치 열었네
글월은 화려하게 이름난 선비
산속의 별장은 별천지로세
우리 인생 누군들 나은 공 기른 덕 모르리
좋은 일은 자손 어진 것이 그만이라
어릴 때 놀던 이야기 우습지만
늙어서 장차 초상화 남아 전하리

조추야독좌(早秋夜獨坐)

끝없는 들판에 파아벼가 익어 가는데
생각은 쓸쓸히 노래도 슬퍼라
가을바람은 浮生의 원한 알지 못하거늘
맑은 달에 어찌하여 홀로 앉은 때 많은가
저녁노을은 금방 벌레가 알리거늘
정든 사람 답답하게 편지도 늦어라
옆에서 오늘 기분 묻고자 하지만
바다 위의 風雲이 이미 아는 걸

도박종렬가2수(到朴琮烈家二首)

아침에 山中에서 떠나 저녁에 郡城에 오거니
四海를 이리저리 돌아다니는 하나의 떠돌이
골짜기 나누어지는 길에 노을이 합하고
저녁 바람 가을 맞아 숲에 들어 울도다
늙은 몰골 매양 벗을 그리다 마르고
남은 세월 어찌 학문을 이루리
요즈음 처음으로 괴로운 생각 떨치거니
책상에 가득한 詩篇이 땅을 치는 소리네

詩人의 생각 서로 알거니
가을 모습 한 가닥 기묘하도다
微雲이 달에 걸린 푸르른 밤
가는 버들 솔솔 바람에 나부낀 가지라
흰머리 절로 세상에 버림받지만
먼지 낀 經傳만 나를 속이지 않도다
陶淵明은 조금 마셔도 아주 취했거늘

술 속에 깊은 興趣 어찌 의심하리오

도송해산태옥가(到宋海山泰玉家)

화려한 문장은 六朝를 달리거니
沔陽의 詩社가 쓸쓸하지 않도다
빗줄기 바람조각 상자 속에 가득
아지랑이 글자 노을 글 깨끗하여라
事業은 多端해도 재미로 알고
하늘 땅 크다 해도 홀로 놀도다
긴 노래 한 곡조 돌아가기 늦으니
단풍나무 성 남쪽 둘째 다리일네

방인릉석동식인유숙(訪印菱石東植因留宿)

갓과 신발 서로 찾는 풀길 우거지고
西風은 실처럼 흰 구름 날리네
아름다운 山庄 전해온 지 오래거니
찾아오는 사람 없다고 말하지 마소
채소밭은 農家에 붙어 정자나무 늘어지고
사립문은 들 연못에 있어 연꽃을 캐도다
과일에 술맛이 그윽하거늘
峨嵋山의 밝은 달에 나그네 못가네

이안협혁의회갑쉬연(李安峽赫儀回甲晬宴)

伽倻山 아래 玉溪 물가
그 가운데 깊은 구름 居士의 집 있네
훈지로 노래 불러 청둥오리 신 보내고
가야금 비파 다시 뜯어 사슴 수레에 숨도다

어진 아들 기르니 평생이 족하고
또다시 회갑 맞으니 늦복도 많아라
늙은 신선 세상 경영 한가롭거니
다시 난학이 살구꽃 피우는 것 보소서

자이안협가전도맹척가체우유숙4수
(自李安峽家轉到孟戚家滯雨留宿四首)

사회가 어지러운 우리나라
우리들 사업도 장차 함께 못하리
봄여름의 시와 글 俗士와 멀리하고
田園의 비와 이슬 하느님께 맡겨야지
때로 다시 문을 나서면 세상 답답하거니
누구와 능히 칼을 논해 마음 통하리
천 리를 빼앗아간 저 원수들
노려보는 가운데 늙어 가도다

江南의 아녀자 竹枝歌를 부르는데
白髮의 書生이 한번 취하여 지나가네
河北은 다만 먹고 놀기 좋거니
東山에 많은 情 붙이지 마소
콩밭 사이 좁은 길 이슬비에 젖거니
버드나무 무너진 다리 낮은 물결 걸리네
숲 속에 별장으로 돌아와 두 밤을 자거니
늙은이 가슴속이 어떠하리오.

浮生이 깊이 숨으면 신선의 길
노을 밖에 아득히 경치 애처로워라

鶴처럼 서서 오래 기다리는 것 내가 잘하거니
매미 소리 맴맴 왜 그러는가
나그네 회포를 노래하니 비구름 걱정
섬돌 따라 고요함 익히며 이끼를 세도다
세상에 終末을 말하지 말라
天皇氏는 일만 여덟 해를 살았도다
(이때에 西洋人이 天地開闢說을 말하여 人心이 자못 소란
하므로 말한 것임)

박꽃 오동잎 경치 쓸쓸한데
비에 막힌 나그네 다리를 건너지 못하네
다만 물소리 시끄럽게 들으며
밝은 달 세 밤을 잃었도다
구름 안개 가득히 집과 산을 막고
벼와 기장 파릇파릇 술집도 멀어라
성에 버드나무 노는 사람 그리거니
내일 아침 가을 낙엽 바라보지 마소

영사여면쉬급제인회화2수(靈寺與沔倅及諸人會話二首)

펄럭펄럭 갓과 신발 西風에 휘날리는데
옛 절은 우뚝 멀리 나타나도다
노래하며 마을 나무 돌아 푸르거늘
앉아서 가을꽃 보니 붉은 물 떨어지네
江州에서 서로 맞이함이 오래지 않지만
蓮社에서 함께 마시기를 허락하도다
벽에 붙은 이름에 옛 자취 남았는데
스님은 무슨 일로 空虛를 말하나

業緣을 신중히 하는 산속의 절에
別院의 書香이 나비 꿈을 깨우치네
滁亭의 太守는 늙은 얼굴에 취하고
江左의 風流는 푸른 사슴 지껄이네
절간이 오래된 기록은 늙은 나무요
경계 깊으니 종일 구름만 오락가락
그대들이 여기에다 글을 많이 남기면
오는 사람 응당 간 뒤의 흔적 알겠지

임덕중수시(林德仲壽詩)

새해의 화기가 집안에 가득
축하 말씀 성대히 사방에서 모여드네
무릎을 두른 춤판 즐겁거니
눈썰미 가지런한 상 공경스러워라
원래 오랜 삶 어진 이가 얻거니
처음부터 祥瑞로움 天道와 친하다네
이제 오래 살 세월도 많은데
은배에 두둥실 洞庭의 봄을 띄우리

박참판제경만(朴叅判齊璟挽)

산 깊어 꽃피는 곳 흐르는 물도 길거니
두견새가 朴侍郎을 부르는 듯하네
英華는 原稿로 남겨 놓고
富貴는 꿈속으로 돌아갔네
사람이 슬퍼하니 짧은 언덕에 봄풀만 남고
손님 돌아가니 빈집에 夕陽뿐일세
한번 가서 돌아오지 못한 길 누구나 통곡하니

이제 어찌 반드시 彭殤을 말하리

과경성우회(過京城寓懷)

삼십삼 년 만에 처음 나선 길
서울 한번 바라보니 감정도 많아라
신기루 어지럽게 공중에 세우고
우레도끼 날아올라 지축을 울리도다
온통 山河가 다른 나라 되었으니
놀란 마음 대궐문에 가을바람 소리
萬卷의 글을 읽은들 무슨 소용인가
슬픈 노래 다 불러도 마음 괴로워라

부당곡노인회석(赴堂谷老人會席)

우리 인생 육십이 꿈인가 참인가
江湖에 맡기어 放浪하는 사람
티끌세상 뜬 이름 흰머리 서러워
風流의 좋은 때만 청춘일세
기러기 그림자 가을 몰아 연못에 날고
닭소리 한낮 되니 이웃에 퍼지네
늙은이 옛 벗 생각 너무 치우치거니
한가로운 날 불러서 알맞게 놀아야지

도송의관태옥가2수(到宋議官泰玉家二首)

綠陰이 물 같아 연못인 듯하고
풀 나무 낮이 길어 글씨 향기로워라
城 위에 구름 봉우리 높고 높거니
노을 끝에 숲 속 별장 파랗게 우거졌네

이번 길 아마도 삼 년 약속이거니
떠나며 어찌 하루 술이 없으리
詩社에 머물던 이 가고 없거늘
작은 다리 가는 비 山陽을 지나가네

늙도록 헤매어도 흥을 다하지 못해
구레나룻 하얀데 갈옷도 차가워라
많은 별 옛 성에 나무 우거졌거늘
긴 피리 그 누가 이 밤에 부는가
생각이 유쾌한 노래에 이르니 謝眺가 그립고
새 술을 거르니 雲安 같아라
오늘 밤 한번 만남 千秋에 흐뭇하니
세상 밖에 풍류 두 가지 아우르기 어려워라

전별본쉬이상만(餞別本倅李相萬)

갓과 신발이 길을 나서 太守樓를 찾으니
잔치자리 섭섭하여 다시 머리 돌리네
嶺海에 생각 돌아 봄 나무 쌓였거늘
郡城에 주인 없어 저녁노을 걷히도다
이상하게 서로 만남 어제 오늘 아니거니
어찌하여 이별하고 떠나가는가
나무 끝에 빗방울 눈물 같거니
깨끗한 정치 이야기 어디서 들으리

東風이 솔솔 부는 늘어진 버들가지
정다운 이야기 떠들썩 밤도 깊어라
빗소리 방울방울 봄을 적신 나무

구름 속에 맑은 반쪽 달
세상에 그 누가 榮辱의 일을 알리오
내 인생은 이미 늙어 죽을 때 되었다네
우리 고을 해마다 꽃피는 곳
그대 보고 싶으면 그대의 詩 읊으리

적도박종렬가본쉬이상만문여지이내회인부시상수
(適到朴琮烈家本倅李尚萬聞余至而來會因賦詩相酬)

작은 누대에 물처럼 가을이 돌아
城市에 안개 구름 이제 새로워라
들에 백로 날아 아득히 반짝이고
푸른 나무에 가을 매미 맴맴 울도다
정치가 깨끗하니 太守가 詩社에 나오고
경계가 고요하니 사는 사람 道心을 피우도다
한번 웃고 서로 보며 맑은 술 거르니
三生에 혼이 여기 와서 찾으리

초하만음(初夏謾吟)

山窓에 푸른 숲 경치도 길거니
책장에 먼지 쌓인 책 글씨 지워졌네
이로부터 병든 사람 세상일에 놀라
마치 장차 늙지 않을 것처럼 때를 잊었도다
콸콸 소리 내며 샘물이 흐르는데
흐렸다 갰다 바뀌는 구름 봉우리 어리석어라
홍촉 해바라기 마당가에 피었거니
날이면 날마다 피어 누구를 기다리나

4월8일도창택여제공공부2수
(四月八日到倉澤與諸公共賦二首)

티끌세상 벗어난 집 구름도 한가롭고
詩人들 머물러 시간을 보내도다
깊은 물에 고기잡이 등불 저 멀리 매달거니
흐르는 구름 저녁 숲에 앞산도 어두워라
한데 모여 그 누가 재미나게 놀 줄 알리
서로 보며 부질없이 늙은 얼굴 아까워하네
내일 아침 이별하면 그리움 이기지 못해
돌아가 전원에 누워 홀로 문을 닫으리

갑자기 서로 만나 아주 기뻤거니
흰 구름 봉우리 아래 늙은 소나무 붉어라
멀리 초청하여 만들었던 모임
넓은 글월 냉담하여 벼슬도 버렸네
등불 켠 밤 번화하니 옛날 풍속 알겠고
洛城의 物色 좋은 것 그 누가 보리
오늘도 바닷가에 술을 팔거니
좋은 일에 부질없이 짧은 옷이 차가워라

여박호석방구참봉연창2수(與朴皓石訪具叅奉然敞二首)

지팡이 끌고 이리저리 하루가 일 년
푸르른 산속에 달걀 빛깔의 하
좁은 길에 안내 없어 풀에 미끄러지고
마을이 보이는 곳 멀리 노을 지네
글 읽던 楊子의 책상 아직 있거늘
손님맞이하던 陳蕃의 榻 걸지 않았네

가장 좋은 구름 숲 그림 같은데
사람으로 하여금 간절히 용을 생각하게 하네

여관이 고요히 낮에도 문을 닫거니
수정 같은 산 색깔 비에 어두워라
바위틈에 매달린 폭포 은하수 떨어지고
높은 산에 구름 흘러 철마가 달리도다
옛날 경치 없어져 자못 처량하거니
주인 노인 마주 보니 다시 따뜻하여라
헤어짐에 또다시 초청장을 받으니
그대 생각 며칠이나 잊지 못하리

여제우상영탑사매면읍두견주
(與諸友上靈塔寺買沔邑杜鵑酒)

꾀꼬리 새끼 귀엽게 사람 불러일으켜
산속으로 이끌어 저녁이 가까웠네
돌 기운 공중에 날려 나그네 소매 펄럭
소나무 그늘 좁은 길 절로 돌아가네
봉우리 따라 탑 그림자 인연 바뀌고
구름 띤 종소리 골짜기 밖으로 날도다
名勝地는 찾아가 보면 모두 세상 밖에 있거늘
마음은 이로부터 참모습이 나온다네

하정우섭장연(賀鄭遇燮長筵)

착한 사람의 경사 까닭 하늘에 있어
예순 해를 살고 또 한 해 더 했네
가야금 비파 상위에 있어 부부 화락하고

난초지초 섬돌에 둘러 자손도 어질어라
신선이 어찌 반드시 三神山에만 있으리
오래 살아 百福 갖추면 그만인걸
단풍나무 국화꽃에 흰머리 길거니
이 잔치 어떻게 그림 그려 전할까

유중명인명만(柳仲明寅命挽)

오호 오늘이 꿈인가 생시인가
상여를 따라가며 눈물이 가득
돌아가는 저세상의 즐거운 땅 아니거니
어떻게 이 세상에 정든 사람 이별하나
숲 속에 십 년 생활 높은 발자취
진리 속에 일백 행실 돈독히 행한 몸
먼저 형님 보내고 그대까지 떠나가니
先人의 집안에 다시 사람 없도다

여이이송학원반행과대야방서정
(與李二松鶴遠伴行過大野訪西亭)

깊은 물 넓고 넓어 들판이 떠 있는데
가슴에 품은 생각 많아 걷을 수 없어라
하늘빛이 위아래 파도 일고
나무 모습 어지러이 지붕 위에 솟았네
衣冠이 깔끔해 마을 사람 아름답고
언덕길 멀리 돌아 나그네 근심이네
이번에 西亭 길 응당 자리 내놓고
세 사람 정다운 이야기 書樓에 하나일걸

우음(偶吟)

초가집이 沔陽에 붙어 있는데
제비 날고 꾀꼬리 우는 여름날도 길어라
위아래 바위 봉우리 높이 둘러놓고
두서너 마을이 숲 속에 숨었도다
가끔 술자리 아주 재미나고
종일 책 읽기 가장 향기로워라
넓은 하늘 끝에 내가 놀거니
뜬 구름은 어찌하여 바쁘게 오고가나

차연산사계신독재양선생전서간행소운
(次連山沙溪愼齋兩先生全書刊行所韻)

後學의 간절한 생각 옛 어진 이 이음이니
全書를 講誦하니 뫼신 자리 같아라
땅을 지고 바다 머금은 듯한 모습
쇳소리 옥빛깔 고운 자태라
學業은 栗谷을 이어 문채 나고
道統은 尤庵이 받아 전했네
우리나라 學問이 끊어지지 않았으니
이로부터 집집마다 저녁노을 걷혔도다

김현우중유숙(金峴雨中留宿)

別鶴峯 앞에 굽은 난간 기대어
九秋의 物色을 빗속에 보도다
노란 꽃 섬돌 중간에 늘어졌고
단풍나무 마을마다 서서 떨도다
萬國의 風雲이 어찌나 떠들썩

몇 집 이웃 안개꽃 홀로 平安하여라
隱居하는 깊은 맛을 그대는 아는지
그윽한 새들 산숲에 오락가락

차족제지헌(次族弟智憲)

속절없이 한번 헤어져 가을 봄 지나
팔 잡고 서로 보니 생각 새로워라
이 시대는 농사 배워 산에 숨을지니
몇 곳이나 옮겨 어진 마을 찾았나
붉은 단풍 푸른 노을 옛 마을 모습
개가 짓고 닭 울어 풍속도 두터워라
오늘날 세상에 숨는 건 술이 제일이니
달게 마심 그 누가 능히 겨누리오

하야독좌(夏夜獨坐)

끝없는 하얀 이슬 밤빛이 맑은데
은하수 그림자에 얇은 구름 밝도다
들 건너 두레박 달을 매달아 올리고
농부의 삿갓에 노을이 걸리도다
쟁기 보습 四隣이 모두 일 바쁜데
가야금과 책으로 반평생 나는 무엇 하나
눈으로 본 바뀐 세상 느낌도 많거니
하늘 땅 아득히 하나의 늙은이일세

차제생운2수(次諸生韻二首)

산이 우거지니 이로부터 내 집이 좋아
세상에 숨어 나무와 돌과 함께 산들 어떠하리오

석양에 기우는 해 마음이 괴로워
술 이웃 서로 불러 모여 탄식하도다
구름은 비를 걷어 다리 건너가고
가을은 바람 따라 숲 속에서 울도다
인생은 도리어 하는 일 없는 것 비웃나니
지나간 세계 이제 꿈처럼 허무해라

평소에 그대 생각 난간 서쪽에 기대거니
사방의 연기가 눈을 가리도다
술잔 앞에 살랑살랑 시원한 바람
피리 소리 속에서 해가 지도다
아름다운 가을 경치 별장에 감추고
들에 모습 모두 실어 맑은 물에 띄우도다
풍년든 기쁨 집집마다 흡족하거니
평전에 벼가 가지런히 익어가네

고제생시격(告諸生詩格)

그대들에게 詩學의 한 수를 알리노니
생각에 먼저 妙境을 익혀야지
古木도 해가 지나야 骨格이 남고
名花도 날이 차야 風神이 나오네
저속하게 그려내면 촌 늙은이 같고
지나치게 멋 내면 배우가 되는 것
시험 삼아 새들이 들고 나는 것 보라
날아가고 날아옴이 자연스럽도다

왕면성유주사장2수(往沔城柳主事庄二首)

홑겹 짧은 옷에 가을이 먼저 찾아
내 인생 이미 늙은 것 처음 깨달았네
스스로 높은 뜻 세상 잊은 것 아니요
부질없이 생각만 많아 잠 못 이루도다
푸르른 성에 나무 닭 우는 속에
얕은 강 구름 백로가 나는 끝
이 경치 이 순간 정신 모아
가야금 박으로 마음 옮겨 학문 이루어 이으리

푸른 시내 한길에 나그네 생각도 푸르러
바라보니 아득히 띠 정자 있도다
城市의 깊은 경치 계수나무 언덕
江湖의 아름다움 연꽃 물가라
바둑소리 하루 종일 사람 머물러 마주보고
술상은 기회 봐서 둘러앉도다
이웃집에 옮겨 자고 아침에 떠나지 못하거니
찬바람에 파초 잎에 비가 쏟아지도다

면양추흥(沔陽秋興)

오동잎 하나에 기러기 한 마리 처음 와
詩人의 철 따른 물건 함께 편지 쓰도다
저녁연기 아련히 성 남쪽 숲
지는 해는 한쪽으로 언덕 위에 집만 비치네
두 팔에 아들 손자 밤을 주어 무겁고
낡은 담에 늙은 아낙 박을 따도다
고기잡이 고동소리 외로운 배 떠나는데

가을 물 긴 하늘 그려낼 수 없도다

화제생운(和諸生韻)

杜子의 눈썹 사이 萬國의 근심
한 잔 술 오히려 그대와 함께 나누도다
세상의 사람들 이익에 끌리거니
江南의 歌曲이 좋은 風流로세
마음 전함에 오히려 千江의 달 있고
道를 지킴에 마땅히 百尺의 누대 있네
우리에게 말한 필생의 사업
책 속에 곧게 서서 머리 돌리지 마소

여제공회영탑3수(與諸公會靈塔三首)

마음이 쓸쓸히 山門을 지나가니
내 인생 늙도록 날도 쉬이 저무네
이 땅에 노랑꽃 함께 웃거니
어디서 온 흰 기러기 소리 듣도다
거친 뜰 어지러이 가을 풀 우거진데
늙은 나무 병들어 저녁 구름에 들도다
나의 벗 풍류 생각 함께 즐기거니
詩와 술 질펀하게 밤늦도록 헤어지기 어려워라

엷은 구름 흰 이슬 끝없는 밤
좋은 벗 좋은 철 참으로 좋은 자리
옛날에 그 누가 이 절에 있었으며
다른 날에 오늘 같은 모임 또 있으리
국화야 너와는 한 고향 친구

흰머리야 내가 신선나라 사람
묻건대 높은 스님 허락 하실지
이 산의 노을을 반씩 나누세

아침이 오는 物色 뒤에 어쩌리
자고 일어난 동쪽 하늘 흥이 남았네
골짜기 나눈 푸른 노을 나그네 소매에 담고
온 산에 단풍나무 스님이 안고 사네
重陽時節 마음 안정 못해
洛下에 諸生들 情誼도 두터워라
湖上의 老松이 쓸쓸히 바라보니
멀리 나의 벗들 고요히 글 읽도다

영사귀로제도송해산장(靈寺歸路齊到宋海山庄)

詩人들 흰머리 눈발에 휘날리고
철 따른 풍광이 경계 따라 바뀌네
골짜기에서 나와 흘러가는 구름 그림자 아득
城가에 늙은 버들 아직 나부끼네
百年에 좋은 일 많이 있지 않으니
반생의 먼 발길 이미 아는걸
돌아서 숲 속 별장에 이르니 갈 길 늦은데
남쪽으로 나는 한 마리 학이 海山에 있는 때로세

9월망일회우봉명암(九月望日會于鳳鳴庵)

江南의 詞客이 노래 잘하는 가을
白髮이 금년에 또한 여기 놀도다
石丈의 마른 모습 함께 절할 만하고

楓人이 寒語를 서로 주고받는 듯
경치 모양 텅 비어 鍾이 반쯤 걸린 듯
시내와 산은 새벽을 향하여 달이 서쪽으로 흐르네
한 잔 술에 重陽節을 전부 감상하노니
下界에 浮生들 백 가지 근심하도다

차제생운(次諸生韻)

어느 날에 夢覺關門 통과 하려는지
덧없이 게을러 몸가짐 한가로워라
지난 일 쫓지 못하고 흰 머리 생겼으니
바라봐도 싫지 않은 건 푸른 산뿐
달 속에 마을 닭소리 들리고
나무 끝에 은하수 기러기 울고 오네
여러분과 함께 그윽한 경치 구경
백 가지 根源은 고요히 앉은 이 순간에 있도다

우현산장제회야부(牛峴山庄齊會夜賦)

나뭇잎 떨어진 외로운 등불 마을 그윽한데
술잔 앞에 노랫소리 내 마음 즐거워라
지난해 오늘은 눈이 왔는데
밝은 달 좋은 밤 다시 누대에 오르네
산 손님 나무꾼 어깨 찬 나뭇잎 울리고
숲 늙으니 삿갓에 저녁노을 떴도다
소나무 그늘 두 마리 학 다투어 와서 깨우거니
眞境은 대부분 물질 밖에서 찾도다

그대들이 명승지에 고기와 술 차리는 것 허락하고

좋은 선비 늙은 지팡이 돌길 이끼 부수네
雪月에 닭소리 밤 추위 재촉하고
은하수는 기러기 그림자에 서리 내리도다
그대들 술 먹고 재미나게 놀지만
나는 약 먹으니 어쩔 수 없다네
매화와 함께 江南 손님 되어
故國을 날아서 꿈속에 한 바퀴 돌까

창연척형내숙호석매하역도(蒼淵戚兄來宿晧石梅下亦到)

池塘에 꿈을 깨니 시 근심 바뀌고
생각이 지극하여 정신 나니 노래하기 좋아라
한가로운 구름 잡아 세상 길 막고
밝은 달 맞이하여 山樓에 들도다
白露의 郊原에 사람과 함께 건너
은하수는 처마 끝 밤에 흐르도다
홍초 해바라기 애석해 하지 말고
우리들 머리 흰 것 응당 웃어야지

맹직원선술만(孟直員善述挽)

오호 임이여 어디로 가는가
상여 잡고 따라가며 홀로 슬퍼하네
어릴 때 놀던 일 어제 같거늘
인간 세상 그 누가 기약 없음 가르쳤나
勤儉으로 成家하여 자손이 이으니
慈良한 마음씨 본성에서 나온 것 벗이 안다네
어떻게 吾兄을 또 떠나보낼꼬
蒼淵을 통곡한 지 얼마 아니 된 것을……

별서정(別西亭)

湖鄕에 秋氣 돌아 쓸쓸하고 맑은데
단풍나무 소리 내고 노랑 국화 피었네
늙은이 浮生에 붙어 이미 느끼거늘
同志들은 어찌하여 가볍게 멀리 떠나는고
뜬구름 그림자 천천히 지나는데
지는 햇빛을 머금어 너울너울 지도다
그대는 흰 갈매기 날아 앉은 곳 보게나
江潮에 왔다 가는 것 나의 마음일세

송별서정(送別西亭)

사귀는 마음 물처럼 담담하게 만나거니
이별하는 생각 산처럼 다시 만 겹이어라
높고 높은 가을 회포 갑 속에 칼로 남기고
느릿느릿 밤 이야기 새벽종이 칠 때까지
시냇물 소리 비 지나가니 외로운 마을에도 나오고
저녁 기운 노을 깊어 몇 집을 닫았네
손에 든 큰 술잔 다 마셔야지
이번 자리는 다만 근심 풀어보자구

서(序)

송별서(送別序)

古語에 말하기를 슬픔은 別離보다 더 슬픈 것이 없다고 하였으니, 別離는 人情에 가장 견디지 못할 곳이 있다. 무릇 사람의 정은 반드시 합하기를 좋아하고 나누기를 싫어하는바, 그 서로 만남에 陶然히 즐거워하고, 기쁘게 말하여 술잔을 들고 마음을 쏟다가 그 서로 헤어짐에는 悵然히 슬퍼하고 介然히 그리워하여 칼을 풀어 주나니, 이것이 人事의 固有한 바로 人情에 어쩔 수 없는 것이다.

비록 취향이 달라도 한번 만나고 한번 헤어짐에 情分이 오히려 그러하거늘, 하물며 뜻을 서로 믿고 오래 사귄 사람일 것인가!

저 기러기 떼 같은 것도 順風에 나란히 날아서 가을 달 밝은 하늘을 건너가거늘, 외로이 중간에 떨어져 길이 남북으로 나누어지면 우는 소리 凄凉하여 騷客愁人이 쳐다보고 탄식하며 살아질 때까지 기다리는 것이니, 대개 事物에 感動하여 회포가 일어나서 문득 人事의 때가 있음을 탄식하는 것과 一般이다.

어찌 슬프지 않으리오만 비록 그렇다고 하여도 離合이란 것은 勢이니, 勢가 시키는 바는 人力을 용납하지 아니하나니 곧 예로부터

人生이 또한 어쩔 수 없었다.

一合一離의 勢에 대하여 매양 別離에 動心하는 것이 또한 망령되지 아니하리.

내가 절에서 한 달을 머물며 鄭씨 姓을 가진 사람과 함께 있어 부엌일을 먼저 하려고 다투고, 청소를 먼저 하려고 다투면서 한 상에서 밥 먹고 발을 포개 자면서 매우 서로 좋아하였다. 하루는 이별을 告하므로 회포에 悵然함이 없을 수 없어 드디어 이 글을 쓰노니 沈約의 詩에 말하기를

이제까지 함께 늙었거니
헤어짐은 서로 다른 때라네

朱先生이 이 글을 季章에게 보내서 뜻을 보인 까닭을 이제 대략 상상하겠도다.

향약서(鄕約序)

무릇 鄕約은 後世에 先王의 道를 講構하여 實行하는 원리이다.

堯舜三代의 때에는 鄕約이라는 이름이 없어도 위로 朝廷으로부터 閭巷에 이르기까지 그 행하는 바가 德業을 권장하고 過失을 規律하고 患難을 구제하고 禮俗을 交流하는 일이 아님이 없었다.

이러한 까닭으로 五倫三綱이 밝혀지고 風俗이 아름다워서 後世에 능히 미칠 바가 아니었다.

내려와 후세에 이르러서는 위로 學校의 政策이 없고 아래로 敎育의 感化가 부족하여 점점 흐려져서 그 時代水準의 萬에 하나도 돌이킬 수 없게 된 것이다.

藍田 呂氏가 이에 慨然히 한 고을에 약속을 만드니 鄕約이란 이

름이 여기에서 생겼는데, 紫陽先生이 취하여 增損함으로서 萬世에 遵行하는 美法을 삼았던 것이니, 대개 또한 衰世의 뜻이었다.

우리나라 여러 先生들도 또한 그것을 講明하여 紫陽의 가르침을 따르면서 古今의 法을 斟酌折衷하니 참으로 天理와 人情에 합하는 것이었다.

一鄕에서 행하면 一鄕이 이미 感化하고, 一國에서 베풀면 一國이 잘 다스려지나니, 충분히 이 法의 아름다움을 볼 수 있는 것이다. 아! 오늘날에는 鄕約의 이름이 또한 들리지 아니하니, 平素慨歎하면서, 다만 遺篇의 짧은 글 속에서 그 法을 읽거니와 돌아보건대 一世에 俗人들과 더불어 말하기 어렵도다.

瑞鄕에 君子들이 慨然히 藍田의 뜻을 가지고, 紫陽과 我東國 先正의 글을 모두 취하여 鄕約을 만들어 一鄕에 行하여 一鄕이 感化하면 나아가 一國에 행함으로서 一國을 장차 잘 다스리게 될진저. 나는 堯舜三代의 治道가 오늘날에 그 조짐이 다시 보인다고 생각지는 않는다. 오호! 성대하여라, 오늘날 여러 君子가 능히 紫陽의 遺法을 행하면서 紫陽의 心法을 다시 論하는 것이 옳겠는가, 孟子는 性善說을 말하면서 반드시 堯舜으로 증거하였고 孔子는 말하기를 성품은 서로 비슷하지만 習慣에 따라 서로 달라진다고 하였다.

대개 人性은 본래 착하지만 그 익히는 바에 착하고 악함이 있는 까닭에 마침내 매우 서로 멀어짐에 이르는 것이다.

이제 瑞鄕의 사람들이 전에 착하지 못한 것을 익히지 않고 오늘 또 착함을 익힌다면 그 장차 堯舜과 똑같이 타고난 性을 회복하게 될 것을 이미 알 수 있는 것이다. 어찌 다만 그 鄕約의 제도로 인하여 堯舜三代의 道만을 얻어 행하겠는가!

그 가정, 그 나라, 그 天下가 모두 장차 성대하게 教化하리니, 鄕約의 結實이 또한 이렇게 나타나서 다시 따로 그 이름을 세울 필요가 없을 것이다.

　나는 一鄕의 善士와 족히 벗 할 수 없으면서 망령되이 理論만 여기에 이르렀으니 諸君子는 혹 無禮하다고 허물하지 않으리.

시사서(詩社序)

　오늘날 사람이 늘 옛사람과 더불어 놀지 못함을 恨歎하나니, 옛날에서 무엇을 취하는가! 그 나와 더불어 뜻을 같이하는 것을 취한다면 오늘의 사람은 또한 옛날의 사람과 비교하여 거의 한 지역의 야만인이라고 할 것이다.

　우리가 늦게 태어나서 나아가 沂水의 봄날을 노래하고 돌아올 수 없고, 물러와 香山의 모임에 쫓아 따름을 얻지 못하여 쓸쓸히 山水間에 흩어지는 것이 비록 매우 한탄스러우나, 만일 古人으로 하여금 본다면 더불어 놀려 하지 아니할 것이니 어찌 하리오.

　무릇 人生의 至樂은 뜻에 맞는 것이 제일이거니, 뜻에 맞는 것은 각각 때가 있어서 항상 좋은 것도 없고, 항상 싫은 것도 없는 것이다.

　自然의 萬物現象을 逍遙하는 것이 진실로 一世의 勝事가 될지나. 그러나 혼자 가서 외로이 읊조리면 문득 寂寞함을 느끼리니, 또한 모름지기 벗과 함께 다니면서 놀아야만 거의 晩境의 좋음을 감상할 수 있는 것이므로 同志가 더욱 사랑스러운 것이다.

　안타까워라! 同志는 한번 만나기도 오히려 쉽지 아니하거늘 하물며 나란히 모이고 자주 만남이야 어찌 지극히 어렵지 않겠는가!

　그러므로 반드시 날짜를 定하여 期約을 두어야 이에 약속에 따라 모여서 술을 권하고 회포를 풀며 시를 지어 뜻을 말하여 古人의 勝遊를 따르리니, 반드시 文章으로 벗을 모으는 한 가지 수단일 뿐만 아니라 山寺 水亭에 花月楓菊과 陽春 淸秋에 나를 부르고 나에게 틈을 내주면 또한 즐겁지 아니하리오, 또한 즐겁지 아니하리오.

程子가 말하기를 옆 사람도 내 마음의 즐거움을 알지 못한다고 하였으니, 장차 한가로이 少年을 배운다는 것을 말하는 것이다.

今世에 우리들 놀이가 곳에 따라 스스로 알맞으면 남이 알아주지 아니하여도 우리의 즐거움을 무엇이 상하게 하리오.

오직 後人이 또한 마땅히 함께 놀지 못함을 한탄하리라.

연등계서(蓮燈稧序)

天下의 일이 사람의 마음을 말미암지 아니하고 이루어진 것이 없나니, 사람은 모두 착한 마음이 있는데, 精誠을 다하면 鬼神도 感激하는 것이다.

經傳에 말하기를 誠實하지 아니하면 物도 없다고 하였으니, 사람으로서 誠心이 있어야만 사람마다 그 物體가 있는 것이다.

대개 心體는 본래 스스로 光明하니, 光明의 本體는 곧 일컬은바 善心으로서 祖師가 傳燈錄에 나열한 것이 모두 이 마음을 밝힌 사람들이다.

무릇 世人 가운데 착한 사람도 또한 燈에다가 이름을 올릴 수 있는진저!

오늘날 一鄕의 人事를 보건대 誠心을 佛前에 바치고자 원하여 각자 돈을 내서 法堂에 燈을 매달아 향기로운 기름으로 시각을 이어 四時에 꺼지지 않도록 하나니, 그 일을 주관하여 이루는 사람은 실로 主持僧 日玄이다.

이 燈이 길이 밝아 장차 해를 거듭하여 一世가 지날 것인가? 안타까워라. 돌아보건대 이 하나의 등불은 곧 百人의 마음이라, 백 사람의 마음이 합하여 하나의 등불이 되어 炯炯하게 길이 밝힌다고 한다.

사람의 마음은 본래 밝으니 등불을 보고서야 百人의 마음을 알 수 있다고 하지만 一切의 靈臺가 스스로 一燈을 가지고 있지 아니함이 어찌 아니리오.

만약 精誠으로 그것을 推究하면 佛前에 매달지 아니하여도 일마다 빛나고 밝을 것이다.

이것은 곧 일백 人士의 마음이 반드시 福田이 發願하는 밖에 있는 것이 아니다.

日玄이 百人의 마음으로 심지를 만들어 하나의 등불을 켠다면 그 마음을 또한 알 수 있는 것이니, 반드시 이 燈을 꺼지지 않게 하여 그 마음과 함께 밝히고 또 日玄에게 衣鉢을 받은 사람도 또한 마땅히 日玄과 똑같은 마음으로 이 燈을 百千萬年에 걸쳐 이 절과 함께 傳해야 될 것이다.

蓮花峰 앞에 石塔이 巍然히 마치 빛이 있는 것과 髣髴하므로 지적하여 燈이라고 하는 바이다.

삼옹첩서(三翁帖序) (癸卯正月)

내가 일찍이 꿈에 한 곳에 이르렀더니 두 老人이 있어 수염과 눈썹이 皓皓白髮이요, 冠服은 淸古한데 欣然히 일어나 揖하면서 말하기를 우리들은 모두 天下의 列仙으로 人間 세상을 遊戲하다가 山澤 사이에서 서로 만났으니 어찌 좋은 因緣이 아니리오라고 하였다.

드디어 술잔을 들고 詩를 지으니, 때는 밤인데 달이 밝아 四境이 아련하거늘 지팡이 들고 徘徊하다가 돌아보고 약속을 하였으니, 다시 좋은 밤에 모이기로 기약하고 선선히 돌아갔다.

나는 깨어보니 이상하여 생각이 眞境에 다다르거늘 이들이 商山에 四皓의 무리나 橘中에 二老의 類로서 꿈속에 나타났는가?

둘도 아니고, 넷도 아니고, 나를 불러 셋이 된 것은 무엇일고, 莊生이 말하는 것처럼 아침저녁에 만날 것에 장차 징험이 있을 것인가!

오랫동안 그 形像을 그려서 世人에게 誇示하렸더니 다만 어렴풋이 彷佛할 뿐이다.

때는 癸卯年 上元 달 밝은 밤에 丹霞 惠春 두 늙은이가 나와 약속하여 石橋庄에 가서 밤새도록 놀아 취하도록 마시고 남김없이 읊어 景像이 超然하여 마치 烟火中에 있지 아니한 듯하였다.

이어 每月 十五夜에 차례로 돌아가면서 우리 세 늙은이의 집에 함께 모이기로 기약하니, 마음이 통하고 정신이 어울려 꿈속에 일과 같음이 있었다.

이에 그림을 三翁帖이라 하고 처음으로 世人에게 誇示하노니, 아! 前日의 꿈이 오늘의 일인가! 오늘의 일이 혹은 전일의 꿈이런가!

그 꿈과 그 진실을 어찌 여러 말로 분별하리오. 塵土 가운데 사람으로 하여금 우리 三翁을 보는 사람은 怳然 茫然하여 문득 이것이 꿈인지 신선인지 홀로 알지 못하리니, 한번 이 帖을 펼치면 장차 그 大夢을 깨리로다.

장유첩서(藏遊帖序) (代人作)

詩의 이름은 대개 詩經三百篇으로부터 비롯하는데 後世에 일컬은 바 古詩는 風雅의 流요, 律詩는 古詩의 變形이다.

오늘날의 詩도 반드시 옛날의 詩에서 말미암지 아니함이 없나니, 옛날 周나라의 盛時에 이 詩를 하던 사람은 그 性情의 바름을 얻어서 歌誦의 聲律을 함에 그 咨嗟咏嘆이 天機의 自然에서 나온 까닭에 是非邪正이 모두 볼만하였던 것이다.

漢魏 이래로 唐宋에 이르기까지 詩로서 세상에 이름난 사람이 대대로 적지 아니하였으니, 그 詩의 가장 뛰어난 것은 그 사람도 또한 매우 훌륭하였던 것이다.

비록 禮法으로 規律하고 道를 아는 것으로 허락하지 아니하지만

그러나 그 襟懷가 冲恬하고 風流가 澹蕩하며 古雅淸曠하여 脫然히 事物의 밖에서 노는 까닭에 그 聲韻이 溜亮하고 體調가 諧暢하여 眞際의 遠思가 있고 天機에 길어 그 詩를 읽음에 사람으로 하여금 翩翩히 興發하게 하는 것이다.

그렇지 못한 것은 俚俗의 纖瑣한 것으로 齷齪冗陋하여 塵土의 氣에 汨汨하고 榮辱의 길에 役役하여 마치 남에게 보이기 위하여 詩를 하는 것 같으니 어찌 배우기가 쉽지 않으리오.

孔子가 말하기를 詩로 일어나고, 禮로 서고, 音樂으로 이룬다고 하였으며, 學記에 말하기를 널리 비유하는 것을 배우지 아니하면 詩에 편안할 수 없고, 여러 사람을 대하는 것을 배우지 아니하면 禮에 편안할 수 없나니, 그 分野에서 신나지 아니하면 능히 즐거울 수 없는 것이라고 하였다.

저 詩로 興을 돋구고 禮로 편안한 것을 배움에 비록 後世의 사람이 능히 미칠 바 아니로되, 그 性情을 陶瀉하고 觸物感發함에 이르러서는 거의 天機가 流動하리니 곧 오로지 詩에 能한 사람만 잘 하는 것이라, 詩를 배우지 아니할 수 없는 것이다.

오직 우리 瑞鄕은 예로부터 文人詩士가 많다고 하였는데, 이제 나와 더불어 노는 사람과 또 詞宗으로 詩를 말할 만한 사람을 뽑아 이에 結社하여 禊를 만들고 每歲의 秋月春風에 家塾이나 山寺에 追隨逍遙 하면서 서로 더불어 그 놀이를 즐기고자 한다.

絲竹 같은 樂器도 없고, 활이나 바둑도 없이 終日토록 읊조리며 情景을 그려내고, 술잔을 주고받으며 醉興이 淋灕함도 한 가지 반쯤 詩境을 얻는 데 도움이 되리라.

冲恬淡蕩하며 高雅淸曠하여 스스로 事物에 이끌리지 아니하고 능히 超然히 高蹈하고 優遊自適하여 옛 詩人의 趣向을 깨달을 것이요. 汨汨役役하여 俚俗冗陋하고 纖瑣齷齪하는 것을 어찌 족히 더불어 논하겠는가?

하물며 禮法의 場에서 조용하고, 義理의 府에서 講評하여 스스로 韻人墨客이 되어 詩酒의 사이에서 放浪하는 데로 돌아가지 아니한다면 古人이 또한 詩로서 道에 나아감이 있었던 것이 아니랴!

저 香山社 가운데 九人이 머물고, 蘭亭稧의 일이 暮春에 끝났으니 돌아보건대 우리 一境에 많은 선비들이 每歲 春秋에 이미 옛사람보다 많고 옛사람도 또한 한번 준비하여 두지 아니할 수 없었던 것이니, 따라서 그 일을 기록하여 다듬어 帖을 만들고 이름하여 藏遊帖이라고 하노니 대개 學記의 말을 취한 것이다.

어떤 사람이 말하기를 우리들의 이번 모임이 자못 쉬며 노는 데 가깝거늘 이에 감추어 닦는다는 이름을 취한 뜻이 어디에 있는가? 대답하기를 이런 말도 있도다. 君子의 學은 잠깐 동안이라도 間斷이 있어서는 안 되는 까닭에 때로 가르침에 반드시 正業이 있고, 물러와 쉼에 반드시 居學이 있나니, 무릇 우리가 退息함에도 문득 時敎의 연장이라고 할 수 있을 것이다.

그러므로 居學이 正業을 벗어나지 아니하나니 이 息遊의 일에 藏修의 業이 또한 들어 있는 것이다.

그 學業에 나아가 한갓 結社修稧의 盛事에만 그치지 않고 마침내 능히 詩로 일어나고 道에 알맞으면 또한 능히 詩에 편안하리니 어찌 감추어 노는 길이 아니리오. 어찌 또한 이름을 돌아보고 그 뜻을 생각지 않으리!

夫子가 또 말하기를 詩는 가히 볼만한저라고 하였으니 이 帖에서 그 詩를 알 수 있을진저!

향약좌목서(鄕約座目序) (甲午十月)

하늘이 사람을 냄에 五常의 性을 고르게 주어서 渾然히 至善하여 일찍이 惡함이 있지 아니하였다. 무릇 이제 착한 사람은 그 本性을 온전히 한 것이요. 악한 사람은 그 本性을 잃은 것이다.

그 본성을 온전히 하면 바야흐로 사람이라고 할 수 있겠지만 그 본성을 잃어 버려도 또한 사람이라고 하는 것이 옳겠는가!

돌아보건대 이제 儒風이 떨치지 못하여 邪說이 함께 일어나 능히 그 본성을 온전히 하여 악한 데 이르지 아니한 사람이 거의 없으니 이것이 當世의 君子가 깊이 걱정하고 길이 탄식하는 까닭이다.

우리 고을은 兵火를 겪은 뒤로 全境이 蕩柝하고 人情이 恐㤼하여 실로 스스로 편안한 길이 없으니 이에 마음을 같이한 사람을 불러 모아 藍田 呂氏의 故事를 대략 본받아 規約을 만들고 若干人의 座目을 記錄하여 儀節을 세우노라.

한 가지라도 匪類에게 물이 든 흔적이 있으면 물리쳐서 入會를 허락하지 아니하노니 그 規約인즉 道德과 事業을 서로 권하고 過失을 서로 規律하며, 禮義와 風俗으로 서로 사귀며, 患難을 서로 救濟하면서 죽고 사는 땅에서 더욱 부지런히 지키나니, 대개 저 사람들은 아직도 그 뿌리를 모두 뽑아내지 못한 까닭이다.

오호! 所謂 東學이란 저들은 정말 어떤 사람인가? 어지러운 말로 서로 속이면서 愚民을 흔들어 眼前에 임금도 없고 손으로 命吏를 때려죽이며 攻掠劫勒함이 이르지 아니한 바가 없으니 반드시 善良한 사람을 다 죽인 뒤에 그치리로다. 아! 너무 심하도다.

亂民賊子가 어느 시대인들 없으리오만 이와 같이 낱낱이 모질었던 것이 있지 아니하였으니 사람마다 나서서 죽이려고 함이 진실로 이러한 까닭이었다.

政府의 수습책으로 招討使 李勝宇公이 이에 군대를 지휘하여 討滅하니, 蒼生이 賊의 소굴에서 벗어나 삶을 얻어 다시 삶터를 찾게 되었다.

비록 부엌데기나 머슴이라도 참으로 사람의 마음을 가진 이는 모두 입을 마주하고 노래하여 말하기를 우리 招討使가 우리를 살렸다고 하거늘 아! 저 무리들은 진실로 이런 사람이 아니로다.

깨우쳐도 고치지 아니하며 죽여도 두려움을 알지 못하며, 용서하여도 또한 은혜에 감복할 줄을 알지 못하고, 스스로 달게 죽으려 하거니 정말 그 本性을 잃은 사람인가? 통탄스럽고 슬픈 일이로다.

孔子가 말하기를 性은 서로 가깝지만 습관에 따라 서로 멀어진다고 하였으니, 善으로 익히면 착한 사람 되고, 惡으로 익히면 모진 사람 되는 것이다. 사람의 착하고 악함이 오직 익힌 바에 달려 있나니, 善으로 익혀서 그 五常을 고르게 받은 本性에 합하여 사람이 되려고 노력하면 聖化를 돕고, 民俗을 두텁게 하여 勸善懲惡에 보탬이 없지 아니하리라.

증종제경구용헌서(贈從弟敬九容憲序) (庚寅十二月)

從弟 容憲이 이미 冠禮를 거행함에 雲養 金尙書가 字를 지어 주기를 敬九라고 하였으니, 대개 玉藻九容의 뜻을 취하고 敬字를 위에 놓아 경계하여 가르치는 말씀으로 하였다.

옛날 智武子가 趙文子를 가르침에 古人의 文과 忠의 일을 일컬으니 君子가 좋은 規範으로 삼았거늘 敬九야 힘쓸지어다.

내가 가만히 생각하여 보니 學問의 道는 몸과 마음을 收斂하는 것보다 절실한 것이 없는데 참으로 收斂하고자 하면 恭敬을 다함에 있나니, 所謂 九容은 곧 居敬의 條目이다.

스스로 怠慢하여 扞格의 근심이 없으면 學問이 이에 進度가 있는 것이다. 그러므로 朱先生이 말하기를 容貌를 움직임에 思慮를 整齊하는 것이 문득 敬이라고 하였으니 진실로 능히 여기에 종사하여 動靜에 어그러짐이 없이 表裏를 바꾸어 가며 바로잡으면 자연히 이치에 적중하여 天下의 大本이 여기에 모두 갖추어 있게 될 것이다.

敬九는 나이가 이제 스물아홉 살이니 容姿가 淸雅하고 마치 九陽이 바야흐로 굳센 것 같은지라 가히 더불어 道에 들어갈 시기이다. 날로 부지런히 敬으로 道에 들어가는 방법을 삼고, 九容의 條目에 힘을 쓸지며 다시 君子의 九思로써 究竟의 法을 삼아 안팎을 번갈아 길러서 儼然히 成德하는 데 이른다면 곧 또한 洪範의 九疇와 中庸의 九經으로 들어가리니 天下의 大小事에 어찌 難知 難行한 이치가 있으리오! 敬九는 힘쓸지어다.

나는 이에 그윽이 느낌이 있나니 지난날 돌아가신 아버지께서도 또한 일찍이 敬으로써 철두철미 聖學의 전부로 삼았나니, 一生의 工夫가 모두 여기에 있어서 動靜語默에 한 가지라도 九容에 합하지 아니함이 없었고, 平日에 子弟를 불러 가르침에 더욱 간절하였다.

오늘 너에게 가르치는 바도 어찌 또한 이것을 밖으로 하리오.

敬九야 공경하여 기억하라! 나처럼 不肖하여 當日의 어버이 敎訓을 진실하게 따르지 못하고 아직도 그 萬에 한 가지도 능히 服從하여 행하지 못하니, 다만 어리석고 게을러 보잘것없는 사람이 되었구나.

先祖의 뜻을 繼承하지 못함을 생각하거니 내 몸을 어루만지며 홀로 부끄러워할 뿐이다. 오늘 이에 나도 잘 못하였으면서 너에게 힘쓰라고 하노니, 비록 第1等을 남에게 양보하는 탄식은 있지만 그러나 너에게 힘쓰라고 하는 것이 실은 나 자신이 힘쓰고자 함이다.

오로지 밤낮으로 敬戒하여 집안의 名聲을 더럽히지 말자.

崇禎四周之庚寅歲除前一日 從兄書

송신동희서(送申東熙序) (壬辰十一月)

이해의 仲冬에 東陽 申東熙君이 나를 方丈山 속으로 찾아와서 그 先祖 默菴公의 遺集 一卷을 보여주므로 읽음에 저절로 깨닫지 못한 사이에 옷깃을 바로잡고 일어나 공경심을 표하였다.

옛날 默菴公이 일찍이 그 先祖 掌令公의 行狀을 가지고 尤庵 老先生을 찾아가 뵈니 先生이 蹶然히 일어나 말씀하시기를 이분의 後孫에 누가 있는지를 알지 못하였더니 나는 비로소 그대를 보는도다라고 하시고 문득 牛栗兩先生의 辨誣疏를 朗誦하고 諸生들보다 특별히 사랑하였다.

나도 실로 申君과 더불어 公을 尊慕하면서 이미 그 家世의 아름다움을 알고 있고, 또한 일찍이 默庵公의 丙寅疏를 國史 가운데서 얻어 읽으며 세 번 감탄하였었다.

이제 君이 來訪하니 愛好의 情이 어찌 남에게 뒤떨어지리오.

듣건대 옛날 凶徒들이 뜻을 얻음에 聖廡의 享에 兩先生을 黜하니, 公이 한 사람의 布衣로 同志를 깨우쳐 글을 올려 聲討하고 復享을 청하였고, 이때 尹宣擧文集을 刊行함에 聖祖를 誣辱하는 말이 있어 저 八松의 子로서 江島에서 失身한 情迹이 敗露하므로 公이 奮然히 抗疏하며 縷板을 毁去하다가 드디어 絶島로 유배를 갔으니 아! 公같은 사람이야말로 참으로 그 家門을 세상에 빛냈다고 할 것이다.

公의 집안도 또한 본래 가난하였지만 빙그레 웃어버리고, 朱子書를 읽기 좋아하여 일찍이 寒水翁과 三洲老를 따르며 스승으로 받들어 비록 그 말이 곧고 대항이 강개함이 天性에서 나왔으나 家法에서 얻은 것도 많았다.

그러나 學問의 힘은 마침내 속일 수 없는 것이니 遺集에 보면 그 平生을 알 수 있는 것이다.

그대 집안의 家世는 아주 아름다운데, 오호! 自古로 名家의 後裔로 義理를 어겨서 그 몸을 辱되게 하고 그 祖上을 더럽혀 세상에 버림을 받은 사람이 간혹 있거니 나는 애석하게 여기도다.

尤翁이 默菴에게 眷眷한 것이 어찌 우연이리오! 申君은 容貌가 端雅하고 擧止가 沈靜하여 스스로 古家의 規範이 있거니, 무릇 正義를 보고 自身을 잊어버리며, 일을 만나 용감하게 말하는 것이 이에 그 傳家의 事業이라.

반드시 능히 그 이어온 실마리를 綽綽하게 지킬지어다. 그러나 또한 모름지기 스승을 받들어 묻고 배우며 글을 읽고 講義하여 그 뿌리를 튼튼히 길러서 우뚝하게 확립된 다음에 비로소 沛然히 일을 論하게 되리라.

다행히 貧窶함으로 그 마음을 얽매이지 아니하고 이에 종사하니 그 家門을 잘 이을 것을 생각한 것이로다.

孟子가 말하기를 벗을 崇尙하는 사람은 그 당시를 논한다고 하였으니 이에 가만히 그 뜻을 취하노라.

원컨대 우리들이 탄식하지 않도록 그대의 옷을 잡고 감회를 말하노니, 그대는 힘써 노력하고 돌아가 家庭에 告할지어다.

崇禎甲申249年 壬辰南至後 七日

송이여범서(送李汝範序) (丁酉七月)

李君 汝範이 나에게 와서 배운 지 몇 달 만에 돌아가기를 알림으로 여러 同學이 모두 詩를 지어 歡送하는데 나는 홀로 말하기를 詩로는 李君을 보내는 선물로 부족하다고 하였다.

대개 李君의 집안은 三世가 훌륭한 文人이었으니 文章의 大家인 것이다. 그 이어서 완성하는 道가 마땅히 여기에 있는 것이니, 금년에 익힌 바도 또한 여기에 있었던 것이다. 李君의 마음을 내가 이미 알고 있거늘 어찌 또한 힘써 종사하여 마침내 성공하는 데 이르지 아니하리오!

비록 그렇지만 文章이란 참으로 道 가운데 한 가지 일이니, 古人

이 말하는바 道를 싣는 그릇이라고 하는 것이 이것이다.

그 道는 없고 그 그릇만 숭상하는 것은 나는 취하지 아니하노라.

月沙와 白洲와 靑湖의 三先生이 비록 文章으로 세상에 이름이 났지만 모두 道學이 淳正하여 蔚然히 後世의 師表가 되었던 것이다. 그러므로 그 文章이 더욱 아름다운 것이었다.

李君이 이어서 완성하는 길도 과연 文章에만 있을 것인가!

만약 능히 斯道로서 자기의 任務를 삼고 讀書 窮理하며 博文 約禮로 一生의 家計를 삼는다면 文章은 참으로 그 가운데에 있어서 文章의 선비에 그치지 아니하리라.

李君은 天姿가 道에 가깝고 진실하게 배우기를 소원하는 마음이 있는지라, 내가 이미 사랑하노니, 이로부터 沛然히 힘써서 부지런히 나와 더불어 배운다면 참으로 바라는 바가 없지 않으나 그 사랑을 누구에게 비교하리오.

옛사람이 말하기를 父母가 바라거니 諸君은 어찌하여 君子가 되지 아니하는가라고 하였으니, 그대가 아버지를 뵙고 배우고자 하는 뜻을 稟告한다면 반드시 빙그레 웃고 허락을 하리라.

詩經에 이르기를 너의 祖上이 그 德을 잘 닦은 사실을 잊지 말라고 하였고 또 말하기를 너를 낳아준 사람을 더럽히지 말라고 하였으니 그대는 힘쓸지어다.

丁酉七月 下澣 方山散人

송인귀근서(送人歸覲序)

鳳頭 金生이 나를 따라 靈塔寺에 들어가 僧舍에 머물며 함께 글을 읽더니 며칠이 안 되어 갑자기 집에 가기를 알리는지라, 내가 무슨 일이 있느냐고 물으니 말하기를 돌아가 자기 어버이를 뵙고 여쭐 말씀이 있다고 한다.

내가 말하기를 집을 떠나온 지 며칠 만에 그 어버이를 잊지 못한 아들의 마음은 가위 착하다고 하겠고, 일이 있음에 반드시 그 어버이에게 여쭈어 따르는 것도 가위 어버이 섬기는 도리를 잘 하는 것이라고 하겠도다.

所謂 讀書라는 것도 반드시 이와 같은 것을 찾을 따름이니 그대가 글을 읽고 學問을 높임에 반드시 이 마음을 잘 推理하여야 될 것이로다.

비록 그렇다고 하여도 이제 그대가 가는 것을 나는 참으로 경계하노라.

오직 그대의 父母가 그대를 山寺에 보내는 것은 부지런히 글을 읽어서 日就月將하기를 바란 것이요, 빈번히 내려와서 인사하기를 기다린 것 아니다.

만일 바쁘게 길을 나서 왔다 갔다 하다 보면 이 마음이 쉽게 흩어져서 專一하게 읽을 수 없을 것이니 산속에 돌아와 精密하게 익히는 뜻이 아니다.

또한 그대가 여쭐 말이 무슨 일인지는 모르지만 讀書의 功이 또한 어찌 多般 說話에 있을 것이냐?

그윽이 바라건대 吾子는 굳게 百原의 靜坐하는 工을 지켜서 그대 집안에서 그대를 山寺에 보낸 희망에 副應할지어다.

송김성심긍연서(送金聖深兢淵序) (辛丑正月二十七日)

孟子가 말하기를 사람이 禽獸와 다른 원리는 거의 희미하나니, 庶民은 그것을 버리고, 君子는 그것을 간직하는 것이다라고 하였다.

오직 君子가 간직하는 바는 그 禽獸와 다른 바의 性理인 것이요, 庶民이 버린 바의 것은 그 거의 稀微한 바의 本性인 것이라. 마침내 禽獸로 돌아갈 따름이다.

모든 사람은 사람이 高貴하고 禽獸가 微賤한 것을 알지 못함이 없어서 간혹 짐승에 비유하여 꾸짖으면 아무리 어리석은 사람이라도 반드시 발끈하고 일어나 성을 내면서도 이제 그 스스로 處身하는 데는 도리어 禽獸의 道를 면하지 못하나니 무슨 까닭인가! 그 또한 생각지 못함이로다. 불쌍한지고.

아! 夷狄도 또한 禽獸일 따름이니, 今世에 보건대 여기에서 벗어나 그 다른 바의 本性을 잃지 아니한 사람이 몇 사람이나 되는가!

하루는 淸風 金斯文 聖深이 나를 方丈山으로 찾아왔는데 儀度가 儼恪하고 言議가 正直하여 外貌를 보아 內心을 證驗하건대 그 우리 學界에 本性을 간직한 사람임을 알 수 있었다.

스스로 말하기를 이번의 길은 當世의 賢士를 두루 찾아뵙거늘 모두 사랑하여 좋은 말씀을 주어 가르쳐 주시니 나에게도 또한 한마디 말로 도와주기를 청하도다.

나는 바야흐로 스스로 나의 몸을 다스리는 데도 틈이 없거늘 어찌 족히 남의 善에까지 미치리오, 감당하지 못합니다. 감당하지 못합니다.

비록 그러나 區區하게 自治하는 바는 夷狄禽獸로 함께 돌아가지 않고자 함인즉 平日에 同志들과 서로 아끼는 것은 일찍이 이것으로 서로 경계하지 아니함이 없었도다.

이제 聖深甫가 또한 어찌 다름이 있으리 저 格致誠正의 學說과 心性理氣의 理論에 이르러서는 方策에 記載되어 있어서 聖賢의 千言萬語가 참으로 이미 다 말한 것이다.

장차 널리 보고 깊이 通達하여 스스로 깨달아서 모두 受用하는 方法이야 어찌 반드시 한두 要訣로 經約하는 땅이 있으리!

그윽이 바라건대 聖深은 聖賢의 글을 모두 읽고 반드시 우리 사람의 고귀한 본성을 잘 회복하여 혹시라도 夷狄禽獸가 되는 일이 없도록 하라.

聖深이 하룻밤을 자고 돌아가기를 알리므로 서로 數百里에 떨어져 살아 後日의 기약이 아득할 뿐만 아니라 世上의 일이란 헤아릴 수 없는 것도 있는 까닭에 이 말로써 떠나는 길에 주노니, 안타깝지만 聖深은 나의 뜻을 알겠지.

송김후송연근귀결성서(送金後松演根歸結城序)

무릇 人情은 만나서 맞이함은 기쁘고 헤어져 떠나감은 슬프지 아니함이 없나니, 한번 만나고 한번 헤어지는 형세가 참으로 땅의 멀고 가까움에서 말미암는 것이다.

옛사람이 同志와 더불어 늘 이웃에 살고자 하는 까닭이 바로 여기에 있었던 것이니, 그 조금 알고 조금 사귐이야 어찌 족히 논하리오.

지난해에 내가 여러 士友들과 더불어 靈塔 僧舍에 머물면서 몇 달 동안 글을 읽었는데 金友後松의 집이 산 아래에 있어서 자주 불러 아침저녁으로 끊임없이 從遊하며 매우 즐겁게 지냈도다.

대개 내가 後松에 대하여 과거에도 두텁지 아니한 바가 없었지마는 이에 더욱 莫逆한 사이가 되었던 것이니, 硏究를 끝내고 下山함에 後松이 시냇물을 건너오면서 戀戀한 惜別의 뜻을 두거늘 우리 집과 그의 집이 十里가 못 되는 가까움에 의당히 멀리 헤어지는 쓸쓸함이 없을 것인데도 오히려 절에 있는 것처럼 손짓하여 부를 수가 없는 까닭이리라.

이제 後松이 仁里를 골라 結城의 平里로 며칠 안 있다가 떠난다고 하니, 이제 가면 結城 땅은 곧 百里의 먼 길이다. 앞으로는 길이 막혀 이미 同鄕의 가까운 길이 아니거니, 꽃버들 단풍국화 아래 술을 마시고 시를 노래함에 비록 靈塔寺의 아침저녁처럼 따라 놀고자 하여도 그 가능하겠는가!

지난번에 後松이 나를 보내는 마음으로 나를 본다면 오늘 마땅히 어떤 마음이겠는가!

일찍이 듣건대 謝安이 親友와 더불어 이별함에 문득 며칠 동안 모질게 하였는데 義之가 말하기를 나이가 늙어서 자연히 그리 된 것이라고 하였다. 이제 나도 또한 어찌 늙어서 그러는가?

後松은 謹厚沈重하여 長者의 風儀가 있고 孝悌敦睦하여 그 家法을 謹守하면서도 나와 같은 寡聞固陋한 사람도 또한 버리지 아니하고 즐겁게 더불어 놀거니 그 사람을 사랑하고 善을 좋아하는 마음을 미루어 알 수 있는 것이다.

이것이 내가 잊을 수 없는 까닭이니, 안타까워라. 早晩間에 반드시 또 靈寺에서 놀게 될 터인데 後松을 보지 못하리니, 구름 하늘 가득히 푸르른 이때에 간절한 생각을 어찌하리오!

仲氏 海耘翁을 訪問하고 松山 山房에서 함께 이번에 헤어지는 근심을 이야기하노라.

송민현필태경서(送閔玄弼泰璟序)

내가 遠近의 士友와 더불어 靈塔 僧舍에서 學業을 專攻하는데 閔友玄弼泰璟이 從父弟인 泰瑢과 더불어 듣고 와서 머물며 같이 글을 읽으니 내가 매우 기뻐하였다.

詩山先生이 나를 매우 사랑하여 주셨고, 老湖公도 나를 매우 부지런히 귀여워하였으니 泰璟은 실로 詩山先生의 長孫이요, 老湖의 允子이라. 그 기쁨이 정말 他人보다 앞섰고, 또한 그 爲人도 사랑스러웠다.

대저 詩山先生이 기뻐하는 것은 저 工夫가 進步한 것인즉 비록 감히 英材를 敎育하는 즐거움에 비교하여 논할 수는 없으나 내 마음에 기쁨을 더하는 것도 늘 알지 못하는 사이에 밖으로 나타나온다.

몇 달을 머무르다가 갑자기 나보다도 먼저 내려가겠다고 하니 모르는 사이에 惘然 自失하여 沈約의 詩를 읊었으니, 일컬은바 別離가 서로 다른 때라는 구절이었다.

아! 만나면 기쁘고 헤어지면 쓸쓸한 것이 人情의 固有한 바이거니, 내가 泰璟을 기뻐하는 마음으로 送別하는 마당에 서니 그 쓸쓸함을 더 잘 알 것이라.

이제 庭園樹에서는 가을 매미 소리가 처량하고 창문에는 달이 밝으리니 내가 장차 어떻게 泰璟이 가는 모습을 생각하리오!

나는 이에 그윽이 바라노니 泰璟은 天資가 道에 가깝고 가히 함께 배울 만하니 반드시 家門의 名聲을 잘 이어 家庭敎育을 저버리지 아니하면서 때때로 栗里山 속으로 나를 찾아와 글을 읽고 학업을 연마하여 오늘 靈塔의 모임을 다시 계속하여서 學業이 日進하여 蔚然히 當世에 이름 있는 사람이 된다면 내 마음의 기쁨이 前日보다 배나 되리라.

이것이 족히 오늘 送別하는 쓸쓸함을 위로하리니, 옛날 程子가 謝上蔡에게 묻기를 서로 이별한 지 3년 동안에 무슨 공부를 하였는가? 하니 돌아보면서 대답하기를 여기 앉은 이 사람은 절실하게 묻고 생각을 가까이하는 것이었소라고 하였다.

또한 泰璟이 다시 나를 찾아오기를 기다리노니 그때 내가 마땅히 물어볼 것인즉 泰璟은 장차 무슨 말로 대답할는지? 그 기쁨과 쓸쓸함이 바로 그때에 있으리로다.

송제생서(送諸生序)

諸君子들과 서로 學問에 종사한 지가 몇 해가 되었는데 하루는 차례로 돌아가기를 알리는도다.

지난날에도 갔다 왔다 하지 아니함이 아니로되 나는 오늘 그윽이 슬픈 생각이 들도다. 나의 家勢가 매우 가난하여 아침저녁 밥을 제공할 수가 없어서 그 糧食을 받지 아니할 수 없었으니 참으로 부끄러웠던 것이다.

올해는 凶年이 들어서 諸君이 혹시 食糧을 낼 수 없고, 나도 가난하여 먹일 수 없으므로 장차 가서 돌아오지 아니한다면 講學의 樂까지 끊어지게 되는 것이니, 내가 장차 마음을 어디에다 둘꼬.

나는 이에 諸君을 召集하여 말하기를 내가 諸君을 봄이 나의 아들과 다름이 없다면 諸君이 나를 봄도 또한 스스로 분별하리라. 그 관계가 여기에 이르는 까닭은 대가 道理로써 서로 期約한 때문이니, 오직 學業의 進度로 근심을 할 것이요. 糧食에 구애 받을 필요가 없는 것이다.

나에게 糧食이 있으면 내가 그대를 먹이는 것이 옳고, 나에게 食糧이 없으면 그대들이 나를 먹이는 것이 옳으니, 양쪽이 모두 먹일 길이 없다면 서로 마주 앉아 배고픔을 참는 게 옳은 것이다. 그러니 그대들은 모름지기 먼저 나의 가난을 걱정할 것이요. 그대들이 糧食을 가져오고 못 가져오는 것으로 걱정하지 말라.

晦翁이 말하기를 食糧을 가지고 가서 배운다는 말을 듣지 못했다고 하는 것이 바로 諸君의 道인즉, 혹 밥을 먹거나 혹 죽을 먹거나 나는 諸君과 더불어 함께 하리니 諸君은 이 마음을 저버리지 말라.

내가 말하는 바 道義는 있지 아니함이 없나니, 諸君은 반드시 여기에서 합당하게 처리한 다음에 제대로 학문을 할 수 있을 것이다.

송김판사상직귀신평서(送金判事商直歸新平序)

君子의 道는 때를 따라서 順應하나니, 義理에 알맞게 할 따름이라. 세상의 治亂에 따라 나아가고 물러오며, 자기를 써주고 버림에 따라 뜻을 펴고 감추나니, 居止와 遊息에 이르기까지 한 가지 道가 아님이 없도다.

한 가지의 道는 무엇인가? 義이다. 그러므로 편안하다고 말하는 것이니, 편안한 길로 잘 옮겨감에 저 때는 되었다고 하여도 그 義가 아니면 또한 말미암을 수 없도다.

나의 벗 西亭은 재주가 많고 학문이 높아 博通英敏하여 훌륭한 그릇이라 때로 나라에 추천함이 있어도 깨끗하게 여기지 아니하고 太華山 속에 隱居하더니, 얼마 있다가 幡然히 뽑힘에 응하여 나아가 시험 쳐서 法을 맡아 흔들리지 않고, 政事를 봄에 名聲을 얻어 벼슬이 二品에 이르렀으나, 오히려 그 포부를 펴지 못하고, 때가 어찌 할 수 없음을 보고는 드디어 洪陽의 新平으로 물러오고 말았다.

이곳은 世世로 隱居하던 땅으로 親戚들이 남아 있고, 논밭이 남아 있어서 田園林泉의 樂이 아울러 있으며 물고기와 채소가 모두 그 뜻에 알맞으므로 이로써 늙음을 마치는 계책을 삼았던 것이다.

그러더니 갑자기 다시 栗里가 살 만하다고 하여 그 아들이 집을 옮기자는 말을 듣고 몇 해를 살더니 사람의 일이란 느낌도 많아 이제 家人의 勸으로 일어나 故鄕으로 되돌아가니 또한 그 평소의 뜻으로 때를 따라 順應한 것이라.

무릇 어찌하여 이곳에 잠시 머물던 땅을 연연히 돌아보고, 그 떠나가는 길이 쓸쓸히 떠나고 싶지 아니하는 빛이 있는 것은 무엇인가!

옛날에 서울에서 벼슬할 때 임금님의 은혜가 융숭하고 앞길이 끝이 없어 함께 더불어 일하던 사람이 모두 어진 士大夫러니, 그 거침없이 초야로 돌아갈 것을 노래함에 말리고자 하였으나 말릴 수 없어 南大門 밖에 나와 餞送함에 車馬가 줄을 잇고, 눈물을 뿌리며 서로 떠나지 못하거니, 그때 西亭의 마음은 어떠했으리오!

이제 오늘의 惜別은 참으로 風土의 즐길 만한 것이 아니요. 특별히 우리 朋友들이 함께 노는데 취향이 같고 우정이 깊어서 비록 떠나가더라도 잊을 수가 없는 까닭이다.

돌아보건대 나와 여기에 이웃하여 三年을 사는 동안 아침저녁으로 끊임없이 서로 찾아 매우 기쁘게 지냈도다.

이제 헤어짐에 서운하고 슬픈 것이 南大門 밖에서 送別한 사람들과 다름이 없도다.

아! 구름이 하늘을 떠돌듯, 부평초가 물에 떠돌듯, 갈대가 바람에 날리듯 모이고 흩어짐을 어찌 마음대로 하리오. 造物者가 그 사이에 主張하여 사람으로 하여금 혹 웃게도 하고 혹 울게도 하지만 사람이 이때에 스스로 그 누가 시킨 것인 줄을 깨닫지 못할 따름이거니, 어찌 족히 말을 하리오.

다만 우리가 모두 黃昏 길에 있어 늙은이는 이별하는 장면을 견디기 어렵거니, 沈約의 詩에 이르기를 이제 함께 늙어가거니, 다시는 離別하는 때가 없겠지, 라고 하였거늘 晦翁이 季章에게 보인 뜻을 비로소 알겠도다.

이제 나는 구름 숲에 들어가 바라보고, 또한 春風和時에 한 지팡이 두 신발로 攸芋精舍를 찾아가서 고기 회에 나물국으로 큰 술잔을 띄우고, 서로 더불어 끝없이 이야기하며 취하여, 北風에 즐겁게 함께 돌아오는 詩를 노래한 것을 그리워하고 다시 이 세상에서 행하여 마땅한 道를 서로 생각하리로다.

송유기범진태유사군서(送俞箕範鎭泰遊四郡序) (壬寅五月)

나는 山水의 취미가 있어서 항상 禽尙五嶽의 소원이 있었으나, 形勢에 얽매여 決然히 버리고 떠날 수가 없었으니, 늘 한 생각이 나면 일찍이 답답하여 병이 생기지 아니함이 없었으나, 方內의 名山을 다만 가슴속에서만 갔다 오는 것이었다.

이제 俞子가 遊覽한다는 말을 들으니, 心神이 灑然하여 곧 九嶷

에서 淸風이 생기니, 한 마리 나귀를 얻어 머리를 나란히 하고 동쪽으로 펄럭펄럭 오르내리며, 그 名勝地의 생김새를 마음껏 구경하고 싶지만, 宿願을 또한 풀길이 없으니 한탄스럽도다.

다시 바라건대 吾子는 나를 위하여 詩로서 그리고, 文章으로 記錄하여 그 形狀을 다듬어서 가지고 돌아와 여기 가보지 못한 사람으로 하여금 유람한 그림을 보게 하고, 또한 마땅히 멀리 유람하는 가벼운 행장에 다른 물건은 가지고 다니기에 마땅치 않으니, 詩話 한 반 권, 古文 한 편, 聖賢書 몇 권이면 족하리라.

古人의 韻語를 걸으며 읊조리고, 古人의 行事를 쉬며 읽으면서, 아침저녁으로 반드시 明과 誠으로 涵養하는 學說을 가슴속에 생각하여야지, 그리고 날마다 記行을 쓸 종이도 빠뜨리지 말게나.

兪君 箕範이 나와 더불어 山寺에서 글을 읽은 지 몇 달이거늘 장차 四郡을 遊覽하려고 어언간에 告別하며 떠나는 쓸쓸함이야 이미 말할 틈이 없거니와 少年이 멀리 遊覽함에 응당 한마디 말을 주어야 하고, 사람에게 말을 주는 것이 仁者의 일인즉 돌아보건대 내가 어찌 감당하리오.

비록 그렇지만 우리가 平生 글을 읽었으니 반드시 그 仁을 찾아서 贈別하는 것이 옳도다.

무릇 仁의 道는 커서, 孝가 仁하는 根本이거니, 사람의 자식이 되어 만일 그 몸이 父母의 근심이 되지 않으면 孝道를 거의 할진저!

傳에 말하기를 감히 그 몸을 두지 말라고 하였고, 孔子가 말하기를 父母가 계심에 멀리 놀러가지 아니하고, 놀러감에 반드시 方所를 두라고 하였으며, 子春이 말하기를 한번 발을 옮김에도 감히 父母를 잊지 말라고 하였으며, 范氏가 말하기를 아들이 父母의 마음으로 마음을 삼으면 孝라고 하였다.

무릇 愉色이나 惋容은 참으로 옆에서 모실 때의 承順함이거니와

出遊한 때에는 더욱더 신중하지 아니할 수 없는 것이니, 어떻게 謹愼할 것인가? 父母가 그 자식이 반드시 신중히 함을 알아서 그 行止를 믿어 근심하지 아니하여야만 된다.

이제 尊府 杞齋令公이 아들에게 命하여 永春山 속에서 사슴을 사냥하여 장차 녹용으로 그 元氣를 보충하려고 하니 愛護의 情이 무겁거니와 箕範은 平日에 家庭敎育을 잘 받아서 孝養에 方正함이 있으니, 尊公이 그 반드시 愼重할 것을 믿어 근심하지 아니하지만 대개 아들을 사랑하는 情이 無窮한 까닭에 또한 반드시 이번 길을 염려함이 있을 것이라.

箕範이 出發을 알림에 드디어 경계하여 말하노니 이번에 가는 永春山은 五百餘里라 이 더운 旅程에 먹고 자고 걷고 쉼에 반드시 신중히 하여 잘 다녀오도록 힘써라. 아들아! 箕範이 대답하기를 네, 감히 命令을 잊지 않겠나이다.

이에 匹馬에 마부 한 사람으로 문을 나서 떠나니 하루 이틀 한 여관 두 여관을 지날 새, 尊公은 堂室에 있으면서 말없이 마음속으로 계산하여 말하기를 오늘은 몇 리를 가서 어느 여관에서 자고, 내일은 어느 산을 넘어 어느 강을 건너가리니, 며칠이면 거의 이르러 가리라 하리라.

道路를 지나가면서 능히 자만할 것이냐! 山川이 險阻 하거늘 능히 피곤하지 아니할 것이냐! 밥이나 제대로 먹겠느냐! 잠이나 제대로 자겠느냐! 나귀는 힘들지 않으리! 마부는 지치지 않으리!

사슴을 몇 마리나 잡아야 크게 기운을 補할까! 薰風 暑雨 朝霧 午熱 일마다 염려하리니, 우리 아들이 어찌 속히 돌아오지 않는고! 이것은 尊公의 아들을 사랑하는 마음이 無窮함이니, 그 자식 된 사람은 마땅히 이 마음을 체득하여 부지런히 스스로 힘쓸지어다.

箕範은 이제 비록 멀리 유람을 가나니, 遊覽을 함에는 方所가 있는지라. 그 발을 한번 뗌에 尊公의 마음으로 마음을 삼아 감히 잊지 아니할 것을 나도 또한 믿어 의심치 아니하노라.

더위가 가고 가을이 옴에 산속에 수렵을 끝내고 箕範이 돌아와 절하여 인사를 함에 얼굴이 붉고 피부가 고우면 尊公이 이에 기뻐하여 말하기를 우리 아들이 돌아왔는가! 어떻게 다녀왔느냐고 하면 箕範이 무릎 꿇어 옷자락을 펴고, 그 途程에서 보고 들은 일을 아뢰고, 그 山水의 名勝 모양을 말하며, 보따리에서 詩篇을 찾아내서 清新한 이야기로 復命하면 마음으로 기뻐하여 말하기를 이번 길에 소득이 적지 않구나라고 하리라.

이것이 곧 箕範이 옆에서 뫼시는 때에 어여쁘게 함으로써 尊公의 마음을 즐겁게 하여 드리는 방법이로다.

이와 같이 하는 방법이 무엇인가? 아! 나는 일찍이 들으니 四郡은 湖西의 第一勝地로서 佳山 麗水 秀岩 怪石의 名區靈境이 奇絶瓌嵬하여 酬接不暇라고 하거늘 箕範은 능히 거기에서 精神을 모으고 妙道를 살피어 그 性情을 陶冶하고, 德行을 길러서 文章으로 나타내어 蔚然히 當世에 이름이 난다면 그대가 길이 江淮의 遊覽을 어찌 족히 논하겠는가!

孝道가 이에서 終始 위대하게 되리니 어찌 이른바 仁者가 아니리오.

箕範이 나를 따라 배움이 몇 년 되었으니, 나의 期望하는 바가 다른 사람에게 뒤지지 아니하여, 그 연연한 情이 갔다 올 때까지 잊을 날이 없으리니, 登臨의 趣興과 遊觀의 즐거움을 말하지 않고, 다만 그 돌아와 山庄에서 악수할 날을 기다리노라.

그때에 다녀온 회포를 말하면서 麗詞佳句를 모두 보여주면 내가 크게 기뻐하여 말하기를 詩가 江山의 아름다움을 그려냈도다. 詩가 이미 이와 같다면 所得을 가히 알 수 있노라.

山寺에서 讀書한 힘이 그 壯觀을 기다려 나타난진저라고 하고 朗

然히 한번 읽으리로다.

　玄黙攝提格 榴花月 竹醉節 方山友人.

송제생서(送諸生序)

　詩에 말하기를 저 해와 달을 바라보니, 내 마음 아득하여라. 길도 멀거니, 어찌 능히 오리오라고 하였는바 나는 늘 글을 읽다가 여기에 이르면 일찍이 節을 치고 노래하지 아니함이 없었다.

　明道先生이 詩를 읊으면 사람으로 하여금 感興을 일게 한다고 하는 바를 가히 깊이 想像할 수 있는 것이다.

　이제 諸君은 나를 따라 글을 읽으며 몇 달을 머물다가 장차 또한 차례로 돌아가기를 알리므로 이에 日月이 쉬이 감을 탄식하고, 工夫가 끊어짐을 애석하게 여겨 생각이 아득하도다.

　諸君의 工夫가 進步하는 것은 실로 알지 못하는 가운데 스스로 있는 것인데 볼 수 있는 것은 해와 달이 가는 것이다.

　만일 歲月이 나와 함께하지 아니하여 공부하는 바가 혹시 나아가지 아니하고, 退步한다면 어찌 애석하지 않으리오.

　아! 諸君이 올 때에는 단풍이 붉고 국화꽃이 노란 아름다운 가을이었는데 어느덧 해가 저물어 봄이 장차 다가오도다. 이렇게 백 년을 統計하여 보면 백 년도 짧은 것을 또한 알 수 있을 것이니, 諸君은 모름지기 이때에 힘쓰고 힘써서 부지런히 成功을 거두기를 기약하여 靑春의 小壯時節을 헛되이 보내지 말라.

　나 같은 사람은 일찍이 이미 지나간 날에 힘쓰지 아니하다가 이제는 白雪이 머리에 가득하고 눈에서는 현기증이 나서 비록 末年에 成功을 거두려고 하여도 또한 미치지 못할 뿐이다.

　諸君이 나에게 와서 배움에 어려운 질문을 대답해 주지 못하면 감히 벗이 먼 곳에서 찾아오는 것이 즐거움이 되지 못하여 내 몸을 쓰다듬으며 스스로 슬퍼할까 안타깝고, 또 혹시나 諸君이 나에게 와서 배우다가 나처럼 成功하지 못할까 두렵도다.

비록 그러나 길이 멀지 않으면 또한 곧 오리라고 하였으니 곧 올 수 있는 까닭은 道가 사람을 멀리하지 아니함이라. 道가 있는 곳에 또한 諸君의 사람됨이 있는 것이로다.

詩에 또 말하기를 비바람이 처량하여도 닭은 울도다라고 하였으니 이것이 내가 諸君에게 간절히 생각하는 바이로다.

증재명상인(贈在明上人)

金剛은 내가 그리워하여 보고 싶은 곳인데, 이제 山人 在明을 伽倻山 속에서 보거니, 瑰琦淸秀하여 雲霞의 기품이 있었다.

나를 위하여 山의 形狀을 이야기하여 주는데, 매우 자상하여 사람으로 하여금 귀를 기울려 마치 그 산을 본 듯하게 하였다.

이것은 名山이 그 勝境을 스스로 알리어 사람에게 지팡이를 들고 떠나도록 재촉하는 것이라고 말하겠도다.

在明이 감에, 나도 장차 이 산에 들어가 그 勝狀을 모두 구경하리로니, 在明은 그때 감추지 말리로다.

이 글을 써서 約束하노라.

증만송거사서(贈晩松居士序)

林川 趙勉植이 일찍부터 학문에 힘써서 文章으로 세상에 이름이 있었는데, 여러 번 고을에서 추천되었으나 覆試에서 떨어졌다.

利器를 품고도 뜻을 얻지 못하니, 白首로 湖西의 洪陽에 와서 늙어가며 號를 晩松居士라고 하였는데, 그 晩年에 松枝村에서 사는 까닭이었다.

居士가 다시 나를 方山庄으로 찾아와서 그 平生事를 간청하므로 내가 文章力이 없다고 사양하였으나, 얼마 있다가 慨然히 感歎하고 이에 써 주노라.

自古로 宿德篤才가 때를 만나지 못하여 헛되이 바위틈에서 늙은 사람이 어찌 한이 있으리오만, 居士가 늙도록 成功함이 없는 것을 보건대 또한 世道의 汚隆을 점칠 수 있겠도다.

옛날 居士가 벼슬길에 나아갈 것을 생각함에는 文人學士가 장차 차례로 쓰이리라고 여겼으나, 마침내 뜻을 펴지 못하는 데 이르렀으니, 곧 選擧라는 것도 人材를 모두 발탁하지는 못하는 것이로다.

이제 居士가 배운 바를 거두어 감추고, 다시 세상에 추구함이 없으니, 그 志操가 더욱 단단하고, 그 風格이 더욱 높아서 세상 꼴이 더욱 그 아래로 보이리라.

비록 그 만난 운명은 可惜하지만 그 추구함이 없는 것은 돌아보건대 천만 進取하는 것보다 많지는 아니하도다.

그윽이 듣건대 居士의 先祖 諱磎는 篤行이 있어 華陽先生이 그 事實을 傳述하여 세상에 流行하고, 水東亭 諱某와 棄齋 諱某의 兩世는 이름난 進士로 일컫는도다.

이제 居士의 文學과 實行은 그 家門을 잘 이어, 집에서는 孝友하고, 세상에서는 淸儉하며, 그 詩文이 많아 산처럼 쌓여서 모두 後世에 전하리로다.

오호! 居士의 先祖가 살던 時代는 어떤 세상이었고, 居士가 進取하던 時代는 어떤 세상이었으며, 居士가 추구함이 없는 時代는 어떤 세상인가! 어떠한 汚隆이 있는지.

세상에 글을 잘한 사람은 그 일을 엮어 기록하여 그 先祖의 자취를 족히 아름답게 하는 것이라. 내가 실로 居士에게 옷깃을 여미어 바로 함도 이와 같을 따름이니, 이것이 晩松居士를 위하는 바이며, 詩文을 간직한 것이 몇 권 되는데 朱子가 말하기를 소홀히 보는 것이 옳지

못하다라고 하였으니 나도 여기에서 또한 그렇게 말할 뿐이라.

증민태용김관제2군서(贈閔泰瑢金寬濟二君序)

閔金2君이 해가 지나서 찾아와 하룻밤을 자고는 문득 돌아가기를 알리는지라 내가 있는 힘을 다하여 말렸으나 마침내 일이 있다고 하여 총총히 떠나가 버리거늘 나야 비록 어찌 할 수 없지만 오히려 悵惘한 생각이 들어 종일 기분이 사나웠다.

이에 스스로 돌이켜 보건대 부끄러워 다시 안타까워하노니, 2君이 나를 따라 遊學하는 것이 몇 년이로되, 그 卓然히 成立함을 보지 못한 것은 곧 그들을 敎導披諭한 사람인 내가 그 方法이 없는 까닭이다.

그러므로 이제 또한 적조한 나머지 한번 왔으니, 의당 다소간에 講論하는 말이 있어야 할 터인데도 끝내 한마디 말도 問學에 미침이 없은즉, 나에게 진실로 도움이 되는 학식이 없는 것이라.

그러나 만약 親厚하다면 한번 만남에 반드시 머물러 차마 버리고 떠나갈 수는 없는 것이 참으로 人情의 必然이라고 할 것이다.

2君이 또한 이와 같이 決然하게 돌아간즉 나에게는 親厚한 사람도 없는 것이로다. 이에 몸을 어루만지며 自愧함을 금할 길이 없도다.

무릇 學者의 工夫는 참으로 士友를 바탕하여 바로잡는 것이다. 그러므로 사람과 더불어 서로 모이는 것이니, 비록 邂逅하는 자리에서도 반드시 問辨하는 이야기가 입에서 흘러나와 스스로 그만둘 수 없게 되는 것이다.

2君은 바로 나와 함께 공부하였는데 한 번 헤어져 2년 만에 만나서 이야기할 말이 없고, 물어볼 의심이 없다면 身心을 이 일에다가 두지 않았음을 미루어 알 수 있는 것이다. 어찌 깊이 가석한 일이 아닌가!

2君은 과연 衣食이 곤란하여 生業에 종사하느라고 그렇게 되었는가! 그러나 道를 걱정하는 사람은 이미 輕重을 알 것이니 더욱 이와 같이 하지 못할 것이다.

안타까워라! 2君이 학문에 뜻을 세운 지 몇 년인데 어찌하여 여기에 이르렀는가? 나는 알고 있도다. 2君이 이렇게 된 것은 2君의 책임이 아니라 나 때문이며, 나 때문이 아니라 세상 탓이로다.

世態가 변하고 吾道의 厄運을 만남이 나와 2君의 運命이로다. 내가 運命을 어찌 하리오. 그렇다면 여기서 멈추어야 옳단 말인가!

대개 일찍이 듣건대 君子의 學은 한 몸으로 參與하여 三才가 되나니, 그러므로 世態의 變과 吾道의 厄運이 無限한 橫逆이지만 실로 나의 몸이 이름을 이루는 기회가 되어 天命을 나로부터 세우는 것이다.

진실로 2君이 쓸쓸히 돌아서서 아득히 自退하는 것이 運命이 아니라, 나의 책임이며, 정말 2君의 책임이로다. 이에 내가 이미 부끄럽고 안타까움을 벗어나지 못하면서도 다시 바라노니 2君은 옛 걸음으로 前進을 기하여 斯道가 2君에 의하여 떨어지지 않기를 촉구하노라.

孔子가 말하기를 君子는 죽음으로 道를 지킨다고 하였고, 또 말하기를 죽음에 이르러도 변절하지 않으니 굳세도다. 라고 하였으니 2君은 모름지기 힘쓸지어다.

증2홍군서(贈二洪君序)

洪君 瑋裕와 그 三從弟인 翰裕가 나를 栗里山中으로 찾아와서 장차 한여름 講誦을 하겠다고 하도다.

내가 이에 매우 기뻐하지만 참으로 부끄러움이 있나니, 대개 2君은 나를 길을 아는 말로 알고, 禮를 아끼는 羊으로 간직하고자 하지만 나는 어려서 배움이 없고, 늙어감에 더욱 거칠게 놀아 그 疑問에 應答을 못해주고 산골에 살면서 스스로 버렸거늘 다만 古人의 書籍으로 의지를 삼아 또한 세상에 추구함이 없노니 사람들이 간혹 그 간직함이 있는 것으로 의심하지만 실은 텅 비어서 한 물건도 없으므로 스스로 자신을 속이고 남의 속이는 것을 면하지 못하여 종신토록 부끄러울 뿐인즉 이제 2君에게 더욱 절실하도다.

또한 나는 집이 가난하므로 士友에게 供給하지 못하여 居室이 낮고 좁으며, 飯食이 거칠고 사나워서 거의 견디기 어려운즉 거듭 부끄럽거늘 2君은 짐짓 편안히 지내니 그 뜻을 세움이 堅忍함을 이에 기뻐하고 동시에 그 天資가 道에 가깝고 몸가짐이 優雅하며, 힘써 부지런히 文字에 종사하여, 成功을 기약하니, 곧 내 마음에 그를 위한 기쁨이 나의 일과 다름이 없도다.

나는 늘그막에 2君을 따라서 장차 실망하지 않으리니, 그 부끄러운 바는 묻어 두어 말하지 말고, 그 기뻐하는 바는 사람으로 하여금 상상하게 하리로다.

안타까워라, 쉽게 잃어버린 것은 사람의 마음이요, 쉽게 옮겨가는 것은 習俗이거니, 2君은 다행히 부지런히 날마다 進步하여 오늘의 뜻을 바꾸지 아니한다면 비록 王渾十輩가 옆에 있어서 종용하여도 듣지 아니하리라.

모름지기 돛을 달고 곧장 學業에 몰두하면 2君이 이로부터 蔚然히 道가 있다는 소문이 나게 될 터인즉 내가 2君을 위하여 기뻐함이 또한 얼마나 크겠는가!

산중여유인문답서(山中與遊人問答序)

산골의 날씨가 새로 맑아 봄철 기운이 淸穆하니, 일만 나무가 취한 듯하고, 百花가 사람을 유혹하도다.

方山子가 山房에 오래 머물거니 그윽한 흥취가 일어나서 돌길에 걸음을 옮기며 이리저리 둘러보는데 문득 몇 사람이 산봉우리와 폭포수 사이에서 길이 읍하고 있거늘 그 옷깃이 푸르더라.

나를 향하여 묻기를 吾子가 와서 山房에 머문 지가 오래되었거늘 山中에 그윽이 사는 즐거움을 얻어 들을 수 있겠는가? 方山子가 웃으며 말하기를 明道의 詩에 이르기를 옆 사람도 내 마음의 즐거움을 알지 못한다고 하였으니, 나에게 비록 즐거움이 있다고 하여도 그대가 어찌 알리오. 내 마음의 즐거움을 나도 또한 잘 알지 못한다네.

무릇 사람이 스스로 즐겁다고 생각하는 것이 실은 참다운 즐거움이 아니로다.

나의 마음이 장차 天地萬物과 더불어 위아래가 함께 흘러간 다음에야 비로소 즐거움을 말할 수 있는 것이로다. 어찌 나에게 그와 같음이 있으리오!

山房에 그윽이 사는 취흥이야 산의 꽃과 뜰의 버드나무와 더불어 저절로 흐뭇하거니 아주 즐거운 생각이 없다고 말하지는 못하리로다.

내가 생각하는 즐거움을 미루어 원컨대 吾子가 入山하는 즐거움을 듣고자 합니다. 客이 漠然하여 말하기를 吾輩人이 이런 즐거움을 어찌 알리오. 오늘 우연히 春興이 일어나 이웃에 벗을 불러 함께 이 산에 들어와 질펀히 놀아서 문득 우리 몸이 있는 곳을 알지 못하고 꽃잎 하나, 나무 하나, 언덕 하나, 바위 하나라도 기뻐하며, 또 문득 아득히 그 極樂에 이르러 한 마음이 너울너울 형용할 수 없도록 혹 노래하고 혹 시를 읊어 形骸를 깜짝 잊어버리나니 이 즐거움이 어떠한지? 아, 또한 吾子가 말하는 바 眞樂이라고 할 수 있는가?

方山子가 말하기를 오늘의 놀이는 그대의 마음이 放蕩함이로다. 이미 그대의 몸이 있는 곳을 알지 못한다고 하였으니, 어찌 능히 산에서 노는 즐거움을 알리오!

曾晢이 沂水에서 목욕함에 일찍이 즐거움을 말하지 아니하였으나 즐거움이 그 가운데 있었나니, 대개 曾晢의 즐거워하는 바는 즉 天機가 저절로 발동하여 그 마음에 物欲이 없는 까닭이거늘 이제 畬子의 春興도 또한 天機의 一段을 볼 수 있지만 반드시 身心을 收斂한 다음에야 비로소 즐거움이 무슨 일을 하는가를 알 수 있으리라.

客이 크게 기뻐하면서 술병을 가지고 와서 꽃나무 아래에서 對酌하거늘 날이 이미 저물도록 기쁨을 다하고 파하였도다.

하이광태관례서(賀李光泰冠禮序)

李殷栗契丈이 그 아들 光泰에게 冠을 씌우면서 나에게 賓이 되라고 재촉하도다. 부탁하는 뜻이 또한 여러 번 일새 돌이켜보니 내가 비록 어리석고 禮가 없지만, 世誼가 있으므로 감히 固辭할 수 없기에, 마침내 禮席으로 달려가서 祝願하여 醮하고, 물러나 감탄하여 말하기를

優優大哉라, 聖人이 이 禮法을 制定함이여! 대저 날마다 거행할 수 있거늘 반드시 날짜를 받고, 사람마다 경계시킬 수 있거늘 반드시 賓을 고르고, 한번 冠을 씌우면 댕기머리를 바꿀 수 있되 반드시 세 번 씌우고, 冠을 씌우면 되었거늘 반드시 祝願하고 警戒시키는도다.

대개 聖人이 冠禮를 소중하게 여김이 이와 같으니, 그 冠禮를 소중하게 여김이 아니라 실로 成人을 重大하게 여김인즉 冠禮를 거행한 다음에야 人道가 비로소 갖추어지기를 바랄 수 있는 것이다.

古人이 말하기를 冠禮는 禮式의 시작이요, 行事의 重大함이라고 하였으며, 記에 또 말하기를 冠者는 나아가서 鄕先生에게 보이나니, 깨우쳐 주는 말씀이 있으면 절을 한다고 하였다.

李君은 이미 그 중대한 예식을 거행하였으니 그 집안에서 法을 취하면 충분하리라. 西岩公은 文章으로 세상에 이름났고, 樸直翁은

곧은 道로서 임금을 섬겼고, 叅奉公은 學文으로서 그 家門을 이었
으니 이제 李君이 능히 3祖를 繼述하는 것이 곧 成人의 길이다.

君은 힘써서 그대가 태어난바 조상을 욕됨이 없게 하여야 될 것
이라. 다시 그윽이 생각하노니, 祖業을 繼述하는 길은 곧 成人에 있
고, 成人은 자못 聖人을 배우는 데 있도다. 모름지기 글을 읽어 진
리를 찾고, 禮法을 행하여 人間性을 회복하여, 우뚝하게 太極을 세
워 人道를 다하는 데 이르면 비로소 聖人이 冠禮를 중대하게 여기
는 뜻을 저버리지 아니하리로다.

李君이 나의 말이 陳腐한 常談이라고 하여 버리지 아니하면 다행
이리라.

李君은 天資가 近道하여 지난번 冠席에서 訓辭를 공경히 듣고 雍
容祥明 하였거니, 나는 이미 기억하고 있거니와 當日에 또한 이미
잘 거행하였던 禮法行事는 聖人을 배우는 첫걸음이라고 할 것이다.

하루하루 날마다 進步하여 더욱 위대하게 되면 그 家聲을 保存하
는 것을 의심할 것 없으리라. 내가 어찌 말을 많이 하리오.

아, 옛날 내가 冠을 쓰던 날을 생각하노니 또한 일찍이 先生長者
에게서 聖人을 배우라는 가르침을 듣고도 아직 잘 하지 못하거늘
바라건대 李君과 같은 사람을 얻어 함께 배우며 보고 느껴서 신나
게 일어서 볼까.

여금의공자문답서(與金衣公子問答序)

하루는 내가 葩經을 읽으며 伐木詩에 이르러 朗誦하기를 "새소리
도 앵앵하거니, 앵앵하는 그 울음소리, 벗을 찾는 소리이거늘, 하물
며 그 사람 두고 벗을 찾지 아니하리오."

이때는 해가 저물어 綠陰이 물처럼 흘러가고, 나그네도 흩어져서
四境이 空虛한데, 홀로 床頭에 앉아 회포가 쓸쓸하거늘 어미 기러기

와 어린 제비가 위아래로 어지러이 날았도다.

홀연히 한 소년의 글 읽는 나그네가 우러러 문으로 들어와 곧바로 상 앞으로 오거늘 黃袍를 입고 金冠을 썼는데 形貌가 妙少하고 容止가 閑雅하며 語音이 窈窕하여 마치 敲金吹簧이러라.

나를 향하여 길게 揖하고 물어 말하기를 先生이 詩를 읽는 것을 듣건대 마치 사람을 그리워하는 심정이 있는 듯한데 어떠한 사람을 그리워하는지 알지 못하겠나이다만, 나와 벗하는 것이 어떤지요? 라고 하도다.

내가 오래 바라보다가 물어 말하기를 吾子는 어떤 사람이기에 나와 벗하고자 하는가? 일찍이 나와 같은 사람과 더불어 놀았던 일이 있었는지? 라고 물으니

대답하기를 나는 戴顒의 벗입니다. 戴公은 風流가 弘長하여 항상 黃柑斗酒로 나를 綠陰 속으로 찾아와서 놀아 저절로 莫逆한 사이가 되었더니, 戴公이 이미 떠나가고 다른 知音도 없어서 先生과 같은 사람으로 벗이 되고자 하나이다라고 대답하도다.

내가 웃으며 말하기를 吾子는 아마도 일컬은바 巧言令色하는 사람이로다. 내가 장차 벗을 숭상하여 千古에 古人과 더불어 놀고자 하지만 어찌 戴顒의 벗을 취하리오.

내가 道를 배움에 몇 년 동안 자주 나는 새처럼 날마다 다투어 익혀서 우리 孔夫子의 鳳과 같은 德을 배우고자 하지만 아직 잘하지는 못하도다. 그러나 上蔡의 鸚鵡와 함께 놀고자 하지는 않거늘 하물며 오늘날 鳩舌 鴂音으로 사람이 듣기 싫어하는 것과 더불겠는가!

魯仲連의 외로운 새가 바다하늘에 날아 岐山에서 봉황이 우는 날을 기다리로니. 吾子는 나와 함께 가겠는가하니

나그네가 대답하기를 나도 또한 聖人의 道에 華夷의 分을 들었도다. 孔子가 止於至善의 道를 論함에 새가 邱隅에 멈추는 것으로 비

유하여 말하기를 머무름에 그 머물 곳을 알도다라고 하였으며, 孟子가 陳相이 오랑캐에게 물든 것을 꾸짖어 말하기를 높은 나무에서 내려와 깊은 골짜기로 들어간다는 말을 듣지 못하였다고 하였으니, 대개 또한 幽谷에서 나와 喬木으로 옮기는 일을 취한 것이로다.

내가 어찌 巧言令色하여 사람에게 잘 보이려고 힘쓰는 사람이리오! 先生이 지나치시니, 나는 이제 돌아가겠나이다라고 하도다.

내가 말하기를 吾子의 말이 진실하니, 내가 앞으로 交友하리로다. 바라건대 吾子의 姓名이나 알려 주시요하였더니 나그네가 말하기를 다만 金衣公子라고 부르면 족하겠나이다하고 이에 長歌를 우렁차게 불러 귀를 울리므로 내가 또한 놀라 깨어보니, 아무것도 보이지 않는데, 다만 뜰에 푸른 느티나무에서 꾀꼬리가 지저귀도다.

의유황숙송별서서서(擬劉皇叔送別徐庶序)

아! 하늘이 劉備로 하여금 漢나라 王室을 興復하고 奸凶들을 剿滅하고자 하지 않는가? 어찌하여 이렇게 中途에서 어그러졌는가!

軍師가 가고 머무는 것은 참으로 王室의 興替에 관계하고, 王室의 興替는 오로지 天意의 眷顧에 달려 있거니 이제 軍師가 떠나감을 아뢰는 마당에 皇叔이 어찌 하늘을 부르며 울지 아니하리오.

아, 曹操逆賊은 본래 奸譎凶險하여 그 꾀를 참으로 잘 헤아릴 수 없지만 그러나 王陵의 어미가 편지로 부르는 계책을 오늘에 다시 써먹을 줄이야 어찌 짐작하였으리오.

그윽이 軍師의 지극한 孝心으로 母子의 恩情을 가지고 狂奔疾走하여 급히 달려가는 것은 실로 天倫이 있는 바이거니, 그 누가 감히 막을 것인가!

그러나 軍師가 한번 떠남에 그 恩情은 펼지라도 일찍이 皇叔과 더불어 서로 기약하였던 大志와 大義는 다시 도모할 날이 없으니, 軍

師의 마음도 또한 어찌 痛恨憤鬱하여 劉備와 같은 마음이 아니리오.

아, 알지 못하겠네. 좋은 계획을 세워 함께 큰일을 또다시 도모하였는가! 장차 浩然히 길이 가서 돌아오지 못하거늘 한 조각 徐州를 어찌 하리오!

돌아보건대 오늘날 天下가 지극히 넓어 英俊豪傑이 軍師 徐庶와 같은 人材가 반드시 있을 터인데도 아직까지 세상에 나오지 아니하도다.

다행히 널리 찾아야만 나오리니, 天意가 장차 여기에 있으리라.

오직 軍師는 이 마음을 諒察하소서.

동몽의학서(童蒙宜學序)

나는 讀書를 좋아하고, 놀기를 싫어하는데, 文字가 가장 좋은 것은 趙冶谷先生의 文集으로 매양 한번 읽음에 그 嘉惠의 뜻을 기뻐하지 아니함이 없었으니, 先生이 家門의 名聲을 잘 이은 것이라고 하리라.

이로 말미암아 배운다면 그 子孫도 반드시 어진 것을 알 수 있으리니, 그윽이 선생을 위하여 더욱 기뻐하는 바이다.

선생의 후손인 鍾灝 光之甫가 祖先의 遺業을 완성하며, 남긴 敎訓에 힘써서 그 先祖의 文集을 이미 刊行하고, 또다시 스스로 童蒙宜學 一篇을 지었으니, 이제 세 아들이 入學하는 날 하여금 敎育의 資料가 될 것이라.

그 글월의 내용이 간결하여 알기가 쉬워서 어린아이가 외고 익히기에 편리하면서도 범위가 매우 넓은 까닭에 또한 족히 格物 致知 進德 修業하는 方法이 되나니, 天道 地理 人事의 大綱과 品彙 象數와 日用當行의 說이 대략 갖추었거늘 子弟가 知識을 넓히고, 나아갈 길을 바로잡고 方正한 義理를 세우는 글이다.

이미 勤勉하고 절실하여 대개 先生의 글에서 힘을 얻어 기술한 것이 많도다. 나는 이 글을 읽고 또한 매우 사랑하노니 참으로 程子가 말하는바 가볍게 보지 말라고 하는 것이로다.

이 글을 배우는 사람은 이에서 工夫의 課程을 세우고, 선생의 글로 들어가서 沈涵貫通하여 沛然히 根源을 찾으면 先生의 道를 장차 다른 사람에게 양보하지 않고, 그 家門에 傳하리로다.

先生의 子孫이 어질거니, 어찌 말을 많이 하리오, 또한 子孫 된 사람이 스스로 기뻐하는 바이로다. 나는 본디 文章을 잘 못하고, 남을 위하여 立論하는 것을 기뻐하지 아니하거늘 趙友가 序文을 써달라고 찾아옴에 여러 번 사양하였으나 더욱 강력하게 청하니, 내가 先生의 글을 좋아하는 것을 아는 까닭이리라.

그러니 이 글을 좋아한다고 하면서 또한 어찌할 것인가! 할 수 없이 내 마음의 좋아하는 바를 대략 서술하여 돌려보내도다.

김해김씨족보서(金海金氏族譜序)

范文正公이 말하기를 祖宗으로부터 보면 다 같은 子孫이니, 무릇 祖宗의 子孫이 된 사람이 서로 親睦하지 아니하고 함께 길을 가는 사람처럼 본다면 이것은 祖宗의 마음을 알지 못하는 것이라고 하였다.

이래서 族譜를 만들어 차례로 系譜를 밝히는 것이니, 멀고 가까움을 기록하여 함께 길 가던 사람처럼 보던 것을 모아 親睦하게 하는 것이다.

그러나 만일 한 사람이라도 講構하여 밝게 알리고, 宗會의 創立을 發起하는 이가 없다면 萬人의 마음이 스스로 합쳐지지는 못하는 것이다.

이제 金海 金氏 가운데 榮灝氏가 萬人 속에 한 사람으로 祖宗이

子孫을 보는 마음을 가졌으니, 어찌 어질지 아니하랴!

이 大譜를 設計함이 丁未年에 시작하여 今年에야 竣功하니, 十數年間에 걸쳐 榮灝氏가 負擔한 비용이 屢巨萬金이요, 하루도 譜所에 있지 아니한 날이 없었고, 한 생각도 譜事에 있지 아니함이 없어서, 一族이라도 혹시 譜書에 빠짐이 없게 하여 이 族譜를 잘 完成하였도다.

이것은 그 尊祖 崇宗의 정신이 다른 사람보다 한 등급 뛰어난 것이러니와 榮灝氏는 바탕 성품이 뛰어나서 傑氣가 있고, 文章과 言語에 能通하니, 세상일에 익숙하지 아니함이 없어, 곧 當世에 有用한 人材이다.

그러므로 몸소 數千石의 富者로서 官은 從一品의 높은 자리에 올랐으므로, 하여금 宗黨들이 믿어 의뢰하였던 것이라.

濯纓先生이 賢孫을 두어서 金海의 氏族이 세상에 알려졌거늘 아! 무릇 金海 金氏 된 사람은 이 族譜를 보고 孝悌의 마음이 마땅히 구름처럼 일어나야 되리라, 榮灝氏는 後進을 孝悌의 倫理로 이끌어 百世에 길이 繁昌하게 하였으니 그 功이 크도다.

사례사고서(四禮私考序)

무릇 禮는 天理의 節度있는 文彩이므로 天理에 깊고, 節文에 밝지 아니한 사람은 진실로 감히 禮를 論說하지 못하는 것인데 하물며 編集成說하여 禮書를 만드는 것은 大賢 以上의 일이라, 더욱더 사람이 할 수 없는 것이다.

만일 前賢들의 여러 가지 책을 叅互考證하는 것과 같은 것은 곧 또한 學者의 일이라고 할 것이다.

지난 丙戌 丁丑年 사이에 내가 바야흐로 居喪中에 있으면서 禮書를 읽으며 諸說을 모아 箚記를 만들어 考覽에 편토록 하려는 뜻을 외람되게 두었었으나, 겨우 初終禮에 이르러서 끝끝내 게을러서 廢止하고 말았거늘 30여 년 동안 마음에 항상 남아 있었다.

이에 戊午年 봄에 다시 諸說을 考證하여 장차 이 著書를 계속하려고 하였더니, 마침 병이 들어 눕게 되므로 일을 볼 수 없어서 또 다시 폐지하고 강구하지 못하였거니, 이로부터 大病의 뒤끝에 精力을 收拾하기가 더욱 어려워서 다시 붓을 들지 못하고 보니, 마침내 평생의 恨이 될까 두려웠다.

庚申 겨울에 이르러 洪君 琫裕가 栗里精舍로 찾아와서 종이를 갖추어 놓고 스스로 執筆하기를 청하도다.

삼방촬요서(三方撮要序)

무릇 세상에서 濟衆의 功을 논하면 반드시 醫藥을 말하나니, 모름지기 生理에 깊이 통달한 사람만이 비로소 가히 더불어 말할 수 있는 것이다.

病者가 다시 일어나고 夭者가 나이를 연장하게 된다면 그 功德이 매우 크다고 하리니, 前人이 濟世에 뜻을 둔 사람은 神에게 빌어 良醫를 所願한 까닭이 여기에 있었던 것이다.

藥은 醫員이 施功하는 바로서 藥으로 미치지 못하면 반드시 針灸로 補助를 삼나니, 藥의 溫涼補瀉는 그 根本이요, 針으로 血脉을 통하게 하고 灸로 壅滯를 풀어주는 것은 그 原理가 처음부터 같지 않은 것은 아니나 서로 더불어 앞뒤가 되나니, 이 세 가지 方術의 요점을 모아 책으로 엮은 것이니, 物理에 달통하지 아니한 사람이 잘 할 수 있겠는가!

대저 일찍이 듣건대 上醫는 나라를 치료한다고 하거늘 나라를 다스림을 마치 良醫가 藥을 쓰는 것처럼 하는 것이다. 禮樂刑政이 모두 그 도구가 되는데, 禮樂은 藥材와 비슷하고, 刑政은 針灸와 비슷하여 증세에 따라 施功하면 세상이 잘 다스려지는 것이 어려운 것 아니다.

그러나 만일 治道에 깊은 조예도 없으면서 한쪽을 쓰지 않은 것은 옳지 못하니, 이 撮要의 글을 보면 그 나라를 고치는 방법도 알 수 있으리라.

특별히 세 가지 방법을 나의 가슴속에 간직한 바에 시험하거니와, 안타까워라, 세상에 쓰이는 진리가 어찌 일찍이 醫術에 다름이 있으리오!

이미 藥과 針과 灸가 한 가지 원리임을 알았다면 마땅히 나라를 고치고 사람을 고치는 것도 한가지 原理임을 알아야 될진저!

장씨문헌록서(張氏文獻錄序)

東國에 文獻이 없는 지가 오래되었거늘 羅麗 이상은 대개 考察할 수 없거니와 前王朝 高麗史도 또한 我朝의 名儒가 엮어서 나왔던 것이다.

國史도 오히려 그와 같거늘 하물며 私家의 文籍이겠는가!

我朝에 이르러서 文獻이 비로소 능히 크게 갖추게 되었지만 그러나 社會의 世族이라도 만일 그 先祖의 德을 물어보면 또한 소략하여, 그 자세함을 얻어들을 수 없으니, 모두 文獻이 放失되어 전하지 아니한 까닭이다.

安東張君 厚載가 이에 慨然히 記에 일컬은바 先祖에게 善德이 있는데도 알지 못하면 현명하지 못하고, 알고 있으면서도 傳하지 아니하면 仁하지 못한 것이라는 義理로 그 先世文蹟의 散逸된 것을 찾아 엮어서 張氏文獻錄을 만들었도다.

靑海使公 諱保皐를 위시하여 太師 忠獻公 諱貞弼에 이르기까지 高麗를 도와 三韓을 統合하며, 太學을 刱設하며, 禮義를 制作하며

道德과 勳業에 있어서 考證한 根據가 매우 넓으며 크고 작은 것을 빠짐없이 찾아내었는데 太師 以下로도 宗支各派의 名祖 文學 事功 忠直 孝烈 등등 한 가지 善行 한 가지 節義라도 記述할 만한 것은 전부 모아 記錄하였다.

저 太師公의 德과 勳은 세상에 알지 못하는 사람이 없지마는 그러나 그 자상함을 알고자 하면 이 책에 나타나 있고, 各派의 名祖에 대한 事實行跡도 이 책을 통하여 세상에 크게 알려지리니, 어찌 다만 張氏一家의 文獻이리오.

만약 세상에 관심이 있는 사람이 있어서 典故를 연구하고자 한다면 반드시 이 編을 취하리니, 우리 東國文獻에 있어 萬에 한 가지라도 徵據가 되리라.

아, 文獻이 不足하다는 歎息은 우리 孔夫子가 또한 하셨으니, 夏·殷의 禮에 대하여 杞·宋에서 徵據하기에 不足하다고 하였다.

이제 厚載가 이에 족히 張代의 世德을 징거하였은즉 그 太師의 孫이 되어 杞·宋이 夏·殷에 하는 것보다도 더욱더 어지니. 가히 현명하고 仁하다고 말하겠도다.

噫라, 太師公이 金公宣平과 權公幸과 더불어 세상에서 일컫기를 三太師라고 하나니, 그 豊功 偉烈이 서로 차이가 없어서, 마땅히 모두 後人들이 前光을 胚胎하게 됨으로 儒賢 卿相 名臣 碩輔가 우뚝우뚝 서로 이어 나왔다.

我朝 五百年間에는 어쩔 수 없이 金權의 兩太師後孫에게 양보하지 아니할 수 없었으니, 아는 사람들은 혹시 天道가 그렇게 된 것인가 하고 의심하였다.

두터운 德을 쌓은 사람은 반드시 福을 받는 것이 理致인데, 發福에 늦고 빠름이 있는 것은 氣勢이다. 이치가 있는 곳에 氣勢가 또한 돌아오나니, 張氏의 後孫은 각각 大師의 德을 잘 닦아 그 쌓은 공이 나타나면 장차 그 後孫이 크게 떨치는 것이야 어렵지 않으리라.

厚載는 모름지기 몸소 솔선수범 하면서 각각 서로 도울진저! 이로 부터 百世에 걸쳐 文獻에 記錄할 만한 사람은 당연히 여기에 그치지 아니하여야지.

이참봉규영수서(李叅奉珪永壽序)

무릇 사람이 頌禱하는 말에 壽로서 먼저 꼽지 아니함이 없나니, 대개 산 사람이 하고자 하는 바가 오래 세상 구경하는 것보다 큰 것이 없고, 오래 구경한 다음에야 世間의 백 가지 일이 들어나게 되어, 내가 겪은 苦樂榮辱을 비로소 말할 수 있는 것이다.

사람은 참으로 壽하고자 하지 않는 것이 아니지만 실로 사람마다 반드시 얻지는 못하도다. 그러나 壽도 반드시 모두 즐거운 것은 못 되나니, 오래 살면서도 여러 가지 福을 누리지 못하면 마침내 辱된 사람이 되고 마는 것이다.

그 오래도록 보는 것이 좋기도 하고 괴롭기도 하나니, 그러므로 옛날 잘 頌祝하는 사람은 먼저 그 壽를 祝願하고 반드시 이어서 福을 비는 것이라.

五福이나 百福이나 萬福이라고 하면 온 세상의 吉祥과 善事인즉 모두 壽를 누리는 물건으로 壽가 이에서 즐거울 수 있는 것이므로 사람이 모두 榮華롭게 여기는 것이다.

세상에는 간혹 壽하면서도 福이 없는 사람이 있고, 또한 福은 있으면서 壽하지 못하는 사람도 있는데, 만약 그것을 아울러 가진 사람은 반드시 그 德이 應한 것이라고 보리니,

우리 고을에 德水 李丈이 바로 그 사람인저!

今年 三月 十四日이 곧 그의 甲子가 一周한 生日이다.

李丈은 늦게야 齋郎을 拜受하였으나, 烏帽를 이미 벗어버리고, 邱

園에서 한가로이 늙어가며, 사슴 수레와 함께 숨어 집에서 술을 담가 먹으면서 어렵지 않게 살거니, 諸子 衆孫이 돌아가면서 뫼시고 獻壽할제. 李丈은 欣然히 술잔을 들고 61년을 回想하거늘, 한 가지도 눈썹을 찌푸릴 일이 없으매, 세상 사람이 말하기를 壽·富·貴·多男子의 慶事를 다 모아 가졌다고 하는도다.

淸靜恬淡한 德을 받들거니, 반드시 이와 같은 壽와 福을 누림이 또한 당연하지 않으리, 이로부터 遐壽를 또한 헤아릴 수 없으려니와 福祿도 장차 津津하게 이르러 오리니, 그 어찌 성대하지 않으리오!

어떤 사람이 말하기를 世人이 生日을 만나 술상을 차려 즐기는 것을 간혹 하지 아니함은 程先生의 警戒한 바인저!

내가 대답하여 말하기를 그런 말이 있도다, 伊川의 말은 父母 생각을 말하는 것이나, 만일 부모의 마음으로 본다면 그 자식이 壽하기를 바라지 아니함이 없거늘 오래 살아서 回甲날이 되었다면 그 父母가 기뻐하는 마음이 마땅히 어떠할 것인가!

하물며 李丈家의 이번 잔치는 그 몇 世代에 걸쳐 처음 있는 慶事인 것이다. 李丈은 일찍이 孤兒로 자라서 兄弟도 없이 홀몸으로 쓸쓸하더니, 成功하여 先訓을 잃지 아니하고, 家聲을 잘 이어서 이미 壽하고, 또한 康寧하며, 福澤을 갖추었으므로 鄕鄰이 獻賀하고 親戚이 慶會하는 것이로다.

오직 祖宗의 冥冥한 靈魂이 생각하여도 그를 위하여 술상을 차려 즐거운 잔치를 베풀어 그 家門의 盛事를 빛내고자 하였을 것이라.

이제 李丈의 여러 아들이 부모의 경사에 잔치를 함이 어찌 끝이 있으리! 楊家는 五世 동안 외아들이라도 이제 竇氏의 五龍이 되어 汾陽의 여러 孫子를 모두 알아보지 못하는 데 이르렀도다.

이에 李丈은 베개를 높이 베고 한가롭게 누워서 바야흐로 돌아오는 운수를 누리리니, 오늘과 같은 잔치를 해마다 더욱 넓게 베풀어 즐거운 자리를 만드는 것이 어찌 李丈의 父母 마음이 아니겠는가!

나그네가 말하기를 무릇 親愛하는 사람은 마땅히 頌禱辭가 있어야 하도다라고 하니, 이에 모두 詩를 지어 노래하는도다.

민지운삼현수서(閔芝雲參鉉壽序) (戊午二月)

聖人이 말하기를 仁者는 산을 좋아한다고 하고, 또 말하기를 仁者는 오래 산다고 하였으니, 나는 이로 말미암아 나의 벗 芝雲이 반드시 壽할 것을 이미 알았도다.

지난번 나의 回甲日에 芝雲이 詩를 지어 頌禱함에 金剛山을 遍踏하는 구절이 있었거니, 무릇 金剛山의 殊絶함은 國內 名山 가운데 最上이러라.

佛氏가 말로만 이야기하였으나 보지는 못하였고, 中國人도 죽어서 高麗에 태어나 한번 보기를 소원하였으니, 능히 사랑함이 돈독하고, 즐거움이 깊어서 생각 속에 쌓여, 그리움이 詩句로 나타난 것이리라. 그 생각이 親朋에게까지 미쳐서 그 좋음을 함께하고자 하였은즉 그 性情을 가히 알리로다.

仁하지 못하는 사람이 능히 이와 같이 할 수 있겠는가! 仁하면서 가히 壽하지 못할 것인가!

噫라, 金剛의 아름다움은 世人이 사랑하지 아니함이 없거늘 芝雲이 홀로 좋아한즉 그 壽考가 반드시 今世人의 壽보다 더욱 오래 살리니, 萬壽無量하리로다.

그러므로 소위 金剛은 비록 芝雲이 所有한 仁壽의 區域이라고 하여도 되리니, 어찌 奇異하고 盛大하지 않으리오.

금년 2월 26일이 곧 61세 생일이러니, 바야흐로 파리한 가운데 있으므로 家人이 감히 萬歲의 술잔을 들지 못하지만 그러나 親知에 나와 같은 사람은 어찌 가히 頌禱辭가 없으리오.

그윽이 그 모습을 관찰하건대 田園에서 한가로이 늙어가며 自適하거늘 여러 봉우리를 羅列한 것처럼 子孫이 하나같이 俊秀하게 빼어났거니, 謝家玉樹가 도리어 족히 많지 않도다.

이것은 모두 仁하는 應報요, 壽를 누리는 善德인즉 온 고을 이웃들이 함께 頌禱하는 바이라, 내가 다시 무슨 말을 하리오.

나와 芝雲은 어려서부터 兄弟의 誼가 있었는데, 늙어 가며 더욱 두터워져서, 金剛山의 內外에 여러 山들이 형과 아우가 마주 서 있는 형상과 같거늘 그 좋아하는 곳도 간혹 서로 가까움이 있었다.

말머리를 동쪽으로 하고지고, 산속에 여러 신선들이 반드시 장차 萬二千峰을 단장하고, 우리들이 오기를 기다리다가 어깨를 치고 서로 맞이하리라.

芝雲이여, 좋아하던 것이 무슨 일이었는가!

著雍敦牂 仲春日 咸平 李邦憲方山叙

심주사원직수서(沈主事遠稷壽序) (丙辰八月)

때는 바야흐로 柔兆執徐年 八月 吉日이 沈友 鶴山이 태어난 回甲日이라. 술상을 차려 잔치를 베풀고 一家의 경사를 축원할새, 이에 賓友가 모두 모여 詩로서 頌禱하니, 詩文이 책상에 가득한데, 낭랑하게 소리 높여 읽는도다.

나도 또한 賀筵의 끝에 다가가서 글을 지어 頌辭를 쓰노니 말하기를 鶴山은 福人이로니, 그 壽를 얻음이 당연하도다. 대개 壽는 福을 주는 터전이므로 옛사람이 福을 말함에 반드시 壽로서 으뜸을 삼나니, 箕子의 洪範九疇에 五福을 말하고, 周南의 詩에 百福을 말함에 모두 壽가 그 첫째에 놓였도다.

이제 鶴山은 多福하거니, 어찌 福을 받을 터전을 얻지 못하리오, 島山의 살림집에 琴瑟의 樂이 있고, 聯棣에 할미새의 기쁨 있으며,

아들 하나 믿음직하고, 여러 손자가 어질고 아름답도다.

勤儉으로 成家하였으니 가히 樂志論을 지을 만하고, 吉凶을 점쳐서 벼슬하여 깨끗한 이름을 얻으니, 또한 北山之文을 면하였도다. 半平生을 차례로 꼽아보아도 눈썹을 찡그릴 일이 없는 사람의 福이거늘, 대저 어찌 사람마다 쉽게 얻으리오.

賓友의 頌禱가 참으로 당연한 것이다. 비록 그렇다고 하여도 내가 鶴山을 보건대 그 壽와 福을 얻음이 스스로 그 말미암음이 있나니, 그 像貌가 儼重하고 그 心性이 仁厚하여 그 집안 살림에 法度가 있고, 그 鄕里에서의 處身에 거슬림이 없으며, 風流가 弘長하여 늙도록 느긋하나니, 이는 善人이라고 할 것이다.

그 온전한 福을 누림이 또한 당연하지 않으리!

그런즉 이로부터 遐壽가 장차 그 善行과 더불어 福을 누림이 끝이 없으리니, 어찌 말을 많이 하리오, 아하, 그 盛大하리로다.

그 내용을 대략 叙述하여 詩歌의 머리에 序하노라.

박치명영식대인수서(朴致明永植大人壽序)

지난번 朴子 永植이 문에 이르러 청하여 말하기를 今月 望日이 家君의 61歲 生日이오니, 원컨대 한마디 말씀으로 祝壽하는 글을 얻고자 하나이다라고 하거늘 내가 응하며 말하기를 尊公께서 벌써 回甲이 되었는가!

嗟呼, 우리들이 모두 늙었거늘 내가 나의 늙음을 탄식하는 것을 잊고, 남의 늙음을 賀壽하는 것이 옳은 짓인지!

그러나 나는 그대와 誼가 重하거니 또한 어찌 한마디 慶賀하는 말이 없으리오.

무릇 壽는 德의 符節이요, 福의 基礎이니, 德이 없는 사람은 진실로 반드시 얻을 수 없으려니와 또한 여러 가지 福이 없으면 그 오래 사는 것도 짐짓 괴로울 뿐이므로 족히 좋은 것도 아니다.

이래서 古人이 頌禱하는 글이 모두 壽와 福을 對擧하여 일컫거늘 그 福을 셈하여 백 가지에도 이르고, 만 가지에도 이르나니, 이것이 모두 壽를 누리는 물건으로서 德의 應報인 것일새, 그 壽하는 것이 비로소 즐거울 수 있게 되는 것이다.

이제 尊公은 壽하고도 多福하시니, 반드시 그 까닭이 있거늘 그윽이 살피건대 仁厚慈惠한 性品과 沈靜雅飾한 容貌가 밖으로 나타나서 참으로 壽하는 相이요, 清令康健함이 少壯시절과 다름이 없으니, 진실로 하늘이 賦與한 바가 두터움을 알겠도다.

그 厚生과 福澤이 실로 사람마다 모두 소유하지는 못하는 것이로다.

林泉에서 벼슬을 아니하고, 숨어 살면서, 分數 밖으로 나아가지 아니하고, 田園에서 농사를 지어 늙도록 匱乏하지 아니하며, 兄弟가 湛樂하고, 子孫이 눈에 가득하여 하여금 몸과 뜻을 奉養함이 아주 孝道에 맞도록 하여, 家風을 이어 가거늘 늙어서 鄕鄰이 모두 福人 善人이라고 하는 말을 듣는도다.

이렇게 되는 과정에는 모름지기 원인이 있었던 것이니, 곧 心德의 感應인 것이다. 聖人이 말하는바 仁하면 壽하고 善하면 慶한다는 말이 어찌 우리를 속이리오.

대개 일찍이 듣건대 60년은 甲子가 一周하여 天道가 가득 찬 數이다. 그러므로 사람의 壽命은 60살이 되어야 비로소 耆라고 칭하여 鄕里에서 지팡이 짚고, 供養함에 삶은 고기를 드리나니, 人生의 終末을 考慮함이다.

이와 같은 나이에 대한 制度는 옛날에 매우 중대하게 여겨서 東方人은 이에 61세가 되면 慶事로 생각하여 子孫이나 家人이 잔치를 베풀어 甲子를 一周하여, 다시 시작함을 더욱 귀하게 여기어 기뻐하였던 것이다.

그러한즉 尊公이 60년 살았던 지난날이 족히 많은 것이 아니요, 壽는 오늘로부터 시작하나니, 恒河沙와 같은 遐壽를 장차 다 셈하지 못할지며, 끝없는 福이 장차 진진하게 오리로다.

오직 韶顔華髮로 날마다 베개를 높이 베고 한가로이 누워서 바야흐로 돌아오는 大運을 맞이하여 曾玄의 여러 손자가 많이 몰려옴에 장부를 펴고 이름을 記錄하는 데 이르며, 어진 아들의 孝誠스러운 奉養의 날이 不足하지 아니하리니, 어찌 祝賀하지 아니하리오.

永植이 나를 따라 배운 지가 여러 해 되었으니, 내가 그를 子弟처럼 사랑하노라, 이제 나도 늙었도다. 後事를 부탁하면서 생각하여 보건대 그 學業이 날로 進步하여 令名이 無窮하리니, 그런 사람이 되어 가정을 꾸미면 壽域 가운데서 福을 누리는 좋은 일이 될 터인즉 나도 또한 더불어 榮光스럽겠도다. 다시 어찌 말을 많이 하리오, 頌禱辭의 큰 뜻이 여기에 있을 뿐인저!

丙辰 三月 上浣 方山叙

유희중인례수서(柳熙中寅禮壽序)

龍集 辛亥年 12월 某日은 文化柳君 寅禮의 61歲 晬日인데, 그 胤子인 承烈이 萬歲의 觥을 받들고 堂에 올라가서 獻壽하고, 鄕里親戚을 초청하여 잔치를 베풀면서, 이미 또한 鄕黨의 賢士에게 글을 청하여 그 壽를 祝願하도다.

承烈이 어버이를 위하여 孝道하려는 생각이 흘러넘친다고 하겠거늘, 나도 또한 그 부탁을 받았으나, 내가 무슨 말로 諸賢의 글에 더하리오, 그러나 사람의 精誠을 어찌 감히 저버리겠는가!

대개 孝子가 어버이를 위하는 마음이 끝이 없어 그 壽考를 바라지 아니함이 없는 것이 天下의 지극한 마음씨이지만 반드시 모두 얻는 것은 아닌데도, 이제 承烈이 그것을 얻었으니, 어찌 平日에 지극한 孝養의 결과가 아니리오.

承烈은 어릴 적부터 이미 先生長者를 따라 배웠거니, 나도 또한 相從한 지가 오랜 까닭에 익히 그 文雅溫柔하고 恭遜한 禮節을 보았으므로, 柳氏의 어진 아들임을 알았거늘 草木을 보면 그 山을 알 수 있는 것이라.

柳君은 仁厚愨實하고 勤儉하여 힘써 농사지으면서 가정생활에 사람에게 거슬림이 없고, 平生의 處身이 本分을 벗어나지 아니하나니, 孔子도 만나 보지 못한 善人이라고 할 것이다.

또한 자식을 잘 가르쳐 成就 시켜서 늘그막에 그 奉養을 받으니, 이것은 모두 柳君이 닦은 데 대한 그 報答을 받은 것인즉 어질지 못하면 능히 이와 같이 될 것이냐!

무릇 60년은 甲子가 一周하여 天運의 度數가 가득 찬 까닭에 사람의 壽가 60살로부터 시작하는 것이다.

記에 60을 일컬어 耆라 하고, 鄕里에서 지팡이 짚고, 軍服을 입지 아니하며, 供養함에는 푹 삶은 고기를 대접한다고 하였으니, 人生의 終末을 考慮함이다.

나이에 대한 制度는 옛날에 매우 중요하게 여겨서 東國에서는 61歲를 慶祝하여 子孫과 家人이 잔치를 베풀어 돌아서 다시 시작함을 기뻐하였으니, 아주 귀하게 여겼던 것이다.

오직 近世에는 壽考한 사람이 매우 많아서 칠팔십 늙은이가 많으므로, 周甲한 사람은 늙은 축에 끼이지도 못하니, 이것은 반드시 南極의 壽星이 우리 東國에 기울어져서 비친 것이리라.

그러한즉 柳君이 지나온 세월은 족히 壽라고 할 것이 없고, 壽는 이제부터 시작하는 것이라, 오래오래 살아서 장차 한량이 없을지니, 承烈의 孝養도 또한 끝이 없을지어다.

嗚呼, 盛大하여라, 내가 다시 무슨 말을 하리오, 우두커니 서서

柳氏 집안의 닭장 속에 병아리를 바라보리라.

이석농수서(李石儂壽序) （壬子十二月）

사람이 낳아서 壽하고자 함은 人情이다. 그러므로 무릇 同志가 사랑하는 사람은 또한 모두 오래 살기를 바라나니, 古人의 頌禱辭를 보면 알 수 있는 것이다.

그러나 壽하여 즐거워할 수도 있고, 즐거워하지 않을 수도 있나니, 즐거움은 진실로 바라는 바이나, 즐겁지 못함을 어찌 족히 바라리오.

이제 石儂先生이 壽가 61歲에 올랐는데 그 두 가지가 어디에 있는가!

石儂은 어려서부터 文學으로 세상에 이름이 나고, 孝悌의 행실과 雅飾의 志操가 士友의 模範이 되었으며, 두 아들을 두어 孝養하여 家道가 極備하니, 몸이나 家庭이나 늙어가며 더욱 돈독하도다.

이에 처음 태어난 날에 어진 아들이 萬歲의 술잔을 올리고, 또한 親戚과 鄕隣을 초청하여 술상을 차려서 기쁜 자리를 마련하니, 사람이 이런 것을 얻으면 즐겁지 않다고 말하지는 못하리라.

그런데 뛰어난 재주를 가지고도 한 번도 써보지 못하며, 白首로 시골구석에서 쓸쓸히 살다보니, 나라는 倭帝에게 빼앗기고, 道德은 뒤바뀌어 悲歌痛哭하거늘 嗚呼 어디로 가리오!

이런 세상에 壽하여도 또한 가히 즐겁다고 말할 수 있겠는가! 아니로다.

友人 方山 李某가 잔을 들고 祝福하며 말하기를 오직 우리 石儂이 이미 보낸 세월이야 모름지기 크게 祝賀할 것 없지만, 다시 소원은 이 뒤로 壽考가 無疆하여 松鶴처럼 高潔하게 百歲 五百歲를 지나 黃河가 한번 맑아지는 데까지 이르러 이 세상을 오래오래 지켜

보소서.

옛날 屈原 三閭大夫가 길이 세상에 살면서 時事가 어떻게 되어가는 꼴을 보고 싶다고 하였는데 오늘 우리들 마음도 어찌 똑같지 않으리오.

嗟呼라 千秋의 眞理는 반드시 常道로 돌아가나니, 石儂의 材質은 반드시 쓰임이 있으리라, 壽가 이러한 데서 비로소 즐거울 수 있나니, 允君은 마땅히 그때에 春酒를 다시 준비하여 親友가 모두 모이게 하면 나는 반드시 말술을 권하면서 즐거운 바가 무슨 일이냐고 물어보리라.

龍集玄黙困敦 蜡月 咸平 李某序

김부솔용학수서(金副率容學壽序) (庚申正月)

사람이 나서 壽考하기를 바라는 것은 人間의 常情이다. 그러므로 모든 頌禱하는 사람이 반드시 이로서 으뜸을 삼나니, 詩經의 三百篇에 노래하는 詩句에서 가히 볼 수 있도다.

그러나 壽는 하고자 원하여 얻을 수 있는 것이 아니요, 오직 德이 있는 사람만이 얻을 수 있는 것이다.

中庸에 말하기를 大德은 반드시 그 壽를 얻는다고 하였고, 詩經에 또 말하기를 그 德을 잃지 아니함은 壽考를 잊지 아니함이라, 라고 하였으며, 孟子는 齒爵德의 三尊을 일컫고, 箕子는 洪範九疇에서 五福을 叙述하였으니, 모두 壽와 德을 對擧하였다.

대저 壽는 德의 徵驗이요, 德은 壽의 基礎인즉 세상에 간혹 德이 없으면서도 그 壽를 얻은 사람이 있으나, 이것은 곧 낡은 사람이 되는 데 지나지 못하고, 심한 사람은 老賊이라고 비방을 받거늘 이렇게 오래 사는 것은 차라리 恥辱이 되리니, 어찌 족히 논하리오, 사람으로 壽하고자 하면 반드시 그 德을 닦아야 하는 것이다.

때는 바야흐로 庚戌年 元月 旬日에 光山 金蒼淵先生의 壽가 61
歲에 오르거늘 嗣子 黃中이 깨끗하고 가지런하게 음식을 장만하여
萬歲의 觴을 공경하여 받드매 先生과 夫人이 左右로 나누어 앉으니
기쁘게 술을 올리도다.

이날에 親黨과 賓友가 모두 칭찬하여 치하함이 그치지 아니하도
다. 그러나 祝賀하는 사람들이 한갓 그 壽의 축하할 만한 것은 알면
서도, 壽를 축하하는 도리는 알지 못하도다.

公은 宗師의 家世요 詩禮의 名門으로 타고난 바탕이 淸秀하고도
堅剛하며, 稟性이 仁厚하고도 子諒하니, 그 德容과 德器는 보는 사
람마다 모두 알 수 있는 것이요, 父母를 섬김에 父母가 편안하도록
가정을 어거하고, 가정이 화목하도록 宗族을 보살피고 鄕隣을 도우
니 모두 感動하였도다.

그 律身制行이 이미 마음에서 우러나와 스스로 한 몸에 넉넉하여,
비록 일찍이 學問으로 自居하지 아니하였으나 道理에 합당하지 못한
것이 드물었고, 또한 그 才藻가 出凡하여 文詞가 뛰어나므로 일찍이
成均館에 遊學하였는데 문득 다른 사람에게 양보하고, 살다가 늦게
야 蔭班으로 뽑히어, 侍講院에서 붓을 들어 여러 번 임금님의 褒賞
을 받아 장차 곧 크게 발탁되어 나라를 위하여 쓰이려고 하였다.

그러나 世道가 크게 어질어져서 나라가 장차 망하려고 하므로 끝
내 笏을 던져버리고, 歸鄕하여 집에서 조용히 살면서 水晶峯 끝에
있는 뜬구름을 徘徊하였도다.

이때는 公의 나이 바야흐로 50으로 한참 벼슬할 시기였으니, 德이
없는 사람이 능히 이렇게 하겠는가!

이래서 胸襟이 泊然하여 利欲을 따르는 것을 매우 부끄럽게 여기
거니, 이제 耆年인데도 强健淸令함이 少壯時와 다름이 없도다. 이렇
게 길들여 耄耋에 이르는 높은 나이에 오를 것을 의심 없이 보증하

리로다.

於戲라, 公의 오늘은 이에 一陽이 처음 다시 돌아오는 순간이니, 氣機가 점점 돌아서 萬物이 모두 蘇生하리로다. 이제부터는 잘 먹고 한가롭게 앉아서 바야흐로 돌아오는 運을 맞이하여 無事하고 無憂하며, 鶴처럼 깨끗하게 늙고 소나무처럼 꿋꿋하게 우거져서 아들 손자 낳아서 뛰어 놀며, 온 세상의 吉祥과 좋은 일이 모두 집안으로 모여들어 春意가 融融하소서.

이에 비로소 그 德의 報答을 다 먹고 가히 天地의 큼에도 遺憾이 없으리니, 어찌 성대하지 아니하리오, 어찌 盛大하지 아니하리오.

나는 內外從 昆弟로서 어려서부터 따라다녀, 늙도록 莫逆하거늘, 남은 세월 느긋이 더불어 하리로다. 이제 賀筵의 末席에서 앉아서 기쁜 마음이 일어나 감히 德을 稱頌하는 말을 하노니, 혹 늙음을 자랑하는 좋은 頌辭가 될는지?

옛날 陳恭公이 判亳州일새 그 晬辰을 맞으니 親黨이 모두 老星圖를 바치거늘 그 姪인 世修가 范蠡圖를 드리니, 君子가 아름답게 여겼은즉 이제 公은 이미 范蠡圖가 쓸데없으나, 내가 장차 오늘 이 자리에서 그림을 그려서 세상에 시간이 다 지나갔는데도 그칠 줄을 알지 못한 사람에게 돌려 보여 거울로 삼게 하리로니, 先生은 나를 위하여 다시 술 한 잔을 더 드소서.

이정의대인수서(李正儀大人壽序)

壽는 집안의 좋은 慶事요, 사람에게 있어서 좋은 일인데, 남의 자식 된 사람은 반드시 그 어버이를 孝養하여, 그 道理를 극진히 한 다음에야 그 어버이의 壽를 얻을 수 있는 것이거늘, 李君 正儀가 그 것을 얻었도다.

李君이 나를 찾아와 말하기를 그 大人의 回甲 晬辰이 금년 臘月

이라고 하면서 나에게 한마디 頌禱辭를 청하도다.

나는 오직 平日에 孝道를 다하지 못하여 나의 어버이가 壽를 누리지 못하였거늘 감히 孝子를 위하여 그 어버이를 祝壽하는 글을 쓸 수 있으리오.

그러나 마침내 한마디 말이 없을 수 없는 것은 李君과 더불어 誼가 깊은 까닭이로다.

대저 듣건대 무릇 사람의 命이 길고 짧은 것은 이미 타고난 것이므로 사람이 힘써서 되는 일이 아니로되 다만 그 영양분을 잘 섭취하면 해를 연장할 수 있고, 그 心志를 편안히 하면 족히 생기를 기르는 것이니, 攝生은 本人의 일이요, 養生은 아들이 하는 도리라고 하였다.

무릇 하늘에서 받은 것이 비록 厚하다고 하여도 영양을 섭취하지 못하면 이것은 스스로를 해치는 것이며, 또한 그 養生을 잘하지 못하여 康寧함을 조금 얻는 것도 사람이 해야 될 일을 잘하지 못한 것들이다.

이제 그대의 大人은 이미 壽考하시고, 또 康寧하시니, 그 攝生을 알 수 있는 것이며, 그 養生을 알 수 있는 것이니, 그대 집안의 경사가 어찌 크지 아니하리오.

이로부터 李君의 孝養하는 道가 끝이 없으니, 곧 그 어버이의 壽康할 날도 헤아릴 수 없으리라.

凡百 君子들은 壽를 우연히 얻을 수 있는 것으로 여기지 말고 반드시 얻을 만한 사람이 얻는 것임을 생각할지어다.

頌禱하는 말은 여기에서 그칠 따름이지만 나는 이에 그윽이 느끼는 바가 있노라.

민산청중로수서(閔山淸重牢壽序) (壬寅二月)

때는 바야흐로 玄黓攝提格일새, 詩山 閔先生이 慶淑人과 함께 壽가 칠십칠팔에 올랐으니, 실로 혼인을 하고 甲子가 一周한 것이다.

그 允子가 參鉉과 長孫 泰璟이 二月 晬辰에 重牢宴을 베풀고 諸婦와 衆孫이 쌍으로 쫄觴을 받들어 獻壽하거늘 이에 親戚이 모두 모이고, 鄕黨이 다 와서 입을 교대로 서로 축하하며 말하기를 이는 진실로 사람의 집안에 드물게 보는 경사로다. 壽하여 回甲에 이르면 이미 만족하여 기뻐하거늘 하물며 그 回婚하는 나이이리오! 한 老人에게 축수하는 술잔도 또한 경사스럽거늘 하물며 두 老人이 大耋에 康寧하여 함께 이 술잔을 받음이리오! 매년 晬辰에 獻壽하는 술잔도 오히려 경사스럽거늘 하물며 쫄觴을 다시 베풀고 또한 生朝의 令辰을 만남이리까!

아, 성대하도다. 邦憲이 일찍 와서 축하하는 자리 끝에 있다가 일어나 올려 말하기를 公이 壽하여 福을 누림이 어찌 그 까닭이 없으리오!

옛말에 이르기를 仁者는 반드시 壽한다고 하였고, 또 말하기를 積善하면 慶事가 있다고 하였으니, 公의 壽福은 곧 그 仁과 善의 報答인저!

옛날 芝崖公은 年齒와 爵祿이 이미 높은데도 恪謹함을 스스로 간직하여, 平日에 小官이 찾아와도 반드시 衣冠을 가지런히 하고 뜰을 내려와서 맞이하고 보냈으며, 市街에 나감에 鄕人이 길을 비키려고 문득 말고삐를 잡아당겨 말을 세우면 권하여 말 타고 지나가라고 명령하였으니, 이에 그 덕의 일단을 볼 수 있는 것이다.

그러므로 마침내 나이가 90에 오르고, 벼슬이 崇品에 이르며, 子孫이 매우 번창하여 福祿이 성대하게 뻗침이 당세에 비교할 데가 없는 데 이르렀도다. 그러나 도리어 回婚禮의 잔치를 베풀지 아니하였으니, 이번 잔치는 실로 세대를 걸러서 겨우 한번 있는 일이다.

이제 詩山公은 世德을 잘 이었고, 文章이 빛나며, 詩와 禮를 집안에 전하는 것으로 世業을 삼거늘, 中歲에 한번 地方官이 되어, 仁愛를 베풀었으나, 故鄕山川에 돌아와 숨어, 스스로 琴書를 즐기니, 善行이 鄕里에 들어났도다.

氣像이 渾厚하고, 言笑가 즐겁고 편안할 새 이것이 모두 德의 표시거늘 그 감응이 이에 壽와 福을 반드시 얻게 되리로다.

옛날에 일컬은바 仁하면 壽하고 善하면 慶事가 있다고 하는 이치가 어찌 거짓이리오, 아-, 公이 이미 芝崖公도 거행하지 못하던 경사스러운 잔치를 행한즉 崇秩天爵이 마땅히 며칠 안 되어 이를 것이며, 끝없는 오랜 수명이 장차 한이 없을 것이며, 慶淑人과 더불어 앉아서 子孫의 孝養을 받음이 五世孫을 보는 데 그치지 아니하리로다.

邦憲은 參鉉과 더불어 兄弟의 誼가 있어서 淑人의 貞德이 또한 仁하고 善함을 익히 들었거니 그 의당 끊임없는 福祿을 그 君子와 더불어 누릴 줄을 이미 알도다.

내가 公의 여러 손자를 보건대 모두 어질고 학문을 좋아하여 자태가 곱고 기상이 높거니, 閔氏의 福이 끝이 없으리라. 그런즉 仁과 善의 應報야 받아 놓은 보증서와 같도다.

무릇 이 잔치는 비록 가문을 이은 일이라고 하여야 옳겠지만 어찌 거듭 축하할 일이 아니리오, 先生은 들으시고 마땅히 기뻐하여 다시 한잔 드소서.

행향음주례서(行鄕飮酒禮序) (戊戌八月)

무릇 禮란 하늘에서 말미암아 마음속에 갖추어 있어서, 日用의 動靜하는 사이에 스스로 本然한 法則과 당연한 道理가 있으므로 잠간도 떠날 수가 없는 것이다.

그 實體는 敬을 主張하고, 그 作用은 和를 귀하게 여기나니, 敬은 禮가 確立되는 원리요, 和는 樂이 말미암아 나오는 바이라. 크고 작은 일이 그것을 말미암지 아니함이 없는 것이다.

옛날 周나라 때에 聖人이 制禮作樂 함이 鄕飮酒禮에 이르기까지 모두 또한 儀式이 있었으니, 무릇 鄕人의 모임이 있으면 반드시 鄕飮酒禮를 행하여 風俗을 두텁게 하고, 禮義를 가리는 방법으로 삼았다.

후세에는 이 禮節이 없어져도 講論하지 않으니, 한갓 종이 위의 空言이 되었으나, 禮가 어찌 망하리오, 대저 또한 사람이 행하지 아니할 뿐이다.

나는 비록 蒙陋蔑學하여 度數의 세밀한 것을 잘 익히지 못하였지만 또한 일찍이 父兄과 師友의 가르침을 듣고, 講構하여 擧行하는데 뜻을 둔 지가 몇 년이러라.

하루는 벗이 나에게 말하기를 일찍이 乙未年 봄에 晦菴書院遺墟에서 이 禮를 거행하였는데, 一鄕사람이 모두 가서 모여 禮法을 익혔다고 하도다.

이 벗은 詩禮의 집안에서 태어나 뚜렷이 士君子의 風이 있으므로 내가 항상 責善輔仁의 일을 기약하는 사이인데 이에 옷깃을 여미고 물어 말하기를 그대가 이미 먼저 행하였으니, 생각건대 반드시 禮事에 익숙하고, 禮의 根本도 또한 알리로다. 대저 이 禮는 먹는 음식이 전부가 아니라, 先王이 백성을 교화하는 원리인즉 또한 만물이 소생하는 시절에 이 무너진 예법을 한번 모여 거행함이 어찌 참으로 아름답고 성대한 일이 아니리오하고 드디어 즉시 一鄕의 章甫들에게 通知文을 띄웠다.

戊戌年(서기 1898년) 가을 8月 22日 德豊의 泮宮에 모두 모여서 저녁에는 講論을 듣는 것으로 賞을 주고, 그다음 날에 향음주례를 거행하니, 太守 李公이 새로 부임한 지 4일째 되는 날로 禮席에 枉臨하였다.

接應하는 이들이 오락가락 하면서 진행하니, 매우 성대한 일인데, 누구는 主人이 되고, 누구는 賓이 되고, 누구는 介가 되고, 누구는 遵이 되며, 그 나머지 執事와 여러 賓客은 각각 정한 자리에 차례로 서서 섬돌을 올라가 함께 술을 권하는 것이 모두 130餘人인데, 그 벗이 실로 그 사이에서 주선하였다.

揖하고 사양함이 엄숙하고 장엄하며, 의젓한 모습이 반듯하여 능히 恭敬과 和合의 道를 얻어서 구경꾼이 담처럼 둘러서서 조용히 바라보며 마음에 감동하는 모습이더라.

嗟呼, 禮樂은 본연의 天理로서, 사람의 마음속에 각각 갖추어 있거니, 어찌 古今의 다름이 있겠는가!

孔子가 말하기를 鄕俗에서 관찰하면 王道가 쉬운 것임을 안다고 하였으니, 오직 우리들이 반드시 우리의 마음에 각각 갖추어 있는 天理를 잘 닦으면 王道가 쉬어짐이 이에 멀지 않으리로다.

종중입의서(宗中立儀序) (丁酉十月)

옛날에 范氏가 말하기를 자식이 능히 부모의 마음으로 제 마음을 삼으면 효자라고 하는 말이 있는데, 내가 일찍이 거기에 蛇足을 달아 말하기를 후손이 능히 선조의 마음으로 마음을 삼으면 가문의 명성을 떨어뜨리지 않으리라고 하였다.

오직 우리 집안의 여러 世代에 걸친 先塋이 德豊의 高山에 있어서 子孫이 이에 살면서 네 산에 소나무를 길은 지 이제 수백 년이로다.

齋室을 세우고, 墓田을 두어 香火를 피워 제사를 받들며, 또한 經書를 비치하여 子孫이 대대로 배우고 익히는 땅이 되게 하였으니,

대저 先世가 先祖를 받들어 효도하려는 생각이 돈독하고, 우리 후손이 어질고 문장을 잘하기를 바라는 것이 매우 얕지 아니한 까닭인 것이다.

이래서 우리 宗族의 先輩가 많이 어질고 글을 잘한다고 湖西에서 일컬었던 것이다.

세월이 오래되어 經傳이 散失하니 後生 小子도 따라서 어리석어져서 능히 文藝로 이름난 사람이 고요히 들리지 않도다. 비록 한두 명의 글 읽는 사람이 있지만 항상 다른 사람이 그 자식을 가르치려는 경전을 빌리기가 어려웠다.

어찌하여 前輩들은 글을 많이 읽었는데 後生은 그렇게 할 수 없는가? 아, 이제 藏書가 읽을 만한 것이 없는 까닭인가? 아니로다. 이것은 우리 宗黨의 후손이 선조가 바라는 바로써 마음을 먹지 아니함이로다.

산 아래에 사는 사람들이 또한 대부분 가난하여 매양 喪을 당하면 산소 옆의 나무를 베어서 棺槨을 만드니, 이것은 宗族간의 의가 두터운 데서 나온 것이지만 그러나 이로 말미암아 혹시라도 守護하는 道理에 모자람이 있으면 울창한 숲이 쉽게 벌거숭이가 되는 데 이르러서, 앞으로 先塋을 받드는 도리가 장차 先世를 따르지 못하리로다.

소나무를 기르고 經書를 備置함이 모두 똑같은 이치의 事業이니, 族弟 智憲이 감개하여 탄식하고, 분연히 일어나서 이에 그 墓田에서 나온 것을 모아 祭需비용으로 쓰고 남은 재산으로 四書五經과 史記 등 100여 권을 齋室에 비치하여 後裔들이 읽고 익히는 教材로 하였고, 또한 發論하여 말하기를 이제부터는 僉宗들이 선산에 나무를 베지 못하게 하고, 喪을 당한 사람에게는 모름지기 宗中稧에서 紙燭貨幣를 약간 賻儀하는 것이 옳다고 하므로 이에 따라 儀節을 세워 永

久的으로 遵行할 계획을 만들었다.

이에 나에게 그 일을 기록할 것을 부탁하므로 기록하노니, 아, 산소에 나무를 키우고, 자손에게 글을 읽힘이 우리 先祖의 마음이었다. 百世에 걸쳐 능히 그 뜻을 이어받고, 그 사업을 성취하여야 될 터인즉 智憲은 그 어진저!

생각건대 우리 僉宗은 의당 智憲의 마음을 배워서 부지런히 힘쓸지어다. 또한 다시 소리 높여 말하노니 무릇 우리 조상의 후손이 거의 百餘家가 넘는데 우리 조상이 보기에는 곧 다 같은 子孫이므로 어질어 글을 잘하면 사랑하고, 어리석어 글을 못하면 근심을 하리니, 이 마음에 어찌 다름이 있겠는가!

冥冥한 가운데 바라는 바는 그 하나하나가 모두 成就하여 반드시 사람들로 하여금 "아무개의 손자 누구는 어질고, 누구는 글을 잘한다."라는 칭찬을 듣는 것이다.

또한 어질고 글을 잘하면 左右의 高山이 배나 光輝를 더하리라.

그 말하는바 成就하는 길은 오직 글을 읽는 데 있나니, 글을 읽어야 道理를 알고, 倫理에 밝아 선조를 받듦이 정성스럽고, 자녀를 가르침이 方正하여, 같은 할아버지의 자손이 敦睦하고, 온 산에 푸른 소나무가 점점 자라도록 보살피고, 藏書室에 黃卷을 서로 더불어 保守함으로써 마침내 산마다 소나무가 자라고, 집집마다 경전이 쌓여, 文章이 一國에 뚜렷한 雅望이 되면 비로소 가히 우리 先祖의 마음을 慰悅할 것이다.

지난번에 이른바 家門의 名聲을 떨어뜨리지 말라고 한 뜻이 바로 여기에 있나니, 모름지기 부지런히 힘써 종사하여 所藏한 책이 한갓 李氏山房으로 돌아가게 함이 없도록 하라.

歲在 丁酉 小春 咸城後孫 某謹識

대매화증창연서(代梅花贈蒼淵序) （戊戌十二月）

著雍閹茂 蠟月 哉生明하는 5일 鶴林道士와 羅浮美人이 이에 푸른 새를 불러 비단구름을 띄워서 강물 위에 벽라산 속으로 蒼淵선생의 책상 오른쪽에 엎드려 엄숙히 청하기를 "듣건대 선생은 桂榜學士로서 神仙의 깨끗한 세상으로 곧장 들어가서 세속의 소굴을 벗어났으니, 詩와 노래가 伯夷와 같이 고매하여 山水樓臺와 名花奇卉가 그 題目으로 뽑히게 되면 모두 스스로 榮華로 삼는다고 합니다."

일전에 灞驢가 여기를 지나거늘, 道士와 美人이 바야흐로 어여쁜 얼굴빛으로 一檻中에 마주보니, 그 淸韻淡態를 의당 충분히 감상하여야 했음에도 여러 가지 사정으로 총총히 지나가고, 詩文을 담는 주머니를 풀지 아니하였은즉 실로 風流가 한 격이 낮은 소치였습니다.

스스로 꽃다운 자태가 출범하여 늘 詩家에게 버림을 받지 않고, 春風雪月에 술을 싣고 서로 따르는 사람을 돌아보건대 일찍이 핍박하지 아니하였거늘 하물며 선생 같은 분은 능히 아끼어 서로 사랑하지 않으리오!

이제 거의 섣달에 微雪이 땅에 가득하고, 新月이 산에 있어, 삼간 초가집이 깊은 밤에 쓸쓸하여, 외로운 등불만 고요한 창문에 깜박깜박하거늘, 나도 모르는 사이에 깊은 정이 일어 빙그레 한번 웃으매 아담한 모습이 비단 같도다.

이에 주인 方山子가 이르러 서글서글하게 스스로 말하기를 서로 지켜봄이 또한 오래되었으니 하루의 酬唱이 없을 수 없다고 하면서, 드디어 며느리에게 술상을 준비하게 하고, 아이를 불러 편지지를 자르게 하거늘, 이때에 혹시 俗客이 있어 문 앞을 지나는 사람을 만나거나 돌아갈지라도 또한 묻지 아니하고 홀로 蒼淵先生만 생각하여 아련히 정을 붙이는 것을 선생은 알리다.

그윽이 생각하건대 작은 보름날 밤 눈꽃이 오히려 맑거늘 달이 장차 둥글거니, 꽃다운 자태 활짝 피고, 붉은 꽃술 야들야들 할 제 처음 익은 술이 이미 보글보글 익었나이다.

先生은 다시 나귀에게 채찍질하여 빨리 오셔서 이 좋은 시기를 저버리지 말기 바랍니다. 朗月의 깊은 생각에 이기지 못하는 情과 雪夜의 편안한 이야기의 즐거운 기분이 옛날 사람들만 오로지 즐긴 아름다운 일이 아닙니다.

石橋와 丹霞公이 평소 아름다움을 찾는 취향이 있으니 또한 마땅히 와야 될 것이며, 仙隣과 澗松公도 당연히 초청장을 보내야 하겠지요?

程子의 詩에 말하기를 "술잔에 술을 사양하지 말고 십분 취하소, 바람에 꽃 한 조각 떨어질까 두렵도다."라고 하였으니 천만 생각하여 보시고 금옥 같은 편지를 보내주소서.

유영동양아서(喻永東兩兒序) (丁巳正月)

올해 丁巳년은 이제 내가 태어난 지 예순한 해가 되는 회갑이다. 생일은 정월 25일이라, 아침에 두 아들을 불러서 일러 말하기를 "東國의 風俗에 회갑생일을 사람 사는 집안에 慶事로 여기어 자손 된 사람은 반드시 술상을 장만하여 잔치를 열고 친척과 이웃을 청하여 그 기쁨을 나누거늘 이제 너희들도 또한 이러한 마음이 있느냐?"

소위 晬筵은 어버이를 위하여 마련한 것이니, 그 어버이의 뜻에 편안한 바를 바야흐로 살펴서 그대로 하여야 옳은 것이다. 만일 그 어버이가 그 壽를 즐거워하고, 그 잔치를 기뻐하면 비록 가난하다고 하여도 어찌 하루의 供養을 하지 않을 수 있으리오!

그러나 그 어버이가 즐거워하지 아니한 바인데도 또한 반드시 잔치를 한다면 이것은 그 뜻을 거스른 짓이다. 옛날에 일컬은바 養志하는 사람은 반드시 그렇게 하지는 않았던 것이다.

너희는 내가 그날을 당하여 나의 마음이 즐거우리라고 생각하느냐? 나에게는 무한한 생각이 일어나 실로 壽筵이 즐겁지 않도다.

그윽이 생각하건대 일찍이 先妣께서 옛날 내가 태어나던 날에 대한 이야기를 가르쳐주심이 있으셨나니, 先考께서 어찌나 기뻐하시던지 삼년 동안 애지중지하여 항상 품어 안으면서 기대하고, 희망하심이 매우 컸었다고 하였다.

그 돌아가시는 임종에 나를 가까이 오라고 불러서 손을 잡으시며 차마 놓지 못하셨으니, 그 부탁한 뜻을 생각하여 알 수 있는 것이다.

先考께서는 平日에 義理를 方正히 하라는 가르침이 항상 원대한 학업으로 신나게 일어나는 사업을 맡기고 가르쳐 주셨다. 그러나 나는 이미 늙도록 한 가지도 이름을 이룩함이 없으니, 집안의 소망을 잘 이음이 없는 까닭에 두려워서 움츠릴 따름이다.

이와 같은데도 일찍이 壽하는 것이 즐겁겠느냐?

先考께서는 道德을 實行하시였으니 이치에 마땅히 遐壽를 누리고 士林의 우드머리가 되어야 하는데도 丙戌年 무秋에 갑자기 罔極한 變을 창졸간에 만났으니, 내가 가슴속에 원한이 맺혀서 비통한 소리를 길게 외친 지가 이제 30년이니, 일찍이 하루도 우리 어버이가 마치 돌아갈 곳이 없는 것처럼 생각하지 아니함이 없었거늘 이래도 가히 나의 壽가 즐겁겠는가?

무릇 사람이 回甲날에 그 父母를 모신 사람이 세상에 어찌 많이 있으리오, 그러나 오늘날에는 壽域이 점점 열리어 팔구십 노인이 종종 있는데, 오직 나의 先考께서 지금 엄연히 세상에 살아계신다면 향년이 칠십구 세가 되고 先妣께서는 팔십이 세가 되나니, 다른 사람과 비교한다면 나의 兩親을 오늘에 모시는 것이 또한 어찌 괴이한 일이리오?

내가 不孝한 罪로 禍가 父母에게 미쳤으니 어찌 감히 자기의 壽

만을 즐거워하리오! 매양 人家에서 그 부모의 회갑날에 獻壽하는 사람을 보면 나의 兩親은 회갑에 오르지 못함이 생각나서 나는 하루도 잘 供養하지 못한 원한이 마음속에 있어 거의 눈물이 떨어질 지경이었다. 그런데도 이제 내가 그날을 당하였다고 차마 너희들의 헌수를 즐거워하겠느냐?

무릇 사람이 늙복을 칭찬함에 반드시 夫婦偕老를 말하거늘 이제 나는 아내를 잃은 지 12년이라, 홀아비의 심정이 매우 괴롭거늘 어찌 혼자 앉아서 너희들의 헌수하는 술잔을 들고 기뻐하리오!

나의 長子는 타고난 재질이 매우 아름다웠는데 나이가 겨우 21살에 夭逝하여 夫婦가 함께 죽고 一點의 血肉도 남겨둠이 없으니, 이것이 또한 나의 지극한 원한으로 세월이 아무리 흘러도 잊을 수 없는 것이다.

仲婦의 孝養과 錫孫의 特殊한 것을 또한 오늘에 保有하지도 못하면서 오늘 너희들이 벌여 모신 가운데 홀로 長子, 孝婦, 慈孫이 좌우에 있는 것이 보이지 아니하면 나의 마음이 마땅히 어떠하리오! 그런데도 너희들의 술 한 잔에 나의 마음이 즐겁겠는가?

程子가 말하기를 "사람이 父母가 아니 계시면 生日에 마땅히 배나 절로 비통하리니, 어찌 차마 술상을 차려서 풍류를 울리리오!"라고 하였다. 내가 聖賢을 배우면서 도리어 그 戒律을 犯해야만 옳겠는가?

하물며 이제 나라를 잃은 遺民이 이 세상에 붙어사는 것도 이미 구차한 것이거늘 무슨 마음으로 晬日을 즐기겠느냐?

이것은 모두 오늘날 내가 즐거워하지 않는 바이니, 너는 마땅히 나의 뜻을 몸소 깨달아 내가 즐거워 아니한 바로 기쁘게 하려고 하지 말라!

내 마음에 즐거운 바는 오직 너희들 兄弟妹와 여러 손자 손녀 칠

팔 명이 훌륭한 사람이 되어 장차 집안이 번성한 것을 보는 것이다. 그러나 家勢가 매우 가난하니, 반드시 앉아서 보지만은 않을 터이고, 너희가 힘을 다하여 준비해서 잔치를 베푼다고 하여도, 돈이나, 재물을 축내는 자리에 앉지 않을 것이다.

사람의 자식이 그 어버이의 마음을 거스르면서 술과 밥을 먼저 차리고자 한다면 일찍이 이것을 효도라고 하겠느냐? 나는 이제 氣力이 건강하니 혹시 능히 앞으로 더욱 오래 살아서 國權을 되찾아 天下가 淸明하게 되면 너희는 모름지기 春花 秋楓의 좋은 날에 나의 同志들을 초청하여 진솔한 모임을 베풀어 준다면 곧 이에 남은 해를 逍遙하리로다. 너희들은 記憶하라!

기(記)

수당기(遂堂記)

湖右에 名山이 많지만, 그 우뚝하여 몇 고을 사이에 버티고 있는 것은 伽倻山이다. 그 아래에 둘러 사는 집안이 대부분 名門世族인데 大橋의 金氏가 가장 으뜸이리라.

산이 서쪽을 향하여 벌여진 곳에 자연스럽게 한 마을이 이루어졌는데 古昌이라고 부른다. 그 마을 가운데 초가집이 있어 깨끗하고 아리따운 집이 곧 遂堂이다.

나의 벗 上舍 金東珌 씨가 거기에 살면서 나에게 글을 지어 거기에 붙이라고 부탁하도다.

내가 보건대 예로부터 높고 큰 집이 세상에 아름다운 것은 혹 그 자리가 아름답거나 혹 그 사람이 어질거나 하였던 것인데 이제 이 집은 나의 벗이 처음으로 이름을 지은 것이다.

무릇 士友들이 金上舍를 아는 사람은 모두 遂堂이라는 號를 부르는데 이 집이 古昌에 있으니, 곧 고창도 반드시 내 벗의 집을 말미암아 이름을 남기지 아니함이 없도다.

그렇지 않다면 고창에 사는 사람이 수십 집안이로되 홀로 遂堂만

일컬은 것은 무엇일가?

내가 알기로는 遂堂은 나의 벗이 세상에 소문이 난 이름이다. 그러나 만일 그 집터가 아름답지 않다면 그 어진 이도 진실로 취하지 않으리라.

일컬은바 고창은 즉 가야산의 유달리 깊숙한 지역으로 두 산줄기가 서쪽으로 뻗어 남북으로 대치하고, 긴 시냇가 이리저리 흐르며, 좌우로 푸른 절벽과 하얀 돌멩이를 비추어 돌고, 맑은 물줄기는 폭포에 매달려 있나니, 가지가지 볼만 하려니와, 뽕나무, 감나무, 밤나무, 소나무, 삼나무, 대나무 숲이 위아래를 가리도다.

좋은 논, 기름진 땅에 아름다운 곡식, 진귀한 채소가 족히 아침저녁에 먹을 만하니, 큰 사람의 숨을 곳이나, 君子의 클 곳으로 여기보다 좋은 곳이 없을 것이다.

정말로 복 받은 땅이므로 나의 벗이 대대로 여기에 살면서 산을 의지하고 물에 임하여 이 집을 지었는데, 서늘한 마루, 따뜻한 방, 돌아가는 처마, 굽은 난간이 그 짜임새가 산뜻하고 날렵하여 나는 듯하거니와, 꽃은 섬돌을 두르고, 書畵도 벽에 가득한데 이에 烏巾을 쓴 백발노인이 스스로 山水主人이 되어 大家의 貴族으로 문장을 족히 쓸 만하고 행실이 향리에 소문났다.

어려서 孤兒가 된 나머지에도 능히 스스로 일어났는데 한번 학교에서 이름을 지워버리고서는 다시 세상에 구함이 있지 않았다. 숨어 살면서 가정을 경영함이 지극히 철저하여 성공하였고, 그 규모와 제도가 모두 가지런하고 주밀하게 살펴서 선조를 받들고 후손을 편안히 하였다.

가문을 이끌고 이웃과 사귐에 족히 남에게서 법을 취하므로 이에 일도 없고, 근심도 없어, 화락한 가운데 한가로워서 날마다 이 집을 물 뿌리고 쓸면서 뜻에 따라 편안히 쉬니, 거의 仲長銃의 樂志論에

가깝도다.

어찌 즐겁지 아니하리오. 대개 遂라는 것은 앞일을 잘 끝내고, 뒷일을 잘 시작한다는 말뜻이니, 마치 명당을 활짝 열어 놓고 앉아서 다스린다는 것과 같은 것이다.

이제 나의 벗이 이미 잘 가정을 이룩하여 이 집을 지어가지고, 고결하게 늙어가며 스스로 편안히 살고자 한 것이다. 이것은 평생에 좋은 일이라고 할 수 있을진대 스스로 그 집에 이름을 지어 號를 삼은 것이니, 그것을 뜻함이 여기에 있는저! 그것을 뜻함이 여기에 있는저!

아! 내가 일찍이 薛文淸의 말을 들었는데 말하기를 "내 마음에 진실로 학문에 뜻을 두면, 하늘이 나의 소원을 이루어준다"고 하였으니 시험 삼아 물어보건대 나의 벗이 당초에 스스로 이름 지은 뜻도 또한 거기에 있지 아니한지?

안타까워라! 나의 벗이 이미 늙었도다. 진실로 李初平이 글을 읽을 수 없었던 것을 면하기 어렵도다. 그러나 집에 어진 아들이 있어 자질이 매우 아름다우니, 실로 또한 이 집을 즐길 책임이 있고, 성실하게 잘 庭訓을 따라서 학문에 뜻을 두어 그 소원을 이룩하면 遂堂이 아들에게 전해지고, 또 대대로 전하여서 家法이 될 것이다.

나는 장차 張老의 頌으로 그 이야기를 記錄하리라.

화당기(和堂記) (戊戌八月)

하늘땅이 調和하여야 品類가 생기고 만물이 이루어지나니, 봄기운이 和하여야 초목이 우거지고, 바람과 비가 화하여야 오곡이 익는다.

景星이나 慶雲이나 甘露나 靈芝나 온갖 祥瑞로움이 元氣의 太和를 말미암지 아니함이 없는데 오직 聖人만이 그 中和를 지극히 하여 나타남이 모두 中節하나니, 가정으로부터 나라와 천하 및 마침내 천지가 바로 서고 만물이 자라는 데 이르기까지, 곤궁하면 한 몸이나 한 가정의 천지가 바로 서고 만물이 자라며, 통달하면 천하의 천지가 바로 서고 만물이 자람이 모두 한 묶음의 和氣 속에 있는 것인즉 크도다, 그 화함이여!

後學이 聖人을 배우고자 한다면 모름지기 먼저 그 和의 근거가 무엇인지를 가려서 인식하여야 하나니, 나의 族弟 智憲이 대개 일찍이 여기에다 뜻을 두고 그 거처하는 방을 이름하여 和堂이라 하고선 나에게 그 내용을 기록하여 주기를 부탁하는도다.

나도 또한 和로서 나의 몸과 마음을 다듬고자 뜻을 두었지만 아직까지 잘하지 못하거니, 어찌 감히 나의 아우를 위하여 그 뜻을 밝혀 주리오!

비록 그러하나 나의 아우의 생각이 착하거늘 또한 어찌 감히 한마디 말을 하여 서로 격려하지 않으리오? 나의 아우가 장차 그 몸을 다듬고자 한다면 그 和함에 철저하여 용모를 온화하게 하고, 언어를 화락하게 하고, 거처를 화평하게 하고, 음식을 조화롭게 하고, 출입을 화친하게 하여 일마다 모두 和할지니, 이렇게 가정생활을 꾸미면 처자가 和樂하고, 형제가 화순하고, 친척이 화목하고, 일꾼이 화열하고, 빈객이 화친하며, 이웃 마을에 미치면 이웃 마을이 화평하며, 朋友를 사귀면 붕우가 화친하며, 고을에 펼치면 고을이 화평하나니, 이에 몸을 세워 조정에 들어가 벼슬을 하면 임금을 섬기고 백성을 잘살게 하는데 위아래로 모두 和에서 출발하는 것인즉 우리 아우의 화하고자 함을 가히 알 수 있도다.

嗟呼라, 和는 達道이다. 진실로 그 뿌리가 없이는 잘 할 수 없는 것이다.

나라의 근본은 가정이요, 가정의 근본은 자신에게 있고, 자기의 근본은 마음에 있은즉 그 마음이 바르지 아니하면 그 몸이 화평하지 못하나니, 비록 和로서 다른 일에 미치고자 하지만 되겠는가?

나는 반드시 말하거니와 마음을 바르게 하는 데 방법이 있으니, 근본 원천을 涵養하여 德性을 기르고, 誠敬을 스스로 간직하여 겉과 속을 똑같이 한 다음에 마음이 바르게 되는 것이다.

나의 아우는 그 잘할진저! 聖人은 未發이 있어서 반드시 和를 이룩하고, 하늘땅은 貞固의 德이 있는 까닭에 發育이 無窮하나니, 이것이 곧 聖人의 마음은 天地와 더불어 흘러가는 것이다. 後學이 聖人의 마음을 배우고자 하는 것이 문득 여기에 있다고 할 것이다.

나의 아우가 그 숭상함이 이것인저!

옛날 우리 九畹公께서는 三玉으로 세상에 이름이 났었는데 그 詩와 顏華가 지금도 받들어 읽고 우러러 사모하거늘 그 玉같은 마음이 瀅然明澈하여 한 점도 흠이 없는 까닭에 德容이 밖으로 나타나는 것이 精粹溫潤하여 마치 玉이 산에 묻혀 있어서 山이 스스로 輝光을 머금은 듯하였나니 百世 이후에도 가히 감동하여 상상할 만하였다.

우리 아우는 모름지기 먼저 先祖의 德을 닦을 것으로 마음을 세우고 집안을 경영하여야 될 것이다. 孔子가 말하기를 "調和하면서도 流行에 휩쓸리지 아니하니, 굳세도다 씩씩함이여!"라고 하였고, 有子가 말하기를 "調和를 알아서 調和만 하고 禮法으로서 調節하지 아니하면 또한 행하지 못할진저!"라고 하였다.

和가 비록 귀중하지만 고귀한 것은 흐르지 아니함이요 禮로서 조절하는 것은 실로 그 흐르지 아니하는 방법이다.

나는 이에 和로서 나의 아우의 뜻을 기록함에 다시 禮로서 나의 아우에게 부탁하노라.

歲在著雍閹茂 仲秋上院 族從 方山

악당기(樂堂記) (己亥四月)

金君 明玉과 나는 매우 친하여 鍾山에 절반의 약속이 있어서 즐겁게 와서 놀았거늘 하루는 문득 떠난다고 말하므로 생각이 대단히 쓸쓸하여 그 가는 곳을 물어보니, 그 仲氏와 함께 살기 위하여 瑞城 倉湖의 先壟 아래에다 집을 장만하였다고 하거늘 나는 다시 明玉을 위하여 치하하도다.

明玉은 이에 그 거처하는 방을 이름하여 樂堂이라 하고, 나에게 기록을 청하거늘 그 이름한 근거의 뜻을 물으니, 대개 和樂且湛이라는 말에서 취하였다고 운운하도다.

孟子가 말하기를 父母가 모두 살아 계시고, 형제가 무고함이 첫째 즐거움이라고 하였으니 이제 明玉은 일찍 孤兒가 되었은즉 그 즐거움을 비록 반만 얻었지만 棠棣의 꽃이 문간에 화사하거니 기쁘고 즐거움이 이 방안에 가득히 넘치거늘 비록 九世가 함께 살아도 될 것이다. 어찌 치하하고 부러워하지 않으리오!

내가 말세의 風俗을 보건대 투박하여 형제가 함께 사는 사람이 드물도다. 아내를 얻어 자식을 두면 문득 각각 스스로 살기를 꾀하여 그 父母가 자식을 돕는 계책도 또한 그 집을 지어주고, 그 논밭을 떼어주고, 그 솥을 나누어주어 그 생업을 경영하게 하나니, 말하기를 큰 아들은 여기에 살고, 작은 아들은 저기에 산다고 하나니 일컬어 分戶하는 것을 常制처럼 보아 온 세상이 도도하게 모두 이러하거늘 간혹 담을 막는 데 이르는 이도 있으니 모두 이로 말미암지 아니함이 없는 것이다.

나는 한탄하고 탄식하였거니와 明玉이 또한 이미 처자의 사랑을 두고도 홀로 능히 세상 사람이 행하지 못하는 바를 행하여, 결연히 버리고 돌아가서 그 家事를 합하여 함께 살려고 하거늘 明玉은 어질도다!

그 말세의 유행에 초연하였거니, 온갖 사람들이 그 집 앞을 지나 감에 반드시 손가락으로 가리키며 서로 말하기를 이 형제가 기뻐하고 즐거워하는 집이다고 할 것인데 하물며 明玉이 스스로 號를 삼았거니 누가 감히 헐뜯겠는가!

禮記에 말하기를 樂은 태어난 근본을 즐김이요, 禮는 그 뿌리를 잊지 아니함이라고 하였으니 明玉의 堂은 실로 선영의 아래에 있으므로 곧 禮와 樂의 근본을 아울러 얻어서 기쁨과 즐거움이 말미암아 나오는 바라고 하겠도다.

무릇 오늘날 사람이 어찌 여기에서 본받지 아니하리오?

나와 같이 어려서 부모를 여읜 사람은 마침내 형제도 드물어서 비록 明玉의 즐거움을 얻고자 하지만 즐거움을 얻을 수 없거니, 조만간에 마땅히 짧은 지팡이를 짚고 걸어서 明玉을 방문하여 이 집에 올라 그 和樂의 뜻이 어우러져 질질 흘러넘치는 것을 보게 되련만 아마도 부러워서 눈물이 줄줄 흐르겠지!

옛날 周茂叔이 늘 仲尼와 顏子가 즐거워한 곳에서 즐기는 바가 무엇인가를 찾으라고 하였으니, 明玉도 또한 거친 밥을 먹고, 물을 마시고, 좁은 골목에 살면서 끼니 걱정을 면하지 못하겠지만 모름지기 그 즐거워하는 바를 배워서 형제와 더불어 하기를 나는 매우 바라는 바이다.

묵암기(默菴記)

金友 商元이 스스로 호를 默菴이라 하고 나에게 기록을 부탁하였는데 손님이 나에게 물어 말하기를 무릇 默이라는 것은 老氏의 道이다. 默菴은 儒者인데 어찌 다른 데서 취하여 몸소 玄默을 다듬고자 하는가?

대답하기를 아니요 아니요, 대개 默은 말을 아니한다는 말이니,

학자가 마땅히 먼저 힘쓸 바이다. 孔子가 말하기를 나는 말이 없고
자 하노라, 라고 하였고, 孟子가 말하기를 내가 어찌 말을 가리기
좋아할 것이냐고 하였으며, 中庸에서는 또 말하기를 나라에 道德이
없으면 그 침묵이 족히 용납한다고 하였다.

　聖賢이 서로 전한 躬行의 要訣이 다만 여기에 있을 뿐이다. 延平
李先生은 默坐澄心으로 未發氣象을 징험하였고, 晦菴夫子는 늘 靜時
工夫를 칭찬하여 말하였으니 그 뜻이 또한 여기에 있는 것이다. 그렇
다면 默菴의 호 됨이 또한 그 사이에 깊은 뜻이 있지 아니하리오!

　이제 그대가 다만 老子의 默만을 안다면 默菴을 알기에는 천박하
다고 하겠도다. 噫라, 默菴은 數十年동안 글을 읽고, 몸소 행하여
실천함에 움직이거나 고요함에 모두 힘을 얻어서 깊이 燥妄輕倪한
자들의 재잘재잘 지껄이는 것을 경계함이 있거늘 平日의 言行이 침
묵으로 佩符를 삼은 까닭에 한마디 말도 허물이 없어 거의 몸에 허
물이 없는 데 이르렀고, 마음의 허물도 또한 허점과 같은 것이 거의
없었다.

　하물며 이러한 때를 만나 오늘날 또한 족히 세상에 도리가 默의
한 글자에 지나지 않는 것이다. 이것은 中庸을 잘 읽은 사람이니,
내가 배우고자 하지만 잘하지 못하거늘 애오라지 記로 써서 아울러
스스로 닦고자 하노라 한대 손님이 말하기를 네 그렇습니다, 라고
하였다.

성재기(誠齋記)

　나의 벗 東藜 金鍾休가 스스로 號를 誠齋라고 하고는 나에게 기
록을 부탁하거늘 내가 허락하고 말하기를 東藜가 中庸을 읽은 지
몇 년이기에 이에 천하의 큰 집터를 얻어서 한 채의 좋은 집을 세
우고 사는가? 그 堪輿家의 風水法을 이 中庸책에서 얻었는저!

그윽이 관찰하건대, 저 天의 한 글자는 우뚝 萬丈을 솟아 太祖峯이 되었는데 性은 기걸찬 脈絡이요, 道字는 行龍이며, 敎字는 分開이며, 中和는 垂頭요, 中庸은 剝換이라.

第五章은 峽路를 지남에 智仁勇으로도 비틀거리고 지나가거니, 國家도 均平하게 하며, 爵祿도 사양하며, 하얀 칼날도 밟으면서, 숨은 것을 찾아 괴상한 짓을 행하는 사람과 길을 따라가는 사람이 좌우로 나누어진 가지가 되도다.

문득 道가 넓어지면서 홀연히 中祖峯이 솟았거늘 솔개는 날고 고기는 뛰어 氣脈이 살아 움직이거늘 夫婦며 天地며 氣勢가 있고 力量이 있도다.

큰 봉우리가 갑자기 작아지고, 작은 봉우리가 갑자기 커지면서 모두 세 번 솟았다 떨어지는데 그 가운데 鬼神章이 있어서 天然的으로 局이 되었으니, 보아도 보이지 않고, 들어도 들리지 않지만 위에 있는 듯하고, 좌우에 있는 듯하다가, 隱微한 것이 뚜렷이 나타난 곳에 穴이 맺힌 곳의 모양이 보이거늘, 俗師들이 간혹 彷徨하며 疑惑하면서도 그 까닭을 분별하지 못하는 것이라.

二十章에 이르면 氣勢가 웅대하게 펼쳐져서 三知와 三仁과 三勇이 저 五達道와 더불고, 九經이 모두 별자리처럼 벌려 서서 비추어 응하나니, "하나"라고 말하는 것은 깊이깊이 숨겨진 脈을 찾아 몸을 성실하게 하는 것이다.

明善을 으뜸으로 하여 穴을 補하면 생각하지 않아도 깨닫고, 힘쓰지 않아도 적중하며, 善을 골라잡아 굳게 간직하는 것은 그 穴證이다.

天性을 간직한 사람과, 敎育을 통하여 들어가는 사람이 그 分水嶺이 되는데 誠과 明이 穴을 맺어 밝으면 나타나고 움직이면 변하는 위에 禎祥과 禍福의 길이 있어서 가히 앞일을 알 수 있도다.

스스로 이룩하고, 스스로 가는 길이니 所以然의 까닭과 所當然의 법칙은 八字로 헤쳐서 열었도다. 天人이 合一하는 데 이르러서는 道가 하늘에 있는 곳에 基局이 열렸는데 말하기를 하늘을 알라, 사람을 알라고 하며 神은 天과 짝한다고 하면서 종종 靑龍날 끝이 祖山을 되돌아보도다.

三千三百 가지가 蓮花로 장식하지 아니함이 없으나 하나의 條理가 참으로 山水의 經緯가 되었으니, 모두 저절로 만들어진 현상이로다.

또한 소리도 없고 냄새도 없으면서 하늘 위에 실려서, 太祖峯을 反對하여 책상을 돌아앉아 받았거니 어찌 이것이 위에는 名山이요 아래는 千基가 아니리오!

또한 그 집을 세우는 사람이 꺾음자와 그림쇠와 먹줄에 아주 잘 맞추어 至極한 마음씨로 礎石을 놓고, 지극한 道理로 얽어매어, 實理로 上樑을 언지며, 實心으로 경영하여 天道며 人道며 기둥을 세우는도다.

간혹 層을 얹어 올리고, 간혹 가운데를 나누어 대칭이 되게 하였는데 大德과 小德이 天道의 樑柱가 되었고 위에 올라가도 교만하지 아니하고, 아래로 내려가도 배반하지 아니함이 人道의 더한 기둥이 되었도다.

자기를 이루는 仁과 만물을 이루어 주는 知가 안팎을 합하는 샛길이 되고, 大經과 大本과 肫肫 淵淵 浩浩는 門戶로서 열어놓고, 高明은 하늘을 본받고 博厚는 땅을 본받고 悠久는 無疆을 본받으며 德性을 높이면서도 學問을 말미암는 것은 곧 이 집으로 말미암아 들어가는 通路이다.

위에는 끝없는 하늘이 있어, 해와 달이 비치는 바요, 별들이 매어 있으며, 서리와 이슬이 내리며, 네 철이 돌아가니, 우러러 관찰하여 법칙을 삼고, 아래로 넓고 두터운 대지를 임하였으니 華岳이 무겁고, 河海가 크며, 萬物이 살거늘 굽어 살펴서 법칙을 삼도다.

산은 주먹만 한 돌이 모였지만 草木이 우거지고 禽獸가 살며, 물은 한 방울이 모인 것이지만 두꺼비, 자라, 蛟龍, 고기, 거북이 살거니, 象數를 헤아리고 文理를 살피면 玲瓏한 穴이 뚫려서 가는 곳마다 성실하지 아니함이 없도다.

嗚呼 大哉라, 천하의 집이 어찌 이보다 더 좋은 것이 있으리오! 이제 東藜가 여기에 살고 여기에 머물거니, 이 집에 대하여 나는 과연 능히 그 이름을 저버리지 아니하리라고 기필하지는 못한다. 아, 誠이라는 것은 진실하여 망령되지 아니함에 지나지 않지만 비록 聖人이 있다고 하여도 分數上으로 天道와 人道의 구별이 있도다.

그러나 아래를 배워서 위로 통달하는 곳으로 말한다면 學者가 능히 眞實无妄하지 못하므로 그 眞實無妄코자 하는 것이다. 무릇 여기에 종사하려는 사람은 또한 장차 어떻게 손을 써서 힘을 얻을 것인가?

그 오직 “敬”할진저! 敬은 이 마음을 깨우쳐서 항상 惺惺法으로 철두철미하게 하나니 참으로 誠으로 들어가는 길이다. 그대 東藜는 文章으로 세상에 이름이 났거니, 현실을 토대로 論理를 세워 溫雅典重하므로 그 詩句를 지음에 진실을 바탕한 높은 운치가 있어서 光輝가 화려하거늘 그 속마음에 간직한 것이 밖으로 나타난 것임을 또한 볼 수 있도다.

성실하지 아니하면 事物이 없다는 말을 어찌 믿지 아니하리오! 옛날 楊萬里가 誠意 正心의 학문을 하여 誠으로 隱齋를 이름하고 살면서 나오지 않으니 홀로 일컬은바 당돌함이 있다고 하였다.

맑은 바람 밝은 달이 이에 東藜와 더불어 아침저녁으로 만나리로다. 友人 方山 李邦憲은 감히 張老를 위하여 頌하여 말하거니, 實心으로 實理를 찾고, 일할 때마다 實事에서 옳은 것을 찾아서 間斷

이 없이 처음과 끝을 이루는도다. 나의 벗 主人翁은 일찍이 屋漏에서도 부끄럽지 않는 사람이겠지!

희우기(喜雨記)

나에게 거친 논밭 몇 마지가 있거니, 게을러서 스스로 경작하여 먹지 못하고, 그 갈고, 심고, 김매고, 걷음에 오직 머슴에게 의지하여, 열 식구의 생명줄을 삼는도다.

늘 水害나 旱魃을 만나면 또한 마음 근심을 하지 아니함이 없거늘 금년에는 봄비가 고루 흡족하여 풍년을 점쳤더니, 한 달 동안 비가 오지 않으므로, 사람이 모두 나의 논이 말라서 이미 그 해를 당하는 것을 안타까워한다.

그 물을 대서 모를 심은 것은 장차 싹이 말라 들어가고, 그 파종을 아니한 것은 붉게 말라 거북등처럼 갈라졌으니, 내 마음의 근심은 두레박을 매달아 물을 품는 사람보다도 더 힘들지만 다만 구름과 무지개를 쳐다보고 탄식할 따름이었다.

夏至 前에는 날마다 불꽃처럼 더워서 마치 타는 듯하더니 하루아침 미풍이 동쪽에서 불다가 산천에 구름이 일어나며 질펀히 비가 내리도다.

이에 마른 벼가 오뚝 싹이 일어나고, 갈라진 땅에 어느덧 물이 가득하여, 병든 것이 소생하고, 근심하던 사람이 즐거워하여 모두 신바람이 나서 올해는 장차 큰 풍년이 들겠다고 말하도다.

나는 이에 생각이 다른 사람에게 미치지 못하고 홀로 나의 논에 비가 온 것만 기뻐하면서 장차 소를 빌리고 사람을 얻으려고 우리 집 머슴에게 물어보며 그 부지런히 힘쓰도록 맡겨놓고, 앉아서 歐陽子의 기쁘도다 즐겁도다 하는 글을 읽을 따름이거늘, 이웃 사람이 나를 조롱하면서 말하기를

“천하의 근심은 앞장서서 근심하고 천하의 즐거움은 뒤에서 즐긴다.”라고 함은 范希文의 큰 뜻이거늘 이제 우리 선생의 근심은 천하의 논을 걱정하지 아니하고 오직 우리 선생의 논만을 이에 근심하며, 그 비를 기뻐함도 천하의 밭을 기뻐하지 아니하고 홀로 우리 선생의 밭을 이에 기뻐하니 또한 천박한 선비가 아닌가? 우리 선생의 마음이 넓지 못한 것을 가히 보겠도다!

가령 이 비로 하여금 우리 선생의 밭에만 치우쳐 내리고, 천하의 밭이 말라서 갈라진다면 우리 선생이 비록 우리 선생의 밭에만 비온 것을 기뻐하려고 하여도 어찌 할 수 있겠는가? 이제 우리 선생의 기쁨은 마음이 바름을 얻지 못하였다고 말하겠도다!

나는 막연하여 말하기를 그러나 皇天은 지극히 仁하여 이 신령한 비를 내림에 모든 논 가진 사람이 골고루 그 내림을 받지 아니함이 없나니, 곧 논을 가진 사람이 각각 그 기쁨을 얻는 것이다.

農家가 비를 기뻐하는 것은 그 밭에 비가 내림으로써이니, 다른 사람의 밭과 더불어 다름이 없는 것이다. 만일 다른 논에는 비가 오고, 내 논에는 비가 안 온다면 장차 걱정하고 탄식할 틈도 없을 것이다. 어디에 그 비를 기뻐하는 마음이 있으리오.

그렇다면 비를 기뻐하는 것은 이 논 저 논을 따질 필요 없이 다만 나의 논을 잘 가꾸는 것이 이에 나의 분수 내의 일이다. 그러므로 먼저 나의 논을 기뻐하게 되는 것이다.

대저 나의 논에 비를 기뻐하지 아니하고 반드시 다른 사람의 논을 기뻐한다면 거의 나의 밭을 버려두고 남의 밭에 김매는 꼴이 되지 않으리오. 나는 나의 밭에 기쁨을 기뻐하거니 어찌 갑자기 다른 사람의 기쁨에 미처 가리오!

저 范希文의 근심과 즐거움은 벼슬의 직분이 있는 사람의 일이다. 나는 곧 거친 논 몇 마지기가 있을 뿐이니, 천하의 넓은 일은 곧 그 책임을 맡은 사람에게 있는 것이다. 내가 어찌 감히 생각이 미치겠는가?

앞장서서 근심하고 뒤에 서서 즐기는 것은 거의 마음이 空蕩地에서 논다고 할 것인즉 땅 파먹고 사는 사람이 논할 바 아닌 것이다.

아! 나의 논을 걱정하고 드디어 남의 논을 근심하며, 나의 밭을 기뻐하고 또한 남의 밭을 기뻐하면 이것은 일컬은바 仁心이니, 나는 장차 이 마음을 잘 미루어 천하를 걱정하고 즐거워하는 데까지 이르러가리로다.

난파기(蘭坡記)

하루는 나그네가 지나가면서 나에게 물어 말하기를 저는 遊覽을 좋아하여 늘 奇絶한 곳에 이르면 문득 아름다운 꽃을 찾고, 기묘한 경치를 즐기는데, 佳花異草가 있다는 말을 들으면 바야흐로 그 곳을 찾아가서 구경하지 아니함이 없었나이다.

일찍이 깊은 산속에 들어가 보니, 여러 가지 꽃이 어우러져 있고 아리따운 나무가 시퍼렇게 무성한데, 유달리 이상한 향기가 그윽이 퍼져서 사람으로 하여금 취한 듯하게 하거늘 나무 사이로 향기를 따라가니, 가운데에 작은 언덕이 있어 우뚝하게 솟은 곳에 이에 한 떨기 꽃이 보였도다.

한 줄기 꽃떨기가 꼿꼿하게 홀로 섰고 파란 잎 한 가지가 깨끗하게 뻗었는데, 一幹一花가 외로운 뿌리를 모래에 의지하여 바람에 춤을 추며 그윽한 향기를 뿜고 있었도다.

비록 여러 가지 풀 사이에 있었지만 자연히 國香이 있어서, 깊은 숲 속에 살지만 알아주는 사람이 없다고, 향기롭지 않지 아니하나니 대개 더러운 속세를 싫어하여 홀로 스스로 힘쓰는 것이리라.

옆에 가까이 있는 여러 가지 꽃들은 모두 부끄러워서 얼굴이 빨개졌는데, 金盞玉臺의 水仙이나 蜂鈴鵝毛의 日精은 이에 下流에 있는 것이요, 海棠이나, 牧丹 따위의 繁華한 것도 감히 향기를 피우지 못하고, 스스로 시들어 버리도다.

하루 종일 즐겨도 서로 헤어질 수 없는 것이 마치 착한 사람과 더불은 것과 같아서 함께 있으면서 내 몸이 감화되는 것도 스스로 깨닫지 못하도다.

龔勝이나 管寧은 爵祿으로 더럽힐 수 없는 사람이니, 거의 비슷하다고 하겠고, 屈子(屈原)만이 홀로 깨어 허리에 차고 다닐 수 있다고 할진저!

돌아온 지가 오래되었지만 잊을 수가 없으니 그 이름을 알고자 하나이다. 선생도 또한 꽃을 사랑하고, 만물을 구경한 사람이시니, 원컨대 한 말씀 가르쳐 주소서?

내가 말하기를 그대는 나의 벗 瑞寧 柳道煥을 보았구만, 字가 貫一인저, 그 사람은 숨은 君子인데, 그 德이 난초와 같아서 사는 곳의 언덕을 號로 하여 蘭坡라고 한다네, 아하, 그 사람을 말하는구만.

고송단기(孤松壇記)

結城지역 北月山 아래에 마을이 있는데 花山이라 일컬으니, 復菴 李承宣이 머물러 사는 곳이다.

내가 일찍이 그 집을 방문하여, 산골짜기를 넘어서 시냇물을 따라 걸어 내려가니, 水石이 매우 奇絶한데, 골짜기가 그윽한 곳에 깊이 감춘 집이 있거늘, 우뚝한 이 집은 봉우리가 감아 돌고, 바위가 굽어보는 것이 모두 西向인 듯하도다.

집의 동편으로 가보니 시내를 따라 버드나무를 심고, 돌을 늘여놓았는데, 돌 틈 사이로 시냇물을 이끌어 하나의 작은 연못을 만들고, 둘러서 꽃을 가꾸며 늙은 나무로 그늘을 지게 하여, 그 위에다 臺를 만들었도다.

높은 집에 앉아서 연못에 임하면 맑고 맑은 물이 거울과 같은데 일컬어 如許臺라고 하도다.

우러러 臺의 위를 바라보면 대여섯 덩어리의 흙이 무너진 곳에 축대를 쌓았는데 외로운 소나무가 우뚝 서 있도다.

어여쁜 公이 나를 붙잡고 臺에 올라 술을 권하고, 시를 지음에 한 나절을 놀다가, 일어나 동쪽 언덕의 돌터를 가리키면서 말하기를 이곳이 우리 先祖 延城公의 歸來亭 옛터이며, 花山은 곧 그 무덤이 있는 곳입니다.

公께서 이미 大勳을 힘쓰다가 돌아오기로 뜻을 결정하였었는데, 마침 孝宗이 北伐을 위하여 大計를 세우고 三田渡의 屈辱을 雪恥復讐하려고 함으로 차마 조정을 떠나오지 못하였습니다.

亭子는 비록 지었으나 몸은 떠나오지 못하였는데 이제 나는 비록 일찍 벼슬에 올랐었지만 이미 才德이 없으므로 필요할 때 쓰였다가 이어 사퇴하고 물러와 조상이 살던 집에 숨었습니다.

그러나 愛君憂國의 마음은 일찍이 하루도 잊은 적이 없어, 드디어 每月 吉日이면 朝服을 입고 서울을 향하여 望拜를 하오니, 저 작은 언덕이 바로 그 자리입니다. 작은 소나무가 그 언덕 위에 있으므로 일컬어 孤松壇이라고 하오니, 선생은 나를 위하여 기록하여 주시지 않겠습니까?

내가 말하기를 아리따운 公의 마음을 나는 참으로 알고 있나이다. 저 延城公이 물러나지 못한 것은 때가 有爲할 만하여 물러나지 못한 것이지, 실은 물러난 것이요. 이제 令公은 일찍 물러났으나, 때가 有爲할 수 없어서 물러났으니, 참으로 물러난 것이 아닙니다.

歸來의 亭子와 望拜의 壇이 어찌 일찍이 임금을 사랑하고 나라를 걱정하는 마음에 다름이 있으리오. 이 한 언덕 한 골짝을 돌아보건대 令公은 진실로 물러나고 물러나지 아니하는데다가 집을 잘 지었다고 하겠습니다.

范文正이 江湖에 살면서 근심하고, 公子车의 마음이 위나라 궁궐에 매달렸나니, 令公이 이제 그 사람인저!

噫噫, 令公의 마음과 학문으로 官服을 입고 笏을 들고 날마다 임금에게 나아가 講筵政席에서 직접 훌륭한 정책을 말하여 올리면 延城公의 충성스러운 대책보다도 거의 더 아름다울 것인데도 이에 물러와서 朝冠으로 홀로 절만 하거니, 山色 水聲 속에 거닐며 이 외로운 소나무나 어루만지는 것을 어찌 말하리오! 다만 이에 아는 사람이 눈물을 흘릴 뿐이로다.

甲辰(서기 1904년) 乙巳(第二次 韓日協約)의 해에 나라의 일이 悲痛하여 글을 써서 일을 논하고, 義兵을 일으켰으나 실패하였으니, 그 뜻에 간직하고 있는 바를 알 수 있는 것이요. 마침내 湖右에서 일어나 斯道를 講明하여 우리 고을의 선비로 하여금 의지하게 되었은즉 학문에서 얻은 바가 있지 않다면 능히 이와 같이 할 수 있겠는가!

오직 저 외로운 소나무가 푸르러 홀로 서서 한겨울의 모진 눈보라가 온 세상에 몰아쳐도 쓰러뜨릴 수 없나니, 곧 剛直한 절개, 뒤에 시든 志操를 뜻으로 취한 것이로다.

나와 같은 썩은 나무야 비록 華山을 절반쯤 자르고자 한들 이미 할 수 없으니, 다만 마땅히 이로부터 자주자주 찾아와서 壇의 아래나 연못 위에서 술 마시고 시를 지으리로다.

맑은 그늘이 푸르고, 흐르는 물이 쏟아지거니 서로 더불어 마음 놓고 이야기하고, 학문을 깊이 토론하며, 우리 인간은 이미 가장 고귀한 품성을 타고 났으니 禽獸 같은 왜놈과 함께 더불어 떼 지어 살 수 없는 것을 노래하리로다.

蘇東坡의 望美歌가 뒤에 기록한 사람의 뜻을 도와 밝혀 주리라.

창연재기(蒼淵齋記)

中表兄 金容學氏의 號가 蒼淵인데, 내가 일찍이 그 號를 삼은 뜻을 물어보니까, 대개 머리는 蒼天을 이고, 발은 深淵에 임하여 悚然히 自修하는 뜻이라고 하면서 나에게 해설하여 달라고 부탁하였도다.

나는 글이 매우 짧으니 어찌 족히 그 뜻을 밝혀 주리오. 비록 그렇지만 그윽이 생각하여 보니 蒼은 深遠한 색깔이요, 淵은 靜深한 모양이다.

莊子가 말하기를 蒼蒼한 것은 하늘의 바른 색이라고 하였고, 中庸에서는 말하기를 깊고 깊은 그 연못이여!라고 하였으니, 深遠과 靜深은 곧 德이 있는 氣像이다.

德이 모이면 恭敬하여 悚然히 自修하고, 잠깐 동안에도 戰戰兢兢하면 속마음이 곧은 징험이 몸에 쌓여서 잘 德을 이룩하는 데 이르리니, 深遠하고 靜深한 氣像이 저절로 밖으로 나타리라.

우리 兄은 學問의 宗旨를 얻었다고 말할 것이니, 蒼淵이란 號가 마땅하도다.

오직 우리 宗師인 文元 선생은 渾然히 天成하여 땅을 지고 바다를 머금은 德이므로, 百世의 아래에서도 우러러 사모하여 모습을 그려보면 深遠 靜深이란 글자에 거의 가깝다고 할 것이다.

嗚呼라, 德의 盛大함이여! 곧 敬하여 間斷이 없음이로다. 우리 兄이 家世의 學을 이어받아서 그 덕을 이루는 데 이르렀으니, 곧 深遠 靜深을 비록 傳家의 法門이라고 말하여도 괜찮을 것이다.

그 누가 감히 아니라고 하리오. 그 子諒恭儉하고 雍容愷悌하여 예절로서 몸을 간직하고, 예법으로 가정을 거느려서 친척이 仁愛하고, 고을이 義理에 감복하며, 急流에서 勇退하여 老親을 孝道로 봉양하면서 泊然히 세상에서 추구함이 없는 듯하더니 나라가 망하는 것을 보고는 산속에서 나아가지 아니하고, 날로 농부와 더불어 이웃하고, 촌 늙은이처럼 숨어 살면서도, 때로는 눈물을 흘리며 하늘땅을 바라보고 感憤하나니, 그 德이 없다면 능히 이와 같을 수 있겠는가?

이래서 다정하게 聲望이 士友들 사이에 가득하고, 그 감동하여 기뻐하는 근거도 또한 深遠하고 靜深한 것이니, 무릇 蒼淵의 호를 부르는 것도 이러한 때문이다.

내가 일찍이 놀기를 좋아하여 늘 登山臨水하여 감정을 풀고 노래를 부르거늘 하루는 돌아다니다가 큰 연못 위에 이르렀거늘 물결이 아롱지고 하늘빛이 돌거늘 위와 아래가 한 가지 색깔일새 영롱한 일만 가지 모양새가 곧 푸르고 푸를 뿐일러라.

위아래 오르내리며 스스로 偈語를 지었으니 말하여 푸르고 푸른 것이 연못인가? 하늘인가? 하늘이 연못에 있어서 푸르렀는가? 연못이 하늘을 얻어서 푸르렀는가? 이었다. 이어서 시를 지어 그 광경의 아름다움을 그려내려고 하였지만 마침내 지을 수 없어 망연히 돌아와 버렸다.

오직 우리 兄이 시를 잘 지으니, 그 참 모습, 그윽한 운치, 風神氣骨이 水月鏡花의 象이 있으리로다. 만일 그 시로써 그려내면 蒼이라 淵이라 함에 또한 반드시 詩境의 奇絶處가 아니지는 않으리로다.

회룡재기(會龍齋記) (代人作 丙午七月)

嶠南은 예로부터 人物창고라고 일컫나니, 道德節義의 선비가 앞뒤에서 輩出되는 龍擧鳳章이요. 또한 文學으로 세상에 이름난 사람이 대대로 적지 아니하여, 가득히 서로 바라보았다.

山川의 빼어남과 風氣의 아름다움이 참으로 그 엉긴바인저! 나는 소문을 듣고 보기를 소원하다가 와서 이 지방을 지키는 데 이르렀거늘 온통 邑中이 賢豪長者요, 왕왕 대부분 文學士들이러라.

龍宮 金氏가 더욱 번성한데 邑의 동쪽 수십 리 밖 마을이 곧 金

氏 100여 가구가 대대로 살아온 땅이다. 산천이 매우 秀麗하고 風氣가 아주 아름다운 곳에 일컬은바 會龍齋가 있으니 그 先世로부터 宗族이 모여 敎育한 곳이다.

이제 몇 백 년이 되도록 잘 지켜내려 오면서 先祖의 事業을 잘 이으며, 요즈음은 더욱 文學에 분발하여 힘쓰나니, 대개 그 子弟들 가운데 재주가 있는 사람을 뽑아 모아서 가르치도다. 그러므로 그 뜻을 荀韓 八龍의 어진 이에서 취하였고, 또한 姓의 本貫이 龍宮이므로 바야흐로 齋名으로 쓴 것이라고 하도다.

하루는 金某가 나를 邑長이라고 하여, 이에 그 집에 記하기를 청하기로, 나는 본래 文翁의 가르침을 배우지 못하였고, 袁州의 학문도 익히지 못한지라, 스스로 돌아보건대 부끄럽기 그지없거늘 어찌 감히 글을 쓰겠는가?

그러나 위로는 우리 성스러운 天子의 은혜로운 명령을 받들어 100리 땅의 풍속을 드날리고, 인재를 배양하며, 학문을 일으키는 것이 실로 나의 직책이거늘 또한 어찌 감히 글을 잘 못쓴다고 사양하겠는가?

이제 내가 會龍齋에서 보고, 嶠南에 人才가 번성한 것을 알았도다. 程子가 말하기를 사람을 살리는 길은 교육으로 근본을 삼는다. 라고 하였다. 그러므로 옛날에 家塾이나, 黨邃로부터 國都에 이르기까지 모두 가르치는 학교가 있었다.

嗚呼라, 三代 이후에는 學校의 行政이 다듬어지지 못함이 오래되었다. 家塾이나 鄕學이 끊어지고 없으며 겨우 있다고 하여도 有名無實하므로 쓸쓸히 千載에 敎化가 행하지 못하고, 人材가 나오지 아니하니, 어찌 그 才質이 다된 죄이리오?

참으로 교육의 근본이 없는 까닭이니, 이것이 有識한 사람들이 末世를 걱정하여 탄식한 근거이다.

이제 嶠南 金氏의 집에서 능히 시작하여 이끌어 가르치면 그 文學으로 뚜렷이 볼만한 사람이 과연 있을진저! 비록 그렇지만 文藝는 끝이니 족히 다하지 못하리로다.

옛날에 사람을 가르치는 법은 반드시 有用의 實學에 먼저 종사한 다음에야 하늘이 재주 있는 사람을 탄강시킨 뜻을 거의 저버리지 아니하고 세상에 쓰일 수 있는 것이다.

孔孟이 傳授한 學問과 堯舜이 다스리는 道德은 먼저 綱領을 세우고, 倫常으로 준칙을 삼으며, 禮義로 행하여, 格致誠正의 방법으로 바른 길을 삼아서 모든 일체의 세상일을 또한 모두 學習하나니 모름지기 文學으로 經緯를 삼되 規模와 條目을 胡先生처럼 하여야 되리라. 湖學의 古事야 곧 이제 이 집이 마땅히 一世의 모범이 되리니, 어찌 성대하지 않으리오.

그렇다면 이 집에 간직하여 내려온 전통은 그 돈독한 뜻이 인재의 양성에 있으니 어찌 齋名을 되돌아보고 그 뜻을 생각하지 아니하리오!

대저 龍은 神物이니, 이에 큰물에 모여 밑에 잠기기도 하고, 위로 뜨기도 하면서 德을 기르고, 靈을 엉기어 능히 變化의 功을 이룩하여, 하늘을 오르내리면서 구름을 일고 비를 내려서 덕을 베풀고 靈을 드날리나니, 어진 사람이 학문을 높이고 덕을 이루어 세상에 쓰이기를 기다림도 또한 이와 같을 따름이다.

아, 龍으로 집의 이름을 하는 것이 그 또한 이것에서 취함인저! 乾九二에서 말하기를 나타난 용이 밭에 있으니 큰사람을 만남이 이롭다고 하였고, 九五에서 말하기를 나는 용이 하늘에 있으니 큰사람을 만남이 이롭다고 하였다. 밭에 있는 용이 장차 하늘에서 나는 용을 만나는 것인즉 金氏의 여러 용들은 각각 스스로 힘써서 혹시라도 게으른 용이나 못된 용이 되지 말지어다.

나와 같은 사람은 또한 이 고을에 오래 있지 못하고, 임기를 마치면 서울로 가겠지만 山陰의 風俗이 늘 꿈속에 들어 생각하리로다.

嶠南에서는 道德, 節義, 文學의 선비가 많이 나왔다는 이야기를 들으면 나는 반드시 말하기를 이는 龍宮 金氏의 會龍齋에서 공부한 사람이라고 하리라.

龍集柔毛敦牂 流火月 上浣.

의첨재기(依瞻齋記) (辛酉)

密陽은 嶠南의 한 雄府인데 府의 鎭山을 말하여 華岳이라 한다. 岳의 남쪽에 소위 五柳村이 있는데 곧 시골에서 이름난 咸平 李氏들이 살고 있다.

그 선조 護軍公은 지난번 萬曆丁丑년간에 母夫人을 모시고 羅州로부터 이곳으로 이사를 와서 살았다.

그 가운데서 義理를 행하여 어버이의 墓 옆에 하나의 齋舍를 건립하고 이름하여 依瞻이라고 하였으니, 실로 종신토록 사모하는 뜻을 붙인 것이다.

봄가을 제사에는 여기에서 제수를 장만하고 그릇을 씻으며, 宗支子孫은 여기에서 글을 읽고, 학업을 전공하면서, 뒤로 대를 이어 지켜가거늘 드디어 奠一洞과 退老村, 鷄山里와 서로 바라보며 저절로 聚落이 형성되어 族黨이 흩어져 살게 되므로, 一山一邱 一花一石이 平泉庄과 비슷하였다.

護軍公은 성품이 간결하고 돈독하여 進取하기를 즐겨하지 아니하고, 오로지 효도하여 부모 봉양을 극진히 하여 그 道가 가정을 다스리고, 시골에 삶에 각각 그 마땅함을 닦아서, 음덕을 끼쳐 후손에게 남겨 주어 하여금 자손을 이어가며 번성하게 되었다.

先制를 아주 잘 받들어서 드디어 洞壑主人이 되어 수백 년을 내려오도록 쇠망하지 않았으니 아~ 성대하도다. 公의 德을 쌓은 기초를 이제 알 수 있으리로다.

山水의 美麗함과 泉原의 蘊籍함과 田野의 平遠曠饒함과 같은 데 이르러서는 과연 一鄕의 樂地라고 할 것이니, 公의 人傑이 地靈임을 알 것이요. 하나의 齋舍가 독특하게 서 있어 우뚝 길이 남아 있으니, 참으로 마치 公의 高節이 빼어난 것과 같이 보기에 성대하도다. 百歲의 아래에도 또한 우리 公의 當日을 상상할 수 있으리라.

後孫 穆憲이 또한 한사람의 착한 선비이거늘 나에게 일러 宗族이 千里에 편지를 보내 記錄을 부탁하거늘 嶺湖南이 멀고멀어 비록 이 집에서 花樹會를 하는데 한 번도 참석하지는 못하였으나, 平日 景慕하는 마음이야 어찌 일찍이 남의 뒤에 갈 것인가?

드디어 사양하지 아니하고 記하면서 또다시 諸宗의 경영에 감축하는 바이다.

　崇禎紀元後重光作噩 方丈山人 李邦憲 記

진수재기(進修齋記)

하루는 天氣가 맑게 개고, 봄바람이 화창하거니, 나도 모르는 사이에 신바람이 나서 이에 걸어서 높은 산꼭대기 위에 올라가 일만 길 절벽에 서서 사방을 둘러보니 아득도 하도다.

눈길이 큰 바다에 이르거늘 한 척의 커다란 배가 있는데, 노를 젓고, 돛대를 매달아 물길을 따라 내려오거늘 만경창파 위에 두둥실 떠서 마음대로 두어 저절로 멈추지 아니하도다.

나는 탄식하고 말하기를 저 배가 능히 스스로 바다 위로 나아감에 힘든 것을 보지 못한 것은 참으로 그 배가 뜨는 법칙을 잘 이용한 까닭이니, 어찌 놀란 파도나 괴상한 물결을 두려워할 것이냐!

무릇 우리의 학문도 높이고 다듬어 공부하는 원리가 또한 이와 같은 것이다. 나의 벗 德水 李仁永 德仁參奉은 그 또한 學海 속의 한 木蘭舟인저!

德仁은 어려서 그 族兄 佳泉公을 스승으로 하여 배웠는데, 佳泉이 그 집을 명명하여 進修라고 하였으니, 대개 工夫가 넘쳐 날로 進步하여 스스로 닦음을 게을리 하지 아니하고자 함이었다.

그 부탁한 뜻의 기대함은 과연 깊고 절실하니, 그러므로 德仁이 일생동안 進修의 영역에서 힘을 써서, 몸이 다듬어져서 착한 선비라는 이름이 나고, 가정이 가지런하여져서 법도 있는 집안이라 일컬으니, 그 가르침을 받은 것을 저버리지 아니함을 알 수 있는 것이다.

이로 쫓아 다시 百尺竿頭에까지 나아갈 수 있을진저! 옛날 程子가 李初平에게 일러 말하기를 公은 늙었으니, 글을 읽으며 학문을 할 수는 없도다. 다만 우리들의 講論을 듣기만 하시요. 라고 하였으니, 德仁도 또한 이미 늙었도다. 비록 오뚝이 앉아서 소년시절처럼 글을 읽을 수는 없는 것이다.

그러나 만일 이렇게 스스로 힘쓰는 마음을 옮겨서 그 子姪을 잘 가르쳐서 하여금 글을 읽고 공부를 하여 높이고 다듬기를 그치지 아니하면, 부모의 뜻을 잇고, 부모의 사업을 이룩하는 道가 또한 그 집안에 있어서 무너지지 아니하리라.

그렇다면 소위 進修의 두 글자가 비록 李氏의 傳家의 法이라고 하여도 괜찮을 것이니, 누가 감히 힐뜯을 것인가?

나는 장차 그 어진 아들, 어진 조카들을 이끌고, 바다 위의 배를 바라보듯이 되기를 생각하는 바이다.

유영탑사기(留靈塔寺記) (庚子 二月)

庚子 二月 初九日 辛亥 날이 맑고 온화하여 靈塔寺에 들어가니 여러 벗과 제자들이 먼저 왔도다.

며칠을 머물다가 하루는 海美로 가서 李殷栗 鉉鶴의 큰아들 冠禮에 戒하게 되었다. 家兒가 한 마리 망아지를 빌려왔으므로 이어 길을 떠나오니, 家兒와 李武卿이 따르면서 겨우 山門을 나서는데, 金都事 仲根이 장차 나를 山寺로 방문하려다가 내가 산에서 나오는 것을 보고 길 옆으로 마주하여 서서 몇 마디 이야기를 하였다.

騎馬를 얻어 타고 餘美로 향하다가 中路에서 집안 어른 仲成을 만나 함께 손님으로 들어가니, 李友 鉉弼이 나와서 맞이하는데 조금 있다가 殷栗丈이 나와 보고, 또 모모 인사들이 있어 와서 보았다.

金友 善煥이 먼저 와서 함께 冠禮를 행하는 절차를 의논하고, 다음 날 丁巳에 일찍 禮事를 거행하였다.

家兒는 贊이 되고, 金友는 執禮니, 나를 인도하여 堂에 오르게 하고, 衆賓은 나란히 선다. 泰安에 사는 崔命喜 兄弟가 자리에 있어 함께 인사하면서 장차 天安으로 가서 그 스승 田艮齋를 찾아뵙겠다고 말하는도다.

마당 밖에 홀연히 辟除聲이 들리더니, 沔川太守가 들어오거늘 여러 손님들이 피하여 물러가 수군거리고, 主人은 자리에 나와 공경을 극진히 하니 또한 사람의 마음을 볼 수 있겠도다.

나는 배운 사람으로 감히 자리에 있을 수 없어 外軒으로 나와 음식을 먹은 뒤에 곧 사양하고 돌아왔다.

金善煥과 내가 同行하여 大崎店에 이르러 家兒와 더불어 짝하여 우리 庄에 가서 망아지를 이끌어 보내고, 나와 武卿이 걸어서 절로 들어가니, 蒼淵과 丹霞와 湖石과 蕙眷과 剛齋와 澗松과 海史의 여러 詩友들이 이미 方丈에서 詩를 지으며 시끄럽게 노는데, 叔父도 또한 왕림하여 모임에 합했도다.

술자리가 질펀하고, 반찬도 넉넉하여 아주 가난한 선비의 놀이에는 지나친 듯한데 家兒가 그 아비를 위하여 한 그릇의 花菜를 가지고 와서 받들고, 兪鎭泰가 또 몇 병의 술을 사오니, 沔陽의 杜鵑酒로다.

밤이 새도록 談笑하면서 함께 두 편의 律詩를 지으니 이에 날이 훤히 새는 데 이르렀다. 혹 풍류가 질펀하고, 혹 言笑가 드높고, 혹 沈靜하며, 혹 조용하게 있으니 사람마다 氣味가 같지 아니함을 알 수 있겠도다.

다음 날 아침에 산 아래 사는 詩人 金後松 演根이 술 한 병과 나물 한 접시를 가지고 와서 공궤하니 매우 좋은 일이었다. 조반을 마치고 詩友들이 각각 산을 떠나 내려가는데, 나만 홀로 禪房에 머무르니 생각이 아주 쓸쓸하도다.

仲成 친척이 여러 번 찾아와서 이야기도 하고 음식도 대접하다가 저녁나절에야 돌아가고, 金善煥이 從弟와 함께 그리고 家兒가 같이 올라왔으나, 머물러 자게 되므로 대략 몇 마디 강론을 하다가 밥을 먹은 다음에 떠나갔다.

해가 늦었는데 7~8인의 등산객이 있어 떠들거늘 그들이 말하기를 春興을 이기지 못한 까닭이라고 하니, 우습도다. 혹 4~5인 혹 5~6인이 한 떼가 되어 한 떼는 내려가고, 한 떼는 올라가서 하루 종일 그치지 않으니, 번거로움을 이기지 못하여, 그윽한 곳을 간절히 생각하게 되도다.

수졸재기(守拙齋記) (辛丑 五月)

原州 金丈이 讀書 數十年에 岩巢에 숨어 있으면서 산속에 낡은 집 몇 칸의 초가를 얽어 놓고 드디어 스스로 號를 守拙齋라고 하였도다.

나는 公이 修身하는 道를 어찌하여 拙에서 취하여 지키려고 하는지 알 수 없거니와, 천하의 일이란 참으로 拙劣한 사람이 분별할 수

있는 것이 아니요. 聖賢의 학문은 더욱 拙劣하게 나아갈 수 없는 것
이니, 拙을 그 가히 지킬 것이냐? 말하기를 아니다.

公의 拙劣함은 대개 또한 智巧한 사람이 私意를 쓰는 것을 경계
할 뿐인 것이다. 拙도 또한 道가 있으니 몸을 닦음에 무슨 병이 있
겠는가!

그렇다면 公은 그 拙을 잘 쓴다고 할 것이니, 智巧가 미칠 바 아
닌 것이다. 嗚呼라, 내가 세상 사람들을 보건대 대부분 文詞로서 서
로 높이거늘 公은 받아들이기만 하고 내놓지 아니하니 文詞에서도
拙을 지킨다고 하겠도다.

어떤 이들은 言辯으로 서로 崇尙하거늘 公은 말을 더듬어 마치
말을 못하는 사람처럼 하니 言辯에서 拙을 지킨다고 하겠도다. 도도
하게 名利에 빠져서 죽도록 돌아올 줄을 모르거늘 公은 이에 구하
는 바가 없으니 이것은 名利에 拙劣한 것이다.

유유히 生理에서 늙어 몸을 더럽혀도 부끄러워하지 아니하는데
公은 가난하여 자기 자본이 없으니 이것은 生理에 졸렬함이라고 하
겠도다. 이것은 모두 公이 智巧한 사람들이 하는 바를 경계하여 굳
게 그 拙을 지킴이다.

나는 반드시 말하거니와 守拙이라는 것은 이에 君子의 德이 되는
근거라고 할 것이다. 讀書에서 힘을 얻지 아니하고 잘 할 수 있겠
는가?

나는 公의 拙劣함이 다른 사람의 拙劣함과는 다른 것을 알고 있
는저! 비록 그렇지만 우리의 道가 만물의 이치를 밝히고, 저세상과
이 세상의 진실을 통하며, 물질을 개발하고 책무를 완수하는 원리인
즉 또한 순전히 拙法만을 써서는 옳지 못한 것이다. 오직 公은 조금
留意하소서!

만일 그 奮勵警發의 勇氣와 學問思辨의 功夫와 泛應曲當하는 方

法과 같은 것이 老年에 더욱 발전하면 저절로 性分의 妙用이 있고, 修身의 守拙을 더불어 안팎과 겉속이 함께 행하여 서로 어그러지지 아니하나니, 그 智와 그 拙을 반드시 분별하는 사람이 있으리라.

나와 같은 사람은 참으로 일컬은바 拙劣하고도 또 졸렬한 사람인데 文詞에는 더욱 졸렬하여 감히 논리를 세우지 못하거늘 金公이 나에게 청하여 기록하라고 강요하니, 아마도 公이 그 옹졸함을 미루어 나의 옹졸함을 사랑한 까닭이리라.

이에 간략하게 몇 마디 기술하여 따뜻한 마음에 보답하도다.

辛丑 五月 端陽日 記

면천향교중수기(沔川鄕校重修記) (辛丑 六月)

무릇 學校는 聖人을 높이고, 道德을 존중하며, 선비를 기르는 곳이다. 위로 서울로부터 여러 고을에 이르기까지 학교를 세운 까닭이 어찌 한갓 되리오!

본받아 사모하는 정성과 에워싸 보호하는 방법을 하루도 늦출 수 없는 것이다.

바야흐로 沔川郡 校宮을 오래도록 수리하여 고치지 아니하니, 장차 무너져 쓰러지는 근심을 면하지 못하고, 바람이 들어오며 비가 새서 大成殿 안에까지 미쳐 이르니, 士林의 근심과 탄식이 깊지 않음이 아니지만 그러나 또한 능히 경영할 사람이 있지 않았다.

辛丑年 봄에 士人 金某가 本校의 有司가 되었는데 곧 慨然히 탄식하고 重修할 것을 생각하였다. 이에 一郡에 의논을 모으고, 郡守 李候 悳用이 그 일을 중시하여 廟堂에 올라가 聖上이 지은 告文을 가지고 내려와 御香으로 바치고, 드디어 三月 初旬에 位牌를 옮겨 모셨다.

기술자를 모집하고, 재료를 구입하며, 일꾼이 부역도 하면서 몇 달 만에 공사를 끝내니 郡守가 여러 執事를 이끌고 와서 焚香 告由하고 釋菜를 올리며 奉安하였다.

인하여 有司로 하여금 郡士 李邦憲에게 그 사적을 기록하게 하니, 여러 번 사양하였으나, 뜻을 얻지 못하고, 그 전말을 물어서 적도다.

처음 아무개가 이 일을 추진함에 財政이 없어 役事를 할 수 없거늘 이에 계획을 잘 세우고, 부지런히 誠心으로 경영하여 일을 준비하므로 많은 선비들도 또한 모두 각각 협조하였다.

이에 千餘金을 걷어 모아 스스로 그 일을 주간하여 차례로 사업을 추진하니, 먼저 殿宇를 修理하여 썩은 서까래를 바꾸고, 깨진 기와를 고쳐서 얹으며, 무너진 벽을 바르고, 차례차례 동서 兩廡를 고치고, 그 祝室을 다듬으며, 樓庫를 늘리었다.

明倫堂이 기울어진 것을 바로잡고, 西齋室이 모두 무너진 것을 세우고, 東齋가 겨우 온전하였으나 또한 종이로 창과 벽을 바르고, 中門을 이에 세웠으며, 두루 담장도 다시 쌓아서 파란 기와를 두르고 백회를 반듯하게 바르니 中度에 廟의 모양이 一新하였다.

그 有司가 또한 이미 매우 수고를 하였으나, 聖廟에 크게 공헌하였으니, 모든 학생들은 알아주어야 할 것이다.

嗟呼라, 이 일은 진실로 有司의 職責을 잘 완수하였다고 말할 것이요. 과연 朝家의 聖人을 높이고, 儒道를 존중하는 아름다운 뜻을 잘 받들어 이었다고 하겠다.

경건하게 생각하건대, 오직 우리 聖上은 500년 동안 임금과 스승이 다스리고, 가르친 중대한 전통을 이어서, 聖人의 道로 天下를 文明하게 이룩할 것을 생각하였다. 그러므로 그 外郡의 學校를 重修하는 것에 대하여도 또한 반드시 軫念하나니, 이에 우리 고을에 영광스러움이 많은 것이다.

嗚呼라, 성대하도다. 모든 선비들은 어찌 培養의 道를 생각하여 서로 힘쓰지 아니하리오?

朱子가 말하기를 國家는 學宮에서 先聖 先師에게 敬禮하여 장차 저 道德의 傳統을 밝혀서 천하의 學者로 하여금 모두 향하여 갈 바를 두고 거의 미칠 데를 알게 하려는 것이니, 한갓 그 담장이나 집을 수리하고, 그 초상화나 걸어 놓고, 음식과 의복을 성대하게 하여 오르내리는 예절로 보기 좋게 하려는 것이 아니다!

대개 學宮은 人間의 道德이 나오는 곳이다. 이제 이 學宮이 오래도록 수리를 못하다가, 아름답게 다시 수리하였으니, 곧 儒道가 앞으로 다시 세상에 밝혀지겠지! 또한 우리 고을 선비들이 聖人을 잘 배우는 데 있을진저.

그렇지 않다면 聖人의 廟가 비록 새롭게 아름다워졌다고 하여도 돌아보건대 聖人의 道에 무슨 보탬이 되겠는가?

살피건대 오늘날은 聖人의 道德이 날로 어두워져서 識者가 탄식함이 聖廟를 수리하지 아니한 날보다 심함이 있는데, 아-, 그 누가 다시 이제 廟를 수리한 것처럼 斯道를 능히 倡明하리오.

만일 그 道가 다시 밝아짐이 마치 廟를 重修한 것처럼 하는 것이 참으로 우리 고을의 君子에게 바라는 바로다.

重光赤奮若 遯月 上浣 咸平 李邦憲 記

돈목재기(敦睦齋記) (辛丑 三月)

羅州 지역 서쪽의 粉土洞에 齋閣이 있는데 敦睦이라고 일컬으니, 실로 우리 선조 咸平君 府君의 묘소에 자손이 일 년에 한 번씩 제사지내는데, 이곳은 祭需를 장만하고, 그릇을 씻고, 제사를 준비하는 곳이다.

대저 先世에 墓田을 비치하여 해마다 제사에 드는 비용으로 쓰면서 禮法에 따라 일을 거행한 지가 400년의 오랫동안 이어내려 왔다. 그러나 몇 년 전부터 田土가 없어지고, 儀物이 대부분 빠져버리니, 齋舍 몇 간만 우뚝하게 홀로 남게 되었다.

이에 宗中이 의논하여 일제히 편지를 보내서 서로 알리고, 힘을 합쳐 財物을 걷어 모아 墓田을 다시 장만하였다.

噫라, 이로부터 앞으로는 거의 폐함이 없이 몇 천백 년 전하여 香火가 그치지 아니하겠지? 또한 여러 子孫들의 誠心守護에 달려 있는 것이로다.

오호라, 우리 先祖는 德을 쌓고, 仁을 모음이 참으로 湖南에서 터전을 잡았으니, 子孫이 蕃延하지만 그 훌륭한 조상의 덕을 잘 이어받지 못한 사람이 온 나라에 널려 살도다.

湖南은 곧 우리 李氏가 發源한 곳이다. 宗族이 대부분 여기에 살며, 무덤도 또한 여기에 있다. 그러므로 무릇 일백 子孫들이 京鄕에 흩어져 살지만 이곳으로 故鄕의 근본 터전으로 삼지 아니함이 없었나니, 先輩가 처음 齋名으로 써서 조상을 높이고 종족을 사랑하는 뜻을 가히 알 수 있겠도다.

대저 宗族에게 敦睦하는 것은 그 先祖를 잊지 아니한 까닭이다. 옛날 范文正公이 말하기를 先祖로부터 보면 다 같이 균등한 子孫이다. 어찌 도탑고 얄팍함이 있으리오! 라고 하였으니, 이제 사람이 만약 先祖가 子孫에 대하여 두텁고 얄팍함이 없음을 안다면 그 자손이 된 사람은 의당 그 宗族에게 얄팍하게 아니할 것이니, 宗族에게 얄팍하게 함은 이에 그 祖上을 잊은 것이다. 어찌 두렵지 않으리!

그윽이 바라건대 우리의 여러 宗族은 이 齋舍에 들어와 이름을 뒤돌아보고 뜻을 생각하여, 敦睦하는 것이 우리 咸平君 先祖를 높이는 것임을 반드시 알 것 같으면 孝悌의 마음이 응당 무럭무럭 생겨날 것이다.

嗟呼라, 한 湖水의 西南쪽 道路가 멀어서 때때로 찾아가 쓸고 닦을 수 없는 사람이지만, 늘 서리와 이슬이 내리는 철이 되면 스스로 쓸쓸한 생각을 이기지 못하노니, 朱子가 일컬은바 千里에 한번 한숨 짓는다는 것이로다.

멀리 생각하건대 우리 宗族의 여러분은 반드시 정성스럽고, 반드시 공경하여 우리의 祖上 무덤을 잘 지키고, 그 영역을 잘 보호하여, 그 소나무를 기르고, 그 田土를 보존하면서 때때로 제사를 거행하고, 제기를 수리하고, 음식을 깨끗이 하며, 그 예법을 엄격히 지켜서 영구히 받들어 따르도록 할지며, 이 집도 또한 무너질 때마다 다시 수리하여서 百世토록 간수하여 후세의 자손으로 하여금 또한 先世의 成立이 어려웠던 것을 알도록 하여야 된다.

나는 진실로 마땅히 한번 찾아가서 省墓하고 내려와 여러 宗族과 花樹會를 이 집에서 열어 함께 敦睦의 뜻을 강의하리로다.

辛丑 三月 下澣 後孫 某는 記하노니, 同姓은 같은 뿌리에서 그 처음이 나왔나니, 한 몸에서 자손이 千億으로 나뉘었네, 마침내 길가는 사람을 보듯이 하거늘, 대저 先祖가 본다면 쓸쓸할 거야, 널리 사랑하라는 부탁 말씀 생각하고, 우리 종족들 百世토록 절친하여야지.

군자정기(君子亭記) (壬子 八月)

亭의 이름이 君子인데 옛날 어느 누가 이름을 지었는지 알 수 없거늘, 어떤 사람이 말하기를 호수에 蓮을 심은 뜻을 취하였다고 하도다.

대개 亭子는 高麗 때에 지었는데 세월이 오래 되므로 호수가 얕아져서 이제는 蓮도 보이지 않으니, 무릇 정자에 일하던 사람들이 모두 얻어들은 이름이다. 옛사람이 뒷날에 기대한 것이 그 이것일까?

東方은 옛날부터 君子國이라고 일컬었거늘 이 정자가 이에 홀로 그 이름을 얻었으니, 아름다움이야 이미 알 수 있는 것이다. 그러므로 邑誌에 기록하여 勝覽 편에 실렸도다.

洌川에 君子가 없다면 이것을 어찌 취하였으리오.

오직 李候 某가 郡守로 와서 먼저 정자가 어디에 있느냐고 묻거늘 그 우뚝 홀로 서서 버려진 연못, 잡초 속에서 비가 새고, 바람에 맞아 처마가 무너지고, 초석이 기울어 장차 쓰러지려고 한 것을 보고, 감개하여 일어나 탄식하고 말하기를

이 정자는 참으로 이 고을의 眉目이거늘 이렇게 버려두었으니, 一郡이 장차 顔色이 없도다. 郡守된 사람이 어찌 그냥 두고 보리오? 바야흐로 수리하도록 연구하시오라고 하였다.

이때에 松浦 主事가 와서 郡事를 도움에 古蹟은 보수하지 않을 수 없다고 하여 드디어 發論하여 경영하니, 여러 官吏들이 모두 즐겁게 찬조하므로 다 같이 돈을 모으고, 기술자를 불러다가 일을 시키니, 며칠이 안 되어 완공을 하였다.

이에 洌陽의 郎官 湖上에 다시 君子의 亭이 있게 되고 前人이 바라는 바를 모두 옛 모습대로 復元하였다.

섬돌 층계에 첩첩 돌을 쌓아 다리를 만들고, 층층이 올린 기둥을 마주 세우고, 굽은 난간을 빙빙 둘렀으니, 높아도 위태롭지 아니하고, 아름다워도 사치하지 아니하도다.

뒤로는 높은 산이 푸르고, 앞으로는 넓은 들이 아득히 펼쳐 있으며, 호수는 푸른 물에 그림자를 희롱하고, 은행나무 그늘은 시원한 바람이 일며, 西南의 여러 봉우리는 높고 웅장하게 다투어 뻗어 내리니, 마치 群馬가 踴躍奔逸하여 처마 아래로 달려오는 듯하고, 구름 노을은 온갖 색깔로 아침저녁으로 비추어 萬像을 바꾸거니, 사람으로 하여금 다 볼 틈이 없게 하도다.

지난번 정자가 廢하였을 때에도 이러한 경치가 없지는 않았으나,

사람이 없어서 버려두었거늘 이제는 모두 모여서 정자가 있는 옆에 서 아롱지니, 太守가 文雅한 風流로 優遊하게 즐기는 樂을 사람들과 더불어 그것을 즐기게 하니 그 사업이 또한 奇妙하도다.

이에 押韻先唱하면서 여러 詩豪에게 화답하기를 요구하니 모두 낭랑한 목소리로 노래를 하도다. 嗚呼라, 亭子가 무너진 것을 다시 세우고, 風雲烟霞가 공중에서 일어났다 살아지며, 나는 새가 오고 가며, 노는 고기가 나왔다 들어가니 곧 이 정자에 와서 노는 사람이 모두 보고 감상하리라. 그러나 그것들은 外境일 뿐이다.

만일 公이 물러와 한가로이 달빛 아래 정자에 올라가서 홀로 감흥이 일어나 시를 짓게 된다면 發興이나, 起滅이나, 去來나, 出沒의 象 以外에 정말 心目 사이에서 徘徊하는 마음을 보리니 이때의 이 경계를 어찌 쉽게 말하리오.

나와 같은 사람은 郡의 욕된 사람이다. 병들고 늙어서 죽으려고 하매, 文章도 웅장하지 못하고, 돈도 없어서 헌금도 못하였다. 그런 데도 외람되게 정자에 기록하라는 부탁을 받으니, 스스로 부역에 응한 셈 잡고 감히 사양하지 아니하고 이 글을 쓰노라. 좋은 집에 서투른 글을 후세의 군자가 반드시 비방하리로다.

玄黙困敦 仲秋 上浣 某 記

속란정기(續蘭亭記) (癸丑三月)

造物者가 百千萬의 아름다운 경치를 宇宙 안에 만들어 놓고, 그 사람을 기다려서 도맡아 관리하게 함이 있다고 말하나니, 會稽의 山陰에 蘭亭이 곧 그 한 곳이다.

王逸少가 젊고 늙은 여러 어진 이와 더불어 와서, 여기에서 禊를 하고, 그 文章과 筆力으로 그 일을 기록하여 전하였도다. 이것이 永和 癸丑의 暮春이었으니, 드디어 風流의 좋은 때가 되었다.

후세의 韻士, 詩家가 모두 想像하여 본받고자 함이 마치 忉利天을 바라듯 하지만 미칠 수 없었다.

嗟呼라, 蘭亭이 비록 아름답지만 逸少가 유람을 함으로써 千古에 膾炙하니, 소위 땅은 스스로 아름답지 아니하다고 하는 것이 바로 그것이 아니리오?

그렇지 않다면 이 정자에 유람한 사람이 逸少보다 먼저는 몇 명이며, 逸少보다 뒤에는 몇 명이거늘, 모두 조용히 들리지 아니하는가?

오직 崇山의 맑은 물, 긴 대나무, 우거진 숲을 逸少가 보고 홀로 그 아름다운 경치를 그려 냈고, 하늘은 맑고 기후는 따뜻하며 봄바람이 화창하면 이에 逸少에게 머물러 한번 노는 날인저.

이에 알 수 있는 것은 사람이 逸少라면 가는 곳마다 蘭亭이 아님이 없고, 사람이 逸少가 아니라면 어디에 蘭亭이 있을 것인가?

그러면 사람이 우주 속의 아름다운 경치를 버려둠이 한이 없거늘 오직 이에 旗亭의 雅遊를 또한 癸丑의 봄에다가 붙이고, 멀리 逸少의 蘭亭에다 이었으니, 아름다운 경치나 좋은 때는 비록 그곳의 蘭亭에 못한 것은 아니지만 홀로 남긴 이름은 오직 사람의 逸少에게만 있거늘 造物者가 그 또한 반드시 이것을 기다리고 있는저! 후세에 오늘을 봄이 오늘에 옛날을 봄과 같을지로다.

효우실기(孝友實記) (庚申十二月)

故 都事 德水 李公 敏發은 孝友의 行實로 一鄕에 알려졌으니, 一鄕士林이 感慕하여 의논하고 글을 돌려 서로 알리노니, 이것이 그 글월이다.

나도 또한 소문을 듣고 감탄하노니, 오히려 蒼澤里第에서 公을 잘 보았도다. 伯公은 仁厚하여 雅飾하고, 李公은 愷悌하여 端潔한데, 형과 아우가 상을 이어 놓고, 나란히 앉아 기뻐하는 모습이 가득히 넘치더라.

나는 이미 마음으로 깨달아 알았거늘 이제 이 글월을 읽어보니, 과연 소문이나, 보는 바에 그치지 않고, 더욱 자상하도다.

公은 容齋相公의 후손으로 繼志, 述事하는 집안의 명성과 평소의 행실이 매우 완비하지만, 그 孝友의 德을 다른 사람보다도 뛰어나게 가장 잘한 것은 平日에 부모를 섬기어 그 효도를 다하다가, 그 어버이가 병이 드는 데 이르니, 집안일을 포기하고, 오로지 약을 구하여 올리며, 밤에는 목욕하고 북극성에 기도하여 자기 몸으로 대신하기를 소원하였다. 날마다 오직 그 똥을 맛보아 건강상태를 징험하여 근심을 하였으니, 이와 같이 하는 것이 6년의 긴 세월에 이르다가, 위독하여 돌아가시려고 하니, 손가락을 잘라 피를 내서 약에 섞어드리며, 마침내 어떻게 할 수 없는 데 이르니, 哀痛하여 쓰러져서 살고 싶지 않은 것 같았다.

喪中에 죽을 먹고, 물을 마시며, 衰絰을 벗지 아니하고, 3년을 마쳤다.

兄弟 一同이 그 友愛하는 정이 어려서부터 늙을 때까지 60년을 마치 하루처럼 똑같았다. 잘 때에는 이불을 이어 덮고, 먹을 때에는 밥상을 함께하며, 出入에는 서로 따라다니니, 앉거나 눕거나 떨어지지 아니하였다.

비록 작은 일이라도 처음부터 쪼개어 나누는 실마리를 없게 하므로 고을 사람이 모두 따라 배웠다.

伯公의 長子가 일찍 죽으니, 嫡孫 種德이 承重하여 일을 주간하면서 先業을 잘 지켜서 家法을 어김이 없고, 季公은 아들이 없으므로 兄의 둘째 아들 完永으로 아들을 삼으니, 그 진실하게 봉양하고, 병을 간호하는 범절이 자기가 낳은 자식과 아무 다름이 없었다.

깊은 병으로 몇 년을 앓으니, 種德도 또한 湯藥을 들고 부지런히 다니면서 그 할아버지와 똑같이 살폈다.

公家의 孝友가 또한 子孫에게 이어졌으니, 詩에 말하기를 孝子는 감추지 아니하고, 길이 그 효도하는 사람에게 가르쳐 준다라고 하였으니 오직 公의 집안에는 의당히 뒤끝이 있을진저!

種德이 나에게 한마디 하라고 하지만 噫라, 나의 말이 어찌 족히 가볍고 무겁게 하리오? 다만 그 마음에 느끼는 바를 기록하도다.

歲上章涒灘 蜡月 上浣 咸平 李邦憲謹題

영탑심폭원기(靈塔尋瀑源記)

靈塔은 岩石으로 아름다워서, 바위를 파서 부처를 조각하고, 돌을 쌓아서 탑을 세워 온 산이 거북이 엎드리고, 용이 서린 듯하여 북두칠성을 찔러선 바위가 우뚝우뚝하고 첩첩이 쌓이며, 나란히 둘러 있으므로 모두가 奇絶한 곳이다.

그러나 유독 한 가지가 없으니, 그 사이에 물이 이리저리 흐르지 아니한 것이 올라가서 내려다보는 사람으로 하여금 문득 한스럽게 하였다.

하루는 兪君 鎭泰가 갑자기 나에게 아뢰어 말하기를 밤비가 다리를 넘어서 물이 넘쳐 올라가는데, 봉우리 아래에 폭포가 생겼으니 족히 감상할 만하나이다. 가서 구경하지 않으시겠습니까? 하기에 나는 듣고, 기뻐하면서 드디어 지팡이를 짚고 따라가거늘 山神閣을 지나서 앞에 낭떠러지를 올라가 소나무 그림자가 어우러진 곳으로 들어가니, 푸른 절벽이 둘러 있는데 맑은 물 한줄기가 가는 골짜기를 따라서 시원하게 쏟아져 흐르도다.

나는 따르는 사람을 돌아보고, 말하기를 지난번에 이 源泉을 찾지 아니하고, 망령되게 靈塔에는 물이 없다고 말하였으니, 사람들이 靈塔을 저버림이 많았도다. 만일 兪君이 아니었더라면 나도 또한 실수를 저지를 뻔하였도다.

드디어 힘을 다하여 걸어서 골짜기로 들어서니, 실처럼 길고 긴데 돌이 또한 병풍처럼 두른 곳에 물이 돌을 타고 떨어지는 맑은 물줄기가 있거늘 또다시 기어 올라가 보니, 源流가 끝이 없는데, 百餘武를 가니까 이에 蓮花峯 아래에 도달하거늘 이곳이 發源處였다.

또 하나의 산을 넘어 물줄기를 따라서 내려가 보니, 老松이 누워 엎드려 있는데 그 위에가 또 하나의 奇觀이더라.

두 골의 물이 서로 모인 곳에서 谷口에 이르기까지는 물이 새버리고, 보이지 아니하니, 이상하도다. 어찌 이 물이 땅속으로 새들어가서 소위 隱瀑이 되었다가 다시 아래에서 發源한 것인가?

嗟呼라, 만일 이 물로 하여금 봉우리 아래에서 發源하게 한다면, 좀 더 멀리 그리고 더 크게 석벽 사이로 흘러내려서 혹 폭포도 되고 혹 연못도 되어 굽이치고 넘실거리면, 岩石과 더불어 절경을 이루어, 이 절의 아름다움이 오늘날의 모양에 그치지 아니하였으리라.

이제는 금년에 큰비가 내릴 때를 기다려서 다리 아래에 물이 넘쳐 이끼가 씻겨가고, 산봉우리에 느티나무가 우거지며, 폭포가 날아서 떨어지는 것을 바라건대 兪君과 더불어 다시 가서 보리로다.

절문 밖 수십 보에 늙은 느티나무가 나란히 서 있고, 돌 틈 사이에 맑은 우물이 졸졸 흘러 먹을 만하거늘 혹시 谷口에서 샌 물이 여기에서 나온 것인가? 알 수 없도다.

영탑사중수기(靈塔寺重修記)

沔州는 海隅의 殘山 가운데 있어서 대개 그 올라가 遊觀할 만한 곳이 드물거니, 홀로 靈塔이 湖西에서 오로지 아름다운 까닭에 遊客이나 騷人이 지나가면 반드시 먼저 靈塔의 있는 곳을 묻는다. 그래서 한 고을의 士民이 다 같이 사랑하여 아끼게 되었다.

절이 幽僻한 데 있고, 사는 중은 왔다 갔다 하니, 이에 荒廢한 지도 오래되어서, 서까래는 썩고, 기와는 깨져서, 살기가 어렵게 되었다.

절에 머물러 있는 중 正基가 있어 감개하여 탄식하고 州의 士民에게 의논하여 재정을 모아서 重修하니, 州人이 기쁘게 듣고 넉넉히 도아서 작업하여, 새롭게 고처서, 그 썩은 서까래를 바꾸고, 깨진 기와를 덮으며, 창과 벽을 발라 佛像을 편안하게 하였다.

이에 靈塔의 아름다움이 다시 옛날처럼 빛났다. 嗟呼라, 靈塔은 千年의 오래된 절이다. 거슬러 올라가면 正基보다 앞서서 몇 사람이나 능히 수리하여 다듬어 오늘날까지 보존되어 왔으며, 이로부터 뒤로는 또한 正基보다 뒤에 몇 사람이나 능히 이 절을 잘 보수하여 오늘처럼 다듬을는지, 알 수 없도다.

이 절이 장차 몇 천 년이 되더라도 무너지지 아니할 것을 또한 가히 알 수 있도다. 噫라, 正基는 스님이다. 능히 그 절을 수리하고 그 佛像을 받드는 것이 마땅하도다.

무릇 沔州의 士民이 기쁘게 들어주고 참여하여 도와주는 것은 무엇 때문인가? 어찌 그 부처가 매우 靈驗하여 그 福을 얻으려고 한 짓이겠는가! 대저 一州의 施財者를 모두 현판에 이름을 새겨주는 까닭에 스스로 힘써 돈을 내는 것이니, 그 發願하는 마음을 이에 볼 수 있는 것이다.

나는 詩人이다. 다만 이 절이 오래오래 유지되어 황폐하지 않기를 바랄 뿐이며, 湖西에서 가장 아름다운 곳으로 올라가서 遊觀하는 즐거움을 누리는 것이다.

저 石塔이나, 岩靈이나, 푸르른 바위나, 붉은 나무와 같이 그윽이 奇絶한 것은 노는 사람의 눈앞에 보일 것인즉 모두 갖추어 쓰지 아니하노라.

유영탑기(遊靈塔記) (庚子三月)

때는 바야흐로 庚子年 暮春에 동무 몇 사람과 靈塔僧舍에 들어갔으니, 대개 장차 몇 달을 머물면서 글을 읽기 위함이다.

절은 象王山 속에 있어서 그윽하고 깨끗하니, 거의 湖西의 名勝인데, 푸른 절벽이 하늘을 찌르는 곳에 佛殿을 지었으므로, 붉은 샘물은 빙 돌아서 흐르다가 맑게 부엌으로 들어오고, 느티나무와 소나무의 서늘한 바람이 일어나며, 탑의 그림자와 돌의 기운이 얽히어 그윽하거니, 마치 신령한 기운이 그 가운데서 번적번적하며 있는 것 같다.

이때는 봄의 綠陰이 우거져 땅에 늘어지고, 名花가 산에 가득하고, 기묘한 새들이 한 떼가 되어 날아 울거늘, 위아래가 한결같이 그윽한 흥치를 얻으니, 나도 그것을 바라보고 즐기다가, 동무들을 돌아보고 말하기를 "우리가 일찍이 이곳에 와서 글 읽는 것이 여러 번이었다. 전에는 한번도 노는 일이 없었는데 이제 처음으로 노는도다. 오래 앉아서 흥이 다하여 술잔을 들고 서로 권하면서 朱先生의 南嶽故事를 외고, 다시 白鹿洞講規를 주면서 말하기를 오늘의 놀이는 자못 족히 性靈을 풀고 精神을 休養하려 함이니, 원컨대 여러 군자는 이다음부터는 부지런히 말과 행동을 일치하고, 쉬지 않고 글을 읽어, 나의 心身을 規矩의 속에 두어서, 德과 學問을 높여서, 사람으로 하여금 눈을 크게 뜨고 보게 하는 탄식이 있게 하라. 그렇게 된 다음에야 우리들이 이 절에서 노는 것이 비로소 士友의 道가 될 것이다.

절에 老僧이 있어서 가히 더불어 道를 이야기할 만하므로 아침저녁으로 상대하면서 내가 下山하는 날에 上山하는 날이 어떠하였는가를 증언하리로다.

동산정사기(東山精舍記)

　少泉子는 나의 젖 먹을 때부터 친구인데다가 아울러 戚分이 있으므로 옛날 蘸岩에 있을 때에는 아침저녁으로 따라다니며 논 지가 거의 수십 년이 되었도다.

　내가 동쪽으로 돌아온 뒤에는 비록 옛날처럼 함께하지는 못하였지만, 언뜩언뜩한 생각이 창문이나 책상 사이에 떠오르지 아니함이 없었도다.

　하루는 少泉子가 栗里山庄으로 나를 찾아와서 일러 말하기를 내가 지금 虎頭의 海上으로 이사를 와서 사는데 다행히 낡은 집 몇 채가 있기로 東山精舍라고 편액을 걸고자 하노니, 그대가 어찌 기록하여 주지 않으리오.

　나는 사양하였으나 얻지 못하고, 이어 그 이름으로 하는 뜻을 물어보니, 대개 그 마을 이름을 지목하여 이름하였다고 하도다.

　嗟呼라, 옛날 楊伯子가 紫陽 先生을 따르며 배우다가 東山에 돌아가서 숨으니, 세상에서 東山 先生이라고 하거늘, 이제 少泉子도 이러한 뜻이 아니겠는가!

　東山은 瑞城 지역 서쪽으로 삼십 리 밖에 있는데, 외지고 시장이 멀어서 집이 그윽하고, 길이 막혀 있도다. 崇山의 빼어난 봉우리가 둘러 있어서, 마치 병풍처럼 벌여 섰고, 홀로 그 남쪽에만 바다로 통하여 全境이 하늘 끝에 이르러 마치 밝은 거울 속에 있는 것처럼 영롱하고 아름다우니, 사람으로 하여금 가만히 보고 있을 틈을 주지 아니하는데, 가지런한 처마가 그 가운데 숨어서 비치거늘 참으로 어진 사람이 거닐 곳이라고 하겠도다.

　少泉子가 집을 짓고 사는 것이 마땅하도다. 비록 그렇지만 少泉子는 蘸岩에서 生長하였으니, 兄弟와 親戚과 朋友가 모두 이웃하여 서로 바라보면서 아침저녁으로 보내고 맞이함에 林塘園亭이 대단히 편안하였고, 더욱이 玉泉폭포가 있어서 한가한 날에 회포를 풀기가 좋았거늘 이제 東山은 비록 아름답지만 또한 거칠고 멀도다.

人俗이 보잘것없고, 마을이 외져서 漁戶鹽氓뿐이므로 더불어 이야기할 사람도 없는데, 대저 어찌하여 저곳을 버리고 이곳으로 왔는가?

이와 같이 決心한 少泉子의 마음을 내가 알도다. 少泉子는 우리 아버지에게 와서 배웠는데, 卓然히 뜻을 세움이 있어서 그 영화로움이나, 이익이나, 화려함에 대하여는 처음부터 마음속에 있지 아니하였다. 평생에 즐거워하는 바는 다만 숨어 살면서 뜻을 찾는 하나의 일뿐이었다.

저 蘸岩은 오히려 紅塵境界에 속하므로 오직 이 海上의 靑山이 나의 性靈에 알맞으니, 고기와 새우와 거북이 모두 나의 벗하는 짝이요, 백로와 사슴이 나의 이웃이며, 안개와 노을이 울타리가 되고, 난초와 연꽃이 옷이 되어서, 한가롭게 거닐면서, 분수에 따라 스스로 편안히 살고자 함이다.

어부와 나무꾼으로 돌아가 책을 펴고 읽으면서 친한 벗이 때로 찾아오면 이름을 사귀나니, 이것은 伏犧시대의 즐거움이 아니겠는가? 하물며 여러 대의 무덤이 모두 精舍의 뒤에 있고, 장차 兩親의 산소도 거기에 묻으리니, 아침저녁으로 절하고 살필 것이며, 그 산언덕을 넘어가면 그곳에 또 同堂親戚이 종종 살고 있어서 松楸의 花樹와 山川의 景物이 이곳에 모두 모였도다.

少泉子가 사랑하여 가서 살 곳이 여기가 아니고 어디리오! 이 뒤로는 세상에 少泉子의 이름을 아는 사람은 모두 東山이 少泉子의 精舍임을 알 것인즉 東山의 이름이 少泉子로 인하여 세상에 소문이 나리니, 또한 어찌 東山의 다행이 아니리오.

나 같은 사람이 살고 있는 곳은 先人의 낡은 집으로 비록 山水의

名勝은 자랑할 것이 없으나, 그러나 秀麗澄淸함이 자못 족히 마음에 들도다. 문 앞에는 버드나무, 울타리에는 국화, 구름이 일고, 새가 나는 눈앞의 경치가 아름답거니와, 先人의 옷과 신발을 先山 아래에 묻고 우러러 사모하는 땅이요, 비바람에 가서 살펴보는 곳이다. 이 방에 들어가서 先人의 글을 읽고 先人의 道를 講하면서 노래하고 읊조리며 스스로 즐기나니, 나도 또한 靑山의 노래가 있어 서로 뽐내리라.

다만 한이 되는 바는 少泉子와 더불어 돌아가 하늘을 쳐다보며 蕉山의 옛날 놀이를 얻지 못함이니, 쓸데없이 마음만 괴롭도다.

아마도 다른 날 망아지를 타고 東山 선생이 사는 精舍를 찾아가서 꼴 베는 노인 낚시하는 사람과 서로 손가락질하여 海上의 글 읽는 소리 나는 곳을 가리키면서 말하기를 저기가 바로 그곳이라고 말하며, 찾아가 절하고, 밤이 새도록 이야기를 해야지……

성북서재기(城北書齋記)

나는 方丈山 아래 초가집이 있는데, 땅이 외지고, 사람이 드물어, 글 읽기에는 아주 좋다. 하루는 나그네가 별안간 방으로 들어오는 사람이 있거늘, 내가 나그네에게 어디서 오느냐고 물으니, 말하기를 "名勝地를 두루 구경하고 바야흐로 洞陽城에서 온다"고 하였다. 나는 또 묻기를 "異聞奇觀이 있던가?"라고 하니, 나그네가 이에 그가 지나온 곳의 大都 雄府의 山川과 風俗을 자세히 말하고, 다시 감개하여 말하기를 名區勝地가 많지 않은 것은 아니지만 그 땅을 들어서면 蕩子와 閒漢이 몰려다닐 뿐이요, 높은 집, 넓은 뜰이 화려하지 않은 것이 아니지만 그 문을 지나면 바둑소리 술 냄새 그득할 뿐이요, 그렇지 않으면 술집이 거리에 늘어서 있고, 돈벌이하는 장사꾼만 가득한데 태반이 이에 청년들로서 아리따운 子弟들이니, 매우 가석하였나이다. 지난날 보는 바가 이와 같았고, 오늘 보는 바도 또한 이와 같았으니, 모두 선생을 위하여 말씀드릴 만한 것이 없나이다.

나는 말하기를 아니요, 어찌 이것을 물으리오? 나그네가 말하기를 그렇다면 이것은 떠돌아다니다가 沔陽城에 이르러 거닐면서 둘러보아도 또한 다름이 없었나이다. 그래서 드디어 길을 따라 城北을 나오니 홀연히 글 읽는 소리가 있는데 낭랑한 소리가 마치 쇠와 돌 소리 같았나이다. 놀랍고 기뻐서 발길을 멈추고 소리 나는 곳을 찾아, 사방을 둘러보니, 精舍 한 채가 樹林의 그늘 속에 감추어져 있었나이다.

山色으로 둘렀고, 泉聲으로 감싸여, 그윽한 경치가 아름답고 깨끗하여 사랑스럽거늘, 따라서 그 방으로 들어가 주인에게 문안을 드렸나이다.

초가집 처마, 소나무 서까래가 깨끗하고 단정한데, 마루는 시원하고, 방안은 밝아, 온전하고, 아름다웠나이다. 少年書生이 經書를 들고 단정히 앉아 있거늘, 그 용모가 淸秀하고, 그 움직임이 簡重하며, 좌우의 책상과 의자 및 책장이 위치가 반듯하더이다.

한평생 거의 寢食을 잊은 듯한데, 그 意象을 보니 한가로이 운치가 있고, 그 論議를 들으니 英拔하여 의미가 있어 참으로 今世에 얻기 어려운 佳士였나이다.

아, 저 勝地名區에 높은 집 넓은 뜰을 가진 사람이 땀을 흘리고 부끄러워할 일이었나이다. 선생이 일컬은바 異聞奇觀이 일찍이 이것을 물음입니까?

나는 듣고 알지 못하는 사이에 고개를 끄덕이고, 말하기를 그렇도다! 나그네가 지나온 곳은 곧 우리 朴琮烈의 書齋로다.

子夏가 말하지 않았는가? 百工은 그 시장거리에 살면서 그 사업을 이룩한다고 하였나니, 그 사람도 서재에서 고요히 연구하면서 이에 살고 이에 머물러 장차 이것을 이루고자 함이다.

나그네가 이미 그 집에 들어가 그 사람을 보니, 그 뜻을 세움이 우뚝하여 어찌 外物에 빼앗기는 바 되리오. 거리에 살면서 사업을 완성함을 날짜를 정하여 기다릴 수 있으리라.

다른 날에 나그네가 다시 지나간다면 반드시 그 대문에서 광채가 나리니, 오늘의 깨끗함에만 머물지 아니하리라.

대개 琮烈은 나를 따라 노는 사람이거늘, 늘 나의 글 읽는 방을 지나면서 여러 번 그가 사는 書齋에 記하여 줄 것을 요청하였고, 나도 또한 일찍이 허락하고도 쓰지 못하였는데, 이에 나그네에게 들은 바를 써서 주도다.

김리두정려기(金理斗旌閭記)

金君 理斗는 字가 永秀인데, 孝誠이 뛰어나게 훌륭하여, 그가 죽은 지 10년 만에 고을에서 의론이 크게 일어나, 列郡의 人士들이 함께 그 實蹟을 郡守와 觀察使에게 알려고 掌禮院에까지 보고하므로, 이에 임금이 알게 되었다.

이때 聖上은 孝道로 天下를 다스렸나니, 드디어 光武 9年 9월 28일 旌門을 세우고, "孝子의 閭"라고 일컫다. 有司가 그 役事를 보살피고 아울러 그 子孫에게 烟戶 還上 등의 제반 雜役을 면제하였다.

嗚呼, 성대하도다! 君은 天性이 溫良하며, 孝心이 깊어, 어려서부터 일찍이 어버이 옆을 떠나지 아니하고, 應對의 節度와 定省의 禮法 같은 자식의 도리를 이미 잘 하였으므로 보는 사람마다 歎美하지 않은 이가 없었던 것이다.

그 자라서는 가난한 살림에도 공양함에 술과 고기를 반드시 갖추며, 늘 남의 집에 가서도 특별한 맛이 있는 음식을 보면 반드시 가지고 돌아와 바쳤다.

어버이의 나이가 여든을 바라봄에 항상 아파서 끙끙거리거늘, 붙들어 안고 간호함에, 옷고름을 풀지 않았으며, 醫員을 찾아가 藥을 구함에 정성과 노력을 다하였다. 海西에서 온 사람이 藥方을 가르쳐 주기를 오직 蛇血이 좋다고 하니, 그때는 한겨울이라 얻을 수가 없었다.

이에 하늘을 우러러 소리쳐 울면서, 무너진 언덕 아래에서 祝願하여 빌었더니, 꿈에 한 노인이 집 뒤에 있는 굴속을 가리키면서 말하기를 "여기에 그 물건이 있으니 바로 가서 보아라."라고 하므로 벌떡 일어나 급히 가서 보니 과연 뱀 한 마리가 그 속에 서리고 있었다.

이에 그 피를 취하여 약으로 쓰니, 아주 신통하게 주효하여 병이 끝내 나아서, 그 어버이가 天壽를 다하게 되었던 것이다.

嘗糞裂指의 행실이 誠心에서 우러났고, 어찌할 수 없는 데 이르러서는 哀痛한 絶叫가 살고 싶지 않을 것 같았다. 送終葬埋의 때에는 얼굴이 파리하고, 哭소리가 슬퍼서 옆에 사람들도 눈물을 뿌렸다. 이와 같이 훌륭한 행실은 응당 風俗의 敎化에 도움이 되는 까닭에 士林이 公議하고, 朝家가 褒旌함이 또한 마땅하지 아니하리오!

噫라, 孝라는 것은 사람의 마음속에 갖춘 바의 天理이다. 사람이 누군들 이 性이 없으리오마는 나의 생명을 태어준 사람에게 직분을 다하는 사람이 드문 것은 그 본성을 잃은 까닭이다.

君 같은 이는 가위 그 天賦의 本性을 온전히 잘 간직한 사람인저! 이미 그 본성을 온전히 하였으면 그 어버이를 섬기는 효도는 참으로 마땅히 행하여야 되는 일일 것인즉, 사람이 모두 法으로 본받아야 될 것이다.

만약 그 祭壇을 만들어 하느님께 빌어서 눈 속에서 뱀을 얻어가지고, 어버이의 병을 치료한 것과 같은 것은 옛날에 얼음을 깨고 잉어를 구하고, 눈 속에서 죽순을 얻었다는 이야기와 똑같이 아름다우며, 神明도 감격하여 꿈속에 나타난 일은 더욱 奇異하나니, 소의 至誠이면 귀신도 감격한다는 것이 아니겠는가?

君은 金海人이다. 節孝와 濯纓 二公이 先祖인데 節孝선생은 어버이를 섬김에 지극히 효도하여 虎馴의 異事로 소문이 나서 旌閭를 세웠으니, 三綱行實図에 실려 있고, 濯纓선생은 文章과 氣節이 뛰어나 古今의 正色으로 朝廷에 들어가 世道를 되돌리려고 기약하다가 戊子의 禍를 당하였으니, 三足堂 諱大有와 더불어 三賢이라고 일컬은바 紫溪書院에 다 같이 配享하였다.

이에 世德의 아름다움이 말미암아 온 곳이 있음을 볼 수 있는 것이다.

君의 配는 慶州金氏로 매우 婦德이 있어 시아버지를 섬김이 정성스럽게 효도를 하여, 병을 간호하고 약을 달임에나, 제단을 만들어 하늘에 기도함에 항상 옆에서 內助하였다.

항상 남편과 뜻을 같이하여 君의 孝心을 밀어주면서 그 家人을 이끌었으니, 金氏의 行實은 더욱 뛰어나도다.

孝子와 孝婦를 마땅히 아울러 旌閭하여서, 世道에 風聲을 심어야 하는데도 지금은 빠졌으니, 일찍이 의논한 사람들이 크게 애석하게 여겼다.

君의 아들 容舜이 손수 前後의 狀文을 가지고 와서 나에게 보이는데 그 사실을 기록함에 言辭가 슬프고, 생각이 감격스러우니, 君家의 孝가 또 이어질 것인저! 이에 사양하지 아니하고 글을 써주면서 이어 그 사실을 노래로 서술하노라.

오호 金海 金氏 집안 그 집에 소문난 사람 있도다
節孝의 孝誠은 猛虎도 와서 감동하였거늘
높고 우뚝한 기둥 旌門 세운 마을이라네
濯翁은 위대하거니 학문을 이어받아 스승이 되었도다
道德을 지키다가 禍를 당하니 千古에 괴로운 한일네

이에 三足堂과 함께 세상에 三賢이라 이르며
紫溪에다 書院을 지어 一堂에다 함께 모셨도다
그대는 그 후예 어찌 느낌 없으리
어버이 섬김은 사람의 길 어려서부터 아주 잘했지
가난한 삶에 고기반찬 董生이 옛날에 그랬고
이채로운 음식 가지고 와서 바치니 陸橘을 어찌 논하리
어버이의 질병에 애태운 정성 黔婁와 아마도 짝일네라
神醫가 와서 가르쳐준 藥方 蛇血만이 병을 치료한다네
때는 바야흐로 엄동설한 땅은 얼고 얼음도 두꺼워라
구할 길이 아주 없어 소리쳐 울거니 눈물만 줄줄……
남편과 아내 목욕재계하고 祭壇을 꾸며 하늘에 祝願하였네
나의 정성에 神明도 감격, 아련히 꿈결에 늙은이가 와서
집 뒤에 굴속에 가보라고 하였네
놀라서 일어나 달려가니 뱀이 도사리고 있는도다
잡아서 피를 내어 약을 쓰니 신통하게 효험이 있어라
드디어 天壽를 다하니 고을 사람 감탄하도다
멀리 멀리 소문이 난 효자로다 이 사람이여
신령스러움도 많지만 어찌 기적이 있으리……
天理를 지킴이로다
고을 선비 의논하고 임금에게 알려지거니
그 효성 표창하고 旌閭를 세우도다
지나는 사람은 공경하고 듣는 사람은 인간성 찾으리
아름다운 자취 맑고 향기로운데
붉은 홍살문 우뚝하거니 길이길이 허물지 말라

방산선생문집 제5권

논(論)·문(文)·잠(箴)·명(銘)·표(表)·찬(贊)·책(策)

공명론(孔明論)

세상은 모두 孔明을 일컬어 3代의 인물이라고 하면서, 그 일을 伊尹이나, 呂商에게 비긴다. 그러나 늘 蜀을 취하는 한 가지 일이 의심스러워서 말하기를 伊尹과 呂商에게 어찌 이러한 일이 있으리오, 진실로 이 사람이 말한 것처럼 聖人은 한 가지 不義를 행하고, 하나의 죄 없는 사람을 죽여서 天下를 얻는다고 하여도 하지 아니한다.

저 蜀을 취함은 한 가지 不義를 행하였다고 할 것인즉 伊尹이나 呂商은 반드시 하지 않을 것이로되 孔明이 한 까닭은 무엇인가? 소위 王道에 순수하지 못함은 아닐 것이다.

噫라, 천하의 일은 가벼운 것과 무거운 것이 있는 것이다. 일이 지극히 어려운 곳에 이르렀을 때에 輕重으로 헤아리면 當局者가 거의 바르게 처치할 수 있는 것이요, 또한 후세에 論評을 하는 사람도 또한 그 마음을 파악할 수 있으리라.

대저 先主가 傾敗流離하는 때에 만일 蜀을 취하여 발을 붙이지 아니하면 달리 創業을 할 수 있는 터전이 없는 것이니, 마침내 流離傾敗로 끝나버리고, 漢室을 復興하지도 못하며, 奸凶을 제거하지도 못하는 것이다.

嗟呼라, 孔明의 당당한 大義로 장차 이렇게 마칠 것이냐? 當時의 事勢로 보면 創業이 중요하고 失約은 가벼우니, 어찌 孔明에게 손실이 될 것이냐!

子夏가 말하기를 大德은 한계를 벗어나지 못하지만, 小德은 出入할 수 있다고 함이 바로 이것을 말함인저!

어떤 사람이 또 말하기를 의당히 취할 荊州는 취하지 아니하고, 이에 취해서는 안 될 益州를 취하였으니, 곧 孔明의 一生에 失策이다. 여기에 이르러 어찌 족히 有爲할 것인가? 라고 하는데 나는 말하기를 荊州를 취하지 않음은 先主의 일이니, 그윽이 先主를 위하여 한탄하는 바이다. 그러나 孔明도 반드시 취하도록 힘써 권하지 아니하고, 마침내 敗하는 데 이른 것은 나도 또한 孔明을 위하여 한탄하는 바이다.

어찌 孔明이 曹軍이 뒤에 있으므로 비록 취하여 지키고자 하여도 반드시 도움이 없다고 생각한 까닭이리오! 孔明은 의당 이러한 실책이 없어야 함에도 도리어 이와 같은 실책이 있으니 알 수 없도다.

한 가지의 不義를 행하고, 하나의 죄 없는 사람을 죽이는 것과 같은 데 이르러서는 後人이 마땅히 깊이 경계할 바인즉 伊尹과 呂商에 견주는 사람도 蜀을 취하는 것으로 口實을 삼아서는 아니 된다.

위척발규론(魏拓跋珪論)

무릇 사람이 사람이 되는 까닭은 인간의 道理가 있기 때문이다. 사람으로서 사람의 길이 없다면 족히 사람이 되지 못한다. 禽獸의 길로 가면 짐승이 될 따름이요, 夷狄의 길로 가면 오랑캐가 될 따름이며, 夷狄으로서 中華의 道를 행하면 이에 또한 사람이 되는 것이다.

대개 사람이 道理를 함에는 스스로 所以然之故와 所當然之則이

있나니, 仁義禮智의 性이 속에 갖추어 있는 까닭에 밖으로 나타나 작용하는 것이다. 이에 禮樂法度와 典章文物이 燦然히 具備되어, 그 形體를 온전히 하고, 그 衣冠을 바르게 하나니, 이것은 그 所當然之則이요, 그 所以然之故는 곧 사람이 되는 義理로서 人道가 이에서 확립된다.

이제 저 하늘이 푸르고, 해와 달이 교대로 비치며, 별이 빛나는 것은 이는 道의 自然이다. 만일 日月星辰이 아름답게 빛나지 않은데도, 공중을 가리키면서, 하늘이라고 한다면 잘못이다.

이제 저 땅은 넓고, 山川이 펼쳐 있으며, 草木이 우거진 것은 이에 地道의 本然이다. 만일 山川草木의 완연한 형체를 버리고, 한갓 넓은 것만을 취하여 땅이라고 하면 잘못이다.

嗟呼라, 사람은 그 가운데서 저절로 본연의 형체와 文章이 있어 옮겨 바꿀 수 없는 것이거늘 이에 감히 그 髮膚를 바꾸며, 衣冠을 찢어 버리고나서 飮食, 居處, 動作을 營爲하여 지껄이고 날뛰는 자를 지적하여 사람이라고 하면 되겠는가? 밖으로 나타난 행동이 이미 사람 같지 못한 것이다.

禮樂法度와 典章文物이 찬연히 구비한 것은 곧 속에 있는 것이 가득한 것이니, 그 仁義禮智의 性을 알 수 있는 것이다. 사람이 人道의 마땅한 바와 그러한 원리를 저버린다면 짐승일 뿐이니, 어찌 슬프지 않으리오.

그러나 禽獸도 또한 각각 그 형체의 생김새를 갖추어야만 禽獸의 道가 확립된다. 말에 말갈기를 자르고, 굴레를 벗기면 말이 아니요, 소에 뿔을 자르고 코뚜레를 벗기면 소가 아니다. 鳳凰의 五色은 아름다운 깃털로 무늬 지며, 麒麟의 뿔은 우뚝하게 서서 모양 진 것이다. 한 마리의 짐승도 그 모양새를 갖추지 아니함이 없거늘 각각 제 모양의 무늬가 있는 것이다. 이것은 禽獸의 所當然이요 所以然이므로, 비록 버리고자 하여도 버릴 수 없는 理致이다.

噫라, 저 夷狄도 또한 人類이건만 어찌하여 머리칼을 늘어뜨리고 얼굴모양을 바꾸며, 모자를 벗고 체통을 안 지키는가? 사람의 모양으로 태어나서 사람의 도리를 갖추지 않으니, 이럴 수 있는가?

이것은 혹시 사람에게도 사람의 性理가 없는 것인가? 아니다, 어찌 그러하리오! 옛날에 夷狄도 능히 中國의 道를 행한 사람이 있었나니, 魏王 拓跋珪가 바로 그 사람이다. 여기에서 사람의 형체를 타고 나면 사람의 性理가 있는 것을 분명히 알 수 있는 것이다.

저 拓跋珪와 같은 사람은 정말로 사람이라고 할 것이다. 晉나라 말엽 五胡가 中原을 어지럽혀서 先王의 道가 전부 없어지고, 머리칼을 늘어뜨리고 모양을 바꾸며, 의관을 찢어버리는 사람이 천하에 널려 다시 옛날의 모습을 찾아볼 수 없는 때에 魏王 珪가 그 가운데서 떨치고 일어나 능히 先王의 制度를 복원하였으니, 卽位한 元年에 나라에 명령을 내려 관료와 백성들로 하여금 머리를 묶고 모자를 쓰게 하며, 또한 五經博士와 國子와 太學生員을 두었다. 그 나라를 경영함이 아름다워 볼만하였던 것이다.

孟子가 性善을 말함에 반드시 堯舜을 예로 들었나니, 珪의 性은 곧 堯舜의 性이다. 夷狄도 사람일진대 어찌 사람마다 똑같이 타고난 性이 아니리오, 특별히 그 나쁜 습속에 물들고, 못된 바람이 들어 아는 것과 보는 것이 그러할 따름이다.

천백 년 동안의 습관이 제2의 天性으로 굳어져, 아주 開明의 실마리가 없는 까닭에 희미하게 한 가지로만 따라가니, 저절로 夷狄의 길로 돌아간 것이다.

오직 魏珪만이 그 天性이 본디 착하고, 心氣가 通慧하여 능히 스스로 굳어진 습속과 風氣 속에서 떨치고 일어나 앞장서서 先王의 道를 닦은, 千古에 한 사람으로 가히 더불어 堯舜의 道로 들어간 사람이다.

그는 中夏의 文物이 성대한 것을 보고 감탄하여 잘 실천한 사람이요, 평소 외딴 지역의 풍속이 비루한 것을 싫어하여 잘 고친 사람이다. 자고로 夷狄의 君長으로 훌륭한 사람이 어찌 그 사람뿐이리오만, 그 소굴에서 능히 뛰어나온 사람이 있지 아니하니, 곧 魏珪의 어짊은 億兆의 人間 가운데서 뛰어나다고 말할 것이다.

애석하여라, 저와 같이 有爲한 자질이 있으니 여러 신하들이 능히 옛날 聖人의 道로 開導하여 경영하였더라면 거의 五帝三王의 정치를 거의 이룩함으로써 中華를 어지럽힌 여러 오랑캐도 또한 조금씩 歸化하였을 것이다. 그러나 마침내 그렇게 하지 못한 것은, 여러 신하들의 죄이다.

오호라, 夷狄에게 지도자가 있으면 中華에 없는 것보다 낫다고 하였으니, 대개 통탄한 말이다. 후세에는 中夏에 지도자가 있어도, 夷狄으로 바뀌니, 어찌 한갓 先王의 죄인이리오, 아, 또한 魏王拓跋珪의 죄인이로다.

복선화음론 1(福善禍淫論 一)

세상 사람들이 늘 말하기를 착하다고 해서 반드시 福을 받는 것이 아니요, 惡하다고 해서 늘 禍를 받는 것은 아니라고 하면서 늙어가나니, 하늘이 시퍼렇거늘, 나의 듣는 바와는 다르도다.

착한 사람이 복을 받고, 악한 사람이 禍를 받는 것은 天理다. 그러므로 周易에서 말하기를 善을 쌓은 집안은 반드시 뒤에 慶事가 있고, 不善을 쌓은 집안은 반드시 뒤에 殃禍가 있다고 하였고, 傳에 말하기를 곧게 자란 것은 북돋우고, 기울어진 것은 엎어버린다고 하였으니 이 理致가 매우 분명한 것이다.

돌아보건대 세상 사람들이 잘 살피지 못한 것일 뿐이니, 저 착하여도 반드시 복을 받지 못하고, 악하여도 반드시 禍를 받지 아니한 것은 氣요, 理가 아니다.

氣가 흘러가는 곳에 理도 또한 따르나니, 그러므로 간혹 어떤 사람은 天道에 대하여 유감이 없을 수 없는 것이지만 마침내 똑같지 아니한 氣로 망령되게 밝고 밝은 理를 논한다면 착한 것을 권하지 못할 것이요, 악한 것을 꺼리지 못하게 될 것이다.

안타까워라, 이제 사람이 말하는바 착하여도 반드시 복되지 아니하고, 악하여도 반드시 해롭지 아니하다고 하여, 착한 일에 게으르고, 악한 일에 용감하나니, 진실로 착한 사람에게 복을 주지 아니하고, 악한 사람에게 벌을 주지 아니한 까닭이로다.

唐虞, 3代의 시절에는 착하면 반드시 복되고, 악하면 반드시 해로웠으니, 우리 後人들은 어찌 여기에서 거울을 삼지 아니하리오.

申包胥가 말하기를 天道가 定立되면 人心을 이기고, 사람이 많으면 하늘을 이긴다고 하였으니, 오늘날 사람들은 말세의 현상으로 天理를 의심하지 말지어다.

복선화음론 2(福善禍淫論 二)

'理는 무엇을 말하는가?' '天道이다', '또한 반드시 그렇지 아니한 것도 있는가?' '그렇지 않다.' '그러면 소위 착한 사람에게 복을 주고, 악한 사람에게 禍를 주는 것은 理인가?' '그렇다.'

'착하여도 반드시 복을 받지 아니하고, 淫亂하여도 반드시 禍를 받지 아니함은 무엇인가?' '天道가 어찌 그러하리오!' '착한 사람은 복되고, 악한 사람이 禍를 당함은 곧 소위 天道인데 그 반드시 그렇지 않는 것은 氣이니, 내가 말한 바의 理가 아니다.'

氣數가 흘러감에 天道도 때로 바뀌는 것이지만 그러나 참으로 일찍이 변함이 없는 것이니, 晉子의 견해가 천박하도다.

周易에서 말하기를 善德을 쌓은 집안은 반드시 뒤에 慶事가 있고, 착하지 못한 것을 쌓은 집안은 반드시 뒤에 殃禍가 있다고 하였고, 中庸에서 말하기를 곧게 자란 것은 북돋으며, 기울어진 것은 엎어버린다고 하였으니, 이 이치가 분명한데도 뒤에 사람들이 깨닫지를 못할 따름이다.

옛날 堯舜 3代 때에는 聖人이 처음으로 나옴에 하늘이 반드시 使命을 주어서 億兆백성의 임금이나 스승이 되게 함으로써 온 세상이 文明한 사회가 되었던 것이다.

그러므로 큰 德이 있는 사람이 임금의 자리에 오르면 極惡無道한 사람을 추방하고 流配를 보내나니, 비록 작은 착함이나, 작은 악함이라도 또한 반드시 쓰고 버리는 가운데 있으므로, 곧 氣數와 理가 혼연히 한데 어우러져서, 天道의 常度가 되는 것이니, 특별히 그 理를 구분할 수 없는 것이다.

그러나 季世에 이르면 氣의 運動에 理가 從屬하는 것이니, 孔子와 顔淵이 厄을 당하고, 盜跖과 莊蹻가 長壽를 누렸으므로, 이에 사람이 하늘에 대하여 遺憾이 없을 수 없는 것이다.

세상이 오래되고, 도덕이 땅에 떨어지니, 이 理致가 더욱 어그러져서, 착하여 복을 받을 만한 사람이나, 악하여 벌을 받을 만한 사람이나 가리지 않고, 모두 한가지로 돌아갈 뿐만 아니라, 심한 것은 악한 사람이 도리어 복을 받고, 착한 사람이 오히려 벌을 받는 데 이르렀다.

눈앞에 벌어진 현상이 이와 같이 怪異한 까닭에 사람들이 기필코 말하기를 악은 할만 하거니와 善은 할 것이 못 된다고 하나니, 小人은 忌憚한 바가 없고, 君子도 또한 敦篤하게 믿지 아니하면서 하늘을 가리키면서 말하기를 흐리멍덩하다고 하니 그것도 또한 의혹이다.

오늘날 사람을 堯舜 3代에 태어나게 하여, 그 착한 사람에게 복을 주고, 악한 사람에게 벌을 주는 뚜렷한 이치를 똑똑히 보도록 할 수 없는 것이 오직 한탄스럽도다! 아, 후세에 또한 어찌 이 이치가 없으리오, 사람들이 스스로 살피지 아니함이로다.

내가 보건대 예로부터 君子가 福을 받음이 어찌 한이 있으며, 小人이 재앙을 받음이 어찌 한이 있으며, 또한 이와 반대되는 경우도 어찌 한이 있으리오만, 君子가 積善한 것은 간혹 그 보답을 다 받지 못하여도, 반드시 子孫에게 흘러내려 가서 當時의 尊慕와 後世의 榮名이 끝없는 것이다.

또한 小人이 積惡한 것도 비록 갑자기 그 재앙을 다 받지는 않을지라도, 그 남은 殃禍가 반드시 子孫에게 미치어 1代의 恥辱과 後世의 唾罵가 함께 이르는 것이니, 그 복됨과 그 앙화를 또한 어찌하리오!

理가 弱해지고, 氣가 强해져서 간혹 서로 뒤바뀜도 있지마는 그러나 마침내 禍福의 定理가 있는 것이니, 天道의 常이요, 氣數의 正이다.

오늘날 사람들이 늘 작은 善과 작은 惡으로 반드시 효험이 있도록 하느님께 요구하는 것은 아주 망령된 소견이다.

이제 杞檀을 기르려면 荊棘을 반드시 잘라주어야 되고, 五穀을 가꾸려면 稂莠를 반드시 김매주어야 되는 것이다. 杞檀이나 五穀은 처음에는 비록 아주 微小하지만 재목이 되고, 열매가 익으면 荊棘이 번성하고, 稂莠가 우거졌어도, 끝끝내 없어지게 되는 것이니, 곧 그 이치가 또한 이것과 어찌 다르리오.

이러한 이치를 아는 사람은 착한 일을 하는 데 용감하고, 악한 일을 하는 데 나서지 않을 것이다.

嗚呼라, 오늘날 사람들은 아는 것이 천박하다고 할 것이다. 大人은 善이 天理요, 惡은 天理가 아님을 아는 까닭에 자못 天理를 쫓아서 행하여, 내가 타고난 本性을 다하며, 내가 받은 正命을 세워서,

禍福에 대한 관념도 없는 것이다.

착하면 비록 죽는다고 하여도 따르고, 악하면 비록 산다고 하여도 끊어버린다. 나의 한 몸으로 하늘땅에 합하여 3才가 되나니, 天道가 나로부터 확립되고, 氣數가 나로부터 발라진다.

무릇 사람이 움직일 때마다 禍福에 마음을 쓰는 것은 자질구레한 것들이니, 어찌 족히 말하리오?

후세의 학자가 이치에 밝지 못하여, 항상 福善禍淫의 天道에 대하여 억측하므로 내가 이 글을 지었노니, 知者들이 무어라고 할지 아지 못하겠노라. 나는 다만 善은 마땅히 하고, 악은 해서는 안 된다고 할 뿐이니, 다시는 禍福의 이야기에 대하여 마음을 움직이지 말라.

장량추격진황론(張良椎擊秦皇論)

秦始皇이 韓나라를 멸망하니, 張良이 원수를 갚기 위하여, 아우가 죽었는데 葬禮도 아니하며, 滄海力士와 더불어 百斤의 鐵椎를 휴대하고, 博浪沙에서 秦皇을 狙擊하였다.

噫라, 子房은 참으로 義士이다. 그 원수를 갚기 위해서는 마땅히 그 道가 있는데도, 이에 구구하게 하나의 椎로 一擊하는 힘을 보인 것은 무엇인가? 후세의 君子가 숭상하여 논한 것이 많으나, 晦菴夫子가 특별히 그 義를 허락하였으니, 그 누가 감히 다시 의논할 것이냐?

晦菴을 私淑한 사람이요, 大明遺民으로 海東에 한 선비가 있어, 무릎을 치고 일어나 말하기를 통쾌하고 통쾌하다. 子房의 행위여!

子房은 진실로 義士라고 할 것이며, 始皇의 죄는 바로 百椎로 내리쳐도 될 것이다. 어째서 그런가?

대저 남의 나라를 빼앗고, 남의 임금을 죽이면서, 그 智力을 써서 天下에 雄據하는 것이 마침 始皇 한 사람만이 아니거늘 곧 이것이

어찌 始皇만의 大罪일 것이냐.

저 始皇이란 자는 평소 禮義를 버리고, 戰爭의 功만을 숭상하므로, 中國의 諸侯들이 물리쳐서 더불어 會盟을 하지 아니함이 오래되었다.

이에 감히 방사하게도 中國으로 들어와 버티면서 先王의 禮法을 모두 없애고, 先王의 經傳을 모두 불태우며, 先王의 疆土를 전부 바꾸었으니, 드디어 先王의 赤子로 하여금 모두 변화하여 黔首가 되게 함으로써 堯舜 3代의 道가 깨끗이 없어져 버렸다.

그렇다면 始皇이란 자는 한갓 張良의 원수일 뿐만 아니라 이에 여섯 나라의 원수요, 비단 여섯 나라의 원수일 뿐만 아니라, 곧 당시 士大夫의 원수이며, 한갓 당시 士大夫의 원수일 뿐만 아니라, 실로 萬世에 걸쳐 聖人의 學徒의 원수이다.

그러므로 특별히 子房의 한 쇠몽둥이로 그 忿恨을 풀 따름이다. 후세에 만일 始皇과 같은 사람이 나오면 사람은 누구든지 모두 쳐부숴야 되는 것이니 어찌 반드시 子房 한 사람만을 기다릴 것이냐!

嗟乎라 어떻게 이 子房의 百介 쇠뭉치를 얻어서, 한번 5大州를 부숴버릴까! 세계는 博浪沙 속과 같음이 있어, 12수레와 같이 올망졸망 여기저기 흩어져 다니면서 그 가운데서 蠢動하나니, 이러한 部類를 다시는 없게 하여야만 곧 장차 黃河가 한번 맑아지는 물로 그 냄새와 더러움을 씻어버릴 것인저!

우리 聖人의 학도들이 徘徊하면서 길게 탄식하도다. 알지 못하겠거니와 子房은 나에게 한 개의 쇠뭉치를 빌려주지 아니할는지.

噫嘻라, 나는 시골의 腐儒로 부질없이 少年의 壯志를 품고 있으니, 혹시 子房으로부터 비웃음을 사지는 않을까!

무릇 오늘날 해와 달이 비치는 곳과 서리와 이슬이 내리는 곳에, 하늘을 이고, 땅을 밟은 사람으로 만일 이와 같은 뜻이 없다면, 참으로 개돼지만도 못한 것이니, 곧 하나의 썩은 쥐새끼일지니 어찌 족히 논하리오, 애달프도다.

자경문(自警文)

안타까워라, 내가 학문에 뜻을 둔 지 10여 년이건만 아직도 깨달은 바가 없이 어리석고 게으르니, 자못 伎倆 있는 人物들을 한번 스스로 살펴보면 일찍이 등에서 땀이 나지 아니함이 없었다.

栗谷 선생이 말하기를 학자는 마땅히 聖人으로 기약을 삼으라고 하였으니, 털끝만큼이라도 聖人에게 미치지 못하면, 문득 나의 일이 끝나지 못한 것이다.

무릇 학자가 학문을 하는 까닭은 장차 聖人을 배우기 위함이다. 나의 나이는 不惑을 넘긴 지 오래되거늘 그 宮墻의 아름다움과 百官의 풍부함이 아직 하나도 반반하게 볼만한 것이 없으니, 장차 이렇게 마칠 것이냐? 나는 늘 友生들과 더불어 말함에 반드시 옛사람의 가르침을 인용하여 가르쳐 말하기를 聖人은 배울 수 있다고 하면서 문득 心性의 學說과 誠意 正心의 방법으로 비슷하게 제시하였으나, 스스로 돌아보건대 나의 마음은 실로 하나도 깨닫지 못하였다. 이것은 곧 배운 것이 다만 귀로 듣고, 입으로 말하는 자료뿐이라고 할 것이다.

마침내 자기를 속이고, 남을 속이는 것을 면하지 못하였으니, 이것이 어찌 평소 내 마음의 이를 곳이겠는가? 몸소 어루만지며 스스로 슬퍼함에 눈물이 흐르도다.

濂溪 周子가 또한 말하기를 뛰어나면 聖人이요, 미치면 賢人이며, 미치지 못할지라도 또한 꽃다운 이름은 잃지 아니한다고 하였으니, 이 말이 어찌 나를 속이리오, 이제부터는 末年의 工夫를 완성하기 위하여 바야흐로 하나의 誠字를 몸에 지니리라.

율리정사상량문(栗里精舍上樑文)

사람은 진실로 의지할 곳이 있으니, 이래서 禮는 그 根本을 잊지 아니한다고 하였고, 선비는 마땅히 현재의 위치에서 행하므로 義가 아님이 없어서 처하는 곳이 편안하다.

唐虞는 멀거니 어찌 의지하리오, 仁智는 즐거우니 골라서 사귀리로다. 主人은 세상에 숨어 살며, 어진 이를 그리워하는 사람과 짝하여, 道理의 無窮함을 講論하며, 기약하는 바는 心齋仁宅이로다.

富貴가 부끄러운 줄을 알거니, 어찌 화려한 집을 부러워하리오. 다만 志氣가 게으름으로 말미암아 生理가 澹泊함을 면하지 못하도다.

선비를 생각하여 아직 담을 둘러친 방이 있거니, 큰 사람이 되기를 맹서함이요, 물가의 언덕 위에 집들이 위아래로 가지런하니, 대개 大壯에서 모양새를 취함이며 宮室의 안팎이 뚜렷하니, 의당 家人에서 겨레를 모았도다. 책을 천 권이나 비치하였으니, 의당 자손들이 읽을 지며, 경계가 세 길이 열렸으니, 마을 다니기 좋으리, 이 몸이 살기에 편안커늘 길이 여기에서 살리로다.

어지러운 세상을 만나서, 어찌 집을 꾸미리오. 이제 살아 있으니, 참으로 申屠蟠이 나무로 집을 삼는 신세를 면하지 못하리로다. 다시 갈 곳이 없으니, 그윽이 스스로 管幼安의 땅을 피하여 마루에 눕는 것에다 붙일까?

시대가 움막이나, 통나무집에서 살 때가 아닌가? 義理로는 나무껍질을 먹고, 개천 물을 마시는 것이 옳도다.

이 沔陽땅을 돌아보고, 숨어서 살 집터를 정함은, 실로 先子가 晚年에 거닐던 곳이로다. 산이 수려하고, 물이 맑아서 오르내리기 좋거니와, 땅이 기름지고, 물이 많아서, 농사 지어먹기도 좋도다.

오늘날을 돌아보건대 이곳이 樂土이니, 巢父가 산을 사서 숨었다는 말을 듣지 못하였다. 여기 우리의 한 고장이 논밭은 거칠지만 스스로 右軍이 墓자리로 정하고, 살던 것과 비기리라. 이곳에 우리 선조들의 무덤이 있나니, 철철이 오르내리면서 애오라지 한평생 편안히 살리로다.

이곳을 버리고 어디로 가리오, 이에 마음을 써서 경영하여 이룩하니, 눈앞에 우뚝한데 겨우 비바람을 가리었도다. 소위 겨우 집 모양을 갖추고, 겨우 살만한 방을 만들었거니, 이에 살만하도다.

하얀 띠풀로 지붕을 덮으니, 가지런한 처마 끝이 가장 사랑스럽고, 푸른 소나무 열 개가 섰으니, 우뚝하게 하늘 위로 솟아 보이도다. 언덕 밑에 흐르는 시냇물은 깨끗하여 周茂叔이 갓끈을 씻을 만하고, 武夷에 봄빛이 아름다우니, 朱夫子가 집을 지을 만하도다.

栗里가 어찌 어제 오늘이 다르리오, 處士로 인하여 田園이 이 세상에서 우뚝하게 높아졌도다. 바라보니, 神仙의 깊은 집이 우리 방으로 들어오고, 淸風明月이 우리 이웃이 되는 것 같도다.

靑山의 白雲은 伯夷가 지었는지? 顔淵의 陋巷이로세. 애오라지 짧은 노래를 불러, 上樑을 다듬는 것을 도우리라.

　　어기어차 상량이야
　　동녘엔 구름 사이 아침햇살 창가에 붉고
　　먼 산은 아련히 그림처럼 어우러져
　　푸른 경치가 한눈에 가득하도다

　　어기 어차 상량이야
　　서쪽엔 다섯 봉우리 山色은 처마 밑으로 들어오고
　　그윽한 사람은 구름 깊은 곳을 바라보니
　　늘그막에 不老草를 깨먹겠네

　　어기어차 상량이야

남쪽은 산이 들을 휘어감아 넓은데
작은 시냇가 흘러 물결이 일거늘
맑은 시냇가엔 물새 두서너 마리로다

어기어차 상량이야
북쪽엔 고요한 절 종소리
해는 탑에 기대어 구름을 얻어 가도다
그곳을 멀리 바라보니 노을만 붉어라

어기어차 상량이야
위로 우러르니 하늘도 높은데
소나무 바람 소리를 아침저녁 듣거니
가슴속이 시원하게 노래하도다

어기어차 상량이야
아래로 맑은 우물 돌 사이에 파니
둥근 明月이 사랑스러워라
손으로 달빛을 뜨는 깊은 밤일네

그윽이 바라옵건대, 上樑한 다음에는 일가가 태평하고, 百福이 모두 이르러서, 논밭의 곡식이 절로 익어, 창고에 가득히 쌓이며, 世界의 風雲이 들리지 아니하며, 재앙도 없고, 손해도 없어, 집안에 전하는 詩禮는 자손이 화목함을 보이며, 멀리 찾아온 벗은 방에 가득히 가야금과 비파를 즐기며, 山林經濟가 잘 되어 邱壑의 生涯를 길이 보전하게 하소서.

강회통문(講會通文)

생각하옵건대 學問은 講論하지 아니하면 밝혀지지 아니하나니, 일컬은바 講學의 道는 반드시 朋友들의 輔仁이 기초가 되는 것입니다.

오직 나는 晩學으로 시골에 살면서 듣는 것이 적으니, 講習할 데가 없고, 간혹 同志가 있어도, 落落하여 합치기가 어려웠나이다.

이에 우리들이 慨然히 느낀 바 있어, 1~2동지와 더불어 講學을 하기로 상의하고 결론적으로 말하기를 契를 만들어 規約을 만들지 말고, 다만 봄가을로 모여서 講會를 개최하자라고 결의하였나이다.

이에 편지를 띄워 僉君子에게 두루 알리오니, 엎드려 바라옵건대 굽어 살피시고 흔쾌히 호응하시어 斯道를 講明하는 자리가 되게 하시면 다행이겠나이다.

종중통문(宗中通文)

생각하건대 羅州의 西粉土洞은 곧 우리 先祖 咸平君府君의 衣履를 所藏한 곳이다. 子孫이 京鄕에 흩어져 사는 까닭에 제때에 瞻掃를 하지 못하니, 곧 감개하여 끝없는 생각을 이길 수 없도다.

이제 산 아래에서 사는 宗人이 와서 알리는 말을 듣건대, 薄田位土로 겨우 그 香火의 비용을 충당하였으나, 몇 년 전에 마침 흉년이 들어서 세금을 낼 길이 없으므로 하는 수 없이 땅을 팔아서 내고나니, 이제는 일 년에 한 번 거행하는 제사도 자주 생략하는 데 이름을 면치 못한다고 하도다.

듣고 나니 침통하여 무어라고 말을 할 수가 없도다. 무릇 咸平君의 후손으로 누군들 이러한 감정을 아니 느끼겠는가?

오늘날 우리의 후손이 번성한 것은 참으로 先祖의 積德을 말미암음이니, 우리들의 血脈, 呼吸, 飮食, 居處가 한 가지도 내려주신 바가 아님이 없는 것이다.

오직 우리같이 不肖한 후예들도 오히려 盂飯, 豆羹을 아침저녁으로 차려 먹고, 年老한 사람은 또한 앉아서 그 子孫의 供養을 받아 먹으면서 편안히 살거늘 하여금 우리 先祖의 靈은 일 년에 한 번 제사도 편안히 받지 못한다면 이것이 어찌 天理가 있는 바이겠는가?

宗孫 咸善君이 앞장서서 일어나 또한 편지를 띄운 바 있어, 德山에 사는 우리 宗中들로부터 의논하여 돈을 거두어서, 宗財가 이미 百兩錢이 되었고, 또한 앞앞이 돌아가는 돈 一兩씩을 내서 거두어 모아가지고, 有司를 定하여, 맡겨 보내서 장차 位土를 다시 사기로 하였다.

이에 또한 僉宗의 여러 執事에게 통보하여 알리노니, 각 宗會마다 능력대로 돈을 걷어서 넉넉히 보내주실 것이며, 만일 貴宗의 僉議가 결정하기 어렵다면 우선 한 사람마다 앞앞이 돌아가는 돈 一兩씩이라도 속히 걷어서, 각각 有司를 定하여, 기일 안에 보내주어야만 힘을 합하여 일을 추진함으로써 子孫 된 이들로 하여금 모두 각각 追遠孝思의 뜻을 펴게 하면 다행이겠나이다.

시사통문(詩社通文)

생각건대 君子가 쉬지 않고 공부를 하지만, 또한 반드시 놀면서 쉬는 틈도 있는 것이니, 逸士가 세상을 피하여 숨어 사는 맛이다.

즐겁게 노는 감정을 막지 아니하여 沂水에서 목욕하고, 舞雩에서 노래하며 돌아오는 이야기에 夫子가 喟然히 미소 지었고, 洛陽에 眞率한 溫公도 감히 사양하지 못한다는 글이 있으니, 대개 옛사람에게서 본받은 것이다.

淸曠의 취미를 어찌 제한하리오, 이에 힘주어 말하는 것은 오늘날에 그 누가 高蹈的인 部流로서 그 사람들과 비기리오만 오히려 멀리 찾아옴에 또한 즐겁지 아니하리오!

그윽이 생각하건대, 오직 여러 君子는 詞垣의 大步로서 學士의 깨끗한 모범이니, 버들가지를 따라 꽃을 찾음에 비록 옆 사람이 알아주지 아니하여도, 산을 오르고, 물가에 서서 혹 종일토록 돌아갈 줄을 모르는 처지입니다.

가만히 생각하여 보건대, 宇宙 속에 이 몸을 붙이고 사는 人生에게 귀한 것은 뜻에 알맞은 것이니, 오늘 우리가 즐기지 아니하면 어쩔 것인가?

물처럼 흘러가는 세월에 세상도 나도 모두 잊어버리고, 저 뜬구름 같은 富貴야 생각할 것도 없나니, 가야금을 울리고, 길게 휘파람을 불어 대는 기분을 그 누가 홀로 앉아 있는 때에 알 수 있으리.

妓生을 불러다가 노래를 시키는 것은 참으로 詩人의 일이 아니니, 이에 어진 이와 어리석은 사람들의 즐거움이 각각 있는 것을 알 것이다.

아ー, 오늘과 옛날이 어찌 다르리오. 돌아보건대 農夫가 다니는 곳은 스스로 村社가 있어 즐겁게 술을 마시고, 기세 좋게 방종하거나, 한갓 절에 가서 슬프게 노래를 부르나니, 곧 이렇게 반평생을 노는 것보다는 차라리 좋은 벗과 契를 맺어 가득히 둘러앉아, 문득 깊은 세계를 생각하는 것이 훨씬 아름다운 것이라고 할 것이다.

이제 곧 좋은 일로 마음을 달래고, 우정을 나눔에 詩家의 뜻을 그려내는 詩句는 性情이 冲恬澹蕩한 것에서 나오는 것이지만 능히 江山의 泓峥葱蒨한 자리로서 흥취를 북돋는 것이다.

모두 이는 逍遙自適함이니, 우리들이 가까이하여 즐겁게 함께 가서 稧의 일을 처리하는 좋은 방법이다.

七賢이나 六逸만이 어찌 그 시대에 오로지 아름다우리오, 九秋와 三春이 勝景으로 우리를 부르거니, 開元의 옛 절이 문득 王逸少의 蘭亭과 같고, 湖右의 높은 벗들이 朱先生의 南嶽과 비기도다.

이에 날짜를 정하여 짧은 편지를 보내나니, 믿어 의심치 않거니와 만일 약속을 어기고 따르지 아니하면 큰 술잔으로 罰酒가 있으리다.

이것이 일컬은바 詩로 興을 돋군다는 것이니, 누군들 운치가 있다고 말하지 아니하리오.

그윽이 생각하건대 나는 발자국을 산속에 숨기고, 아름다운 시를 즐기면서, 雅懷를 펴고자 하여, 항상 文章으로 벗을 모으고 싶은 소원이 있는데다가, 세상일에 뒤지고 보니, 나의 좋아하는 바를 따르고 싶은 생각이 더욱 절실하여 이에 通文을 보내오니 깊이 헤아려 주시면 감사하겠나이다.

법공산부자묘창건통지문(法孔山夫子廟創建通文) (代作)

그윽이 생각하건대 우리 孔夫子는 하늘이 낸 큰 聖人으로 萬世에 걸친 道學의 宗主이시니, 우러러 감탄하는 사람들이 대개 日月이나 江漢에 비기고, 또는 天地나 四時에 비기는 것이다.

夫子의 神聖은 道德을 形容하는 극치로서 蕩蕩하여 이름을 붙이기 어려운데 하늘이 덮은 곳과, 땅이 실은 곳과, 해와 달이 비치는 곳과, 서리와 이슬이 내리는 곳에 무릇 血氣가 있는 사람은 모두 우리 夫子가 가르치는 가운데서 三綱五常의 法典을 알아가지고, 사람의 도리를 하는 것이니, 누군들 그 남기신 恩澤을 입지 않으리오!

夫子의 神位를 비록 집집마다 모셔도, 오히려 그 은덕을 다 갚지 못할 것이다. 그러나 德이 하늘땅과 합하는 聖人을 匹夫의 제사로 歆饗하게 하는 것은 皇天의 뜻이 아닐까 두려운 것이다.

그러므로 위로는 國學으로부터, 아래로는 黨庠, 州序에 이르기까지, 특별히 廟宮을 세워서 歷代의 帝王과 今古의 士林이 大祀를 거행하고, 閭閻에 이르러서는 따로 廟宇를 세워서 은덕을 갚는 禮를 지극히 갖추어, 후학들이 잘 講習하는 것을 보고, 矜式하는 장소로 삼았던 것이다.

이래서 兗州에는 夫子祠가 있고, 益州에는 夫子廟가 있는데, 王通은 壇을 쌓아서 禮를 표하고, 朱子는 閣을 세워 아침으로 뵈었다. 또한 우리 東方에도 江陵의 尼山, 咸興의 文會와 魯城, 水原의 두 闕里, 昌原의 隋城, 등 몇 곳에 특별히 廟를 건립하였으니, 또한 모두 先聖을 尊慕하고 後學을 교육하기 위하여 設置한 것이다.

廟의 뜻은 貌이다. 聖人이 이미 돌아가심에 볼 수가 없으므로 廟宮을 세워서 象貌하는 것이다.

오늘날 이 고을의 法孔山은 그 옛날 高麗朝 때에 이 산에다 孔子廟를 세웠었는데, 말년에 世俗이 佛敎를 崇尙함으로 聖學이 떨치지 못한 까닭에, 기울고 무너지게 된 것이다. 이어서 重建을 하였으나, 몇 世代를 거치면서 돌아보지 아니하니, 세월만 흘러서 이제 600~700년이 되었다.

비록 칡넝쿨이 얽혀진 빈터에, 풀만 우거지고, 섬돌도 무너졌지만, 遺址는 온전히 그대로 보존되어 있나니, 다만 나그네가 손가락질하는 곳이 되었으니, 그 士林에게 있어서 누군들 허무한 탄식을 하지 않으리오!

우리들이 감히 羹墻의 모습을 그리워하고 俎豆의 精誠이 간절하여, 지난 己酉年에 이 사당 터에다 제단을 만들고, 한결같이 釋奠의 例에 의거하여, 祝獻의 典禮를 거행하였다.

올해를 지나면 내년 庚戌年은 이에 聖人이 誕生한 해인 까닭에 특별히 尸祝을 갖추어 베풀어, 정성을 다하고자 하므로 다만 금년에는 薦香만 할 따름입니다.

항상 廟宇를 세워서 크게 확장하고 싶었지만, 이 일을 추진하는 人員이 열 명도 안 되어, 일은 크고 힘은 적은 까닭에 몇 년이 걸린 것입니다.

이제야 겨우 나무와 돌을 대략 구비하고, 工匠이 작업을 착수하였
나이다. 그러나 同志도 많지 아니하고, 財力도 넉넉하지 못하므로,
事由를 대략 밝혀서 삼가 글월을 올리오니, 僉君子께서 同心協力하
여, 斯文의 큰 役事를 성공함으로써 우리 夫子의 오르내리는 靈魂
으로 하여금 다시 舊廟遺趾에서 편안하시도록 다시 새롭게 하고 다
시 온전하게 하는 것이 이에 우러러 바라는 바입니다.

대저 세상에 氣數가 變化하여 盛衰함이 비록 하늘에 매어 있다고
하지만 그 실상은 人事의 得失에 있는 것이며, 倫常의 밝혀짐과 밝
혀지지 않음도 사람이 行하느냐, 행하지 않으냐에 있는 것이다.

어찌 앉아서 바라보며 禽獸로 되어 가는 세상을 天命에다 맡기고
救援하지 아니할 것인가?

이렇게 天綱이 장차 무너지고, 世敎가 점점 쇠퇴하는 날에 그 門
徒를 私淑하여 그 道德을 講明한다면 장차 무너지려고 하는 天綱을
붙잡아 세울 수 있고, 점점 쇠퇴하여 가는 世敎를 일으켜 세울 수
있는 것이다.

오늘이야말로 쇠퇴한 것을 돌이켜 興盛하게 하여 地平天成의 功
을 기약할 수 있는 좋은 기회라고 할 것이다.

진실로 이와 같이 된다면 비단 이 고을의 다행일 뿐만 아니라 天
下 萬世의 큰 다행이 될 것이다.

기산학교취지서(歧山學校趣旨書) (代人作)

대저 常經을 세우고 權道에 通達한 선비는 반드시 먼저 그 큰 것
을 세워서, 옛것을 참고하고, 현실을 판단하여, 장점을 취하고 단점
을 버림에 主體性도 살리고 實用性도 있게 한 다음에야 족히 세상
에 필요한 實學이 될 수 있을 것이다.

대개 오늘의 시대에 살면서 時宜에 통달하지 못하고 한갓 高談迂

論만 이야기하면서 스스로 잘난 척한다면 이는 구차한 선비들의 굳어진 폐습으로 當世의 일을 족히 논하지 못할 것이다.

그러나 저 新進少年들도 스스로 時務를 잘 인식한다고 말하지만 대부분 輕僄浮薄하여, 舊學의 倫理는 쓸모가 없으니 버려야 될 물건이라고 비방하여 배척하는데, 이는 먼저 人道를 잃은 것이니, 탄식을 금할 길이 없도다.

嗚呼라, 우리 大韓帝國이 지극히 피폐하고, 지극히 弱少한 나라로 전락된 까닭은 因循姑息하여 게으르고 놀기만 좋아함으로써, 義理가 점점 어두워지고, 教育의 바탕이 없어지므로 才智가 개발되지 못한 까닭이다.

오늘날의 急務는 모든 우리 同人들이 눈을 밝게 뜨고, 용기를 내어, 教育을 正常化하여, 人才를 날로 가르쳐 德을 높이고, 힘을 길러서, 믿음직하게 된 다음에야 그 자신을 보존할 것이다.

우리나라는 오히려 倫理가 두텁다고, 세계에서 칭찬을 받거늘 이제 만일 倫理道德을 모두 버린다면 장차 무엇으로 列强들 사이에 끼겠는가?

이래서 新舊學問을 한 가지만 주장해서는 안 되고, 반드시 아울러 가르치고자 하는 까닭이다.

오직 우리 歧山學校는 慨然히 이에 宗財를 걸고, 生徒를 모아서 훌륭하게 세웠도다. 앞으로 時務의 가장 급한 과목을 먼저 배우리니, 小學의 과정을 익혀 완성하면 장차 高等學校로 올라가서 漢文經傳으로 體本을 삼아 倫理를 배워서 힘써 실천하게 될 것이다.

이것이 소위 常經을 세우고 權道에 통달하는 實學인저! 凡百學徒는 부질없이 虛名만 달고 다니지 말고, 한갓 겉모양만 갖추지 말 것이다. 진실한 마음으로 실천하여 나아가고, 實事에서 옳은 것을 추구하여 모두 쓸모가 있는 人材로 자라서 나라를 일으키고, 집안을 보존하여 스스로 하늘땅 사이에 우뚝 서야 하리니 학교를 세우고 교육을 하는 本旨를 저버리지 아니하기로 기약할지어다.

병계선생묘소수리통문(屛溪先生墓所修理通文)

다음은 통지하여 알리는 사항입니다. 생각건대 屛溪 尹先生의 묘소가 德山 細永洞에 있는데, 守護는 비록 잘하였지만 세월이 벌써 오래되고 보니, 장차 무너질 근심을 면할 수 없고, 또한 墓田도 매우 적으며, 齋室도 이미 낡아서 香火를 받듦도 위태위태하여 끊어질 듯하도다.

선생의 子孫도 고단하고 가난하니, 이제 안타깝거니와 우리 士林의 책임도 있다고 할 것이다.

무릇 湖右를 지나가는 길손은 반드시 먼저 先生의 遺墟를 묻고, 恭敬心을 표하거늘, 그 오늘날 방황하면서 일어나 感慨한 사람들이 어떠할 것인가?

이것은 참으로 儒風이 점점 사라져서 士林이 어진 이를 사모하고 스승을 높이는 일에 誠心이 없는 까닭이라고 할 것이니, 어찌 탄식하여 마지않으리오.

대개 어진 이를 崇慕하고, 스승을 높임은 사람의 마음속에 본래 있는 天理이다. 先生은 百世의 宗師로 그 道德의 淵源이야 말할 필요도 없는 것이다.

그러나 그윽이 생각하건대 孔子와 朱子의 道가 동쪽으로 건너와서 栗谷 沙溪, 尤庵의 여러 선생의 道統이 寒水齋에게 전하였나니, 그 嫡傳이 오직 우리 屛溪, 南塘 두 선생이시다. 선생의 도덕은 땅이 지고, 바다가 잠기듯, 봄바람이 불고, 만물이 싹트나니, 지금의 士類들이 人性의 고귀함을 대략 아는 것이 선생의 功이라고 할 것이다. 嗚呼 어찌 잊을 수 있으리오.

만일 선생의 道가 窮迫하면, 栗谷, 沙溪, 尤庵, 遂菴의 道가 窮迫하게 되고, 孔子와 朱子의 道統이 끊어져서, 온 세상이 아득히 어지러우리라.

우리들은 良心을 가지고 이에 감히 發論하오니, 바라옵건대 僉君子께서는 각자 능력에 따라 財物을 기부하여 주어서, 선생의 墓를 다듬고, 祭田을 마련하면 先生의 體魄이 길이 편안하도록 香火를 그치지 아니하리다. 이것이 곧 慕賢尊師의 사업이 아니겠나이까?

그윽이 바라옵건대 밝게 살펴주시면 다행이겠나이다.

비서승유공치흥진휼포양통문(秘書丞俞公致興賑恤褒揚通文) (代人作)

생각하건대 우리들이 古史를 두루 살필 제 仁人君子가 흉년을 만나서 곡식을 풀어 백성을 구원한 이들을 하나하나 기억할 수 있거니와, 翳桑의 도시락밥과 齊路의 죽을 대접함 등 많지 않음이 아니지만 미치는 바가 有限하며, 鄭公이 淸州에서 함과, 趙淸獻이 兩浙에서 함은 그 벼슬자리에 있으면서 그 직분을 행한 것이다.

오로지 誠心에서 우러나와 家財를 염출하여 두텁게 베풀고 널리 구제한 사람인즉, 곧 우리 郡에 사는 前 秘書丞 俞公과 같은 이는 古史에서 찾아보아도 필적할 이가 드물다.

噫라, 지난해는 큰 흉년으로, 근래에 보기 드문 것이었는데, 野田이 더욱 심하여, 人家가 쓸쓸히 흩어져 죽어가는 참담한 현실이었다.

俞公이 홀로 측은히 생각하여 이에 몸소 어루만져 불쌍히 여기고 양곡 수천 석을 풀어서 집집마다 이름을 기록하고 식구에 따라서 배급하니, 한 마을로부터 사방의 이웃 고을에 이르기까지 불을 들고 기다리는 사람이 거의 千家에 이르렀고, 이에 힘입어 온전히 살아난 사람이 만여 명이었다.

또한 먼 곳에서 얻어먹으러 온 사람에게 곡식을 주고, 밥을 먹임도 이루 다 셀 수 없나니, 恩惠는 끝이 없고, 저장한 것은 유한하여, 집에 창고가 비어 버렸다.

이로써 들판에 굶어 죽은 시체가 없고, 백성에게 부황이 없이, 밭 갈고 우물 파며 가을곡식이 익을 때까지 살 수 있었던 것은 모두 그 은덕이 아님이 없나니, 누군들 그 은혜에 보답할 것을 생각지 않으리오! 嗟乎라, 兪公은 참으로 仁人君子이시다. 지난 옛날에도 주민들이 빌려간 돈 여러 千金을 갚지 못하자, 그 증거 서류를 모두 소각하여 버리고, 다시 묻지 아니하였다.

그러므로 사람이 모두 감격하여 굳고 좋은 돌에다가 頌德碑를 세웠는데, 오늘 또다시 베푸는 바가 한이 없으니, 이것이 어찌 뿌리가 없을 것인가?

兪公은 德性이 仁厚하고, 孝友가 집안에 넘치며, 자신의 몸가짐을 깍듯이 하고, 널리 사랑하여 베풀기를 좋아하도다. 이제 벼슬을 버리고, 고향에 와서 삶에 한 고을이 문득 살아났거니, 일찍이 몇 郡에서 벼슬할 때엔 여러 고을이 은혜를 입었도다.

그로 하여금 다시 벼슬을 얻어 行政하면 가는 곳마다 널리 베풀어 반드시 아름답고 융평하게 다스리리라.

嗚呼, 이 사람에게 받은 은혜를 합하여 어떻게 갚으리오, 古語에 말하기를 천 사람을 살리면 반드시 陰德이 있다고 하였으니, 대개 착한 사람이 복을 받는 것은 天理이다. 天道를 奉行함에 임금의 명령에 답하여 널리 알리는 것인즉 凡百有司는 앞뒤를 잃었도다.

生等은 한 고을에 살면서, 그 덕에 감격하고, 그 착함에 탄복하여 良心的으로 감히 城主執政에게 알립니다.

그윽이 바라건대 이 實狀에 근거하여 중앙 朝廷에 보고해서 특별히 褒賞이 있도록 하여 하여금 착한 사람을 격려하고, 모든 은혜를 갚고자 하는 마음에 응답하여 주시면 천만다행이겠나이다.

현원당중수통문(賢遠堂重修通文)

아래에 通文으로 알리는 것은 孔夫子影堂을 重修하는 일이다.

그윽이 생각하건대 우리 사람이 形氣를 받아 사람이 되어서, 사람의 性理를 깨닫고, 사람의 道理를 행하여 사람의 모양새를 이 세상에서 갖추는 것은 참으로 우리 夫子께서 萬世의 진리를 교육하신 공로이다.

사람마다 끝없는 은덕을 입었으니, 文仲子가 칭탄했던 근거가 참으로 진실한 말인 것이다.

그렇다면 해와 달이 비치고, 서리와 이슬이 내리는 곳에 모든 血氣가 있는 사람은 집집마다 遺像을 모셔 놓고, 아침저녁으로 우러러 봄으로써, 尊慕하고 의지하는 곳으로 삼고 싶은 것이 곧 天性에서 우러난 본디 마음씨다.

하물며 世路가 崎嶇하고, 人心이 滔溺하여, 人道가 斁傷한 이때에는 더욱 마땅히 依歸할 곳이 있어야 될 것이다.

오직 結城郡 自跪室(里)에 影堂 몇 칸을 지어 놓고, 우리 夫子의 聖像을 받들어 모시어, 朔望으로 焚香하고, 春秋로 享祀를 거행하거늘 이름하여 賢遠堂이라고 하도다.

이것은 한 지방의 여러 선비들에 의한 公議에서 나온 것이니, 우리 모두의 한 조각 誠心을 스스로 표하여 나타남이다.

嗚呼라, 己酉年에 創建한 이후로 지금 3년이 되었지만 아직 廟의 모습이 갖추어지지 아니하고, 겨우 초가집에 흙으로 바른 벽이 외로운 산속에 쓸쓸히 서 있으므로 보는 사람마다 탄식하지 않은 이가 없도다.

비록 사업을 추진하는 능력이 매우 힘에 겨워서 그리 된 것이지만 참으로 우리 儒林의 부끄러움이 아닐 수 없다.

이제 당장 며칠 아니면 重築하여 띠를 걷어내고, 기와를 얹을 것이며, 담을 둘러쳐서 문을 세우리니, 帳屋과 卓子와 燭爐와 祭器의 준비도 時日이 急하고, 祭田과 齋室도 또한 차례로 해야 될 일이로다.

이것은 斯文의 重事에 관계되니, 모름지기 四方의 人士와 함께 하여야 될 것이므로, 우리들이 이에 감히 通文을 돌려서 알리오니, 바라옵건대 僉君子께서는 다 같이 호응하여 힘을 보태고, 기부금을 보조하여 大事를 잘 완수하게 하여 주시면 천만다행이겠나이다.

김씨열행통문(金氏烈行通文) (代作)

다음은 通文으로 알리는 내용입니다. 자고로 婦人의 행실에 반드시 三從之道를 말하나니, 시집가서 지아비를 따름에 婦道를 극진히 한 사람을 손꼽음에도 몇이 안 되거늘, 하물며 남편이 죽음에 따라서 죽는 여자는 대개 천만 사람 속에 한둘이 있으리라.

만일 타고난 자질이 매우 뛰어나고 간직하여 지키는 것이 평소에 있지 아니하다면 잘하지 못하는 것이다.

噫라, 한 여자가 殺身就義함이 비록 한 사람을 위한 것이지만 참으로 一家의 光輝이다. 그러므로 見聞이 미치는 곳에, 모든 血氣 있는 사람들이 즐겁게 감복하여 激勵하지 않은 이가 없는 것인즉, 千古의 綱常과 一代의 風敎가 이로 말미암아 사라지지 아니하는 것이다.

이는 皇天이 至仁하여 말세에 이런 사람을 내려 보내서 世道를 維持할려고 한 것이니, 어찌 고귀하지 않으리오!

저 우리 고을 尹氏宅 며느리 金孺人의 節行은 훌륭한 烈女인저! 그 어찌 일컬은바 이 사람이 아니리오? 孺人은 곧 士人 金商圭의 따님으로, 前都事 漆原 尹性學의 둘째 아들인 炳杓의 아내이다.

柔順한 德으로 貞靜한 行實은 이미 世俗에 婦女들의 견줄 바가 아니었으니, 남편을 아주 恭敬하여 받들고, 시아버지 시어머니에게 극진히 효도하여, 婦道를 모두 갖추었다.

다섯 해를 함께 살면서 마치 하루처럼 섬기다가, 그 分家하여 一弓量 정도 떨어진 곳에 살면서도 오히려 그 定省의 禮와 甘旨의 供養을 8년간 종시 게을리 하지 아니하므로, 항상 一門의 칭송이 되었었다.

금년 2월에 炳杓가 우연히 感疾이 들어 갑자기 하루 만에 죽으니, 孺人이 그때 마침 歸寧하여 本家에 있다가 訃音을 듣고, 奔喪하여 號哭叩擗하면서 입을 열어 스스로 말하기를 "남편을 따라 죽는 것이 소원입니다"라고 하고 극도로 슬피 울다가 氣絶하므로 家人이 救護하여 겨우 소생하였다.

이에 殯所에 나와 祭床을 차리고, 朝夕의 饋奠을 몸소 檢視하면서도, 쌀 한 톨, 물 한 모금 입에 넣지 아니하며, 이미 수삼 일을 지내다가, 마침내 이불을 쓰고, 벽을 향해 누워서 다시는 머리를 들어 사람을 쳐다보지 아니하였다.

이에 집안사람들이 그 스스로 죽으려는 것을 알고, 시아버지 시어머니가 慟哭하면서 달래 말하기를 "너의 남편은 이미 죽었는데, 네가 또 죽으면 子女가 없는 네 남편의 几筵上食과 葬埋虞卒 및 練祥을 누가 맡아 책임지겠느냐? 모름지기 너는 죽지를 말고, 養子 하나를 두어서 의지하여 後嗣를 이으면 네 마음의 슬픔도 족히 위로되고, 참으로 우리 집안의 다행도 되겠다, 너는 스스로 깊이 생각하라!"

孺人이 억지로 일어나 음식을 먹으며, 도리어 그 시부모를 위로하거늘, 인간의 비통한 정의였다. 그러나 눈에는 눈물이 마르지 않고, 입은 이를 보이지 않으며, 발은 문밖을 나가지 않고, 사람과 말을 하지 아니하였다.

　葬禮의 준비와 祭奠의 마련에 또한 하나하나 몸소 주간하여 三虞祭 날이 되니 빨래를 하겠다고, 어린 일꾼에게 양잿물을 사오라고 시키거늘 商店 주인이 의심이 들어 팔지 아니하였다.

　그날 밤중에 방문을 살짝 열고, 변소에 가거늘 여러 차례 집안사람이 따라 다니므로 뜻을 이루지 못하였다.

　孺人이 탄식하다가 家人에게 일러 말하기를 “나는 장차 大祥날에 죽어서 기어코 내 남편의 무덤에 따라 가겠다. 그러니, 지금은 나를 의심하지 말라.” 말을 마치자 안색이 태연하였다.

　다음 날 이른 아침에 몸소 아침밥을 지어 시어머니에게 바치고 또한 자기도 달게 먹고는 조금 있다가 손으로 담뱃대와 담뱃잎을 들고 문을 열고 나가므로, 시어머니는 슬픔을 잊기 위하여 담배를 배우려는 줄만 알고 크게 걱정하지 아니하였다가, 시간이 지나도 돌아오지 아니하므로 급히 나가보니 담뱃대와 담뱃잎은 그대로 부뚜막 위에 있는데 孺人이 보이지 아니하였다.

　온 집안이 놀라고, 한 마을이 모두 모여 사방으로 흩어져 찾을 새, 집의 後園에 이르니, 한 가닥 새끼가 높은 소나무 아래에 늘어져 있는데, 孺人은 이미 絶命하여 있었다.

　이날이 곧 三虞의 다음 날이므로 드디어 함께 묻히겠다는 소원을 이룬 것이었다.

　嗚呼 슬프도다, 烈烈함이여! 그날 본 사람은 누군들 눈물을 흘리지 아니하며, 길을 가다가 듣는 사람도 또한 모두 코가 시큰하였다.

　대저 孺人이 일찍 죽기로 한 것은 奔喪한 날에 이미 결정하였으나, 늘 시아버지 시어머니가 달래어 말리고, 집안사람이 지키며 감시하므로 뜻을 이루지 못하였으나, 필경 조용히 따라서 죽음은 갑자기 우발적으로 함이 아니니, 참으로 다른 사람이 권하고 말려서 될 일이 아니었다.

그 훌륭한 節義와 貞烈한 행실은 天稟에서 나오고, 本性에서 근원한 것이니 그 시아버지와 시어머니에게 효도하고, 남편을 공경하는 데서 보고 알 수 있는 것이다.

이는 한갓 이 시대의 사람에게 한층 뛰어난 것일 뿐만 아니라, 비록 옛날의 貞婦, 賢媛과 더불어 나란히 하여도 부끄러움이 없는 것이다.

旌門을 세워 표창하는 것이 어찌 당연한 美典이 아니리오! 우리들이 양심적으로 나서서 이에 널리 通文을 알리오니, 바라건대 僉君子께서는 함께 公議를 밝혀 褒揚하게 함으로써, 위로 皇天이 世道를 維持하는 뜻을 저버리지 아니하고, 아래로 烈婦가 남편을 따라 殉節한 마음을 위로한다면 아주 다행이 아니리까?

김씨열행통문(金氏烈行通文) (代瑞山士林作)

아래에 通文으로 알리는 것은 烈女 金氏의 節行을 褒揚하는 일입니다.

嗟呼라, 하늘땅이 생긴 이래 무릇 그 속에서 사는 사람은 三綱으로 이 세상의 기둥을 삼아야만 人道가 확립이 되나니, 이것이 소위 하늘의 진리요 인간의 양심이라는 것이다.

사람으로 이것을 잃으면 사람이 될 수 없고, 하늘도 하늘이 아니며, 땅도 땅이 아니다.

자식으로 그 아버지에게 효도를 다하고, 신하로 그 임금에게 충성을 다하여, 죽도록 섬기는 사람이 100에 한둘도 안 되거니, 곧 世敎가 衰하여 버렸다, 하물며 婦人에게 많이 있겠는가?

만일 그 사람이 風氣에 구애받지 아니하고, 우뚝하게 節義를 다하여 스스로 人道를 확립한 사람이 있어, 보고 듣는 사람마다 感慕하고 激勵하는 것은 대개 또한 사람의 마음에 모두 이 性理를 갖춘 까닭이다.

이는 곧 한 사람의 몸으로 능히 하늘땅 사이의 紀綱을 스스로 세우는 것이니, 世敎에 보탬이 있는 것이다. 어찌 고귀하지 않으며, 어찌 더욱 어려운 일이 아니겠는가?

嗟呼라 우리 고을 安眠面 升隱里에 사는 金氏는 나이가 겨우 20인데 참으로 훌륭한 烈女인저!

金氏는 密陽 朴陽來의 아내로 어려서부터 端正潔介하여 부모에게 효도하더니, 시집가서 朴氏 집안 며느리가 되어서는 婦道를 모두 갖추어 남편을 섬김에 禮로서 하고, 시부모를 존경하여 孝誠을 다하니, 위를 받들고 아래를 거느림에 각각 그 마땅하게 하였다. 그러므로 친척이 칭찬하고 大舅 僉使가 기뻐하였으니, 삼 년을 하루처럼 하였다.

그 남편 陽來가 우연히 병이 나서 위독하여, 藥餌飮食을 몸소 정성스럽게 극진히 하였으나, 마침내 효험이 없이, 이에 음식을 끊고 물 한 방울도 넘기지 못하며, 3일 만에 말없이 죽으니, 곧 시체를 안고 慟哭을 하다가 그치면서 그 시아버지 시어머니를 위로하기 위하여 哀傷의 모양을 심하게 보이지 아니하면서 襲斂葬埋를 예법에 의거하여 奉行하였다.

그러나 돌아와 私室에 있을 제는 문득 이불을 덮고 누워서 다시 입을 열지 아니하니, 시아버지, 시어머니와 시할아버지와 시할머니가 다투어 찾아와서 권하여 달래면 따뜻한 낯빛으로 대답하여 말하기를 "제가 마땅히 음식을 먹겠사오니, 어른들께서는 염려하시 마소서,"라고 하고서는 오히려 음식을 입에 넣지 아니한 지 7일 만에 이에 생명이 끊어져서 그 남편과 合葬하였다.

嗚呼라, 烈烈하도다! 그 남편의 初喪에 訃音이 金氏의 本家에 전하니, 母夫人이 묻기를 "우리 딸도 또한 죽었는가?"라고 하고, 그 음식을 끊고 누워 있는 상태를 알린즉 말하기를 "오래지 않아 마땅히 죽을 인연이거늘 어찌하여 아직까지 죽지 아니하였는가!"라고 하였으니, 대개 그 天性이 烈烈함인즉 父母도 그가 반드시 烈節을 세울 것을 이미 알고 있었던 것이다.

噫라, 세상에는 간혹 남편을 위하여 죽은 婦人이 있어 고을의 칭찬한 바 있지만, 그러나 혹 한때의 悲哀를 이기지 못함에서 나왔거나, 혹 죽을 때까지 살길이 막연한 데서 말미암았으니, 비록 그 행실은 가상하지만 참으로 至誠에서 나왔는지는 알 수 없는 것이다.

이에 金氏와 같은 이는 조용히 죽어 버리니, 婦道에 합치고, 天性을 말미암아서, 母親이 사위의 주검을 듣고 그 딸도 반드시 남편을 따라 죽을 것을 알았은즉 閨門에서 이미 그 행실이 나타난 것이다.

父母의 사랑으로 그 살게 하고 싶은 자애로운 정으로도 또한 그 남편을 따라 죽을 것을 믿었으니, 이에 어찌 世俗에 婦人들의 한 가지 節義에 비기리오?

만일 하여금 劉宗正이 살아 있었다면 그 사실을 기록하여 烈女篇에 올리기가 어렵지 않았으리라.

우리들은 같은 고을에 살면서 이 사실을 듣고 마음이 감동하여 이에 通文을 앞장서서 널리 알리노니, 바라건대 僉君子는 일제히 公議를 밝혀 특별히 華啁圖를 내려서 烈婦를 褒揚하게 하시면, 世敎에 보탬이 없지 아니하리다.

잘 보살펴 주시기를 천만 바라나이다.

인재종효행통문(印載宗孝行通文) (代作)

아래는 通文으로 알리는 일입니다. 무릇 고을에 착한 사람이 있어 뛰어난 행실이 족히 모범이 되는데도, 무너진 풍속의 각박한 인심으

로 오래도록 파묻혀서 세상에 알려지지 못한다면 어찌 士林의 책임
이 아니리오?

本郡 讚洞 故學生 印載宗은 곧 孝友한 사람이다. 그가 죽은 지
이제 50년이 흘러갔는데도 아직까지 朝廷의 褒揚이 없으니, 아는 사
람들의 탄식을 어찌 이루 다 말하리오.

載宗은 本朝 翊戴功臣 刑曹判書 咸山君 仁寶의 후예이다. 그 天
性이 지극히 孝誠스러워 평일에도 힘을 다하여 어버이를 봉양함에
그 있는 힘을 다하지 아니함이 없었다.

아침저녁으로 어버이를 보살펴 禮節을 지켰고, 그 어머니가 나이
70에 이르러 奇異한 병을 앓거늘 약을 끓여 드리면서 온갖 걱정을
다하고, 입으로 종기를 빨아주며 밤에 옷을 벗지 아니하는 것이 몇
년이 되었다.

醫員을 찾아가 藥을 지어 옴에 삼십 리의 먼 길에 비록 비바람이
불고 칠흑같이 어둔 밤이라도 넘어지면서 물을 건너 홀로 다녀왔으
니, 여러 번 날씨의 근심이 있었는데도 일찍이 한 번도 두려워 아니
하며 마음을 풀지 아니하고, 조섭하여 치료함에 정성을 다하였다.

그 어머니가 난치병으로 죽어가다가, 마침내 소생하니 사람이 모
두 칭찬하여 孝誠에 神明도 감격하여 도왔다고 말하였다.

더욱이 前後의 喪에 미쳐서는 3년 동안 盧墓를 살았고, 哀慽의
몰골과 哭泣의 슬픔이 至誠에서 나왔다.

그 살아서는 供養을 다하고, 병이 들어서는 근심걱정을 다하고,
돌아가서는 슬픔을 다하니, 모두 聖人의 가르침에 합하였다.

鄕里에 있어서도 睦婣하여 그 情宜가 曲盡하였으니, 곧 孝道에
바탕하여 百行이 모두 착했다고 할 것이다. 그러므로 그 당시에도
한 고을 사람들이 탄복하지 아니함이 없었으니, 郡校의 抄錄에 들어
있는 추천장의 보고서에서도 가히 볼 수 있는 것이다.

양심은 속일 수 없다. 우리 고을에 이렇게 孝友하는 善士가 있는데도 아직까지 士論으로 함께 논하지 아니한다면 우리 고을 선비가 장차 어떻게 변명하리오?

우리들이 이에 通文을 돌리오니, 바라옵건대 僉君子는 함께 華啣을 내리셔서 이 實蹟을 郡과 院에 알리고, 朝廷에 알려서 이 孝子로 하여금 褒揚을 받게 하시면 천만다행이겠나이다.

덕원향교문통(德源鄕校問通)

아래는 通文으로 알리는 일입니다. 그윽이 생각하건대 사람이 생긴 이래로, 하늘과 땅이 자리를 바르게 정하고, 人類가 없어지지 아니하여, 오늘에 이른 것은 聖賢이 교육제도를 만들고, 진리를 밝혀서, 萬世에 전하여 준 功이다.

우리 夫子와 같은 盛德과 大業은 가장 훌륭하여 능히 이름 지을 수 없나니, 孔子를 이어서 朱子가 있고, 朱子를 이어서 宋子가 있다.

대개 孔子는 群聖을 集大成하였고, 朱子는 群賢을 集大成하였으며, 宋子는 群儒를 集大成하였나니, 그 크게 이룩함인즉 똑같은 것이다. 聖이나, 賢이나, 儒라고 하는 것은 이름 지은 말만 다를 뿐이니, 朱子는 뒤에 孔子요, 宋子는 뒤에 朱子이다.

그러므로 宋子를 높임은 실로 朱子를 높이는 것이요, 孔子를 높임이다. 무릇 血氣가 있는 사람은 높이고 친하지 아니한 사람이 없나니, 이래서 위로는 國學으로부터 列郡鄕校에 이르기까지 宋子를 聖廡에 從享하고, 朱子와 아울러 配食하는 것이다.

靑邱 三千里에 祠院이 많으나, 德源은 宋子가 謫居하던 곳이다. 지팡이와 신발이 이르는 곳에 感化가 매우 크거늘 皇天이 이에 象을 보여 警告하였으니, 우리들이 尊重한 바가 다른 데보다 각별한 것이다. 그러므로 祠宇를 세워 尊慕한 지가 300년이나 되었다.

불행히 세상이 바뀌어 망극하게도 毁撤하는 데 이르렀다. 그러나 碑閣을 세우고, 壇을 만들어 祭享을 받드니, 哀痛하게 追慕하는 정성을 조금이나마 펴게 하였은즉 곧 온 나라가 景仰하는 땅이 되었으니, 소위 땅을 차마 거칠게 하지 못하며, 물을 차마 마르게 하지 못한다고 하는 것이라.

비록 천만 세에까지 전한다고 하여도 그 누가 감히 흘겨볼 것이리오만 어떻게 생긴 물건인지, 金秉籍, 金秉洧란 자가 本郡에 살면서 이에 감히 그 碑閣을 헐어버리고, 그 壇享을 거두어서 禍가 位牌를 묻은 곳에까지 미쳤다.

방자하게도 그 어미와 그 형을 여기에 묻기 위하여 虛塚을 만들어 놓고, 뒤에 移葬할 계획까지 하였으니, 저 사람은 人類가 아닌저! 어찌 감히 이와 같으리오.

옛날 柳下惠의 무덤에는 아직도 50步의 內에서 풀 나무를 베지 못한다고 하였다, 하물며 우리 老先生書院의 遺址요, 位版을 묻은 곳이므로 碑를 세우고 閣을 지어 壇을 모아 제사하는 곳이거늘, 갑자기 버려져서 鬼神이 차지하게 된다면, 先生의 英靈이 오르내리면서, 薰蒿悽愴하던 자리가 흔적도 없이 되어 百世의 뒤에 그 자취를 찾을 수 없으리니 이를 어찌 참으리오.

嗟呼라, 天下가 생긴 지 오래되어, 세상에 盛衰가 있나니, 늘 衰世를 만남에 무슨 변고인들 없으리오만 어찌 秉籍輩와 같이 거리낌이 없는 자가 있으리오.

돼지가 산기슭을 짓이기고, 여우가 무덤을 파는 것은 知覺이 없어서 그런 것이다. 저 秉籍輩의 하는 짓은 곧 돼지나 여우만도 못하거늘 어찌 감히 하늘을 이고 땅을 밟으며 人類와 함께 하리오?

貴郡에는 선비가 많거늘 금지시키지도 아니하고, 聲討도 없으니 무슨 까닭인지요? 汚穢之物은 하루라도 이 땅에 머물게 할 수 없으며, 凶悖한 무리들은 하루도 그 죄악을 용납할 수 없도다.

이미 京城의 縉紳章甫들이 모두 모여 發論해서 그 무덤을 제거하고, 碑壇을 舊地에 復元하기로 하였으니, 우리들도 또한 血氣가 있는 사람으로 우리의 道德과 이 세상을 위하여 痛憤함을 이기지 못하여 恨歎하면서, 이에 다 같이 함께 글월을 올립니다.

바라건대 貴鄉의 僉君子는 즉시 그 무덤을 파가도록 기일을 정해주고, 이어 金을 法律에 의하여 징계하도록 고발하여서 斯文의 치욕을 씻고, 士林의 떳떳함을 보이면 천만다행이겠나이다.

경성유회소답통(京城儒會所答通)

아래 通文은 삼가 復命하는 내용입니다. 생각하건대 尤庵 宋子는 우리 東方의 朱子입니다. 萬世의 道統이 孔子로부터 朱子에 이어졌고, 朱子로부터 宋子에 이어졌으니, 만일 宋子를 侮蔑한 자는 이에 朱子와 孔子를 모멸한 것이라고 할 것이다.

저 德源 龍律里에 있는 書院遺址는 곧 孔子의 闕里祠와 朱子의 滄洲祠이다. 누가 감히 흘겨보고 핍박할 것이냐?

噫라, 소위 金秉籍, 金秉洧란 자가 어느 정도 凶悖한지는 알 수 없으나, 거리낌이 없는 무리들이 이에 감히 그 어미와 형을 여기에다 묻기 위하여 그 碑閣과 壇享을 헐어 버리고, 禍가 그 位牌를 파묻은 곳까지 미치게 되었다고 하니, 천하에 이런 큰 변고가 있으리오?

宋子의 書院遺址를 빼앗아 점유할 수 있다면, 闕里와 滄洲도 또한 장차 어찌 되겠는가!

秉籍과 秉洧의 罪는 참으로 하늘땅 사이에 용납될 수 없거니와, 世道가 여기에 이르렀으니 어찌 한심하지 않으리오.

이제 僉君子는 다 같이 함께 公論을 밝혀서 장차 全塚을 파가게 하고, 俎豆하던 舊址를 잘 復元하는 것이 진실로 당연한 도리일 것이다. 斯文에 믿음이 있고, 우리에게 사람이 있어 우리 宋子를 尊崇하여야만 따라서 朱子와 孔子까지도 百世에 전하여 받들게 될 것이다.

조속히 도모하여 汚穢之物로 하여금 300년 香火하던 곳에서 오래 머물러 있지 않게 하여야 될 것이다. 우리들도 또한 良心을 가지고 있거늘 痛憤한 생각을 이기지 못하는 바이다.

僉君子께서는 관심을 가지고 처리하여야 될 것입니다. 우리 郡에 여러 선비들이 列名으로 기록하여 이에 復命하오니, 바라건대 큰일을 완수하시어 聖人의 學徒로 하여금 해명할 말이 있게 하여 주시기를 천만 축원합니다.

노성궐리사답통(魯城闕里祠答通)

아래는 通文으로 알리는 내용입니다. 그윽이 생각하건대 우리 士林은 先聖의 道를 崇奉함에 있어서 능히 정성과 능력을 다하여 경영하고, 성공을 거두어야만 이에 또한 聖人의 學徒라고 할 것이다.

그 일을 하는 것을 보고, 그 사람됨을 알 수 있는 것이다.

대저 闕里祠는 尤庵 老先生이 建議하고, 文谷과 芝村이 참여하고, 遂庵權先生이 刱建하고, 丈巖, 睡村, 夢窩, 疏齋, 寒圃齋, 二憂堂이 贊助하여서, 우리 夫子의 聖像眞容을 엄연하게 여기에 모셨나니, 여기가 우리의 道가 있는 땅이 되고, 여러 先生이 정성으로 우리 夫子를 崇奉하던 곳이 되었다.

後學과 士類가 우러러보고 感動함이 실로 친히 뵘과 다름이 없었는데, 影本이 오래되어 빛깔이 바래고 벌레가 슬어서, 士林이 민망하게 여기고, 탄식을 금할 수 없었다.

오직 改本摹寫하려고 하지만 그 일이 또한 重大하니, 능히 경영할 사람이 없었다.

前縣監 朴相奎가 감개하여 탄식하고, 스스로 맡아서 추진하여, 그 손자 在新에게 명령하여, 홀로 경비를 부담토록 하며, 眞本을 改摹하여 먼저와 똑같이 奉安하고, 宋朝의 五賢과 朱子의 影本도 아울러 다시 그려서 옆에다 걸었다.

祠宇와 絃誦堂도 차례로 重修하였고 闕里誌도 또한 刊行하니, 이에 闕里祠는 한 가지도 빠진 것이 없게 되었으니, 朴縣監은 여러 선생이 聖人을 높이는 道를 잘 이어서, 聖人의 門에 큰 功獻을 하였다고 할 것이다.

嗟呼라, 이것이 어찌 本心의 德이 없이 할 수 있으리오! 그 天性이 지극히 孝誠스러워서 어버이가 병이 들제 하늘에 기도하여 대신 아프게 하여 달라고 하였으며, 嘗糞裂指와 居喪廬墓의 효성을 다하였고, 친척 간에 두텁고, 가난한 사람을 불쌍히 돌봐, 이웃이 감복하였으니, 이는 모두 孝心에서 우러남으로서 百行이 모두 착하게 된 것이라고 할 것이다.

遠近에 보고 듣는 사람마다 모두 感慕하거니와 가장 훌륭한 것은 聖人을 높이고 賢人을 사모하는 마음이 다른 사람보다 한층 뛰어나니, 그 實蹟善行을 마땅히 褒揚하고, 士林의 儀節이요, 斯世의 矜式으로 發揚해야 될 것이다.

그런즉 집을 지어 현판을 걸고, 碑를 세워 頌을 새기는 것이 곧 公議로 하는 것이며, 僉君子가 하는 것이다. 여기에서 타고난 良心을 볼 수 있으리라.

어질도다, 魯나라에 君子가 없다면, 이 사람이 이것을 어디서 본받았으리오. 우리들은 멀리 살아서 늦게야 소문을 듣고 이 공사에 공헌하지 못하였지만 저절로 공경스러운 마음을 이기지 못하여 이에 엄숙히 경의를 표하나이다.

오직 僉君子께서는 그 사람의 아름다움을 이룩하여, 不朽하게 남기시면 천만다행이겠나이다.

만회와유서발행통문(晩悔窩遺書發行通文)

생각하건대, 晩悔窩 玄선생은 林下에서 道를 講論한 지 50년에 깊은 德, 높은 學問이 의당 士林의 울타리가 되었을 터인데, 불행하게도 일찍 세상을 떠나셨다.

그 著書로 「禮儀私考」가 있는데, 一生의 精力이 모두 여기에 있으므로 세상에 刊行配布하여야 될 것이다.

그러나 그 아들이 어리석고 못나서 家法을 끊어버리므로, 門人弟子가 장차 책을 출판코자 하였으나, 이 핑계 저 핑계로 미루기만 하고 감추어 내놓지 않은 지가 30년이 되었도다.

이제는 意慾조차 없어져서 흔적이 없나이다. 噫라, 어찌 이런 사람이 있으리오. 그 一生의 悖行은 진실로 말할 것이 없으려니와, 四世의 神主를 공연히 가져다 파묻고, 考妣의 墓所를 임의로 파서 옮기며, 先生의 體魄을 돌 더미 평지에다 모셔둔 지 몇 해 만에 다행히 선생의 조카가 정성을 다하여 移葬함으로써 英靈이 先山 아래에서 편안할 수 있었던 것이다.

오직 「禮儀私考」와 「華東(두 자가 빠졌음)」은 없을 수 없는 책인데, 끝까지 숨겨두고 지금까지 내어놓지 아니하니, 길이 찾을 길이 없도다.

그는 장차 그 아버지의 자취를 없애 버린 다음에야 유쾌하리라고 생각하는가? 참으로 그 마음을 알 수 없도다.

비록 天下의 지극한 보배라고 하여도 사람이 모두 본 다음에야 보배가 될 수 있는 것인데, 이제 깊이 깊이 감추어 놓고 다른 사람이 볼까 두려워하니 길이 그 形跡이 나타나지 아니한다면 어떻게 보배가 되리오!

그 사람의 어리석음이야 말할 것이 없지만 先生의 이 글이 영원히 전하지 아니한다면 어찌 애석하지 않으리오.

이제 刊行하여 傳布하려면 찾아내지 아니할 수 없는 까닭에 이에 發論하오니, 모름지기 힘을 합쳐서 攻討하여, 하여금 本書가 다시 나오게 한다면 매우 다행이겠나이다.

자잠(自箴)

평생에 글을 읽어, 배울 바가 무슨 일, 만사의 근본은 오직 마음이니, 이 마음을 한번 놓으면 일이 모두 허위일지라.

그러므로 옛사람이 그 마음의 허물을 경계하였거니, 만일 입에 허물이 있어도, 뿌리가 어긋나거늘, 하물며 몸에 허물이 있으면, 마음이 곧 어떠하리오!

한 몸이 망령되어 움직이면, 일마다 뒤바뀌어 실패하는 것, 그 까닭을 찾아보면, 마음을 간직하지 못함이어라.

마음과 기분은 쉽게 흘러가는데, 오직 욕심이 앞잡이가 되도다. 많은 돈에 뜻을 굽히기도 하고, 반찬 없는 밥에 몸을 팔고 싶기도 한다네.

안타까워라 마음이여, 형체와 기분의 노예가 되었네! 어찌 본래 모습으로 돌아가서 그 욕심을 제압하지 않으리오.

굶어 죽는 것 무엇이 어려우리, 志士는 도랑이나 골짜기에서 죽을 것을 잊지 아니한다네, 不義로 얻어먹으면 생명을 욕되게 만드는도다.

만일 내가 가난하고 천하다면, 하늘이 옥처럼 아름답게 이루어 주기를 기다리겠지, 여기에서 힘쓰지 않으면, 학문하였다는 이름이 부끄럽다네, 바야흐로 여기에 당하여 오랜 공부를 하여야지. 영대에 먼지가 없다면 밝은 거울과 아주 똑같지, 밖에 물건이 비치는 것마다, 그대로 그 가운데 나타나는 걸.

비서승유공치흥진휼비명(秘書丞俞公致興賑恤碑銘)

어찌 보답이 없다고 말하리, 積善하면 경사가 있는 것. 흉년에 다 말라죽으니, 불쌍한 사람들이 사방으로 흩어져 먹을 것을 찾도다. 오직 公께서 곡식을 풀어 사람을 구제하니, 측은한 마음이 본성에서 나왔다네, 수만 가마니의 곡식이여, 몇 천 명의 생명을 살렸는가!

잊을 수 없어라, 어여쁜 德이 성대하네, 한 조각 굳은 마음씨, 百世에 노래하며 가리리로다.

시사윤고표(詩社輪告表)

<詩社通文과 거듭되었으므로 번역을 생략함>

서시제생표(書示諸生表)

비로소 가히 더불어 말하거니와, 安씨의 아들과 金生은 반드시 이로 말미암아 배워야 하리라.

크게 글씨를 배우고, 말을 토론함이, 비록 보탬이 있음을 기뻐할지라도, 부끄러운 바는 스스로 아는 척하는 것이다.

그윽이 여러 君子들을 생각하여 보건대, 素栖는 글씨를 잘 쓰고, 銀谷은 문장이 우아하여, 나이 겨우 弱冠에 이르렀을 때에, 좌우에서 부리워하여도, 일상 법도를 실천하여, 이탈함이 없었다.

조용히 배우고 익히면서, 말과 생각이 또렷하고, 사람이 되는 도리로서 평생 동안 글을 읽으며 공부하였나니, 반드시 聖賢이 되기를 소원하였을 뿐이요, 다른 것이 없었다.

무릇 자기를 완성하고, 사물을 성취하는 방법이 이것을 버리고 어찌하리오.

옛날 晦翁이 箴을 보였으니, 靑春에 익히지 아니하면 늙어서의 한탄을 어찌할고라고 하였고, 또한 狄公이 말하였나니, 서적을 읽노라면 俗吏와 말할 틈이 없다고 하였다.

안타까워라, 하늘이 사람을 냄에 어찌 차이가 있으리오만, 어찌하여 오늘날 사람들은 글이 있어도 읽지 않는지?

저 화려한 집들을 바라보니, 바둑판을 끼고 앉아 유유자족하도다. 아까워라, 젊은 사람은 돈 맛을 보고, 일에 파묻혀 정신이 없네. 어찌하여 이 길을 말미암지 않은가? 어찌 모두 그 타고난 재질의 탓이리오? 온 세상이 모두 제가 옳다고 하는도다.

뜻있는 사람을 얻은 것이 어찌나 다행한지, 두 사람이 한마음이 되어 山房에서 3년 넘게 공부하였으니, 이 사람이 아니리오? 거의 나의 아들과 다름이 없으니, 또한 즐겁지 아니한가? 나처럼 어리석은 이를 선생이라고 하면서, 진실로 일찍 떠나가지 아니하니, 妙年에 好學함을 알겠도다.

곧 어찌하여 채찍을 가지고 와서, 이 깊은 산속에 볼품없는 사람을 찾았으니, 이에 사랑하는 마음을 이기지 못하여 모름지기 다시 勤勉하는 글월을 주노라.

얼굴을 마주하여, 귀에 대고 이르노라, 저절로 글 속에는 끝없는 재미가 있으니, 손발이 춤을 출 때까지 중간에 그치지 말지어다.

시간은 흐르거늘, 때는 두 번 오지 아니한다, 백천 번이라도 정중하라.

돌아갈지어다, 우리 마을 두서너 선비에게 돌아갈지어다.

두서없는 글이지만 이것이 나의 진심이니, 제군은 명심하라.

병계선생묘소석물설립통장(屛溪先生墓所石物設立通章)

屛溪先生의 묘소에 石物을 剏設하기 위한 일입니다.

생각하건대 後學이 돌아간 어진 이를 尊慕하는 것은 그 德을 사모하여 배우고자 하는 까닭이다. 그 사람을 이미 볼 수 없다면, 그

옷과 신발을 묻은 묘소가 바로 그분이 계신다고 상상하며 추모하는 것이다. 어찌 무덤길을 보호할 것을 생각하지 않으리오!

오직 우리 屛溪 尹先生의 墓가 德山細水洞에 있으니, 이곳이 선생이 계시는 것 같은 땅이다. 子孫이 가난하여 아직까지 石儀를 갖추지 못하였으니, 눈길이 마주칠 때마다, 한탄을 금할 수 없도다.

따라서 士林에게 있어서도 그 책임을 면할 수 없는 지가 이미 오래되었도다.

오로지 선생의 道德의 淵源은 참으로 말할 것도 없이, 靜菴, 退溪, 栗谷, 沙溪, 尤庵, 遂菴의 道統을 南塘, 屛溪 두 선생이 있어서 이은 것이니, 선생은 실로 우리 道의 嫡傳이다.

그 한 마디 말이나, 한 가지 행실이 모두 淵源으로부터 전하여 온 것이다.

人間과 萬物의 性이 같지 아니하다는 理論은 곧 性善說과 더불어 마땅히 천하 만세의 공로가 될 것이다.

후학이 文中子가 夫子에게 칭송한 것으로 마음을 삼아야 할지니, 그 은혜를 입음이 이와 같고, 그 감동함이 이와 같은데, 도리어 묘소에 대하여 정성을 다할 것을 생각지 아니한다면 어찌 만만 부끄럽지 아니하며, 다른 사람에게 이야기할 것인가?

우리들이 외람되게 앞사람들이 서둘지 아니했던 일을 추진하고자 이에 감히 알리오니, 바라옵건대 僉君子께서는 각자 힘써 협조하여, 하여금 큰일을 완수하게 하시어, 우리 士林에게 할 말이 있게 하면, 천만다행이겠나이다.

남당선생화상찬(南塘先生畵像贊)

堯舜, 文王, 武王의 가르침을 정립하여 孔子가 지었고

孔子, 孟子, 二程의 道를 계승하여 朱子가 이루거늘

栗谷, 沙溪, 尤庵, 遂菴의 전통을 이어 선생이 나왔도다
지나간 역사를 이어 앞날을 열어준 공에 거의 가깝거니
앞사람들이 밝히지 못했던 것을 밝혀준 공덕 학계에 남았도다
어여뼈라 才德을 겸비한 君子여 천하에 禮樂을 일으켰네
진실로 잘 보는 사람이 있어 이 초상화를 살펴본다면
마음속에 가득히 쌓여 넘쳐서 밖으로 흘러나온 바탕을 알리로다

　　하늘이 大賢을 냄에
　　세상이 한번 잘 다스려지도다
　　本性으로 사람이 고귀하니
　　정직하고 성실하여라
　　한마디 말이 법이 되어
　　백세에 의심 없어라
　　선생이 나오지 않았더라면
　　사람이 짐승 되고 중화가 오랑캐 될 뻔

병계선생화상찬(屏溪先生畵像贊)

中正하고 和樂하고 純粹한 자질에다가, 전전긍긍하며 깊은 연못에 임한 듯, 얇은 얼음을 밟듯이 공부를 하였네.

땅이 짊어지듯, 바다가 머금은 듯함은 그 지극한 도의 밑바닥이요, 봄바람에 아지랑이 피어나듯 함은 그 이룩한 德의 아름다움일세.

분함을 머금고, 아픔을 참는 大義를 전하니, 스승이 친히 서재의 호를 써주고,

마음과 본성의 근원을 묶으니, 塘翁이 꿰뚫어 본 道體이었네.

어찌 당시에만 훌륭한 학자로 높으리, 참으로 斯文에 百世의 스승이로다.

비록 그 丹靑은 高明廣大한 곳에 그리지 않았지만,

오직 이 기상은 사람을 감동시켜 일어나게 하리로다.

천 년의 마음 이어 받은 이
華陽과 寒水로다
玉屛의 참 근원이야
이미 멀고도 크거늘
화평한 가운데 변론하거니
예법을 갖춤이 자상도 하네
남긴 글월 여기에 있어
우리의 道를 質正할 수 있도다

만수당찬(萬壽堂贊) (幷序)

대체로 사람의 정성스러운 마음이 극도에 이르면 반드시 소원을 성취하는바, 신령스럽고 이상한 일이다.

일은 비록 신령하고 이상하지만 실은 자연의 섭리다.

淸州·李公 前司果 仁植은 號가 萬壽堂인데 평생에 孝心이 지극하여, 人事의 범상한 가운데서도 늘 신령하고 특이한 祥瑞가 있었으니, 어찌 일컬은바 至誠이면 귀신도 감격한다는 것이 아니리오?

公은 어려서부터 孝子로 일컬었나니, 평생에 하는 일이 사람으로 마땅히 해야 될 것이 아님이 없었다. 그러므로 사람이 모두 칭찬하여 말하기를 孝子는 자리를 짜고, 신을 삼아서 쌀을 팔아 봉양하며, 산에 가서 나무하고, 물에 가서 고기 잡아 맛있는 반찬을 거르지 아니하며, 어버이가 병이 들면 의원을 찾아 약을 구해 올리고, 하늘에 기도한다고 하였으니, 이것이 모두 사람이 살아가는 범상한 일이다.

病中에 자가사리를 먹고 싶다고 하였는데, 꿈속에 어떤 사람이 가르쳐준 곳에 그물을 치고 잡아서 끓여 올리니, 병이 드디어 나았고, 어머니의 병이 위독하여 약효가 없었는데, 또한 꿈속에서 한 노인이

한 그릇의 약수를 올렸거늘, 어머니도 또한 꿈속에서 달게 마셨는데 병이 나아 버렸다.

이것은 신령스럽고 특이한 일로, 사람이 살아가는 길에 감격스런 일이다.

그 喪을 당해서는 슬퍼함이 禮法을 넘어갔고, 그 葬禮에 미쳐서는 정성을 다하였다. 앞뒤의 喪에 모두 이와 같이 하였으니, 그 孝心은 하늘도 감동하였다.

祭祀에는 반드시 그 즐기는 음식을 생각하여 올림에, 몸소 시장에 가서 직접 샀으니, 다른 사람에게 맡기지 아니하였다.

先祖의 山所에는 반드시 땅을 사서 비석을 세우고, 대대로 묘소를 돌보게 하였다. 만일 外家라도 불행히 後嗣가 없으면 慈母의 마음으로 밭을 墓地 아래에 사서 守護하게 하였다.

누이의 남편이 山訟으로 멀리 惡地에 옮겨가서 살다가 마침내 죽으니, 온갖 힘을 다하여 찾아와서 장례를 하였고, 그 孤兒를 후하게 보살펴 성취시켰다.

여러 친척들도 가난하여 살지 못한 사람은 논밭을 사주어 먹고 살게 하였고, 한 從弟가 浮浪無禮하여 채무가 산더미 같아서, 참으로 가정을 유지하기 어렵거늘, 재산을 내어 놓아 빚을 갚아주고 토지를 나누어 주어서 살게 함이 아홉 차례였다.

집을 팔아 생산업체를 만들어 錢穀으로 가난한 사람을 도움에 자기 자신과 똑같이 보살폈나니, 늘 주리고 배고픈 사람을 보면 비록 한 그릇의 밥이나, 한 사발의 국이라도 禮로 대접하였으며, 또한 노자를 주어서 보냈다.

흉년을 만나면 반드시 돈과 곡식을 풀어서 한 고을의 빈궁한 사람을 도와주어 살게 하였으며, 봄가을 戶稅도 또한 담당하여 한 面의 것을 납부하니 비석을 세워 덕을 기렸다.

거처하는 집을 사람들이 萬壽堂이라고 일컫거늘 그 아들 魯轍이 꿈에 仙翁이 堂記를 讚하는 것을 보았는데, 180字였다, 곧 일어나 외우니 한 글자도 틀리지 아니하고 公의 앞에서 읽은즉, 공이 말하기를 나는 마땅히 이것으로 나의 號를 삼으리라 하시고 그 號를 삼았다.

詩에 말하기를 孝子는 숨기지 아니하고, 길이 효심을 일깨운다고 하거늘, 魯轍은 또한 한 사람의 효자이다. 평일의 효도가 그 집안에 잘 이어가고, 이웃이 모두 칭송하거니 公家의 행운이 아마 끝이 없으리로다.

讚하여 말하기를

무릇 사람의 효도는 일백 가지 행실의 근원이요
효자는 타고난 성품으로 인간의 본심에서 나오는 것
仁에서 나오는 사랑 어떤 일인들 도탑지 않으리
친척과 이웃이 감동하여 모두 어질게 본다오
일상적인 일이 지극하면 하늘도 감동하나니
뿌리가 없다면 어찌 사람을 감동시키리오
자식을 두어 효도하니 효심은 어버이 존경이라
꿈속에 얻은 것 정성의 발로거니
오호, 堂號여 萬壽는 永年이라
인심에 느끼는 것 그 누가 참이 아니라고 하리
효도로 엉긴 집안 萬世에 전하리로다

강상찬(綱常贊)

하늘이 내서 사람이 되었거니 사람의 길을 마땅히 가야지
三綱과 五常은 인간의 길이라오
모든 사람의 일백 가지 행실 綱常을 말미암아 이루거니

바로 나의 性分에 본래 있는 이치로다
사람으로 이것을 잃으면 짐승만도 못한 것
호랑이도 父子의 사랑 있고 벌들도 君臣이 있으며
비둘기도 夫婦가 있어 그 본성대로 따라 산다네
天性을 따르지 아니하면 그 이름을 무어라고 할건가
모양만 사람이고 사람인가? 사람인가?

구황책(救荒策)

대저 荒政은 나라의 急務다. 戶口가 떠돌아 흩어지고, 老弱者가 개골창이나 골짜기에 굴러다니면 그 仁人君子가 의당 측은하게 생각하여 마음이 아픈 것이다.

백성은 오직 나라의 근본이거니, 그 근본이 한 번 어지러우면 나라는 나라가 될 수 없는 것이다. 이러한 까닭으로 옛날 밝은 임금과 어진 정승은 반드시 이 일에 급급하였고, 聖賢儒林이 먼저 이것을 講究討論하였던 바이다.

안타까워라 王室과 政府의 財政이 고갈되어 이 어려운 시기에 1년의 양곡도 비축하지 못한 지가 오래되었다. 더욱이 흉년을 만나 백성이 떠돌아다니며 걸식하다가 개골창이나 골짜기에서 쓰러져 죽은 시체가 바야흐로 눈앞에 있는 처참한 현실이다.

고을 수령들은 국가의 시책을 받들어 아래로 외로운 마을에서 장차 죽어가는 백성의 생명을 구원하기 위하여 마땅히 대책을 세워서 구호하여야 된다.

그러나 풀이 없으면 붙지 아니하는 것이다. 장차 어떻게 대책을 세울 것인가?

대저 荒政의 도는 오로지 安民에 있는 것이다. 백성이 불안하다면 비록 곡식이 있어도 반드시 흩어지리니 하물며 먹을 것도 없음이랴?

安民의 길은 신임을 확립하고 의리를 가르쳐서 백성으로 하여금 모두 위에 있는 사람들이 성심으로 우리들을 살리려고 노력하는 것을 알도록 하여야 된다.

그 성심으로 우리를 살리려고 함을 알면 반드시 의지하여 희망을 가지면서 스스로 안심할 것이다. 민중이 모두 그 성심을 알면 반드시 조치에 방도가 있으리니 그러한 다음에야 백성들에게 財穀을 꾸어줄 수 있는 것이다.

糧穀을 구하는 길은 무엇인가? 어찌 常平倉의 곡식을 풀어서, 백성에게 은택을 베풀지 아니한다면 그 계획은 장차 梁惠王이 민간의 곡식을 옮긴 데 불과하게 될 것이다.

대개 민간에게 곡식이 있는 것은 부잣집이다. 부잣집은 서너 집을 구원할 수도 있고, 한 마을을 구원할 수도 있으며, 혹시 한 面을 구원할 수도 있을 것이다.

그러니 우선 그 곡식을 지경 밖으로 팔려 나가지 못하게 막고, 오로지 서너 집이나, 한 마을이나, 한 면을 구원하도록 책임을 지게 하여, 하여금 面, 里長으로 관장하게 하고, 실상을 밝혀 戶口와 糧穀을 기록하여 官에 보고하게 하며, 官은 엄격하게 규약을 만들어 사사로운 농간이 없도록 해야 한다.

그러면 한 마을에 부자가 있어, 한 마을을 구원할 만하면, 그 마을의 부자에게 그 마을을 맡기고, 한 마을에 여러 집의 부자가 있으면, 힘을 합쳐서 그 마을을 구원하게 하며, 만일 한 집도 부자가 없으면 다른 마을의 부자에게 이 마을을 分屬시킨다.

한 面도 또한 이렇게 하여 洀州의 4000여 집 가운데 그 부자를 골라낼 것 같으면 거의 한 郡의 떠돌아다니며 굶어 죽는 사람을 구원할 수 있을 것이다.

그러나 옛날에 소위 부자라고 하는 사람도 올해 같은 흉년에 이르러서는 모두 그 이익을 잃어버리고 도리어 자기 살기도 어려운 사람이 또한 있는데, 억지로 이웃을 구제하라고 하면 형편이 안 되는 이도 있다는 것을 생각해주어야 될 것이다.

아, 나라의 지도자가 荒民을 구제함에 민간인의 자산만으로 한다면 가난한 백성이 얻어먹으매 국가의 은혜를 알지 못할 것이며 부자로 곡식을 내어 놓은 사람도 임금에게 원한을 품을 사람이 있을 것이다.

모름지기 정부에서 豫備費와 의연금을 걷어서 먼저 구제하고, 임금도 민중을 걱정하는 뜻으로 백성에게 권유하여 성심을 가지고 진실하게 조치한다면, 가난한 사람들이 비록 한 마을의 부자의 곡식을 먹으면서도, 위로 임금의 은덕을 알고, 부자도 또한 감히 원한을 품지는 아니할 것이다.

이에 그 책임지고 구제하지 아니한 사람이 있으면 五刑으로 다스리고, 그 서로 돕고, 서로 구원하는 사람은 鄕約의 公論으로 표창하여야 될 것이다.

그러한 다음에 民心이 기뻐하리니, 소나무 잎을 찧어 먹거나, 풀죽을 끓여 먹거나 각각 스스로 살아갈 길을 찾을 것이다.

趙淸獻이 越州에서 주린 사람을 구제한 방법이 매우 좋았는데, 어떤 사람이 말하기를 옛사람의 社倉法이 救荒의 要道이거늘 오늘날에는 행할 수 없는 것인가라고 하여서 내가 대답하여 말하기를 社倉은 朱子가 南康에서 행하여 민중을 살림이 매우 큰 것으로, 참으로 좋은 법인데, 후세에는 모방하여 행하지 않으니, 매우 개탄스럽도다. 그러나 예비하여 설치하여서 흉년에 대비하는 것이 옳다고 할 것이다.

만일 이렇게 흉년이 든 때를 당하여 사람이 죽어 가는데 이제사 社倉法을 의논하여 구제하려고 한다면 이미 늦어 버린 것이니, 大寒

에 가죽옷 찾는 것과 같다고 할 것이다.

항차 社倉法은 오로지 民間의 기구이므로, 한 고을에 부지런하고 성실한 인물을 골라서 관장하게 하고, 郡吏로 하여금 거기에 간섭하지 못하게 하여야만 폐단이 없는 것이니, 만일 그렇지 아니하고, 官에서 확인하는 정도를 넘어 이용을 하려고 들면, 그 폐단을 이루 다 말할 수 없는 것이므로 가볍게 의논하여서는 안 된다.

이 순간의 절박한 일은 安民에 있으니, 安民은 곧 執政한 사람들의 愛民과 憂民하는 마음이 위아래에 흡족함에 있는 것이다.

소(疏)·의(議)·발(跋)·변(辨)·묘지(墓誌)

의소(擬疏)

생각하건대 臣은 草野의 가난하고 문벌이 없는 천한 평민으로 姓名이 선비의 명부에 오르지 못하고, 발자취가 집 마당을 벗어남이 드물며, 스스로 국민의 분수를 지켜 농사를 지어 먹는 사람으로 진실로 국가대사에 관하여 감히 더불어 논하지 아니하였나이다.

그러나 오늘날의 變故가 망극하오니, 왜놈들의 五條約은 곧 우리나라가 존속하느냐, 멸망하느냐의 중대한 문제입니다. 삼천리강토와 억만 인구의 生靈이 장차 오랑캐의 강토에서 원수의 노예가 된다면 오랑캐의 종이 되는 汚辱이 또한 제 몸에도 미치게 되는 것입니다.

臣이 비록 지극히 어리석어 先王의 백성과 같지는 못하여도 聖人의 글을 읽은 사람입니다. 비록 만 번을 죽는다고 하여도 맹세코 오랑캐에게 노예는 되지 않겠습니다. 그러므로 감히 우리 임금에게 한마디 하고 죽겠나이다.

오호, 痛哉라, 强大한 이웃 나라가 弱小國을 씹어 삼킴이 예로부터 한이 있으리오만, 어찌 일본 놈들처럼 밖으로는 開化를 한다고 하면서 平和라는 이름으로 총칼을 쓰지 않고 음으로 점령하여 빼앗을 것을 노리는 간교 사악한 무리들로 이렇게 심한 자들이 있으리오!

亂賊으로 남의 나라를 敗亡시킨 자들이 예로부터 어찌 한이 있으리오만, 참으로 오늘날처럼 여러 도적들이 임금을 속이고, 조상 대대로 이어온 국가를 남에게 넘겨주며, 달게 종이 되어서도 부끄러움을 모르는 자들이 있으리오!

開化한 이후로 조정에 신하들 가운데 은근하게 아뢰는 자들은 반드시 말하기를 各國과 더불어 平和조약을 맺어 公法을 행하면 나라가 태평할 것이라고 하고, 일본의 외교사절들도 반드시 말하기를 평화조약을 맺어 公法을 행하는 것이 이웃 나라를 보호하는 길이라고 하였지만, 수삼십 년이 되도록 한 가지의 실효도 없이 오직 나라만 망하였으니, 모두 일본 사람들이 점령하여 빼앗으려는 속임수에 지나지 아니합니다.

諸賊臣은 오늘날 임금을 팔아먹고, 나라를 팔아먹으려 하는데, 다만 聖明께서만 그 속임을 당하면서도 스스로 깨닫지 못할 따름입니다.

陛下께서 이에 自强策과 自修의 길을 생각하지 아니하고, 한갓 구구하게 평화와 公法으로 장차 국가를 유지하는 방법으로 삼아서 오늘의 세계정세에 순응한다면 이웃 나라의 平和를 과연 확신할 수 있겠습니까? 列强의 公法을 오로지 믿을 수 있겠습니까? 開化의 실효가 어디에 있겠나이까?

원수 오랑캐와 도적 같은 신하가 체결한 문서로 강제 조약을 맺게 하여 사사로이 날인하여 놓고, 오히려 말하기를 평화는 영원하고, 황실은 존엄하다고 하니, 噫嘻라, 스스로 外交를 끊어 버리면 평화는 영원하다는 말은 이에 참으로 화근이 되고, 한번 統監을 설치하면 皇室의 尊嚴은 虛名에 지나지 못한 것입니다.

이에 한 걸음 더 나아가면 장차 虛名까지도 없어지고, 마침내 禍가 닥칠 뿐일 것입니다. 이러한 까닭에 온 나라의 백성들이 이를 갈고 통분하여 눈물을 흘리면서 諸賊의 몸을 씹고자 하며, 일본 오랑캐의 종자를 멸종시키려고 생각하는 것입니다.

臣의 집에 한 마리의 닭을 키우는데, 듣건대 밤새도록 "구구" 하다가 날이 밝자 그쳤나이다. 아침에 나아가서 보니 단지 깃털만 남고 몸뚱어리는 없었나이다. 대개 이 닭이 족제비에게 배창자를 뜯어 먹히면서도, 그 통증을 깨닫지 못하여, 다만 "구구" 소리만 낼 뿐이요, 떨쳐 일어나 싸우지 못하므로 마침내 몸을 다 뜯어 먹히고 죽은 것입니다.

우리나라의 형세가 이것과 무엇이 다르겠나이까? 저 일본은 족제비입니다. 그것을 끌어들인 사람은 賊臣입니다.

陛下는 어찌하여 먼저 諸賊의 머리를 잘라 여러 문에 걸어서, 마침내 일본 사람들이 법도를 벗어나 조약을 맺게 한 실상과, 賊臣들이 사사로이 조약문서에 날인한 사실을 널리 天下에 밝히고 列國에 알려서 公法裁判을 청하지 아니하나이까?

列國은 일본 사람이 우리나라를 병탄하는 것을 疾視하면서도 묵묵히 한마디 말도 없다면 소위 公法이라는 것도 아무 쓸모가 없는 것입니다.

그러므로 우리나라를 보존하는 길은 오직 自修, 自强에 있을 따름입니다. 우리가 만일 自修自强하여 우뚝하게 自立하면 일본 오랑캐가 아무리 奸猾하다고 하여도 또한 장차 손쓸 틈이 없어서 별다른 계책이 없을 것이니, 저절로 各國으로부터 侮辱을 당하지 아니할 것입니다.

陛下는 어찌하여 이렇게 하지 아니하십니까? 소위 自修自强이란 다른 것이 없습니다. 모름지기 聖人의 道로 禮法을 잘 세워서 安民, 理財, 養兵, 利器하며, 반드시 賢俊才智한 선비를 뽑아 쓰고, 나라를 어지럽힌 奸細, 頑鈍無恥한 자들을 물리쳐서 하여금 조정에서 농간을 부리지 못하게 하면 國勢가 이미 위태로움에서 다시 안정될 것이며, 장차 망하려고 하는 데서 길이 보존될 것입니다.

衛文公의 騋牝 삼천과, 鄭國僑의 晉楚와 잘 사귐과, 越范蠡의 沼吳와 한번 싸움이 모두 그 인재 등용의 여하에 있었나이다.

엎드려 바라옵건대 陛下는 훌륭하게 뜻을 세워서, 정신을 분발하여, 布衣帛冠으로 불을 쥐고 얼음을 안으며, 保存策을 강구하고, 政策을 세우소서!

오천 년 聖人의 大道와 오백 년 大聖의 基業이 陛下의 몸에서 끊어진다면 저녁 밤에 또한 반드시 번뇌로 근심할 것이니, 아, 萬世의 의론을 기다릴 것 없나이다.

臣은 어리석은 충성심에 감격되어 스스로 멈출 수 없으므로 도끼를 들고 대궐문 앞에서 외치오니, 엎드려 바라옵건대 聖明께서는 천미한 신분이라고 버리지 마시고, 모름지기 골라 살펴주소서!

만일 臣의 말이 망령되다면 臣의 罪가 마땅히 죽어야 될 터인즉 반드시 이 도끼로 臣의 머리를 자르소서. 臣은 마땅히 先王을 九原으로 찾아뵙고, 이와 같은 變故를 눈물로 하소연하겠습니다.

臣은 감격하여 절통함을 이기지 못하나이다.

국휼신민복제의(國恤臣民服制議)

우리나라의 喪服制 가운데 士庶人은 布帶를 쓰지 아니하고, 絛帶를 쓰도록 하는 것은 나의 견해로 고찰하건대 매우 의심스럽고 미안한 일이다.

禮令에 비록 文武百官은 사생활에 布笠, 布衣, 布帶를 쓰고, 士庶人은 白笠, 白衣, 白帶를 쓰라고 하는 차이는 대략 구별하고자 하는 뜻에 지나지 않지만, 또한 매우 어색하고, 불합리한 것이다.

帶와 衣는 布를 쓰지 아니하고, 오직 白色만을 쓰게 하여 朝官과 저절로 구별하는 것이야 그래도 괜찮겠지만, 白笠에 布를 쓰지 아니하면 장차 무엇을 써서 白色을 내서 布笠과 분별하여 士庶人에게 쓰도록 할 것인가?

결국 만들 재간이 없는 것이다. 이것으로 미루어 본다면, 소위 白笠은 朝官의 布褰에 다름이 없는 것인즉, 白衣 條帶도 또한 마땅히 布衣, 布帶가 되나니 모름지기 다른 논리를 특별히 전개하여 종전의 두루 통용하던 관례에 어그러지게 할 필요가 없는 것이다.

服議에 말하기를 庶人이나 軍吏의 가난한 사람은 그 전부를 갖추지 않아도 하는 수 없다. 비록 白紙로 冠을 만들었어도, 단지 紅紫의 화려한 복장을 하지 않으면 된다고 하였다. 이제 가난하여 禮服을 갖출 수 없다면, 冠의 색깔만 희게 하고, 布帶를 마련할 능력이 없어서 다만 흰 織帶를 착용한다면 그 누가 감히 책하겠는가? 또한 儒生이 어찌 平民으로 自處하여 온전히 갖출 책임을 벗어나겠는가?

대개 華制는 일상 입는 옷이 色衣, 皂巾, 靑帶이거나 혹은 黑帶인 까닭에 白絹布, 白凉衫, 白帶가 족히 服을 입는 절도가 될 수 있지만, 우리나라는 일상으로 입는 옷이 白衣, 條帶이거늘 이제 하나의 布笠으로 常法을 바꾸고자 한다면 그 옳겠는가?

屛溪가 말하기를 朝士, 儒生은 布笠을 쓰고, 生布를 입으니, 모임이나 여행에 이러한 제도를 쓰지 아니함이 없다. 그런데 나만 홀로 絹巾, 白衫으로 문을 나서 사람을 맞으면 과연 마음이 편하겠는가? 라고 하였다.

南塘은 服議에서 아비를 위하고, 임금을 위함에 天子로부터 庶人에 이르기까지 貴賤으로 더하고 빼지 아니한다는 문장에 근거하여 말하기를 비록 庶人이나 軍卒이라도 모두 喪服을 지어 입는 것을 허락해야 되고, 儒生은 마땅히 衰経을 입음에 生布, 衫巾, 麻帶, 布帶로서 王后의 喪과 구별해야 된다고 하였다.

尤菴은 말하기를 國喪에 卒哭이 지나면 生徒는 마땅히 黑帶를 착용한다고 五禮儀에 있다. 그러나 私喪의 期年服 이하에 있어서 이미 머리에 君服의 白笠을 쓰면 어떻게 腰帶만 私喪의 布帶를 쓰겠는가?

宋나라 제도로 관찰하면 선비는 皀巾, 靑帶이다. 머리에 이미 皀巾을 쓰므로 허리에 靑帶를 쓰는 것이니, 白笠, 黑帶는 아마도 國制가 未備해서 그런 모양이다…… 라고 하였다.

대저 卒哭 다음에 黑帶가 未備한 國制였다면 白帶와 白衣도 布가 아니라는 증거도 의심스러운 것이다.

나는 魯禮에 대하여 감히 알지 못하거니와 무릇 服을 당한 사람은 布衣 布帶라야 바야흐로 成服을 할 수 있고 동시에 마음이 놓이는 것이다. 이제 國制에 白布笠 아래에 布帶를 착용하지 아니하면 과연 어떻겠는가?

황정의(荒政議)
(救荒策과 중복되었다)
(救荒策에서 이미 본문을 번역하였음)

양지의(量地議)
어떤 사람이 말하기를 선비가 治道를 논함에는 반드시 3代를 일컫거니와, 3代의 정치란 井田法에 지나지 아니하나니, 오늘날도 또한 시행할 수 있지 않겠습니까?

나는 대답하기를 불가하다. 나그네가 말하기를 그대는 儒子가 아닌가? 어찌하여 정치를 논하면서 3代를 본받지 아니하리오? 대답하기를 세태가 행할 수 없다.

程子가 말하기를 井田과 肉刑과 封建을 버리고 행정을 하니 백성이 고통스럽지 아니한다. 聖人의 뜻을 얻으면 되는 것이요, 그 제도에 고착되어서는 아니 된다. 행적이란 聖人이 한때의 이익을 추구한 자취일 뿐이다고 하였고, 朱子는 말하기를 井田을 施行하려면 반드시 機會를 타야 되나니, 大亂을 겪은 뒤가 아니면 진실로 행하기가 어려운 것이다고 하였다.

南塘 선생은 또한 井田은 갑자기 실행할 수 없나니, 만일 時勢를 깨닫지 못하고, 한갓 3代의 정치체제만을 본받고자 하면, 반드시 혼란에 빠지지 아니함이 없는 것이다. 橫渠가 논한바 부자의 논밭을 빼앗아서 나누자는 것이 그 대체적인 형식이라고 할 것이다.

나그네가 말하기를 이제 朝廷에서 바야흐로 土地를 測量해서, 이것을 기준으로 田土를 均等하게 분배하고, 賦稅를 平等하게 하려고 하나니, 선생은 어찌 생각하시오?

내가 대답하여 말하기를 이는 진실로 오늘날의 당연한 일이다. 그러나 처리하는 방법이 있나니, 자못 執政者들의 조처 여하에 달려 있는 것이다. 孟子가 말하기를 境界가 不正하면, 井地가 均等하지 못하며, 穀祿이 平等하지 못하게 된다고 하였다.

境界의 不正이 이때보다 심함이 없다. 田地에 定案이 없고 稅金의 總數가 減하니 田土를 개간하여도 稅金이 없는 사람이 있고, 노는 땅에도 세금을 내는 사람도 있다.

국가는 이미 그 이익을 잃었고, 가난한 백성만 그 고통을 당하는데, 田地 賦稅가 名目도 없고, 내용도 모르는 곳으로 들어가는 것을 이루 셈할 수 없다. 어찌 또한 급히 바로잡지 않으리오!

田土에 定案이 없다는 것은 무엇을 말하는가? 우리나라의 田制는 다만 斗落으로 대략 成案했을 뿐이요, 百步로 畝를 삼고, 十畝로 頃을 삼는 土地測量制를 갖추지 아니함으로써 소위 量案이 산란하여 기준이 없는 까닭에 자연히 虛簿가 되어 버리는 것이다.

稅金에 總數가 減한다고 함은 무엇을 일컬음인가? 한 나라의 田

土는 스스로 응당 내야 되는 稅金이 있거늘, 國初로부터 오늘에 이르기까지 오백 년 동안 測量하는 가운데 奸吏와 짜고 숨겨서 作料를 훔쳐 먹는 것이 거의 3분의 1이나 된다. 만일 묵정밭이나 홍수에 떠내려가서 내가 된 곳은 정부에서 또한 반드시 減結하여 주었으니, 그 恩澤이 매우 큰데도, 胥吏들이 취하여 자기만 살찌운다.

심지어 1년의 水, 旱災에도 반드시 농간을 부려서 횡령하니, 이에 國結의 元總 이외에 또한 그 절반이 減하게 되는 것이다. 田土에 定案이 없으므로 정부는 이미 邦域의 區劃을 자상히 알지 못하고, 下吏가 그 사이에서 조종하여 結總이 半減하니, 나라가 어떻게 가난하지 아니하며, 국민은 어찌 곤궁하지 아니하겠는가?

만근 이래 阡陌山澤에 한 조각도 개간하지 아니한 땅이 없는데도, 有力者는 오만하게 稅金을 내지 않고, 세력이 없는 사람은 새로운 세금을 부과하여 한갓 郡吏만 배불리니, 임금이 국토를 소유하면서도 어찌하여 이와 같은 국가의 이익을 잃어버리고 마는가?

시골의 가난한 백성은 그 田土가 없는데도, 근거 없이 세금을 내는 까닭이 모든 富家가 良田을 減結하여 사들이고 과다한 세금은 척박한 땅에다 부과하므로, 부당하게 그 고통을 받고 있는 것이다. 이래서 위아래가 모두 곤란함은 土地의 賦斂이 不均, 不平함에서 말미암은즉 장차 그 폐단을 바로잡으려면 土地測量밖에는 방법이 없는 것이다.

정부에서 모름지기 밝게 살피고 삼갈 것은 八路에 測量官을 派送하여 이르는 곳마다 量尺을 엄격히 하고, 그 賦稅를 均平하게 하면 官吏가 奸弄을 부리지 못하고, 나라의 이익도 반드시 현재보다 배는 늘어날 것이며, 백성도 또한 그 은택을 많이 받을 것이다.

어찌 오늘의 當務가 아니리오! 비록 그러나 오늘의 急務는 어찌 오직 이것뿐이겠는가? 先後의 차례를 잃었다고 할 것이니, 오직 執政者가 깊이 생각할 바이다. 나그네가 말하기를 그렇지요.

의계발(義稧跋)

이것은 오직 한 고을의 士友들이 義로서 契를 만든 座目立儀이다. 무릇 천하의 일이란 名目에서 어려운 것이 아니라, 實踐에서 어려운 것이니, 名實이 相符하면 좋은 것이다.

오늘날 소위 契를 만든 사람이 매우 많지만, 그 名目을 물어보면 좋은데, 그 실질을 살펴보면 그릇되고, 혹 名目도 實質도 모두 옳지 못한 것도 있다. 그러므로 士君子는 이러한 것을 취하지 아니한다.

내가 이 契를 관찰하건대, 그 名目이야 아주 좋거니와, 오직 그 實質이 어떤가가 문제일 뿐이다. 噫라, 朋友는 義로 합한 사람이다. 장차 그 朋友를 모아 계를 만들어 義를 講論한다면 좋은 일이라고 할 것이니, 諸君子의 준비가 당연하도다.

비록 그렇지만 義는 하늘에서 얻어서 마음에 갖춘 이치이다. 사람의 고유한 마음이 나오는 곳에 문득 있나니, 하필 계를 만들어야 잘하리오?

돌아보건대 오늘날 朋友의 道가 없어진 지 오래되었다. 그 평상시에 악수하며, 속마음을 털어놓으면서, 患難에 서로 구원할 것을 기약하며, 생사를 가리지 않기로, 千金보다 무겁게 맹서하였어도, 한번 사건이 닥치면 마치 楚나라, 越나라 사람 보듯 하며, 심하면 해가 자기에게 미칠 것을 두려워하여 물리쳐 버린다.

이것은 君子의 大道를 알지 못하고, 일찍이 朋友의 義理를 講論하여 합함이 있지 못한 까닭이다.

대개 契는 合이란 말이다. 그것을 義로서 합하면 그 합함이 참으로 義理가 있으므로 이에 意義가 갖추어지는 것이다.

하물며 朋友란 義理를 행하는 本來面目이거늘 어찌 義로 합쳐서 名實이 相符하지 아니함이 있으리오?

옛날 藍田의 鄕約이 있나니, 비록 契라는 名目을 세우지 않았지만 그러나, 후세에 契를 만드는 사람의 표준이 되었다. 이제 또한 여기에서 취하면 충분하리라.

사람이 이 계에서 보는 것이 있으면 반드시 마음속에서 말없이 깨달아 사회에서 正義를 행하는 근거가 되리라. 어찌 한 고을 士友의 일이리오, 힘쓸지어다.

노사외필변(蘆沙猥筆辨)

猥筆에 말하기를 한결같이 天命이 시킨 것이요, 天命이 그런 것이다. 그러므로 부득불 그러는 것이니, 이것을 所以然이라고 한다. 天命의 밖에 별도로 所以然이 있는 것이 아니다.……天命이 그런 것이니, 부득불 그러하므로 곧 그 기틀이 스스로 그렇게 되는 것이다. 어찌 일찍이 天命이 시켜서 그러함이 따로 있으리오!

栗谷 선생이 말하기를 陰陽의 動靜은 機가 스스로 할 따름이요, 시키는 것이 있지 아니하다고 함이 定論이다. 이제 奇蘆沙가 猥筆에서 비평하여 의논하는 것은 외람되게 스스로 글을 쓴다고 했지만, 오로지 栗翁을 凌駕하여 자신이 田地를 점령함에 있어 前人보다 많게 하고자 함이라고 하겠다.

오호라, 力量을 알지 못하도다. 그러나 그가 스스로 학설을 세우는 것은 오직 栗翁의 所見 가운데서 비슷하게 맞추어 두각을 나타내려다가 되지 않으니, 天命이 시켜서 그렇다는 한 구절로 꼬집어 치고자 하였다.

그러므로 시킨다는 말이 있음을 비난함이 곧 所見의 차이라고 하겠다.

대개 理와 氣는 서로 떨어지지 아니하는 까닭에 陰陽의 動靜이 참으로 理의 動靜이요, 그 기틀의 스스로 함이 곧 理가 스스로 함이다. 즉 이것이 理가 氣를 타는 妙인 것이다.

그러므로 스스로 하는 근거가 이에 所以然의 理이니, 마치 한 번 陰하고, 한 번 陽하는 것을 일컬어 道라고 하는데, 한 번 陰하고 한번 陽하는 것이 道가 아니라, 한 번 陰하고 한 번 陽하는 원리가 바로 道인 것이다. 그러나 참으로 한 번 陰하고 한 번 陽하는 위에 소위 道가 있는 것이 아니요, 한 번 陰하고 한 번 陽하게 하는 것이 바로 道이다.

만일 理가 氣의 위에 있어 한 번 動하고, 한 번 靜하게 한다면, 理는 有形의 한 물건이 되는 것이며, 氣도 또한 有形의 한 물건이 되어서, 각각 나누어진 위치를 점유함으로서 장차 動靜하고자 할 때에, 理가 부르고 氣가 대답함이 官司가 사무실에서 명령하면 衆吏가 마당에서 일제히 소리치며 거행하는 것과 같을지니, 어찌 이렇게 有形하고, 作爲가 있는 理가 있겠는가?

인의예지지품기물지소득이전재변
(仁義禮智之禀豈物之所得而全哉辨)

일찍이 艮齋와 더불어 人間과 萬物의 性이 같고 다름을 논변하였다. 나는 孟子의 "生之爲性" 章의 註에 仁義禮智의 품성을 어찌 萬物이 얻어서 온전히 갖추리오라는 말을 인용하여 증명한즉 艮齋가 문득 말하기를 이 구절의 말뜻도 또한 仁義禮智를 똑같이 받았다는 것이 아닌가? 萬物은 곧 온전히 간직하지 못하고 잃어버린 것이다……라고 하였다.

이 늙은이가 人物性相同論을 주장하려다가, 孟子와 朱子가 논한 性의 뜻을 아주 잃어버렸고 아울러 文理까지도 그릇되게 뒤집어 놓았으니, 여기에 이르면 怪異한저!

告子는 性이 理인 줄을 알지 못하고, 소위 氣로서 인식한 까닭에

孟子가 性善의 원리로 밝혀서 깨우쳐 주었으니, 개의 性과 소의 性과 사람의 性이 같지 않다고 단언하였던 것이요. 朱子가 해석하여 말하기를 氣로서 말하면 知覺이나 運動이 사람과 만물에 있어서 다름이 없는 것 같지만, 理로서 말하면, 仁義禮智의 성품이 어찌 만물이 얻어서 온전히 갖출 것이냐? 라고 하였으니, 이것이 사람의 性은 착하지 아니함이 없어서 만물의 영장이 되는 근거이다.

대개 孟子는 人性과 物性이 같지 아니한 원리로서 人性의 善을 주장하였고, 朱子는 만물이 仁義禮智를 온전히 받지 못한 것으로서 人性이 만물보다 착하고 신령하다고 한 것이다. 知覺運動은 사람과 物이 "다르지 아니한 氣"로되, 人物性에 대하여는 "같지 아니한 理"로서 해석하였다.

孟子가 告子의 잘못을 배척한 것은 性의 本然으로 말함이다. 그러므로 朱子가 孟子의 뜻을 해석하는 것도 또한 性을 稟受한 本源處로 말하였다.

어찌 일찍이 문득 稟受한 뒤에, 온전하거나, 온전하지 못한 性이 나타나는 곳으로 이끌어 내려서 말할 것이냐?

만일 참으로 그렇게 말할 것 같으면, 朱子도 이에 다만 物性은 똑같이 받았으나 氣가 온전하지 못하다는 것으로 理의 本然을 統論하여 한마디로 孟子의 性善說을 논평하였을 것인데, 朱子는 어찌하여 孟子에 背馳되게 註解를 本文과 이처럼 상관없이 달아서, 홀로 物이 온전하지 못한 것은 그 性이 發用한 까닭이며, 동시에 理의 本然이라고 하였는가?

그 아래에 仁義禮智의 粹然한 것이란 말도 物에는 한 구절도 없는데 또한 어떻게 歸屬시킬 것인가? 더욱이 그 文理가 仁義禮智의 稟이라는 글자 아래에다가 "을"이란 吐를 놓고, 所得而全의 全字를 全之之事로 본다면 그 語意가 順하겠는가?

偏全의 글자는 반드시 상대적으로 말하는 것이다. 人物의 性이 같지 아니하거늘 全字를 온전히 한다는 뜻으로 본다면 偏字도 장차 치우치게 한다는 뜻으로 볼 것인가?

所得而全字의 아래에 之字를 놓은 다음에야 語意가 마땅히 밝혀지거늘 바로 哉字로 이어서 구절을 끊음은 무엇인가?

이 늙은이가 어떤 까닭으로 文理를 이렇게 본단 말인가? 아마도 洛論을 주장하여 聖賢의 학설로 하여금 자기의 논설을 증명코자 함이다. 그러므로 人物의 性은 같지 않다고 하는 완성된 학설을 보고, 곧 字義를 바꾸고, 句法을 뒤집으며, 曲解巧辨으로 자기의 논리를 전개하였으니, 괴상하고 안타깝도다.

대저 일찍이 듣건대 개와, 소와, 사람의 본성이 서로 같지 아니함은 形氣의 차이에서 말미암는다고 하였다.

太極은 온전하지 아니한 物이 없고, 똑같지 아니한 物이 없다는 理에 대하여 말하면 稟受處의 氣質之性이라고 할 것이요. 사람마다 같지 아니하고, 物物마다 같지 아니한 性에 대하여 말하면, 참으로 각각 그 本然之性이라고 할 것이다.

개와 소와 사람이 각각 그 性을 오로지 하나니, 비록 稟受處의 같지 아니한 性이라고 하여도 다 같이 따라가야 되는 性인 것이다. 개는 개의 性을 따라서 개의 道를 하고, 소는 소의 性을 따라서 소의 道를 하며, 사람은 사람의 性을 따라서 사람의 道를 하는 것이다.

中庸에서 말하는 "率性의 道"가 이것이다. 形體를 이룬 氣가 같지 않으면 所賦의 理도 다름을 알 수 있는 것이요, 행하는 바의 道가 다름이 있으면 따르는 바의 性도 같지 아니함을 볼 수 있을 것이다.

이에 억지로 形體는 비록 다르다고 하여도 그 性은 곧 똑같다고 하며, 道는 비록 다르더라도 性은 똑같고 말하는 것은 그 무엇을 근거로 하는 논리인지 나는 알지 못하겠도다.

　또한 物이 그 性을 禀受함에 온전할 수 없는 것은 반드시 氣가 그렇게 시킨 것이로되 理로서 말하는 것은 무슨 까닭인가?

　艮齋는 또한 中庸章句에 세 개의 各字를 各正性命의 各字와 다름이 없다고 하지만 하늘이 陰陽五行으로 萬物을 化生함에 氣로써는 形體를 이루고, 理를 또한 賦與하였다는 것은 곧 天地의 변화에 각각 그 性命을 바르게 한다는 말이다.

　만일 孔子의 本意를 뒤집어서 자기의 학설을 세운다면 어찌 미안하지 아니하리오?

자헌대부행평안병마절도사겸경연특진관함평이공묘표음기 (資憲大夫行平安兵馬節度使兼經筵特進官咸平李公墓表陰記)

（번역하지 않음）

가선대부행비서승유공묘갈명병서 (嘉善大夫行秘書院丞兪公墓碣銘并序) （번역하지 않음）

부솔김공묘지(副率金公墓誌) （번역하지 않음）

통훈대부사헌부감찰이공규영묘지명 (通訓大夫司憲府監察李公奎永墓誌銘) （번역하지 않음）

영소헌김공묘지(靈昭軒金公墓誌) （번역하지 않음）

석손광명(錫孫壙銘) （번역하지 않음）

이오남애지(李午男哀誌) （번역하지 않음）

방산선생문집 제7권

행장(行狀)·제문(祭文)

증왕고유계처사행장(曾王考柳溪處士行狀)

우리 曾王考 柳溪先生은 諱가 儒吉이요 字는 士述이다. 우리 李氏는 本貫이 咸平으로 鼻祖는 諱가 彦이니 高麗神武衛大將軍인데 처음 譜書에 보인다. 이로부터 대를 이어 훌륭한 인물이 나왔는바 朝鮮王朝 世祖朝에 諱가 從生인 분이 李施愛亂을 討平하여 精忠敵愾功臣의 號를 받고 咸城君으로 封하였다. 援兵을 引率하고, 中國에 들어가 여러 번 奇功을 세워 贈兵曹判書에 莊襄의 諡를 받아 不祧之典을 特蒙하여 勳盟府에 記錄되었는데 海東名臣錄에 事實이 실려 있다.

그 뒤로 蔭仕가 서로 이어 簪纓을 世襲하다가 數世 이래로 文學傳家하여 隱德不仕하였다.

高祖는 諱가 爀이요 號가 鳴岩이니, 孝友의 卓行이 있어 선비들이 여러 번 추천하여 나중에 參判을 追贈했고, 曾祖는 諱가 龍圭니, 또한 文學으로 세상에 날렸다. 祖는 諱가 聖欽이요, 考는 諱가 洛運이다. 妣는 杞溪兪氏니 彦逸의 따님이다. 公은 諱가 海運인 분의 養子로 입적하니, 再從叔의 뒤를 이어 宗祀를 받들었다.

戊子年 12月 10日에 誕生하시니, 어려서부터 莊重不妄하고 言笑

不戲狎하니, 어른들이 遠大한 그릇으로 인정하였다. 8세에 本生妣인 李夫人의 喪을 당하니, 哭擗號慟이 마치 마음이 무너지고, 뼈가 녹는 듯하여 보는 사람마다 눈물을 뿌리면서 말하기를 "孝子로다, 어린이여!"라고 하지 않음이 없었다.

대저 그 孝誠은 타고난 마음씨였다. 늦게야 入學하여 곧 文理를 通하고, 詩文을 잘하여 應聲押韻하고 語新格淸하니 長老가 모두 기특하게 여기고, 同輩는 감히 따라가지 못하였다.

15세에 鄕試에 들어 금방 써내니 老士宿儒가 또한 모두 欽歎하였고, 17~8세에 京師에 올라가 場屋을 出入하며, 士友와 交際하였는데, 비록 紛華한 가운데에 있으면서도 늘 整頓自持하여 여러 사람들이 좋아하여 빠진 것에 대하여도 마음이 흔들리지 아니하였다. 5년을 지내고 故鄕으로 돌아와서 비로소 科擧 이외에 스스로 用心處가 있음을 알고 爲己之學에 오로지 전념하였다.

經傳의 깊은 뜻을 찾고, 濂洛의 微辭를 연구하며, 考亭에 돌아가 머물며, 仰思俯讀하나니 不得不 하루에 한 편의 글을 쓰게 되었다. 中庸에는 더욱 힘써서 거의 萬讀에 이르렀고, 禮家書를 가장 힘써 공부하였다.

我東諸賢의 疑禮問答을 章條를 찾아 論하여 考據가 精博한 까닭에 大小吉凶의 禮에 遠近에서 質疑한 사람으로 문밖에 신발이 항상 가득하였다. 그러므로 當世의 士類가 禮學君子라고 稱하였다.

兪夫人이 항상 경계하여 이르기를 반드시 科擧에 힘써 나에게 晩年의 榮慶을 누리게 하라고 하므로 公이 一生동안 從事하여 무릇 大小의 發解에 15次나 되었으나 마침내 이름을 이루지 못하였다. 일찍이 科擧에 나아가니, 權敦仁 相公이 듣고 탄식하기를 이 선비가 아직도 場屋의 苦痛을 면하지 못했는가? 라고 하였다.

趙鍾永 判書와는 文章으로 사귀어 交契가 매우 두터웠으니, 의당

추천하여 줄 수 있는데도 마침내 베푸는 바가 없었다. 試場을 節制하여 임금이 손수 公券을 開拆하여 그 佳作을 褒賞하고서 말하기를 이번에는 定員이 차서 뽑을 수 없으니, 뒤에 장차 발탁하여 크게 쓰리라. 라고 하였는데 마침내 임금이 돌아가시므로 시행되지 못했다.

晩年에 會圍에 들었으나 또다시 그 不利함을 알고, 舘人이 손을 써서 합격하기를 청하니, 자리에 있는 友朋들도 또한 많이 권하거늘, 公이 사양하여 물리치며 말하기를, "내가 不善을 행하면 나의 獨子를 어떻게 가르치겠는가?" 하니 자리에 있는 사람들이 모두 憮然하였다.

드디어 山水間에 살면서 同鄉의 諸公과 함께 九老會를 조직하여 花柳楓菊에 서로 찾아다니며 놀면서 眞率에 힘쓰고, 婆娑丘壑에 詩禮로 일을 삼으며 즐겼다.

父母를 섬김에 지극히 孝道하니, 誠意가 저절로 나왔고, 八朔의 侍湯에 藥餌와 飮食을 반드시 몸소 살폈으며, 起居와 便旋을 돌봄에 모두 스스로 保護하여 일찍이 옆을 떠나지 아니하였다. 끝내 돌아가시니 哀毀柴頓과 朝暮哭奠을 하루도 게을리 함이 없었다.

衰経을 벗지 않고 3年을 마쳤으니, 날마다 새벽이면 반드시 省墓함에 10里의 길을 아무리 춥고 더워도 거르지 않고 하루같이 하니, 산 아래 사는 사람이 말굽소리를 듣고 새벽에 일어나는 시간으로 삼았다고 말하였다.

兪夫人이 年卲病이 심하여 여러 해 되니 위독하거늘 밤이면 반드시 목욕하고 집의 동쪽 깨끗한 곳에서 기도하였고, 낮에는 옆에서 모시거늘 兪夫人이 그 老弱을 걱정하여 하여금 물러가 쉬라고 하면 나와 문밖에 서서 그 氣息을 듣다가 그 편안히 잠든 것을 안 다음에 자기 방으로 돌아갔다.

그러나 또한 앉아서 잠을 자지 않고, 닭이 울기를 기다려 다시 들어가 보곤 하였다. 그러다가 위독하면 눈물을 흘리며 嘗糞하니, 兪 夫人이 말하기를 "네가 스스로를 보존해야만 孝道를 마저 다할 것 이니라"라고 하였다.

끝내 돌아가심에 哭泣攀擗함이 마치 살고 싶지 않는 것처럼 하면 서도 禮法을 한결같이 지켜서 前喪과 똑같이 하였다. 3년 복을 벗은 뒤에도 늘 철이 바뀌면 墓所에 올라가 號哭하여 아무리 비바람이 불어도 그침이 없었다.

돌아가신 날이 돌아오면 반드시 祭需를 살피고 祭器를 찾아 庶品 의 精潔에 힘쓰고, 前期 5일 동안 致齊하며 제삿날에는 悲慕의 情 이 顔色에 나타나서 사람을 만나 談笑하지 않고 반드시 左右로 하 여금 寂然하게 하였다.

子侄이 혹 장난으로 말함이 있으면 꾸짖어 못하게 하면서 말하기 를 先祖를 만나는 순간 비록 한결같이 至誠으로 恭敬하여도 神明의 理가 아득하여 그 이르기를 바라기 어렵거늘 하물며 懈怠하고 散謾 한 몸으로 어찌 능히 一氣의 相感을 이루겠느냐고 하였다.

每日 반드시 冠帶하고 새벽에 사당에 참배하고 물러왔으며, 兄弟 와는 怡怡하게 서로 대하여 友愛가 돈독하여 飢飽와 寒暖을 똑같이 하였으니 그 資産과 事業에 다름이 있음을 볼 수 없었다.

六親戚族에 이르기까지 敦睦하여 親疏遠近을 바꾸지 아니하였다. 婚喪에는 반드시 두텁게 돕고, 貧窮에는 반드시 신속히 구제하여, 仁愛를 사람들에게 베푸니, 사람들이 돌아가신 뒤에까지 稱頌하여 마지않았는바, 湖右의 文學之士하면 반드시 李某氏를 꼽으리라고 하였다.

嗚呼, 公의 文章과 德行으로 의당 세상에 쓰여야 하리로되 마침 내 草野에 泯沒하여 버리니, 이것은 우리 家門이 衰하고, 복이 없어 서 그러리라! 운명을 어찌하리오?

乙未年 正月 19日에 考終하시니 享年이 68세요. 德山 金峙里 鞍峰 아래에 安葬하였는데 夫人도 祔하였다.

夫人 竹山李氏는 翰林 弘重의 玄孫이요, 命仁의 따님이시다, 1男 3女를 두었으니. 男은 熙緖요 長女는 朴華鎭에게 시집가고, 仲女는 孟欽稷에게 시집가고, 季女는 金永錫에게 시집갔다. 孫은 敏益이 學行이 있었으나 不幸하게도 早世하고, 敏杰은 벼슬하여 參奉이요, 孫女는 尹斅一에게 시집갔다.

某某는 朴婿의 己出이요, 彝淳, 同淳, 德淳은 孟婿의 己出이요, 鳳洙는 官이 府使인데 金婿의 己出이다.

敏益의 아들이 邦憲인데 3男1女를 낳으니, 啓寅은 21세에 夭折하고, 啓永과 啓東이며 딸은 蔡洙興에게 시집갔다. 啓永이 네 아들을 낳으니 첫째 學範은 啓寅의 뒤를 이어 宗孫이 되고, 나머지는 어리며, 啓東이 2子1女를 낳았는데 모두 어리다.

敏杰이 2子3女를 낳으니, 容憲과 宰憲인데 宰憲은 委員이다. 딸은 金東泯, 金聲圭, 李某에게 각각 시집갔다. 容憲이 2子2女를 낳고, 宰憲이 1子를 낳았는데 어리다. 金東泯이 2子3女를 낳고, 金聲圭가 2子를 낳고 李某가 1子를 낳으니, 內外后孫이 또한 다 셀 수 없다고 하겠은즉 이에 公의 積德餘休가 無窮함을 볼 수 있을 것이다.

嗚呼라, 世俗 사람들은 位와 爵으로 그 人物을 논평하거니, 韋布之士는 세월이 오래되면 이름도 따라서 묻혀 버린다. 생각하건대 우리 할아버지는 德行과 文章이 의당 세상에 뚜렷한데도 도리어 一命의 벼슬도 못 얻었으니, 앞으로 백 년도 못 되어 그 昌言懿行이 泯沒하여 버릴 것이다.

이는 子孫에게 百歲의 痛恨이 되겠기에 삼가 우리 先祖考 克菴公이 기록한 家狀에 의거하며, 또 先輩長者가 일컬은 말을 듣고 한두 가지를 더 기술하여 이상과 같이 엮었다.

不肖曾孫　邦憲　謹撰

선고일와처사행장(先考一窩處士行狀)

府君의　諱는　敏益이요　字는　基卿이며　號는　一窩니　세상에서　栗里處士라고　불렀다.

우리　李氏는　世系가　咸平에서　나왔으니　東方에　大族이　되었는바　高麗神武衛大將軍　諱彦이　始祖요, 本朝에　들어와서는　光廟朝에　諱從生이　있었는데　漢城尹으로　李施愛亂을　討平하여　咸城君을　封하고　精忠敵愾功臣의　號를　내려　莊襄의　謚를　받았으니　事蹟이　海東名臣錄에　詳載하였다.

이로부터　簪纓을　世襲하기　수백　년에　걸쳤다. 曾祖는　諱가　洛運이요. 祖는　諱가　儒吉이며, 號가　柳溪다. 經術詩禮로　湖右의　宗匠이　되었으니, 세상에서는　禮學君子라고　일컬었다. 考는　諱가　熙緖요. 號가　克菴이니, 文華德行하여　士友들이　推重하였다. 대저　數世이래　비록　국가에　쓰이지는　못하였지만　그　文學行誼는　一鄕에서　반드시　먼저　꼽았다.

妣는　全州　李氏니　그　아버지는　商礪요, 할아버지는　牧使　晚遠이시다. 府君은　純廟　己亥　10월　29일　辰時에　德山　金峙里第에서　誕生하셨으니, 어려서부터　聰明穎悟하여　사람이　모두　크게　되리라고　기대하였다.

"빈　樓閣이　물가에　있으니, 밝은　달도　많고, 옛집이　산에　붙어　있으니, 반은　흰　구름　속일네!" <虛樓近水多明月, 古宅依山半白雲>의　구절로　長者들도　실력을　인정하였고, 名聲이　同年輩가운데서　뛰어났다.

15~6세에　場屋에　들어가니, 老士碩儒가　모두　칭찬하여　마지않았고, 이어　京華에　出入하니　一時의　名類가　많이　만나보기를　소원하며, 사귐에　논하는　사람은　詩名華望에　날로　가까워졌다. 비록　평소

에 서로 알지 못하는 사람이라도 그 詩를 외우고, 그 이름을 물으면 혹 말하기를 이것은 古人의 口氣요 近世에 聲詩를 공부한 사람이 미칠 수 있는 바가 아니라고 하였다.

나이 겨우 弱冠에 外艱을 당하니, 어린이의 哀慕하는 悲痛과 居喪의 儀節에 鄕先生이 와서 弔問하고 돌아가면서 사람에게 말하기를 "某甫는 자식을 두었도다."라고 하였다.

甲子년에 瑞山으로 僑居하였다가, 戊寅년 봄에 다시 沔川 栗里로 搬還하였으니 대개 大夫人의 뜻을 따른 것이다. 이때 瑞鄕의 士友가 酒食으로 餞送하는 사람이 며칠이었고, 送別에 문을 가득 메워 눈물을 흘리며 서로 차마 헤어지지 못하는 사람이 백여 명이나 되었다.

先隴 아래에 집을 짓고 大夫人을 극진한 효도로 봉양하였으니, 그 몸과 뜻을 다 같이 온전히 받들어 어기지 않았다. 大夫人의 나이가 70을 넘어 病患이 더하여 해가 갈수록 더욱 위독하니, 날마다 醫員을 찾아가, 藥을 調製하는 것으로 일을 삼고, 秤水湯을 끓임에 반드시 손수 하였다.

醫員이 牛溲馬渤 등으로 올림에 반드시 먼저 맛보고 말하기를 이 汚穢之物을 어머니 입에 올림에 사람의 자식이 되어 마음이 어찌 편하겠는가라고 하였다. 밤이면 옷고름을 풀지 않고, 얼굴에 근심이 가득한 모습이었다.

病이 위독하니 하느님께 祈禱하여 대신하기를 빌었고, 嘗糞驗疾하며 마침내 돌아가시니, 號咷擗踊함이 마치 살고 싶지 않은 듯이 하였다. 동시에 襲斂의 節次와 襄窆의 禮法을 지극히 정성스럽고 경건하게 하였으며, 3載의 居廬에 衰絰이 모두 젖었고 顔色이 항상 슬픔에 차있었다. 비록 옛날에 이른바 居喪을 잘했다는 사람도 이보다 더하지는 못했으리라.

어려서부터 才氣가 卓越하여 사람들이 풀기 어려운 것도 한번 보면 금방 깨달았다. 功令之學의 聲詩의 格과 音律의 節로부터 비록 百家衆技의 글을 두루 보아서 깨닫지 않음이 없으나 나중에 크게 뉘우쳐 말하기를 "이것은 모두 無用의 學으로 한갓 精神만 낭비하였으니, 몸과 마음에 무슨 보탬이 있는가?"라고 하고 드디어 名利의 길을 謝絶하고, 爲己之學에 전념하였다.

經籍의 位置와 几案이 整齊하였고, 峩冠道服으로 張拱肅跪하여 仰思俯讀함에 日夜孜孜하여 혹시라도 쉼이 있지 않았다. 義理를 硏究함에 깨닫지 않고는 그만두지 아니하여, 부지런히 探求討論하였고, 實踐에 힘써 항상 朝聞夕死로 뜻을 삼았다.

先賢의 格言이나 書帖을 네 벽에 붙여 두고, 볼 때마다 警戒하는 자료로 삼았으며, 또한 스스로 箴語를 많이 지었으니, "학문에 뜻을 두고 옛 성인의 가르침을 잊지 말라." <志學勿忘前聖訓> "하늘을 두려워함을 항상 벼락 칠 때처럼 하라." <畏天常若迅雷時> "네 머리에 하느님이 뚜렷이 강림함을 보아라." <瞻爾頭上帝赫臨> "네 옆에 귀신이 늘어 선 것을 보아라." <顧爾傍鬼神森列> "「나」를 위하는 글자를 타파하고, 남을 책망하는 마음을 쓸어 버려라." <打破爲我字, 掃除責人心>와 같은 것이요, 「弘毅精」의 세 글자는 일생동안 차고 다니셨고, "收斂格物"을 잊으면 죽는다는 말에서 스스로 다스림의 엄격함을 볼 수 있는 것이다.

"道理가 하나의 물건처럼 항상 눈앞에 있도다." <道理如一物 常常在眼前>의 詩가 夢寐에 생각한 것이 그렇게 나타난 것이다.

책상 위에 항상 易傳과 中庸을 놓고, 날마다 연구하고, 太極說, 西銘 등의 글은 아침저녁으로 외어 통하였다. 朱子書는 반복하여 읽어 融會하여 마침내 歸宿할 곳으로 삼고, 평생 자나 깨나 尊信服膺하여 마치 子弟가 父兄을 思慕하듯 하였다.

讀書하다 남은 시간에는 문득 塑像처럼 곧게 앉아 涵養을 體驗하니, 스스로 남이 알지 못하는 즐거움이 있었다.

대저 府君은 道에 대하여 그 造詣가 이미 높았는데도, 進學修業의 노력을 날로 더욱 힘써 그 뜻에 하고자 한 바를 지극히 한 다음에야 그쳤다. 그러므로 道德이 더욱 밝아지고 學問이 더욱 돈독하여졌나니, 또한 志氣가 卓犖하여 세상을 바로잡고 풍속을 고칠 뜻이 있었다.

늘 달이 밝은 밤을 만나면 武候의 出師表를 읽었으니, 한 번 다 읽고는 감탄 激昻하였다. 學問 이외에 가슴속에 감춘 바를 어찌 다 헤아리리오?

그러나 道學의 高明함과 器宇의 宏偉함과 經濟의 뛰어남을 세상에 아는 이 몇 사람 없으니, 사람을 알기 어려움이 예나 이제나 한 가지일새 어찌 그리 운명이 궁박하고, 운수가 기구함이 이와 같은가?

비록 鄕道의 추천에 여러 번 올랐으나, 이것이 어찌 족히 聞德의 만에 하나라도 되겠는가? 늘 入薦의 날을 당하면 문득 눈썹을 찡그리며 말하기를 "이것은 나의 하고자 한 바가 아니다. 오늘날까지 남에게 이름이 알려진 것이 매우 괴롭도다."고 하였다.

그러나 士望이 무거워 鄕國이 모두 기억하고, 비록 行人이나 過客이라도 반드시 그 住所를 묻고 尊敬하였으니 道가 날로 쌓인 바요, 이름이 날로 날리는 바로서 그러려고 기약하지 아니하여도 저절로 그렇게 되었다.

만일 하여금 더 오래 살았더라면 成器成物의 功을 어찌 다 말하였으리? 백에 하나도 밝혀지지 아니하고 끝끝내 林下讀書士에 그치니 하늘의 뜻을 과연 알지 못할지라!

嗚呼 痛哉라, 嗚呼 冤哉라, 丙戌年 7月 9日에 栗里精舍에서 考終하시니, 享年이 겨우 48歲였다. 訃音이 遠近에 전해지니, 鄕黨에 上下老少가 놀래어 哀悼하지 않은 이가 없고, 慟歎하여 말하기를 時

運所關으로 君子가 亡했도다고 하였다.

비록 일찍이 서로 보지 못한 사람까지도 또한 嗟惜하며 서로 말하기를 "棟樑이 부러졌으니, 우리의 道가 더욱 孤單하여졌다."고 하였으며, 學者는 간혹 바야흐로 經疑를 抄하다가 책을 덮고, 방안에 들어 앉아 말하기를 "이것을 장차 어느 곳에 가서 물어볼 것이냐? 하였으며, 鄕人은 들일을 그만두고 집에 돌아오며, 서로 마주하여 탄식하면서 말하기를 "시골에 사람이 없으니, 가서 도와주어야지!"라고 하였으며, 門人으로 喪服을 입은 사람도 몇 사람 있었다.

10월 20일에 栗里 負乙之原에 安葬하였고, 翌年에 列邑 章甫가 크게 公議를 발론하여 通文을 돌려서 府君의 道學實狀을 朝廷에 알리기로 하였다.

우리 先妣는 慶州 金氏니, 學生 鱗喜의 따님이요, 鶴洲 文貞公 弘郁의 後裔이다. 丙申 8월 23일 誕生하시어 壬辰 2월 29일 돌아가셨다. 慈亮貞淑하여 婦道를 모두 갖추셨는데 아들은 不肖孤 邦憲으로 兄弟姉妹도 없이 孑孑一身뿐이다.

邦憲이 3男1女를 낳으니, 啓寅은 早亡하고, 啓永과 啓東이며, 딸은 蔡洙興에게 시집갔다.

府君은 稟性이 仁厚慈和하고, 像貌가 雅正淸秀하며, 志氣가 또한 高邁하여 이미 世俗拘儒들의 迂闊齷齪함과는 같지 않았다. 어려서부터 穎悟함이 보통사람보다 뛰어났고, 文藝도 남다르게 잘하여 이미 先輩들의 인정을 받았으며, 學問을 자기의 목표로 삼아 充養이 이미 지극한즉 儼恪한 威, 粹盎한 儀, 正大한 論, 高潔한 操가 바라봄에 恭敬스럽고, 가까이 가면 사랑스러워서 한번 보면 모두 有道한 선비임을 알았다.

父母를 섬김에는 그 孝道를 다하여, 살아서 섬김을 禮로 하고, 病이 들면 그 근심을 다하고, 돌아가시면 슬픔과 예법을 갖추고, 祭祀

에는 精誠으로 恭敬하였다.

同氣간도 자기 몸과 같이 사랑하여, 어려서부터 늙을 때까지 食衣居處를 잠시도 떠남이 없었는데, 잘 때는 베개를 나란히 베고, 나갈 때는 반드시 지팡이를 함께 하여 즐거움이 넘치니, 鄕人이 孝悌의 道를 말함에는 반드시 가리키며 본으로 삼았다.

再從姪의 집안이 여러 대에 걸쳐 青孀孤兒가 되니, 家業이 매우 零替하므로 愛護하여 보살피고, 喪婚에 도와주어서 지극히 돌보았으며, 孤兒를 成就함에 이르니 사람이 모두 어려운 일이라고 하였다.

날마다 새벽이면 家廟를 拜謁하고, 한참동안 侍立하다가 돌아와 正寢에 앉아서 子孫의 절을 받았으니, 마치 溫公의 家儀와 똑같았다.

하루 종일 글을 읽으면서 일에 지극히 順應하였고, 子姪을 義方으로 가르쳤다. 言語動止의 일에 조금도 거짓이 없었고, 門生을 가르침에 게을리 하지 않고 부지런히 하였으며, 양끝의 내용을 타진하여 하여금 스스로 깨닫기에 힘썼다.

또한 내용을 종합하여 분석하고, 논리를 세워 분명하게 결론을 내렸으니, 年少한 後進을 보면 반드시 學問의 길로 이끌고, 말을 반드시 教養있게 하였다. 族戚이나 鄕人을 만나면 비록 疏賤한 사이라도 반드시 飮食을 먹이고, 慈良汎愛하여 誠實하게 대접하였다.

朋友와 사귐에는 마음을 열고 謙虛하며, 일을 도모함에는 있는 힘을 다하며, 婢僕을 어거함에는 恩惠로우면서도 莊重하여 비록 꾸짖을지라도 또한 事理로 가르치고, 道義로 깨우치니, 그 말이 간절하여 쉽게 알아들어 거스름이 있음을 보지 못했으니, 모두 悅服한 것이다.

집안이 매우 가난하였지만 만일 다른 사람의 춥고 배고픈 모습을 보면 곧 불쌍히 여기는 마음이 반드시 얼굴에 나타났다.

鄕人과 더불어 말함에는 孝悌에 의거하여 부지런히 이야기하며,

남의 착함을 들으면 기뻐하여 칭찬하고, 남의 허물을 보면 안타까워 하기 그지없었다. 그러므로 사람이 모두 愛慕하여 그 懽心을 얻었으며, 만일 大故나 惡行이 있으면 아주 엄하게 끊어 버렸다.

崖岸을 만들지 않아도 사람이 또한 두려워하였으니 비록 평소에 狂妄하다고 소문난 사람도 한번 보면 저도 모르는 사이에 敬服하여 절을 하였다. 鄕里의 착하지 못한 사람이 말하기를 "혹시 某가 알까 두렵다."라고 하니, 감히 府君에게 알리지 못하였다.

鄕里에 患難이 있으면 반드시 依賴하여 왔고, 일의 처리 방법을 물으면 반드시 誠信으로 자세히 보살피면서 있는 힘을 다하여 바르게 처리하여 주었다. 혹시나 爭辯하는 사람이 있어서 是非를 물으면 한마디의 요점으로 解紛釋忿하였다. 그러므로 學者들이 의문이 있으면 반드시 와서 바로잡아 갔다.

이웃 마을에 일이 있어도 곧 또한 와서 質問하니, 鄕閭의 士女들이 모두 말하기를 "옛날의 賢人이 어떻게 생긴지는 알 수 없으려니와 이런 분이 아닌지?"라고 하였다.

이것은 모두 속에 있는 것이 밖으로 나타나서 外人이 보고 느낌으로써 칭찬한 것이니, 그 적은 것을 알고, 그 큰 것은 알지 못한 것이며, 그 밖에 것을 보고 그 속에 것은 보지 못한 것인즉, 府君을 능히 아는 사람이 드물었다.

詩文을 지음에 어려서부터 漢唐의 名家를 스스로 기약하였고, 聖學으로 자기의 책무를 삼음에 이르러서는 다시 글을 줄줄 짓기를 좋게 여기지 아니하였다. 詩格은 溫雅典重하여 眞際遠韻이 있고, 文體는 多積薄發하니 筆路汪洋하며, 言辭는 簡穆하여 自然理順하며, 사람과 더불어 論辯함에 사람이 모두 감정을 버리고, 분함을 풀어, 어그러짐이나 성낼 근심이 없었으며, 또한 일찍이 남에게 꺾이지 않았으니, 정말로 덕 있는 사람이 논리가 있음이었다.

談笑할 때에는 容體凝重하여 手足과 肩背가 조금도 動搖하거나 기대어 의지하지 않았다. 마땅히 성낼 데서 성냈지만 일찍이 갑자기 聲色을 나타내서 저것 때문에 이것이 흔들리지 아니하였다.

學問을 함에는 考亭의 法門을 한결같이 따라 致知, 格物로 시작하여 躬行踐履를 목표로 삼았는데 敬이 始終에 一貫하여, 보고 듣지 아니한 곳에서 戒愼하고, 자기 혼자만 아는 곳에서 省察함으로써 一心이 謹畏하여 天理와 人慾 사이에서 잘 비롯하였다.

항상 말하시기를 "내 마음에 갖춘 바는 오직 天理뿐이다. 어찌 허다한 利害榮辱의 物이 있으리오! 이것은 문득 性을 어그러지게 하는 賊이다."라고 하였다.

性命理氣의 奧義와 人倫日用의 常識과 古今治亂의 法道를 默識明辨하지 아니함이 없었으니, 宋儒로부터 우리 東國 諸賢의 理氣說에 대하여 그 同異得失處를 오래 硏究하고 늘 말하기를 "古人의 論한 바에 비록 淺深이나 精粗가 없지 않지만 그러나 각각 보는 바가 있나니, 그 同異를 가지고 문득 得失을 규정하여서는 안 된다. 마땅히 다른 곳에서 같은 바를 보아야 된다.

朱子의 글에서 관찰하면 간혹 初晩의 다름과, 前後의 矛盾이 없지 않지만, 자세히 그 까닭을 연구하면, 語同而意異하고, 語異而指同하여, 자못 一理를 縱橫으로 말한 것인데, 특별히 後學이 깊이 살펴서 두루 통하지 못할 뿐이다."라고 하였다.

늘 門生弟子에게 일러 말하기를 "우리가 學問을 함에 마땅히 朱子의 訓義規式 속에서 공부하여야 된다. 만약 간혹 자기의 소견과 朱子의 論이 어그러지면 반드시 되풀이 참고하고 증명하여, 그 理論에 합치는 것을 본 다음에야 그쳐야만 거의 어그러지지 아니하리라."라고 하였다.

사람이 간혹 朱子의 經傳訓誥 이외의 集註에 배치하는 소견을 진술하면 반드시 嚴辭로 꾸짖어 물리치면서 말하기를 "後學이 어찌 감히 朱子의 訓을 取捨選擇하여 자기 견해를 세우리오? 이것은 바로 斯文에 큰 해가 되는 것이니, 저 無知한 後生이 이로 인하여 그릇되면 어찌 매우 不幸한 일이 아니겠는가!"라고 하며, 論辨하여 마지않았다.

항상 門人에게 경계하여 말하기를 "오늘날 사람이 학문을 함에 마침내 싫증을 내고 게으름을 벗어나지 못함은 배우는 이치를 알지 못한 데서 말미암는 것이다. 비록 안다고 하여도 참으로 아는 것이 아닌 까닭이다. 만일 학자로 하여금 학문을 마땅히 해야 됨을 알아서 먹지 않으면 주리고, 입지 않으면 추운 것처럼 안다면 어찌 권태롭게 여길 것이냐?"라고 하였다.

또 말하기를 "무릇 사람이 학문을 하는 이치는 장차 道理를 通하고, 事理를 達通하여 족히 實用함에 있는 것이다. 이제 학자가 평소에 讀書로 살면서도 事理에 어두워 가까이는 治家로부터 治人에 이르기까지 하나도 도움이 되는 바가 없다면 그 학문을 어디에다 쓰겠는가! 세속에서 학자를 迂闊하다고 비웃는 것이 당연한 것이다."라고 하였다.

이러한 까닭으로 平生의 議論이 그 大體를 붙잡아 치우치거나 가혹함에 이르지 아니하였고, 理致를 辨別하여, 事業을 추진함에 털끝만큼도 어김이 없이 조리정연하게 이룩하였다.

또 말하기를 "학자는 무릇 禮節文化에 대하여 마땅히 講翌하여야 된다. 그러나 오늘날 이른바 禮를 말하는 사람은 곧 나아가 간직한 바의 本領만을 주장할 뿐이니, 매우 한탄스럽도다. 학자는 마땅히 먼저 그 原理를 밝히고, 내 마음의 本原을 확립함이 옳다."라고 하였다.

그러므로 학문을 함에 禮文度數의 末에만 구애되지 않고, 禮節을

講論함에 반드시 먼저 그 所以然을 究明하였다. 예절에 대한 의문을 와서 묻는 사람이 있으면 일찍이 자기의 생각으로 단정하여 금방 대답하지 아니하고, 반드시 先儒의 成說을 商訂하여 參考하였다.

사람과 더불어 養親의 道를 논할제는 반드시 눈물을 흘리고 울면서 말하기를 "나는 지금 孤露가 되었으니 비록 효도를 하고 싶어도 어찌하리오!"라고 하였다.

門人이 거의 어버이를 생각지 않고, 衣服이 變制하는 때를 당하여도, 항상 深衣를 입고, 大帶를 띄고 사람과 더불어 왕래하지 아니하였다.

晚年에 疾病으로 늘 고생하면서도, 오히려 帒巾을 쓰고, 단정하게 앉아 있으니, 子弟가 고민하여 혹 자리에 누워, 調理를 청하면 허락하지 않으시고 말하기를 "무릇 사람은 마음이 편안하고, 몸이 괴로운 것이 옳다. 만일 몸이 편하고, 마음이 풀어지면, 病을 調理하는 데 도움이 없고, 病根만 더하게 된다."라고 하였다.

비록 病床에 계실 때에도 사람과 더불어 道를 講論하면 얼굴에 문득 和色이 감돌았으니, 늘 말하기를 "그대와 學問을 討論하니, 족히 病을 잊었다."라고 하였다. 또 말하기를 "勤勉은 萬事의 根本이니, 사람이 부지런하지 않으면 다시 무슨 일을 하리오?"라고 하였다.

每日 반드시 한 편의 글을 著述하는 것으로 課程을 삼고, 일찍이 일이 바쁘거나 疾病으로 인하여 혹시라도 廢하지 아니하였으니, 모두 心性理氣의 論과 經傳訓詁의 說과 義理之辨, 修治之道이었다.

不肖孤가 혹시 옆에서 모시고, 받들어 읽으면서 淨本을 謄書하고자 하면 곧 못하게 하면서 말하기를 "이것은 나의 日課工程이니, 번거롭게 후세에 전할 필요까지는 없다."라고 하였다. 이런 까닭으로 수십 년 著述한 바가 거의 책이 될 만하였는데 하나도 남긴 바가 없고, 기타 翰幹, 詩句, 序記, 雜著도 또한 모두 遺失되었으니, 남아 있는 것은 백에 하나 둘도 아니 된다.

비록 후세에 전하고자 하지만 全鼎의 一臠도 되지 못하니, 옛말에 그 글을 읽고, 그 사람을 안다는 것을 장차 어디서 이루겠는가? 이 것도 또한 不肖孤가 게을렀던 不孝의 罪이다. 嗚呼, 冤痛하도다.

오직 우리 先君子의 道德, 經濟, 文章으로 의당 遐壽를 누리고, 爵位를 얻어, 조정에 나아가 世敎를 扶植하고, 초야에 물러와 鄕國에 儀式이 되며, 後來를 導率하여 길이 令名을 떨쳐야 할 것이다. 하늘이 稟授하는 원리가 진실로 薄하지 않고, 鄕黨의 士友가 期望하는 바가 또한 매우 컸거늘 필경 一切가 이와 반대로 되어 報施한 것이 어찌 그리 窮且阨하였는가?

어찌 運氣가 좋지 못하여 세상에 용납될 수 없음인가? 아니면 家門이 쇠퇴하여 복이 없어서 마침내 家聲을 떨치지 못함인가? 이미 才德을 아름답게 탄생하여 놓고, 마침내 이렇게 빨리 빼앗아 갔으니, 과연 무엇을 위함인가?

이른바 仁하면 반드시 壽하고, 德이 있으면, 반드시 祿을 받는다고 하는 理致가 진실로 어디에 있는가?

모두 不肖孤의 平日에 不孝한 罪가 위로 하늘에 通하여 이렇게 된 것이로다. 痛恨을 어찌하리! 다만 하늘같은 冤恨과 땅을 뚫는 눈물이 있을 뿐이로다.

삼가 이에 그 平生의 志行을 대강 略述하여, 立言君子를 기다리노니, 혹 裁擇함이 있으리라.

不肖孤 邦憲 泣血 謹狀

학생이공민상행장(學生李公敏常行狀) （壬辰）

公의 諱는 敏常이요, 字는 眉鄕이니, 스스로 號를 潛愚라고 하였다. 李氏는 본래 咸平人으로 高麗 神武衛大將軍이신 諱를 彦이라고 한 분이 鼻祖이다.

우리 光廟朝에 이르러 諱가 從生인 분이 李施愛亂을 討平함에 功이 있어, 精忠敵愾功臣의 號를 내리고, 咸城君을 對하였으니, 官은 漢城尹이요, 謚는 莊襄인데 事蹟이 海東名臣錄에 올라있다.

5傳하여 諱가 春元이요, 官이 監司인데, 文章과 節義로 세상에 이름이 나서, 九畹先生으로 불렸던 분이 公의 9世祖이며, 5世祖는 諱가 澤身인데 縣監으로 耆科에서 발탁되니 應試하지 않았으나 마침내 僉判을 追贈하였다.

曾祖는 諱가 福運이요, 祖는 諱가 儒伋이니, 孝道와 友愛로서 鄕里의 모범이었다.

考는 諱가 莊緖니 文科에 합격하여 司憲府執義를 역임하였다. 居官盡職하고 事君責難하였는데, 公事가 아니면 일찍이 權貴의 門에 들어가지 아니하니, 벼슬이 드디어 下大夫에 그치고 말아 公議가 애석하게 여김이 많았던 것이다.

妣는 淸州 韓氏니 領議政 諱 尙敬의 후예요, 學生 諱 永迪의 따님으로 端恭貞淑하며 婦道가 매우 완벽하였다.

公은 純廟 乙酉年 12月 17日에 楊州 白月里第에서 태어났으니, 겨우 몇 달도 못 되어 母夫人의 喪을 당하고, 外家에서 자랐는데 다박머리 때부터 저절로 글을 읽을 줄 알며, 9세에 처음 집으로 돌아와 京城 直洞의 舊廬에서 執義公을 뫼셨다.

이해에 執義公을 따라서 瑞山任所로 왔는데 3년 만인 乙未年에 注洞京第로 돌아갔다.

公은 어머니를 일찍 잃어 奉養하지 못함을 종신토록 한탄하였으니, 韓夫人을 섬기는 마음씨였다.

繼妣 李夫人에게도 그 孝道를 극진히 하였으니, 執義公으로부터 小學책을 받아 읽음에 王祥과 陸績의 故事에 이르러 문득 자신을 생각하고, 몸소 행하여 畢生동안 마음속에 간직하였다.

일찍이 功令業을 공부하니 執義公이 늘 경계하여 말하기를 "사람으로 孝悌의 마음이 없이 한갓 文字만 崇尙한다면 이는 虛僞인즉 설사 간혹 出身하여 임금을 섬긴다고 하여도 忠誠이 따르는 바 없는 것이다. 옛날 이른바 實行하고 남은 힘이 있으면 文字를 배우라고 하였으니 이것은 實學이다."라고 하였다.

이 가르침을 들음으로부터 마음에 느끼어 신나게 일어나 바로 學問에 뜻을 두었다.

庚子年에 李夫人의 喪을 당하니, 哭擗하는 어린이의 목매임에 슬픔이 옆 사람을 감동하였다.

乙巳年에 執義公이 나아가 奉化郡守가 되니, 뫼시고 따라가서 3년을 머물렀는데, 한방에 고요히 있으면서 定省의 일 이외에는 經籍만을 探討할 뿐이었다.

庚戌年 아버지가 돌아가시니 居喪의 儀式을 한결같이 禮節을 따르며, 哀痛함과 禮文을 모두 지극히 갖추었다.

公은 어려서부터 文藝로 場屋을 울렸으니, 一時의 儕流가 혹시라도 앞서지 못하였는데, 마침내 성공하지는 못하고, 단지 甲寅年에 應製하여 賞을 받는 데 그치니, 사람들이 모두 公을 위하여 嗟歎하였으나 公은 담담하였다.

執義公이 돌아간 뒤에는 더욱 進取할 뜻이 없어져서 이에 科學業을 廢하여 버리고, 오로지 爲己之學에 專心하여 부지런히 종사하면서 밤낮으로 게을리 하지 아니하였다.

涵養의 工夫와 持守의 努力이 해가 더할수록 造詣가 더욱 精密

하여져서, 평소 새벽에 家廟를 拜謁하고, 물러와 外舍에 머물러 端坐讀書하되 종일 儼若하여 일찍이 기대거나 怠慢한 모양새를 보이지 아니하였다.

學問을 함에는 前賢의 成法으로 規式의 工程을 삼으니 그 門路가 매우 발랐다. 家勢가 매우 가난하여 자주 양식이 떨어지는 근심이 있었으니 사람이 감당하기 어려운 것인데도 晏然하게 處하였나니 이로 인하여 마음이 흔들리지는 아니하였다.

비록 隆冬에 冷埈이라도 손을 불고, 바르게 앉아서, 조금도 추워서 이를 떠는 모습을 보이지 아니하였다.

治家에 法度가 있어서 家人이 감히 非禮나 不經한 일로 그 마음을 쓰지 못하게 하였다. 酒量은 매우 크지만 詩를 지어 스스로 警戒하여 평생 깊이 醉하여 亂動에 이르는 때가 없었다.

先祖의 祭祀에 祭需와 器品을 모두 豫備하여 반드시 몸소 點檢하고, 깨끗하고 엄숙하게 하여서 婦女의 손에만 아주 맡기지는 아니하였으니, 精誠과 恭敬을 모두 다하여 始終如一하였다.

禮學에 더욱 힘써서 손수 喪祭輯要, 忌祭凡禮, 四禮輯說 및 本義, 冠婚輯要 등의 글을 편집하여 講明하고 躬行하였다.

先世의 遺蹟을 撰集하여 집에 보관하고, 歷代事紀를 編次하여 널리 參考하게 하였으며, 吟詠이나 著述에 한 가지의 閒話나 冷談이 없었는데 憂時憫世의 歎息은 述懷에 나타냈고, 言仁務本의 論은 揮毫에 나타났으니 이것은 배우는 가운데로부터 따라 나온 것이었다.

晩年에는 水原의 水下村으로 가서 살았는데 어머니가 바야흐로 甕浦땅에 계시므로 每月마다 한 번씩 가서 문안을 드렸다. 丙子年에 大旱을 만나 마을에 우물이 모두 말라 버렸다. 甕浦는 큰 마을인즉 人情이 遑遑하거늘 公이 祝文을 지어 井神에게 祭祀를 지냄이 매우 간절하고 정성스럽게 하니, 우물에 물이 湧出하였다.

물이 출렁출렁한 것을 보고는 사람들이 모두 기뻐 날뛰며 물을 길어가면서 말하기를 "公이 神明을 感通하였다."라고 하였다.

일찍이 사람들과 함께 郊外에 出行하였는데, 큰비가 쏟아져서 온몸이 젖었거늘 따르는 사람이 빨리 가기를 청함에 公은 마치 못 듣는 것처럼 걸음걸이가 느릿느릿하여 그대로였다.

평일에 비록 급하고 바쁜 순간에도 操心하고 경건함이 이와 같았다. 집에 살면서 疾病을 앓으면서도 巾櫛을 廢하지 아니하니, 모신 이들이 자리에 누워 調理를 하도록 요청하여도 公이 사양하여 말하기를 "形骸에 痛症을 느끼기는 앉으나 누우나 마찬가지인데 하필 눕겠는가?"라고 하였다.

하루는 고달픈 모습을 조금 보이면서도 오히려 책판을 거두지 않고, 家人을 불러 술을 올리라고 하였는데 조금 있다가 자리에 누워 조용히 逝去하였다. 이날이 辛卯年 5월 3일이니, 享年이 67세였다.

遠近의 士友가 哀悼하지 않은 이가 없었나니, 10월 11일 稷山 外也串竹洞 負寅之原에 安葬하였다.

配는 全州 李氏니 孝寧大君의 후손으로 學生 述榮의 따님인데 公보다 4년을 앞서 돌아가시니 寅坐에 合窆하였다.

1男1女를 낳았는데 男은 다섯 살 때 夭折하고, 族人 敏의 아들 萬憲으로 後嗣를 이었다. 딸은 李敬魯에게 시집을 갔다. 萬憲이 3子를 낳으니 첫째는 啓哲이요, 둘째는 啓弘이며, 셋째는 아직 어리다.

啓哲이 李宅善의 딸과 결혼하여 1子를 낳고, 啓弘은 宋鍾의 딸과 결혼하였다.

公은 名家世族으로 前光을 胚胎하여 生質이 매우 아름다웠고, 稟性이 慈和하고, 顔貌가 清雅하며, 持身이 謙約하여, 행동이 規度에 합하였는데 充養이 이미 두터워서 表裏如一하였다.

父母를 섬김에 그 孝道를 다하고, 同氣 사이에도 지극히 友愛하였으며, 家庭을 和氣롭게 어거하고, 자손을 正義롭게 가르쳤다.

居喪에 禮法을 지키고, 奉先에 精誠을 다하며, 남의 착함을 들으면 기뻐하면서 그렇게 하려고 노력하고, 남의 착하지 못함을 보면 마치 장차 물들 것처럼 피하였다. 진실하고, 삼가고, 두려워하여 겉으로만 꾸미지 아니하였다.

學問을 함에는 主敬과 致知를 교대로 공부하였으니 小心嚴畏하여 어쩌다가라도 放過함이 없었고, 經傳을 널리 涉獵하여 人格을 涵養하였는데 白首에 이르러서도 더욱 돈독히 하여 풀지 아니하였다.

詩를 지음에는 浮虛를 섭기지 아니하였다. 글월을 지음에도 오로지 論理를 확립하는 데 힘쓰며, 多積薄發하였는데 모두 實用의 文字였다.

著書로는 또한 知行輯要, 三聖系弼, 洙泗言仁錄, 國朝經略, 天地萬物本義, 帝王歷代, 五常錄, 忍痛含寃錄이 있다. 집에 所藏한 것으로는 咸平世蹟, 咸城藏集, 九世遺集, 先世配譜, 九畹派譜와 아울러 序文이 있는데 先世의 遺蹟을 엮어서 모은 것이다.

輿地圖帖, 詩翰往蹟帖, 象著法儀帖, 義文卦象帖, 契壽遺帖, 先賢遺稿帖 등은 모두 손수 編成한 책이요, 箴說記論과 贈和 등의 詩文을 합하니 13卷이 되는데 이름하여 「潛愚記事」라고 하고는 自叙하여 말하기를

"禀質이 魯愚하여 그 訓謨를 實踐함이 없고, 科擧工夫를 하여도 實効가 없으므로 廢하여 試場에 나아가지 아니하였으니, 능히 학문에 뜻을 두고도 버렸다고 말하지 않겠는가? 하는 일도 精密하지 못하여 허물을 고치려고 하여도 틈이 없나니, 어찌 榮進의 計策이 있겠는가? 문득 세상을 버린 屈平에게 세상도 또한 그를 버린 것과 같은 신세가 되었도다.

그러나 나는 사람들과 함께 더불고자 하여도 참으로 어렵거니와

사람들이 나를 취하지 아니하는 바인즉 나의 소원이 남에게 무슨 상처가 되리오?

이것이 또한 潛伏한 데 處하여 어리석음에 묻는 까닭인저라고 하였다.

이 序文에서 살피면 公의 평생의 뜻을 볼 수 있을 것이다. 嗚呼 公과 같은 사람은 참으로 學問을 實踐躬行한 君子라고 할 것이다.

公의 德과 學으로 응당 세상에 顯揚함이 있어야 하는데도, 필경 파묻혀서 泯沒되어 일컬음이 없은즉 鄕黨과 宗族이 이미 너무 쇠진하여 德을 아는 사람이 드물었기 때문이리라.

그 嘉言善行을 表章하고 發揮하여 後世에 전하지 못하였으니 어찌 거듭 애석한 일이 아니리오?

邦憲은 咸城君을 같은 祖上으로 하였으니, 族黨의 誼로 平日 公을 欽慕함이 깊었고, 公도 또한 일찍이 우리 先君子의 道德行誼를 思慕하여 매양 韋氏花樹의 소원이 있었는데 길이 멀어서 수레가 못 다니므로 인하여 千古의 永訣을 하였으니, 孤露餘生에 항상 痛恨으로 생각하는 바이다.

오늘 公의 行狀을 쓰게 되니 더욱 느낌이 많도다. 스스로 돌아보건대 學識이 蔑裂하고, 文辭가 短拙하여 참으로 萬에 하나도 闡發하지 못하였다. 또한 남에게서 듣고, 사실로 증명함에 그 자상함을 얻을 수 없으니, 다만 그 한두 가지를 模寫할 뿐이다.

생각하건대 公의 門人子弟가 그 빠진 부분을 찾아서 보충하여 立言君子의 財擇을 기다려야만 하리라.

崇禎五周壬辰 月 日 族姪 邦憲謹狀

망아행술(亡兒行述) (己亥十月)

나의 아들 啓寅은 字가 人伯인데 戊寅 正月 7日에 태어나서 戊

戌 3月 6日에 죽었으니, 나이가 겨우 21이었다.

장가를 간 지 오래지 않으니, 一點의 血肉도 남김이 없고, 學業도 다하지 못하여 반 토막 文辭도 전함이 없다. 왔다가 감이 마치 큰 바다에 하나의 물거품이 생겼다가 없어진 것처럼 금방 흔적도 없어져 버렸으니 슬프도다.

무릇 사람이 아들을 잃음에 누군들 哀慟함이 크지 않으리오만, 나의 이 아들에 대한 刻骨의 冤, 熀心의 慟은 아주 해가 간다고 해서 잊을 수 없노라.

朱先生이 이른바 차라리 자식 없는 사람만 같지 못하다는 말이 참으로 겪어본 말씀이라고 할 것이다. 悲痛하고, 悲痛하도다!

아이가 태어날 때에 그 어미가 채색 붓으로 그림북을 치는 꿈을 꾸었는데, 낳고 보니 아기의 眉目이 淸秀하고, 容貌가 端正하며, 조금 자람에 才氣가 자못 穎拔하고, 賦性이 매우 仁慈하여 先考 一窩公이 대단히 사랑하면서 家聲을 昌大하리라고 期望하였고, 先妣 金夫人은 다른 손자들보다 특별히 쓰다듬어 주었다.

3~4세 때에는 先考의 이불 속에서 자는데 밤이 깊었거늘 갑자기 先考에게 청하여 말하기를 "앞집에 어린아이 울음소리를 자세히 들으니, 목소리가 둘인데, 이 집에 금방 아기를 낳았는가요?"라고 하여 先考가 사람을 시켜서 그 집에 물어보니, 과연 밤에 쌍둥이를 낳았다고 하였다.

이에 先考가 기뻐하며 말하기를 "聰明하지 않으면 분별할 수 없는데 나도 또한 분간하지 못하였노라."라고 하였다.

대개 그 穎悟함이 다분히 이와 같았다. 10여 세 때에 家人이 고을에 관청을 통하여 재물을 많이 번 사람이 있다고 말하면서 "우리 집도 어찌 저렇게 돈을 벌지 않는가?"라고 하니, 아이가 말하기를 "너는 그것을 좋은 일로 보느냐?"라고 하였다.

성장해서는 拜揖을 반드시 신중하게 하고, 交遊를 반드시 골라서 하며, 오고 가는 길에 鄕里의 남의 집에 함부로 들어가지 아니하였다. 이웃사람이 늘 말하기를 "그 出人擧止가 그 家庭을 아주 닮았도다."라고 하였으니, 이에서 그 操心이 淸潔하고, 持身이 簡尙하여 거의 家法을 잃지 아니함을 볼 수 있을 것이라.

그 마음이 매우 착해서 사람의 곤궁하고, 외롭고, 가난하고, 슬픔을 보면 곧 측은한 마음이 얼굴에 나타나서 구제할 방법을 생각하고, 늙은 과부가 있어 집도 없고 친척도 없는 사람이 집에 오면 반드시 후하게 대접하고, 갈 때에는 있는 곳의 安否를 물으며 늘 憫歎한 말을 하였다.

乙未年에 瑞山 金氏家로 納采를 하고, 親迎하는 길에 중간에서 女氏의 不淑함을 듣고 돌아오니, 그 참담하게 절망한 몰골이 거의 말할 수 없는데도 아이가 말하기를 내가 장차 다른 데로 장가들면 조금도 고통스러울 것이 없으나 오직 저 집의 딸이 가장 가련하다고 하면서 내가 한번 그 집에 가서 그 塚墳을 보고 오겠다고 하니 사람이 모두 그 善心을 칭찬하면서 福을 받겠다고 하였다.

그 父母를 섬김이 특별히 다른 사람보다 뛰어난 것은 없지만 항상 어버이에게 허물이 없게 하고자 하였다. 간혹 일에 따라 조금이라도 불평이 있을 때에는 여러 아우들과 우애하면서, 자기 자신을 미루어 만물과 더불어 사는 仁愛의 마음이 집안에 가득하게 하였으며, 문안에 항상 두루 보살피고 협조하여 구제하려는 생각이 있게 하였으니, 모두 그 懽心을 얻었다.

奴婢와 이웃 마을 사람까지도 또한 다분히 感服하였고, 同輩의 朋儕들도 친하게 잘 지내서 서로 뜻이 통하는 사람이 많았다. 그러므로 그가 죽던 날 族黨과 隣里와 朋輩가 그 착함을 칭찬하고 탄식하지 않은 이가 없었으니, 비록 그 애비의 아는 것으로도 또한 여기에 이른 줄은 생각지 못한 바였다.

記憶力이 매우 좋아서 한번 보면 문득 암송하였으니, 간혹 사람이 글을 읽음에 그 책을 읽는 소리를 듣고 옆에서 따라 외었는데 백번 읽는 사람보다도 더 익숙하게 읽었으므로 그 친구들이 모두 따를 수 없다고 하면서 앞으로 내세웠다.

文理도 대략 大義를 通하였으니, 한 늙은 선비가 그 小兒에게 經의 뜻을 가르쳐 주는 것을 보고는 감탄하여 말하기를 내가 장차 經書를 들고 가서 배워야 되겠다고 하였다.

書法에도 이미 古人의 書法을 터득하였고, 詩文도 점점 발전한 것을 느낄 수 있었으니, 우리 집안의 명성을 지켜서 이룩할 만하였는데 갑자기 그 아버지를 버리고 죽어 버렸다.

아이가 본디 타고난 체질이 매우 허약하여 질병이 잦았는데, 9살 때 3년의 瘧疾로 憔悴하여서, 자라면서도 항상 淸健하지 못하였다. 先考妣께서 下世한 뒤에 愛護調養하였으나 대부분 그 방법을 잃었다.

이에 調治하지 못하였는데 그간 또한 늘 약을 먹여 치료하고자 하였지만 가난하여 미처 손을 쓰지 못하였었다. 戊戌年에는 輪症까지 얻어서 15일 가까이 약을 썼으나 또한 힘을 다하지 아니하였고, 毒針이 또한 해로웠는지 이로 인하여 누워서 일어나지 못하고, 우리 父母가 사랑하여 쓰다듬고 기약하여 바라던 마음을 모두 어기고 말았다.

父母를 부르면서 말하기를 "아들이 죽을 것만 같은데, 어떻게 살리지 못하십니까?"라고 했다. 이 말이 너무나 슬펐으니, 나의 애간장이 모두 끊어진 듯하였다.

사람의 父母 된 이는 자식을 낳아서 병 없이 오래 살기를 바라는 것이 누구나 똑같은 마음이거늘, 마땅히 百方으로 주선하여 있는 힘을 다하였는데도, 나는 홀로 이 아들에게 終始 부담이 되는 것은 무슨 까닭인가?

하여금 그 병이 들기 전에 잘 보호하고, 이미 병이 들었으면 속히 치료하였더라면 반드시 일찍 죽을 이치가 없는 것이니, 오직 나의 迂踈함 때문에 제대로 살지 못하였은즉 과연 이른바 非命인가? 아니면 非命이라는 것도 또한 運命이 아님이 없는 것인가?

그 葬地는 先考와 같은 산줄기에 있는데 艮坐原이다. 옛사람이 이른바 骨肉이 흙으로 돌아간다고 하였으니 命이라는 것인저!

우리 李氏는 본래 咸平人인데 高麗 神武衛大將軍으로 諱가 彦인 분이 始祖다. 朝鮮朝 光廟 때에 精忠敵愾功臣에 咸城君으로 謚가 莊襄公이며 諱가 從生인 분이 顯祖이다.

이로부터 冠冕을 世襲하다가, 몇 대가 부진하니, 혹 운수가 기구하여 시험에서 떨어지기도 하고, 혹 德을 감추고 벼슬길에 나서지 않기도 하였다.

우리 曾祖 柳溪公은 諱가 儒吉인데 詩禮와 文章으로 湖右의 宗匠이 되었고, 祖考는 諱가 熙緖니 文章이 화려하고, 行實이 아름다워 士友들이 推重하였다.

先考 一窩先生은 道德文學이 鄕國에 소문나서 士林의 代表가 되었다. 다만 나는 위를 이어서 아래에 남겨줄 것이 없다. 나의 아내는 宜寧 南氏니, 司勇 日永의 딸이요, 府使 錫龜의 孫女이다.

며느리는 全州 李氏이니, 德泉君 厚生의 后裔로 浚遠의 딸이다.

嗚呼라, 무릇 人情은 冤痛함이 극심한데도 허물을 돌릴 데가 없으면 반드시 하늘을 부르며 하소연하나니, 이제 나도 또한 하늘을 부르짖어야 되리로다.

우리 집안은 積善修德을 한 지가 수백 년인데 그 되갚음을 받아먹지 않고 거의 후손에게 물려주었거늘, 우리 先考는 才德이 兼備하여 세상에 有爲할 만하였는데도 그 삶이 不偶하였고 그 壽를 누려 그 포부를 펴지 못하며, 마침내 일찍 빼앗아 가버리니, 이른바 仁하면 壽하고, 德 있으면 벼슬한다는 진리가 하나도 베풀어지지 아니하였다. 어찌 하늘에 유감이 없을 수 있겠는가!

오직 우리 子孫이 의당 그 보답을 받아야 하는데도 또한 일찍이 그 愛護期望하던 長孫까지 빼앗아가 버리니, 저 푸른 하늘은 과연 무슨 마음씨인가!

나는 알도다. 우리 아이는 죄가 없는데 특별히 그 아비가 積殃을 하여서 그에게 禍가 미친 것이다. 程子가 말하기를 "君子는 이름이 실질보다 지나가고자 아니하나니, 이름이 실질보다 지나가면 殃禍가 있다."라고 하였다.

나는 본래 實學, 實行이 없는데도, 近日 간혹 士友間에 浮譽를 얻었으니, 하늘이 그를 싫어하여 이 禍를 내린 것이로다.

그렇다면 우리 아이가 무슨 죄가 있는가! 悲痛하도다.

崇禎甲申後 256年 己亥 10月 日 方山居士 邦憲 抆血書

숙인청주경씨행장(淑人淸州慶氏行狀)

淑人은 慶氏니, 本籍이 淸州로 始祖는 諱가 珍이요, 高麗 平章事이다. 諱가 渾인 분은 朝鮮朝에 官이 副提學이었고, 諱가 暹인 분은 官이 戶曹參判에 世子賓客으로 號가 七松이었으니, 모두 文章과 行義로 당시에 重望이 있었는데 淑人에게 12世, 13世祖가 된다. 家範이 淸約하여 세상에서 그 아름다움을 본받았다.

曾祖는 諱가 憲國이요, 祖는 諱가 默이며, 考는 諱가 元重이다.

妣는 豊川 任氏니, 希弘의 따님으로 純廟 丙戌에 驪州 某里에서 淑人을 낳았다.

淑人은 나이 열일곱 살에 前縣監 驪興閔公 載鼎에게 시집갔는데 縣監 師賢과 儀世와 重喆과 章勳이 곧 시집의 네 분 祖上이요, 密

陽 朴氏는 시어머니다.

淑人은 처녀 때부터 家法을 익혀서 익숙하였으나, 縣監公에게 시집가서는 본디 儒林의 집안이므로 그 貧儉함이 자못 심하였는데, 큰동서 朴夫人과 더불어 힘써 아끼고 경계하며, 즐겁게 아낙네의 일을 함께하였다.

그 分家하여 살면서는 한 솥의 밥으로 여러 끼니를 때우고, 항아리에 양식이 거의 없었으니, 그 어려운 살림살이를 알만 하였다.

縣監公은 어려서부터 서울에 출입하면서 놀고, 家事를 돌보지 않으므로 淑人이 오히려 몸소 양식, 소금, 간장, 초 등을 마련하여 남편에게 심한 累를 끼치지 않게 하였다.

平日에도 반드시 남편에게 허물이 없도록 한 다음에야 마음이 상쾌한 까닭으로 늘 克己하여 말을 조심하는 것으로 경계를 삼았다.

縣監公은 文華가 著名하여 士友間에 推重되었으니, 淑人이 科事에 誠心을 다하여, 일찍이 돈이 없어서 시험을 보러 가지 못한 때가 없었다.

늘 場屋에 가는 날에는 반드시 베를 자르고 남은 끝실로 불을 때서 지은 밥을 올렸으니, 일찍이 한 번도 폐지함이 없었다. 대저 이것은 세상에서 일컫기를 科擧에 이롭다고 하기 때문에 어렸을 때 母夫人으로부터 가르침을 받은 것이다.

縣監公이 이내 己卯春에 及第하여 寢郎을 拜受하고, 나아가 全義縣을 다스리다가 옮겨 山淸縣監이 되었으니, 官廚의 供給으로 榮華가 지극하였다.

淑人은 오히려 儉約하게 스스로를 지키며, 季子 參鉉이 한 필의 비단을 사서 올리니, 淑人이 기뻐하지 않으면서 말하기를 "나는 옛날 너의 伯叔母와 더불어 살면서 衣服의 어려움이 거의 형언하기 어려웠던 것이 지금도 눈앞에 선하다. 이제 나만 홀로 이 비단옷을 입으면 어찌 그 마음이 편안하겠느냐? 기왕에 사왔으니 다만 놓아 두어라. 그러나 姒娣가 苦楚받던 날을 회상하니, 나도 모르게 눈물이 흐른다."고 하면서 눈물을 줄줄 흘렸다.

新婚 때의 鵝靑色 이불을 아끼어 써서, 60년의 오랜 세월에 여러 아들을 길렀으면서도, 못쓰게 되어 버리지는 아니하였다. 乙酉年에 全義衙中에서 비로소 새것을 갖추니, 몇 폭의 靑色을 재봉하여 方席을 만들었는데 앉거나 눕거나 항상 가지고 다니며 回婚年에 이르렀다.

奉先의 禮, 接客의 供에 精誠과 恭敬을 힘써 다하고, 항상 子婦에게 훈계하여 말하기를 "祭祀는 모름지기 盡心할 것이니, 비록 介婦가 되어 祭祀를 받들지 못할지라도, 祭日을 당할 때마다 祭祀에 도와줄 물건이 없다면 마음이 문득 편안치 못한 것인즉 밤 한 톨 감 하나라도 반드시 거두어 감추었다가 誠意를 다할 것을 생각해야 한다. 무릇 賓客이 오면 가난하다고 해서 소홀히 하지 말고, 더욱이 그 사람의 貧富貴賤을 따져 한자리에서 차등해서는 안 된다."라고 하였으니, 이것은 모두 자신이 지킨 법을 가르쳐 말한 것이다.

매양 家人의 생일날 아침에 반드시 버선을 새로 만들어 주고 그 날에 신게 하면서 말하기를 "이것은 이에 한 몸을 싣는 물건이니, 생일날 아침 새로 신으면 吉하게 되느니라……."라고 하였다.

子孫의 아들딸이 시집가고 장가감에 반드시 모아 두었던 蓮의 잎을 풀어서 婚行하는 날 불을 피워서 밥을 지어 먹이면서 말하기를 "이 몇 가지 일은 예로부터 子孫이 오래 吉하다고 하였다. 그러므로 내가 기필코 행하려고 하는 것이니, 어찌 내가 俗說을 酷信하겠는가? 다만 女子가 實心誠力하여 게으르지 아니하면 거의 神明을 感得하는 것임을 어렸을 때에 어머니로부터 가르침을 받은 까닭에 감히 잊을 수 없는 것이다."라고 하였다.

平生 무당과 僧尼의 祈禱나 滛詖한 말을 즐기지 아니하고, 그 家人婦女에게 경계하여 하여금 스스로 깨달아 惑하지 않게 하였다.

일찍이 신신당부하여 말하기를 "차라리 너희들이 하여금 忠厚하여서 집이 가난할지언정, 刻薄하여 부자가 되기를 원치 않는다. 忠厚한 사람은 비록 가난하나, 비유하면 시냇물과 같아서 멀리 흘러가는데, 각박한 사람은 비록 부자라고 하여도, 비유하면 불길과 같아서 꺼져 버리고 만다. 사람의 집안이 흥하고 망하는 것이 모두 心法의 厚薄에 있는 것이니, 나의 평생에 目擊한 사람이 여러 집이다."라고 하였다.

항상 參鉉에게 경계하여 말하기를 "내가 너의 氣質을 보건대 燥急함에 쉽게 빠진다. 반드시 緩忍 두 글자에 힘써 종사한다면 이른바 善人이 되어 壽人이 되려니와 만일 이와 반대로 하면, 精力을 덜고, 氣가 꺾이어, 神明이 떨어지고, 良善을 해쳐버릴 것이니, 스스로 모질게 하여, 자기 수명을 재촉할 것인즉 한 순간도 잊지 말라! 아랫사람을 부림에 반드시 忠恕하면 家人이 자연히 愛敬하리라."라고 하였다.

縣監公이 벼슬을 내놓고 故鄕으로 돌아옴에 재산이 없어도 앉아서 子孫의 孝養을 받았다. 甘旨의 供養, 晨昏의 禮節을 받듦에 어김이 없게 하여, 家法의 아름다움이 鄕里에 소문났다.

子孫에게 일러 말하기를 "人家의 興替가 오직 子孫의 배움에 있나니, 이제 너희들은 학문에 종사하는 선비인즉 우리 가문의 남은 운수를 알 수 있도다."라고 하였다.

壬寅年에 이르러 享年이 77세인데 바로 回婚의 해였다. 參鉉이 잔치를 베풀어 縣監公과 淑人을 東西로 나누어 앉게 하고, 쌍쌍으로 子孫의 萬歲의 술잔을 받으니, 顔髮이 秀古하고, 冠服이 淸楚하여 飄然히 神仙과 같았다.

鄕隣과 親戚이 모두 詩를 지어 稱頌하니, 이날 구경꾼이 울타리처럼 둘러서서 서로 말하기를 "어질도다. 淑人이여! 夫婦가 평일의 純善한 德으로 이렇게 壽福을 누림이 마땅하도다."라고 하였다.

그 뒤 며칠 만에 우연히 감기가 들었는데 병이 위독하여졌다. 子孫이 家事에 대하여 청하여 물으니, 정신이 흐린 가운데 갑자기 눈을 뜨고 천천히 말하기를 "이 고을의 鄕約規則이 이에 집안을 다스리는 法이니, 다른 것 없다. 謹愼하여 조금도 게으르지 말고 힘차게 살아라."라고 하였다.

드디어 3월 8일에 考終하였다. 그 壽衣箱子를 열고 보니, 敝囊과 작은 粉缸이 있는데 글씨를 써서 말하기를 "囊은 너의 父親이 親迎할 때 차고 온 것이요, 粉은 내가 혼인할 때 쓰던 것이다. 囊은 斂하는 옷에 넣어 주고, 粉은 명정과 神主 쓸 때 쓰거라."라고 하였다.

齒牙와 毛髮도 또한 모두 거두어 모았다가 모두 斂襲 속에 넣게 하였다. 某月 某日 瑞山 老洞 負某之原에 安葬하였다.

3子를 낳았으니, 첫째는 台鉉인데 早沒하고, 둘째는 翼鉉인데 出后하였다가 또한 早沒하고, 셋째는 곧 參鉉이다.

台鉉의 아들로는 泰璟과 泰琬이요, 딸은 李念載와 韓龍愚에게 각각 시집갔다. 翼鉉의 딸은 任京準에게 시집을 갔다. 參鉉의 아들로는 泰珩은 夭折하고, 泰瑢은 학문에 뜻을 두고, 泰瑀, 泰○, 泰○인데 모두 어리다. 泰珩의 아들은 慶이다.

嗚呼라, 淑人의 仁性貞德한 嘉言善行이 기록할 만한 것이 많은데 다 쓰면 太蔓하고 생략하면 太簡하니, 대개 그 쓸 만한 것을 써야 될 것이다.

남편을 섬김에 허물이 없기를 기약하여 이미 內助의 美德을 이루고, 儉約을 스스로 지켜서, 儒者의 家風을 잃지 아니하였다.

姒娣의 友愛를 극진히 하며, 화려할수록 검소함을 더해서 옛날을 생각하고, 눈물을 흘렸으며, 자신은 介婦인데도 孝養奉先의 정성을 간절히 생각하였다.

물건에 따라서 어짊을 나타냈고, 子孫을 祝福함에 오히려 어머니의 가르침을 잊지 아니하고 終身토록 행하였으니, 그 孝悌의 天性이 두터운 것이다.

子女를 가르침에 義方이 있었으며, 무당을 집에 들이지 아니하며, 아랫사람을 忠恕로 어거하고, 손님을 대접함에 힘써 공경하였으니, 婦人의 道를 모두 갖추어 빠짐이 없었다.

오직 그 子孫을 가르치는 말씀은 다만 閨門의 懿範일 뿐만 아니라 또한 족히 선비가 본받을 법칙이라고 할 것이다.

忠厚함은 川流처럼 피어나고, 刻薄함은 불이 꺼지듯이 망하나니, 人家의 興替가 心法의 厚薄으로 징험한다.

천천히 하며 참는 사람은 善人이 되어 반드시 壽하고, 操急한 사람은 스스로 모질게 하여, 壽命을 재촉한다. 자손이 학문에 종사하는 것으로 家運의 長久함을 占친다.

이것은 모두 이치를 통달한 高見으로 경험해본 君子의 말과 같은 것이다. 족히 小學의 글에 編入하여도 柳公綽의 妻나 崔玄暉의 어머니와 서로 막상막하하여 부끄러움이 없는 것이다.

臨終의 遺言에 이르러서도 또한 治家의 禮法을 말함에 불과하니, 그 평생에 힘쓴 것을 알 수 있도다. 이것을 세상 여자들이 어찌 따라서 행하겠는가?

지난날을 생각하니, 내가 瑞鄕에 僑居할 때에 先妣 金夫人이 淑人과 더불어 이웃에 가까이 살면서 淑人의 貞靜淑愼을 매양 칭송하는 까닭에 그 어짊을 이미 알고 있었고, 또한 參鉉과는 兄弟처럼 誼가 좋아서 자주 堂에 올라가 절하였다.

泰瑢도 나의 不肖함을 잊고 와서 배우니 이에 더욱 淑人의 德을 우러러 興慕하고 感歎한 지 오래되었다.

이제 參鉉이 行錄을 주면서 말하기를 우리 어머니가 그대를 보기를 한집안 사람과 다름없었다. 그러므로 이것을 부탁하노니, 원컨대 사양하지 말고 써주기 바란다고 하였다.

내가 비록 글재주가 없으나, 감히 사양할 수 없어, 드디어 이상과 같이 엮는도다.

효부박씨행장(孝婦朴氏行狀)

무릇 孝道는 일백 가지 행실의 근원이다. 오직 아들이 부모에게서 禮法을 익힌 것이 있는 사람만 행하나니, 誠心에서 나온 것이 아니면 처음부터 끝까지 그 道理를 다하지 못하는 것이다.

저 徐氏의 아내 朴氏婦는 시골 부인으로 가난한 집으로 시집을 와서 부엌살림을 맡아 효도를 극진히 시아버지에게 하였나니, 誠心에서 나온 것임을 알 수 있는 것이다.

그 시아버님이 나이는 늙고 집은 가난하여 奉養할 만한 것이 없는데도, 의복이 항상 깨끗하고, 음식이 항상 배부르며, 아침저녁을 공양하는 사이에 반드시 間食을 마련하여 올렸다.

일찍이 한번도 핍박함이 없이, 일마다 그 마음을 어기지 아니하고, 밤이면 시아버님의 방안으로 살짝 들어가서 촛불을 밝히고 이불을 잘 덮어드리고, 의복을 수습하여 손수 서캐나 이를 잡아주고, 이불 밑에다 옷을 개어 넣어서 차지 않게 하면서도 그 시아버님이 알지 못하는 사이에 편안케 하였다.

또한 그 시아버님과 親厚한 사람을 잘 모시어 마음을 써서 먹이고, 두텁게 친한 사람도 또한 달게 먹였으니, 늘 孝婦의 善行을 칭송하였지만 자기는 해진 옷을 백 번 꿰매 입고, 밥그릇 국그릇이 자주 비었으니, 보는 사람이 감복하고, 듣는 사람은 칭송하였다.

境內의 여러 선비들이 盛饌을 마련하여 그 지극한 행실, 그 정성스러운 마음에 賞을 주었나니, 善行이 사람을 감동시킴을 이에 알 수 있는 것이다.

이에 孝婦의 行狀을 갖추어 적어서 그 행실을 널리 알리노라.

효자이재신행장(孝子李載新行狀)

내가 어린 시절에 외갓집의 坪村書塾에 가서 한 친구를 만났는데, 그 容止가 端雅하고 稟性이 仁慈하며 才器가 秀援하여 마음으로 그윽이 사랑하였더니, 한번 헤어진 다음에는 서로 왕래가 없어 항상 잊혀지지 아니하는 가운데 늘 瑞鄕에 孝友하는 善士가 있다는 소문만 들었었다.

前 孝陵寢郎 李載新은 懷安大君의 後孫으로 대대로 瑞山에 살았으니, 그 孝誠이 天性에서 나와 어렸을 때로부터 이미 어버이 봉양하는 예절을 알아서 定省奉道를 극진히 하였다.

비록 구차하고 급박한 때라도 한 번도 폐하지 아니하고, 甘旨를 공양하며, 빨래를 빠는 일도 몸소 自任하지 않음이 없었다.

평일에는 和愉한 모습, 溫和한 기분을 하였으니 孝子임을 더 듣지 않아도 알 수 있는 것이다.

辛丑年間에 慈侯가 健康을 잃으니, 載新이 얼굴에 근심을 띄우고 藥을 받드는 것으로 일을 삼으며, 밤에도 눈을 붙이지 않고, 모든 물품에 補養이 될 만한 것이나, 고기 한 마리, 과일 한 개라도 입에 맞는 것은 정성스럽게 공양하지 아니함이 없었다.

하루는 밭고랑에서 멍덕딸기를 보고, 新鮮하여 먹을 만한대, 本草의 滋益之說을 생각하고, 따다가 바치니, 그 어머니가 매우 맛있어 하였다. 이에 기뻐하여 그해 夏至에 이르기까지 멍덕딸기 따는 것으로 일을 삼아서 비바람이 몰아쳐도 그치지 아니하였다.

또한 큰 붕어를 잡아서 병에 시달리는 어머니에게 올리니, 그 맛이 좋다고 기쁘게 드신대, 드디어 龍首深에 가서 마침 여름이라 물이 넘실넘실 한데도, 곧 옷을 벗고 물속에 들어가 더듬어 10여 마리를 잡아 오고, 이어 낚시를 만들어 고기 낚는 것으로 일을 삼았다. 이에 隣境의 士人들이 듣고 감탄하여 큰 고기를 종종 가져다주는 사람도 있었다.

癸卯年에 어머니가 돌아가시니, 攀號蹢踊하여 마치 살고 싶지 않은 듯이 하였고, 襲歛棺槨을 반드시 있는 힘을 다하여 갖추어 털끝만큼도 遺憾이 없게 하였다.

飮食에 양념을 갖추지 않고, 몸에 絰帶의 喪服을 벗지 않으면서 한결같이 家禮를 法으로 삼아 先塋에 잘 장례 지냈다.

그 뒤로 날마다 省墓하는 것을 일과로 하여, 슬프게 울부짖는 소리에 나무꾼도 코가 찡하였으며, 길가에 멍덕딸기가 있는 것을 보고, 전날에 奉養했던 일을 追念하여 가득히 따다가 靈筵에 올렸더니, 그날 밤 꿈속에서 그 어머니를 보았다. 이는 誠心이 神明에 通達하여 서로 감응하였다고 하리라.

甲戌年에 그 先君子가 또 질병을 얻어, 여러 달 끌다가 해가 바뀌었는데, 낮에는 湯藥을 다려 올리고, 밤에는 물을 떠놓고, 하늘에 祈禱하여, 마침내 差度가 있었다.

庚戌年에 끝내 아버지가 돌아가시니, 이때는 바야흐로 新年이었는데, 60의 나이라, 氣血이 모두 衰弱하였는데도 居喪執禮를 한결같이 前喪과 똑같이 하였다.

顔色이 매우 검어서 마치 喪을 이겨내지 못할 듯하였다.

先妣의 山所에 合窆하였다. 이 山은 높고 건조하여 척박하므로 莎草가 脫落하였는데, 이에 매일 墓所에 올라가면서 몸소 삽을 메고, 잔디를 떠다가 塋域의 前後左右에 가지런히 심었다.

雨雪을 피하지 아니하고, 이와 같이 3년을 하여, 吉祭日에 이르러 일을 마치니, 전날의 붉은 흙무덤이 오늘날은 푸른 잔디의 언덕이 되었다.

嗚呼라, 前後의 卓異한 行實이 의당 세상에 알려져서 登庸되어야 마땅한데도, 아직까지 褒揚의 말이 없으니 탄식을 안 할 수 없도다.

그 胤子가 또한 孝誠이 지극하여 그 아버지의 褒揚이 없음을 통탄하고, 울면서 金上舍 東珌에게 일러 말하기를 "우리 아버지의 지극한 행실은 마땅히 公論이 있어야 하거늘 지금까지 빠져 있으니, 자식 된 사람으로 不仁하고 不智하다고 않겠는가? 원컨대 當世의 어진 이로 글 잘한 사람에게 한마디의 實記를 쓰게 하여달라."고 하니, 金上舍가 나에게 記述을 요청하였다.

이에 나는 글이 짧지마는 그 뜻을 저버릴 수 없어, 요약하여 한 편 지었노라.

증내부협판원공석봉행장(贈內部協判元公錫鳳行狀)

우리 고을에 善士가 있으니 元公이다. 諱는 錫鳳이요, 字는 洛瑞이며, 號는 雙柳亭이다. 그 先祖는 본래 原州人으로 端宗祖에 諱가 昊인 분은 朝廷에서 여러 번 불러도 일어나지 아니하였으니, 세상에서 이른바 生六臣의 한 분이신데 諡가 貞簡이다.

貞簡公의 兄이 있으니, 諱가 滉이요, 官이 全州判官으로 贈純忠補祚功臣에 原山君이니, 이분이 公의 14代祖이며, 掌令 諱 虎智의 9世孫이다.

曾祖는 諱가 景采요, 祖는 諱가 履孫이며, 考는 諱가 在新이다.

妣는 全州李氏니, 諱 寅誠의 따님이다. 公은 純廟丙戌 5月 28日에 出生하였으니, 타고난 재질이 매우 아름다워서 心性이 端雅하고, 言行이 愼默하여 長者의 風儀가 있었다.

父母를 誠敬으로 섬겨서 菽水의 供養에 반드시 뜻을 먼저 받들었으며, 어버이가 病이 들면 醫員을 부르고 藥을 맛보며 그 정성을 다하였다. 즐기는 음식물이 있으면 반드시 널리 찾아 먼 데서라도 얻어 어버이의 뜻을 기쁘게 하였다.

그 喪을 당하는 데 미쳐서는 哀毀哭踊이 禮制에 넘어갔으니, 이는 根天의 孝誠이었다.

子弟를 가르침에는 孝友로서 하여 또한 반드시 實地의 工夫가 따르게 하였으며, 비록 倉卒이라도 疾言遽色하지 않았으니, 이에 한 덩어리의 和氣였다.

말을 안 해도 믿고, 성내지 않아도 두려워하는 까닭으로 鄕人이 모두 말하기를 "雙柳亭의 懿德은 뛰어나서 미치기 어렵다."고 하였다.

門下에서 受業한 사람이 또한 대부분 姻親이었으니, 은혜로 어루만져 따뜻이 가르쳤다.

여러 번 式年의 鄕薦에 들었으나 八耋에 이르러서야 壽職으로 처음 龍驤衛護軍이 되었다.

高宗辛丑 3월 8일에 沒하니, 享年이 76이었다. 沔川 柳洞 負卯之原에 安葬하였는데, 配 金海金氏와 合祔하다.

列邑의 章甫가 公의 篤行을 여러 번 朝廷에 알리어 특별히 嘉善大夫 內部協判을 贈職하였으니, 이에 至行純德은 반드시 보답이 있다는 것을 알 수 있으리라.

2男3女를 낳았으니, 큰아들은 世五인데 主事요, 작은 아들은 世九이다. 딸은 趙鍾禹郡守와 朴齊兢과 金丙濟郡守에게 각각 시집갔다.

世五가 4男2女를 두었으니, 첫째아들은 亨常인데 正尉요, 둘째는 利常이요, 셋째는 貞常이니, 委員이요, 넷째는 永常이니, 參奉이다. 딸은 南廷珪와 姜鎭河에게 각각 시집갔다.

世九가 2男을 두었으니 瑞常과 珪常이다.

亨常이 2男2女를 두니 男은 容夏와 容殷이요, 큰딸은 田溶稷에게 시집가고, 작은딸은 아직 未嫁하였다. 利常이 4男1女를 두니 男은 容稷, 容高, 容弼, 容奭이요, 딸은 鄭昌圭에게 시집갔다.

貞常이 3男을 두니 容禹, 容益, 容文이요, 永常이 3男을 두니 容泰, 容圭, 容觀이다. 瑞常이 2男을 두니 容冑, 容冕이다. 內外의 子姓이 매우 蕃延함은 반드시 公의 德行으로 세상에 有用할 수 없었기 때문이리라.

일생의 일을 사람들이 칭송함이 없었나니, 그 칭송함이 없는 것이 바로 公을 칭송할 만한 점이다.

나는 한 고을에 살면서 참으로 公의 德을 우러러본 지가 오래되었다. 이제 容夏가 나에게 찾아와 公의 行狀을 부탁하므로 삼가 列邑의 많은 선비가 掌禮院에 올린 글월을 참고하여 이상과 같이 엮었노니, 立言者의 財擇을 기다리노라.

청파남공행장(青坡南公行狀) (戊午 12月)

公의 諱는 圭熙요, 字는 敬極이니, 青坡는 自號이다. 南氏의 本籍은 宜寧인데, 高麗, 密直副使요 諱가 君甫인 분이 그 鼻祖이다.

我朝에 들어와서는 諱가 在인 분이 있나니, 開國元勳으로 宜寧府院君을 封하였고, 官이 領議政이며, 諡가 忠景이다.

2世를 傳하여 諱가 智인 분은 官이 左議政이요, 諡가 忠簡이며, 또 3世를 傳하여 諱가 應龍인 분은 文科로 湖堂에 뽑히어, 吏曹參判이 되었으니, 號가 二樂堂이었다.

二樂堂에게 孫子가 있으니, 諱가 瑜인데 羅州牧使로 龍蛇之變에 忠武公 李舜臣과 더불어 露梁에서 戰死하였는데, 宜川君을 封하고 左議政을 追贈하였다.

諱가 以興인 분은 丁卯之亂에 平安節度使로 城이 함락됨에 城樓를 불태워 殉節하여서 宜春府院君을 封하고, 左議政을 追贈하며 諡가 忠壯이니, 忠愍祠에서 腏食한다.

兩世의 旌忠은 棹楔하여 家門을 빛냈으니, 실로 公의 11世, 10世 祖이다.

曾祖는 諱가 弼壽니 官은 虞候에 머물렀고, 祖는 諱가 錫禹며, 考는 諱가 普永이니, 다섯 아들이 登科하여, 國典으로 左承旨를 贈職하니, 사람들이 그 厚德積善의 보답을 칭송하였다.

妣는 淑夫人 全州李氏니, 仁心淑德이 宗族에 넘쳤다.

公은 哲宗壬子 7月 日에 海美 桃李島의 樂洞里第에서 탄생하였다. 어려서부터 聰慧穎悟함이 보통이 아니어서, 입을 열면 詩가 되어 늘 長者를 놀라게 하였다.

나아가 塾舍에서 배움에, 塾師가 문득 그 才器를 인정하였다. 이로부터 詩가 날로 발전하고, 말이 날로 새로워져서, 眞際神韻이 스스로 獨得之妙가 있었는데, 더욱 功令文에 뛰어나 또래의 벗이 모두 따라가지 못한다고 하였다.

經傳子史에 대하여서도 學習을 게을리 아니하고, 奧旨를 探求하고 討論하여, 남이 보지 못한 곳을 解得하였다. 이래서 讀書에 맛을 들여 늙도록 부지런히 연구하여 後進을 깨우쳐 가르쳤던 까닭에 門人에 成就한 사람이 많았다.

사람과 더불어 義와 利를 辨別함에 慷慨激仰하여 苟且한 論理를 전개하지 아니하였다. 자못 經紀를 찾아서 條理가 周密하였으므로 무릇 宗中에 일이 있으면 모두 찾아와서 質正하였다.

奉先의 禮法과 祭需의 物品을 修正한 것도 또한 많았다.

일찍이 稧를 만들어 兄弟가 되니, 先祖를 받들고 後孫을 생각하는 뜻에서 나온 것이다.

평생의 뜻은 隱居하면서 밭 갈고 글 읽는 것이요, 進取함을 추구하지 아니하였다.

伯氏公은 諱가 哲熙니, 先公을 현창할 것을 생각하여 여러 아우들에게 科擧에 응시하기를 勸하므로, 公이 이에 응시하여 武科에 합격하니, 家門에 榮光을 더하여 孝心을 펼 만하였다. 그러나 합격한 뒤로 한 번도 權貴의 門을 찾아가지 아니한 까닭에 仕籍에 오르지 못하고 沈屈하여 버렸다.

公과 같은 才智로 有爲할 수 있었는데도 마침내 이름을 이루지 못하였으니, 비록 평소의 뜻이라고 하더라도 아-, 또한 命이로다.

光武6年 壬寅月日에 考終하니, 享年이 51이었다. 桃李島 含鳳山에 安葬하였다.

配는 德水李氏니, 部將의 따님으로, 忠武公의 後裔이다. 婦德懿行이 있었는데 公보다 앞서 죽었으니, 桃李島 觀靑山에 安葬하였다.

모두 1男4女를 낳았으니, 男은 相云이요, 女는 李某, 金魯洙, 任寫鎬, 任完宰에게 각각 시집갔다.

繼娶는 全州李氏이니, 進士의 따님이다. 2男을 낳으니, 相直과 相穆이다.

相云이 2男을 두니 德祐와 泰祐요, 相直이 1男을 두니 어리다. 外孫男女는 많아서 다 기록하지 못하노라.

公은 像貌가 勻皙하고도 淸秀하며, 稟性이 子諒하고도 剛直하여, 志氣가 淸高하며, 論議가 明快하며, 守身이 儉約하며, 所操가 介潔하였다.

어버이 섬김에 효도하여 그 歡心을 얻었고, 兄弟에 友愛하여 無間하게 즐겼다. 宗族을 和睦으로 대하고, 朋友를 믿음으로 사귀었다.

公의 一生의 行蹟은 참으로 愷悌君子人이었나니, 그 누가 다른 말을 하리오!

일찍이 그 門下에서 受業한 弟子들이 모두 師恩을 잊을 수 없다
고 생각하여, 돈을 釀出하여 稧를 만들어서 位土를 사놓고 아울러
石儀를 갖추며, 장차 短碣에 그 善行을 기록하여 세우려고 하니, 이
에 또한 그 德이 사람에게 깊이 들어갔음을 볼 것이다.

나는 公과 交契함이 매우 깊고 두터웠나니, 늘 文字로 從遊하였다.

이제 季氏君 軫熙가 나에게 글을 주어 말하기를 "今世에 우리 兄
의 行事를 아는 사람은 執事밖에 없으니, 우리 兄의 淸明介潔한 자
질과 孝友敦睦한 行實과 言議의 痛快, 處理의 從容함을 執事께서
이미 아실 터인즉 원컨대 實記 一通을 얻어서 當世의 君子에게 徵
信코자 하나이다."라고 하였다.

나는 글로 써서 탄식하여 말하기를 그러니 나는 비록 文章力이
없으나, 어찌 차마 靑坡를 위하여 一筆을 아끼겠는가? 하고 이에 平
日의 目擊하고 귀로 들은 것을 기록하여 이상과 같이 엮었노니, 立
言君子의 財擇을 기다리노라.

崇禎紀元五周之戊午 12月 上浣 咸平 李邦憲 謹狀

백운헌실록(白雲軒實錄)

公은 諱가 雲澤이요, 字가 仲行이니, 姓이 金氏인데 號를 白雲軒
이라고 하였다.

그 先祖는 新羅의 王子로 避하여 光州에 살았는데 子孫이 그대
로 本籍을 삼았다. 高麗朝에는 八葉의 平章事를 이었으며, 我朝에
들어와서는 光廟朝에 諱가 國光인 분은 功勳이 盟府에 記錄되고
左議政에 光山府院君이었다. 四世를 전하여 諱가 繼輝요 號가 黃崗
인 분은 博學하여 經濟의 才質이 있어서 벼슬이 大司憲이었다. 그
아들이 바로 諱가 長生인데 세상에서 일컬은바 沙溪先生으로 斯文

의 宗師가 되어 聖廟에 從祀하였는데, 官이 刑曹參判이요 領議政을 追贈하였고 諡가 文元公이니, 公의 5世祖이다.

高祖는 諱가 槃이니, 春秋大義를 밝혀서, 吏曹參判을 지내고 領議政을 追贈하였다. 曾祖는 諱가 益兼이니, 生員試에 壯元하였다. 清나라 오랑캐가 中原에 나라를 세우니, 그 使臣을 斬首하기를 요청하였고, 江都의 城이 陷落함에 南城에서 殉節하여 忠烈祀에서 腏食한다. 領議政을 追贈하고, 諡가 忠正公이다.

祖는 諱가 萬基이니, 政事와 文學으로 벼슬이 正卿에 올랐으며, 文衡을 맡았었다. 늦게 肅廟의 國舅가 되어, 光城府院君을 封하고, 保社功臣에 領議政을 追贈하였다. 諡는 文忠公이다.

考는 諱가 鎭龜니, 沈厚하여 德望이 있어서, 戶曹判書를 지내고, 光恩君으로 諡가 景獻公이며, 妣는 貞敬夫人 韓山李氏니 持平 光稷의 따님이다.

兄弟가 8人인데 公은 그 셋째 아들로 顯廟癸丑 11월 2일에 漢師 會賢坊에서 탄생하였다.

어려서부터 警悟端詳하여 일곱 살에 王母西原府夫人을 따라서 大內에 들어갔는데, 禮貌와 應對가 어질어 임금으로부터 칭찬을 받았다.

詩文이 夙成하고, 筆法이 精麗하여 이미 長者로부터 인정을 받았는데 肅廟己卯에 進士에 합격하고, 甲午年 春塘庭試에 임금이 그의 試驗答案紙를 들고 景獻公을 돌아보며 기뻐하였다.

이해 겨울에 景獻公의 喪을 당하니 禮制를 嚴守하였고, 새벽으로 墓所에 올라가서 哭하면서 3년을 마치었다.

伯氏 北軒公이 凶黨의 모함을 당하니 公은 服을 마치고도 벼슬길에 뜻이 없어 槐院의 뽑힘에 응하지 아니하였다.

庚寅年에 侍講院說書를 除拜하고, 兵曹佐郎에 올랐다가, 나아가

全羅都事가 되었다가, 돌아와서 司書를 拜受하고, 또한 兵曹佐郎 兼知製敎로 있다가, 司憲府持平으로 옮겼다. 言地에 새로 들어와서 激濁揚淸을 스스로 責任지니, 時輩들이 側目함이 많았다.

甲午에 陽城縣監을 除授받고, 盡心撫民하다. 임기를 마치고 돌아와 守禦廳從事官으로 있다가 다시 敬差官으로 湖西의 黍粟과 木綿을 檢田하고, 아울러 災害地域의 補給을 요청하니, 他道도 또한 도움을 받았다.

돌아와 兵曹正郎을 拜受하고, 북을 치며 北軒公에 대한 誣告를 辨明하였다. 侍講院文學을 拜受하였다. 또 命을 받아 關西를 廉問함에 刺擧黜陟이 모두 그 진실을 얻었고, 邑瘼民瘼의 田制軍政을 많이 變通하였으며, 節孝를 권장하고, 冤枉을 풀어주었다.

글월로 30여 條를 啓하여, 몸소 精書하니 首尾如一한대 임금이 掖隷로 하여금 그 親書를 위문하였다.

司書로 移拜하였는데 凶黨 李世德이 尤庵 宋先生을 誣辱하다가, 다시 忠正公이 殉節할 때의 일에 미치니, 公이 疏를 올려 痛辨하였다.

關西監賑御史로 뽑히니 임금의 面對를 청하여 賑救의 方策을 陳述하였는바, 모두 특별한 허락을 받았다. 드디어 穀萬斛을 마련하여 累萬의 飢民을 살리니, 西土의 士民이 碑石을 세워서 德을 칭송하였는데 말하기를 "지난번에 金御史가 아니었더라면 우리들이 이미 다 죽었을 것이다."라고 하면서 눈물을 흘리는 사람도 있었다.

戊戌年 吏曹에서 추천을 받아 弘文館副校理를 拜受하니, 一代의 지극한 뽑힘이었는바 公의 文雅地望으로 세상에서 힐뜯었다.

登第 14년에 처음으로 瀛選에 오르니, 公議가 모두 그 굽히어 낮춤을 칭찬하였다.

修撰으로부터 北評事로 옮겼다가, 校理로 와서 漢學敎授를 兼하였다. 吏曹佐郎 兼文學校書, 西學敎授를 자주 옮기고 여러 번 맡았으나, 모두 經幄을 떠나지 아니하였다.

列聖의 誌狀과 하여금 玉堂校定이 오로지 公에게 委任 되었었다.

吏曹正郎으로 옮겼다가 司僕寺正에 올랐으며, 副應敎 兼弼善으로 옮겼다. 同副承旨에 발탁되었는데 均田使로 湖左를 살폈는바, 檢驗이 매우 均平하여, 土豪가 감히 그 농간을 못하게 하니, 人民과 國家가 모두 믿었다.

庚子年에 戶曹衾議를 拜受하고, 肅廟가 昇遐하니, 弘文館副提學으로 뽑히어 襲斂執事가 되었으며, 山陵에 따라가 玄官에 下棺함을 들어가 보았다. 또 纂輯廳堂上으로 뽑히었다가 大司諫으로 옮기니, 入對하여 國事를 차례로 논하고, 先大王의 盛德大業을 이어서 이룩하도록 부지런히 陳戒하였다.

大司成을 拜受하였는데, 太學生 尹志述의 疏事로 인하여 諸生이 捲堂하니, 마땅히 士氣를 培養하도록 요청하고, 摧折하지 못하게 하였다.

右副承旨로 옮겼다가 副提學이 되어 大行金寶 및 翼陵碑의 篆을 써서 올렸다.

嘉善大夫에 올라 刑曹衾判을 拜受하여 承文院提調를 겸하고, 辛丑正月에 大司成으로 備局堂上을 兼하였으며, 3月에는 戶曹衾判이 되었다가, 副提學으로 옮겨 同知義禁府事, 春秋館事를 겸하였다.

5월에 나아가 開城留守가 되었는데, 7월에 大夫人의 喪을 당하였다. 처음과 똑같이 禮法을 지켰는데, 겨우 葬事를 마치니, 禍가 일어났다.

이보다 앞서서, 景廟가 疾病으로 嗣子가 없으니, 자못 아우 延礽君이 朝野에 屬望이 있었다.

저 奸凶의 徒黨은 일을 꾸밀 기회를 엿보다가, 계책을 치밀하게 세웠다.

宗社의 근심이 바야흐로 깊어서, 오랫동안 儲宮을 세우자는 議論이 있었는데, 正言 李廷熽이 上疏하여 요청하므로, 諸大臣이 諸卿을 인솔하고 入對하여, 東朝의 命을 받들어, 延礽을 王世弟로 冊封하였다.

孝廟 이후로 3宗의 血脉이 여기에 있으니, 주고받음이 분명하고 바름으로 天人이 돌아가는 바이거늘 누가 감히 반대하리오만, 凶徒들의 陰謀는 더욱 급하게 안팎으로 연결하여, 一鏡 등 7賊이 上疏하여 慈聖을 誣辱하고, 國本을 흔들었다고, 4大臣의 죄를 얽으니, 이날 밤에 4大臣이 絶島로 축출되었다.

이어서 16人이 啓를 올려 사실을 밝혔으니, 公이 그 疏首였다.

公의 親戚兄弟는 淸顯에 차례로 올라, 休戚의 義理가 다른 사람과는 저절로 달랐다. 그러므로 大義를 세우고, 大策을 만들어서 臺言을 先導하고, 廷論을 일으켜, 効忠竭慮하는 바탕이 되었으니, 참으로 秉軸大臣과 더불어 서로 表裏가 되었다.

그러므로 비록 憂服中이라고 하여도, 凶黨이 크게 꺼리고 미워하였지만 꼬집어 논할 것이 없어 巨猾들과 한패요, 陰邪들과 연결되었다고 꾸며서 거짓으로 얽었으니, 公의 兄弟와 知舊 및 門客이 모두 한 그물에 묶이어 변방으로 流配를 갔다.

壬寅 2월에 公이 寧邊에 謫居하였는데, 虎龍이 急變을 上疏하여 誣獄을 크게 일으키고, 大臣을 協贊하거나, 搢紳 및 布韋로 王室을 護衛하는 사람은 모두 殺戮하니 그 勢力이 늠름하여 東宮까지 위태로웠다.

光佐의 무리가 여러 번 公의 處刑을 요청하여 마침내 獄中에서 殞絶하니 실로 壬寅年 12월 3일이었다. 得年이 50이었으니, 廣州 先塋의 西崗에 安葬하였다가, 癸亥年에 瑞山 安南里 負丁之原으로 移葬하였다.

公이 먼저 체포되어 禍를 당하고, 이어 惕齋公을 削奪하고, 또 北軒公을 요청하였다. 公의 諸弟姪로 함께 海島로 流配를 갔는데, 長幼가 모두 15명인즉 道路에서 보는 사람마다 슬퍼하지 아니함이 없었다.

甲辰年에 英廟가 王位를 이으니, 하나같이 誣寃을 깨끗이 씻으며, 一鏡과 虎龍 등의 諸賊을 목 베고, 4大臣의 官爵을 회복시켰다.

또한 諸臣도 一切 復官을 命하고, 公에게는 吏曹判書를 追贈하며, 官吏를 파견하여 祭祀하였으며, 子孫을 錄用하였다.

丁未年에 凶黨이 다시 用事하여 4大臣의 爵과 諡를 도로 빼앗고, 公과 李晩成, 洪啓迪 등 諸公은 다만 그 贈職만을 削奪하였다.

辛酉年에 上이 翻然히 覺悟하여 誣案을 전부 불태워 버리고, 諸公의 官과 贈職을 회복시켰다.

正廟己亥年에 命하여 忠貞公의 諡號를 내렸으니, 諡法이 慮國忘家曰忠이요 淸白自守曰貞이었다.

哲廟壬子에 특명으로 不祧之典을 베풀었다.

公은 端重溫粹하고, 孝友天植하여, 富貴에 處하면서도 寒士처럼 淡泊하였고, 華顯에 있으면서도 處子처럼 恬靜하였다. 和順하면서도 莊簡하고, 愿厚하면서도 貞介하니, 그 간직한 바와 나타난 바가 참으로 儒者의 規範을 잃지 아니하였다.

誠信의 믿음이 저절로 사람의 마음을 감복시킴이 있어서, 비록 趣向을 달리하여 怨疾하는 무리까지도 또한 端恭仁介로서 칭찬하지 아니함이 없었다.

朝廷에 言論을 확립하여, 名分과 義理를 밝히고, 隄防을 엄격히 하였으니, 일찍이 禍를 걱정하여 말하지 않음이 없었다.

官職을 맡음에 쉽고 험난함을 가리지 아니하였으며, 모든 事務에 반드시 핵심을 밝혀서 두루 갖춰 그 직책을 완수한 다음에야 그쳤다.

그 깐깐한 風蹇의 節度가 오직 나라가 있는 것을 알 뿐이요, 그 몸이 있음을 알지 아니하였으니, 떼를 지어 시기하는 때에 외롭게 살고, 뭇사람이 지껄이는 가운데 홀로 서서, 終始 한 마음으로 주검에 이르러서도 뉘우치지 아니하였다.

嗚呼라, 그 참으로 6尺의 어린 임금을 부탁할 만하고, 大節에 臨하여 빼앗을 수 없는 사람이니, 孔子가 이른바 君子人인저!

평생에 朱子의 글을 지극히 좋아하여 點을 찍어 세어가며 誦讀하였는데 말하기를 "만일 나로 하여금 밖에서 흔들지 아니하고, 항상 이와 같이 한다면 어찌 몸에 유익하지 않으리오?"라고 하였다.

公과 같은 이는 오직 天賦에서 얻었을 뿐만 아니라 그 평상시에 涵養하고 노력한 사실을 속일 수 없을 것이다. 文章은 圓暢流轉하고, 詩는 淸勁簡淡하였으니, 北軒公이 그 儒者의 辭임을 인정하였다.

配는 靑松沈氏니 贈吏曹叅議 榥의 따님이다. 4子2女를 낳았으니, 첫째 俊材는 宜寧縣監이요, 둘째 偉材는 學行으로 추천되어 副率인데, 不仕하고, 셋째 養材는 益山郡守요, 넷째 命材는 天安郡守다. 長女는 任重夏에게 시집가고, 次女는 尹休相에게 시집갔다.

처음에 戚臣이 儲宮 세울 일을 물었을 때에 公이 대답하여 말하기를 "聖候가 如此하고, 國事가 如此하니, 儲宮을 세우는 大策을 그만둘 수 있겠는가?" 그 사람이 또 묻기를 "누가 될 것인가?" 하니 公이 正色하여 말하기를 "3宗의 血脈이 스스로 所屬이 있거늘 어찌 다른 의논을 하리오?" 하니 그 사람의 얼굴빛이 바뀌었다.

公이 물러와 모자를 땅에 던지면서 말하기를 "國事의 근심이 이와 같으니, 한 몸의 生死를 족히 논하겠는가!"라고 하며 탄식하여 마지않았다.

마침내 謫路에 江郊를 나서면서 이별하는 사람들을 보고 쓸쓸히

3눈물을 흘리며 말하기를 "나라가 장차 망하는데 내가 어찌 한 목숨을 아끼겠는가?"라고 하였으니, 公의 평소의 지조를 여기에서 볼 수 있을 것이다.

太常이 諡號를 의논하면서 말하기를 英廟를 儲宮으로 定할 때에, 異議가 橫生하여 宮中으로부터 閭巷에 이르기까지 喧然하여 그치지 않았다. 이때를 당하여 大臣으로서 英廟를 翊戴하면서 말하기를 "公 한 사람뿐이다."라고 하였으니, 대개 公의 忠誠은 3宰臣 가운데서도 더욱 뛰어나다고 하였다.

聖朝의 致祭之文과 愍恤之典이 슬픔과 榮華를 모두 갖추었는데, 晋菴相公 李天輔가 行狀을 엮고, 屛溪先生 尹鳳九가 碑文을 지었고, 大提學 黃景源이 諡狀을 엮었으니, 公의 平生을 考證하리라.

제토신문(祭土神文) (丙戌正月) 번역하지 않음

제토신문(祭土神文) (戊子十月) 번역하지 않음

제토신문(祭土神文) (辛卯十一月) 번역하지 않음

송서신문 1(送西神文 一) 번역하지 않음

송서신문 2(送西神文 二) 번역하지 않음

제고모문(祭姑母文) (戊子) 번역하지 않음

제이소천(祭李少泉) 번역하지 않음

제망아문(祭亡兒文) （戊戌三月）번역하지 않음

제망아문(祭亡兒文) （庚子三月）번역하지 않음

제망실문(祭亡室文) （丁未二月）번역하지 않음

제유문양진하(祭兪汝陽鎭河) （丁未三月）번역하지 않음

제김교리약제(祭金校理若濟) （壬子十二月）번역하지 않음

제이승지설(祭李承旨偰) （壬子二月）번역하지 않음

제망부김씨(祭亡婦金氏) （癸丑三月）번역하지 않음

제유미하진민(祭兪嵋下鎭敏) （甲寅九月）번역하지 않음

제김부솔용학(祭金副率容學) （己未正月）번역하지 않음

제김부솔용학(대작)(祭金副率容學) （代作）번역하지 않음

제이석농상규(祭李石儂尙珪） 번역하지 않음

제맹직원선술(祭孟直員善述） 번역하지 않음

제유매곡인섭(祭柳梅谷寅攝） 번역하지 않음

제혹인문(祭或人文) （代人作一）번역하지 않음

제혹인문(祭或人文) (代人作二) 번역하지 않음

제혹인문(祭或人文) (代人作三) 번역하지 않음

제혹인문(祭或人文) (代人作四) 번역하지 않음

조노중련(吊魯仲連)

某는 어려서부터 春秋를 읽었는데, 이 義理로 古今의 人物을 두루 관찰하여 볼 때에 능히 그 大義를 아는 이가 대개 몇 사람 되지 않거늘, 오직 先生만이 홀로 대단히 훌륭합니다.

嗚呼라, 선생은 春秋를 읽은 사람인지요? 본래 성품이 뛰어나서 저절로 春秋大義에 합하였는지요? 아니면 또한 6國시대에 聖人이 돌아간 지 오래지 않아 모든 사람이 그 의리를 알고 있는 가운데 선생은 뛰어난 분이었는지요?

先生의 한 마디 말은 천하 만세의 法이 될 것이요. 후세에 춘추를 읽지 못한 사람은 선생의 한 마디 말을 배움으로써 또한 춘추의 뜻을 알게 될 것입니다.

秦氏가 천하를 號令할 때에, 六國의 人事가 천하의 大勢를 目見하고, 장차 秦으로 가서 굽실굽실 따르면서 모두 帝라고 부르는데, 선생만 홀로 분연히 일어나 말하기를 "秦은 禮義를 버리고, 戰功만을 숭상하는 나라다. 나는 東海로 가서 죽을지언정 그 백성은 되지 않겠다."라고 하였다.

이는 비록 新垣衍의 辨口라고 하여도 역시 敬服할지니, 秦軍이 이미 五十里를 퇴각하였다.

이것은 무슨 義氣인가! 해와 달과 더불어 빛을 다투도다. 선생의 뜻은 대개 秦은 夷狄의 나라로 생각하였으니, 中國이 물리쳐서 더불어 會盟을 안 한 지가 몇 백 년이로되, 하루아침에 帝王으로 섬긴다면 당당한 中華가 도리어 뒤바뀌어 夷狄이 되고, 先王의 典章法度가 무너지며, 先王의 衣冠文物이 찢어지며, 先王의 臣民이 장차 禽獸와 다름이 없게 되는 것이다.

사람이 바뀌어 夷狄이 되는 것은 절대 할 수 없지만, 내가 능히 하늘이 준 사람의 길을 온전히 한다면 비록 죽어도 후회가 없는 것이니, 이것이 선생이 바다를 건너가고자 한 뜻을 두게 된 동기였다.

소위 尊周의 의리가 또한 이것을 벗어나지 아니하는바, 오호라, 春秋의 大義가 수십 가지이나, 尊華攘夷가 중대하다면 선생은 그 춘추를 읽은 분이 아닌가? 今世에는 어찌하여 한 사람도 선생처럼 춘추를 잘 읽은 사람이 없는가? 대저 하늘이 준 良心이 옛날에는 후하고, 요즈음은 인색하여, 선생처럼 훌륭한 성품이 없는 것인가? 聖人이 돌아가신 지가 이미 오래되어서 春秋가 무엇인지 알지 못한 까닭인가?

某는 늘 생각이 여기에 이르면 스스로 이해할 수 없어, 선생의 글을 한번 읽음에 일찍이 무릎을 치고 길게 탄식하면서 東海로 선생을 따라가고 싶지 아니함이 없었나이다.

韓子가 田橫을 吊하는 글에 말하기를 일에는 百世를 걸러서 서로 감동하는 것이 있다고 하였도다. 나는 그것이 무슨 마음인지 스스로 알지 못하거니와 이제 某는 선생에 대하여 百世 뒤에 감동하면서도 또한 그 무슨 마음인지 알지 못하나이다.

생각하건대 선생의 영혼께서 저의 마음속을 보살펴 주소서!

고가묘문(告家廟文) 번역하지 않음

고주자영정(告朱子影幀) 번역하지 않음

고병계선생묘문(告屛溪先生墓文) 번역하지 않음

고선고생신고문(告先考生辰告文) 번역하지 않음

선비생신고문(先妣生辰告文) (丙申八月) 번역하지 않음

방산선생문집 제8권

설(說)

대객설(對客說)

하루는 方山子가 정숙하게 글을 읽고 있는데, 나그네가 문 앞을 지나다가 위로하여 말하기를 우리 선생이 참으로 고생하는구려! 우리 선생이 道를 배운 지가 몇 년이신가? 앉은 자리가 뚫어졌구려!

무릇 배우는 까닭은 장차 써먹기 위함이거늘 우리 선생은 매우 가난하여 초가집 몇 칸에 쑥대문에서, 옷을 철철이 갖추어 입지 못하고, 거친 밥이나마 날마다 이어 먹을 수 없도다.

몸에는 온전한 옷이 없고, 집에는 저장한 곡식이 없어, 어버이의 나이는 높은데 공양을 못하며 妻子는 울부짖고, 일꾼은 배를 줄이니, 그 情勢가 사람으로 하여금 민망스럽거늘 우리 선생은 종일 글만 읽으면서 聖賢만 대할 뿐이구려!

조금도 근심하고 슬픈 빛을 보이지 아니하시니, 혹시 즐거운 바가 그 사이에 있으십니까? 나는 그대를 위하여 근심하거니와 장차 무슨 방법을 세워야 하리이다.

오늘날에 가난을 면하는 길이 한두 가지가 아니지만 힘써서 농사만 지어도 종신토록 배부르고, 장사를 하여도 재물이 넉넉하며, 벼슬을 살아도 뜻을 이루어 모두 날뛰면서 즐거워하나이다.

원컨대 우리 선생께서도 또한 모름지기 부지런히 농사를 짓든가, 장사를 하든가, 아니면 서울로 가서 벼슬을 하든가 할 것이지, 이에 촌구석에 엎드려서 이 고생을 하시는가?

날마다 글만 읽어서 장차 무엇에 쓸 것인가? 친척이 성내고, 동무들이 비웃고, 이웃이 비난하면서 모두 말하기를 그대는 無才無能하고 迂踈하여 살림살이를 알지 못한다고 하나니, 나는 그대를 위하여 걱정하는 바입니다.

方山子가 일어나 대답하여 말하기를 나그네가 부지런히 생각하여 준 데 대하여 경건히 감사하면서도, 그러나 나그네가 걱정한 나의 고통은 도리어 족히 고통이 아닙니다.

나는 곧 세상의 고통을 말하고자 하오니, 저 화려한 집에 비단옷과, 기름진 음식이 스스로 풍족하지 않음이 아니지만 저 利己心으로 열중하는 慾望이 가슴속에 얽혀 싸우는 고통이야말로 平淡安靜한 날이 없나이다.

재산을 탐하는 사람은 이것으로 필생의 사업을 삼아, 市井에 出沒하며, 身命을 더럽히면서도 부끄러움을 알지 못하고 벼슬살이 하는 사람은 죽도록 돌아가는 것을 잊어버리고, 權門을 다투어 찾아다니면서 밤낮으로 哀乞하도다. 그들은 스스로 변명하여 온 세상이 모두 그렇다고 하지만 有道者가 본다면 장차 唾罵하리로다.

어찌 모름지기 스스로 그런 곳에 뛰어들 것인가? 富하고 貴하다고 하지만 또한 족히 부끄럽도다. 오직 힘써서 농사짓는 일이야 道理에 해가 없지만 그러나 百畝의 농사가 쉽지 아니함을 근심하는 것은 農夫의 일이다. 士君子가 어찌 반드시 여기에 골몰 하리오?

우리 夫子가 말씀하지 않았는가? 君子는 道를 걱정하고 가난을 걱정하지 아니하며, 顔淵은 도시락밥과 바가지 물로 그 즐거움을 고치지 아니하며, 曾氏는 해진 옷을 입고, 떨어진 신발을 끌고 다니면서도 명랑하게 노래하고, 그 뜻이 浩然하였으니, 어찌 가난하고 천하다고 능히 바꾸어 버리리오!

나는 진실로 不肖하여 감히 安貧樂道를 스스로 한다고는 못하지만, 그러나 소원은 聖賢의 道를 배우는 것이다. 배우는 방법은 무엇인가? 聖人의 걱정한 바를 걱정하고, 聖人이 걱정하지 아니한 바를 걱정하지 않는 것이며, 聖人이 즐거워한 바를 즐기고, 世俗이 즐거워하는 바를 즐기지 않는 것이다.

나그네는 君子의 일로 나를 기대하지 아니하고, 이에 君子가 깊이 부끄러워하는 바로서 가르쳐 주신다면 서로 아는 것이 너무 얄팍하나이다. 옛날 朱先生에게 묻기를 "顔路에게 술과 고기를 드리지 못하면 顔子에게 걱정이 없겠나이까?"라고 하니, 대답하기를 "이것이 무거우면 저것이 저절로 가벼워지는 것이다."라고 함이 있도다.

별다른 방법이 없나니, 대개 어버이를 봉양함에도 또한 스스로 그 道가 있도다고 하니, 나그네가 "네." "네." 하면서 물러가기에, 이어 다시 글을 읽으며, 날이 이미 어두운 것을 깨닫지 못하도다.

방용설(放龍說)

어린아이들이 시냇가에서 놀다가 물고기를 한 마리 잡아가지고 돌아왔는데, 그 작기는 미꾸라지와 같으나, 형용은 이상하여, 머리엔 뿔이 나고, 비늘이 있으며, 다리도 갖추고, 꼬리가 길어서 보는 사람마다 모두 용의 새끼라고 하는도다.

굼틀굼틀 폈다 굽혔다 하는 것이 神物과 방불하므로 내가 한참 동안 관찰하다가 쓸쓸히 감동하여, 돌아와서 아이들로 하여금 물 가운데로 놓아주라고 하였더니 悠然히 떠나가 제가 살 곳을 찾았도다.

내가 놓아주라고 하였던 까닭은 자못 生物을 살리기 좋아하여서만이 아니라 스스로 깊은 뜻이 있어서 그랬도다.

대저 龍이란 것은 神物이다. 그 뜻을 얻으면 하늘을 오르내리면서 변화가 헤아릴 수 없나니, 구름을 일으키고, 비를 내려서 은택이 만물에 미치지만 潛伏과 飛躍이 때가 있고 올라가고 내려감이 철이 있어서, 德이 끝이 없으면서도, 그 自重함이 또한 이와 같은 것이다.

그러므로 易에서 말하기를 나는 용이 하늘에 있으니, 큰 사람을 만나봄이 이롭다고 하였다.

바야흐로 그 변하지 아니함에는 진흙탕에 살면서, 지렁이와 더불거니 보통 물고기와 다름이 없으므로 미꾸라지의 비웃음거리가 되고 마는 것이다.

그러므로 易에서 또한 말하기를 잠복한 용은 쓰지 말라고 하였다. 聖人이 象을 취함이 어찌 의미가 없을까?

그러나 하늘에서 나는 용의 德이 바로 潛龍에서 말미암아 길러지는 것이다. 어찌 潛淵의 시기에 있다고 하여 함부로 업신여길 것인가!

저 뛰노는 어린아이들이 하늘에 오르내리면서 변화가 끝없는 것을 보면 두렵고, 이상하여 우러러 탄식하지 아니함이 없으면서도, 그 연못에 잠겨 있는 때에는 그것이 무엇인지를 알지 못하여, 보통 물고기보다도, 더욱 희롱하고, 놀리는 것이다.

이것은 용의 행복과 불행이 때를 만나고 만나지 못함에 있는 것인즉 저 알지 못하는 사람이야 어찌 족히 논할 것이냐? 안타까워라. 이제 너는 연못에 잠겨서 쓰지 말아야 하지만 장차는 하늘을 날고 이롭게 만날 것이 아닌가? 오늘날 희롱하고 학대한 사람이 도리어 다른 날에 두려워하고 탄식할지를 어찌 알겠는가!

네가 만일 너의 집에 깊이 숨어서 德을 기르고, 靈을 모아, 처음부터 妄動하지 않았더라면, 어찌 이러한 곤란을 당하였겠느냐! 나는 너를 매우 애석하게 여기노라. 그러나 무슨 상관이 있으리. 시세가 그런 것을…… 너는 사람이 알아주지 않는다고, 스스로 꺾이지 말라.

나는 일찍이 大人君子가 때를 만나지 못하고, 세속의 웃음거리가 된 것을 탄식하였거니와 이제 이 용도 비슷한 처지인 까닭에 감동하여 글로 쓰나니, 저 연못에 잠겨 있는 것이 처음에 어찌 일찍이 장차 하늘을 날리라는 생각을 가지고 있었겠는가? 군자의 出處도 또한 이와 같은저!

양매설(養梅說)

집에 梅花盆이 있어, 한 줄기가 매우 꾸부러지고 늙어서 우아한데, 실은 내가 손수 接種한 것이다.

范石湖가 이른바 "學圃之家"라고 함이 이것인저! 내가 일찍이 好事之家에 들러보니, 梅花가 있는데 매우 기묘하였다. 문득 욕심이 났지만 또한 얻을 수가 없어서, 집에 돌아와 이내 뜰에 복숭아나무에다가 접을 붙여 놓고, 질그릇 화분에다가 옮겨 모종을 내었다.

淡花, 暗香, 淸韻, 深趣가 과연 寒士의 집안에 奇品이로다. 지난번에 다른 사람에게 있을 때에는 비록 대단히 부러웠지만 어찌할 수 없었는데, 이제 재배하여 심으니, 그대로 만든 사람의 물건이 되어서, 외딴 시골의 봄빛을 남에게 넘겨주지 않도다.

천하의 일이 모두 이와 같으니, 얻음에 방법이 있는 것이다. 어찌 반드시 멀리 外物을 흠모할 것이냐?

나는 이 매화에 대하여 아주 부지런히 가꾸고, 아주 지독하게 사랑하였으니, 이로 인하여 혹시 이 마음이 밖으로 달려가는 것을 면하지 못함으로써 그 本原의 功夫가 玩物喪志의 계율을 스스로 범하고 말았은즉 마땅히 스스로 경계하여야 될 바이다.

그러나 지독하게 사랑하는 정과 부지런히 기르는 노력이 없다면 또한 이 梅花를 얻을 수 없으니, 참으로 천하에 尤物이라고 하겠다.

안타까워라, 사람이 外物을 그리워함이 이 매화를 사랑하는 마음과 같아서 반드시 얻으려고 기약한다면 義를 해치는 길로 들어서지 아니함이 드물 것이다. 매우 두려운 일이니 깊이 경계할 지어다. 깊이 경계할 지어다.

애국설(愛菊說)

나의 성질이 꽃을 매우 사랑하는데 그 가운데 국화를 더욱 사랑한다. 손수 심은 서너 떨기가 푸른 섬돌 아래에 늘어져 피어 있거니, 이에 종려나무 신과 대껍질 冠으로 거닐면서, 어루만지고, 냄새 맡고, 맛보고, 뜯어보면 자못 무한히 깊은 운치를 느끼게 된다.

友生이 찾아오면 또한 감상하면서 사랑스럽다고 말하는도다.

대저 물건이 사랑스러우면 사람이 반드시 사랑하나니, 눈을 가지고 있는 사람은 똑같이 그렇거니와, 그러나 濂溪는 愛蓮說에서 말하기를 菊花를 사랑함은 陶淵明 이후에는 듣기 어렵다고 하였으니 이 말이 어찌 된 일인가?

국화는 족히 사랑스럽지 못한데도, 淵明이 특별히 사랑함인가? 아니면 사람이 물건을 사랑함이 또한 저절로 똑같지 아니함인가?

어쩐지 淵明이 사랑하는 것이 나도 또한 사랑스럽고, 내가 사랑하는 것을 나그네도 또한 사랑스럽다고 말하도다. 위아래로 1000년 동안 국화를 사랑하는 사람이 적지 않고, 그 詩歌에 보이는 것만도 괜찮은 것이 많지만 淵明이 가장 으뜸이다.

나는 반드시 말하기를 취미는 진실로 깊고 얕음이 있고, 사랑도 또한 같고 다름이 있도다. 아一, 국화에는 바른 색깔이 있고, 맑은 향기가 있으며, 晩節이 있으니, 君子의 德이요, 逸士의 操行이라 마땅히 名勝의 流라고 할 것이다.

깊이 사랑할 바이로되 세상 사람이 알지 못하니 반드시 먼저 淵明의 운치를 깨달은 다음에야 비로소 국화를 심을 수 있으리라. 국화는 진실로 사랑하지 않을 수 없거니와 사랑하기도 또한 어렵다.

嗚呼라, 淵明의 운치가 어찌 저절로 되리오? 스스로 여기에서 깊이 취함이 있어야만 그 운치가 이루어지는 것이다. 나는 淵明이 국화 사랑하는 것을 사랑한다.

지행설(知行說)

聖學에 德으로 들어가는 문은 知와 行의 두 길인데 敬으로 꿰뚫어 있다. 朱子가 말하기를 知와 行은 마치 수레의 두 바퀴와 같고, 새의 두 날개와 같아서 하나라도 없을 수 없다고 하였고, 또 일찍이 말하기를 앞뒤를 논하면 知가 앞서지만, 가볍고 무거움을 논하면 行이 중요하다고 하였다.

대저 이른바 知라는 것은 그 마땅히 행할 줄을 아는 것이요, 行이라는 것은 그 아는 바를 행하는 것이다. 知는 天理를 알고, 行은 天理를 행하는 것이니, 그러므로 학자는 반드시 먼저 心性의 타고난 바를 살펴서 天理와 人慾을 나누어 분별하여, 참으로 보고, 참으로 얻음이 있는 다음에야 가히 더불어 聖人의 道를 말할 수 있을 것이다. 그윽이 생각하건대 聖學의 공부는 理氣보다도 절실한 것이 없나니 대개 理氣에 밝지 못하면 性이 善함을 알아서 氣質을 변화시키지 못한다. 이래서 옛날 聖賢이 반드시 여기에서 깊이 분석하여 털끝만치의 어그러짐을 용납하지 아니 했나니 우리 道를 걱정하는 까닭으로 後學을 가르침이 지극하고 극진하도다. 후세의 학자는 그 뜻을 통달하지 못하고, 간혹 理氣의 논리는 初學이 알 수 없을 뿐만 아니라, 또한 日用의 修治하는 방법에는 상관도 없으므로 그 이론을 강의하고 연구할 필요가 없다고 하나니, 안타깝도다!

만일 이와 같이 말한다면 太極圖說은 마땅히 寒泉의 篇首에서 잘라내야 되고, 千聖萬賢이 깊이 분석한 것도 모두 無益한 空言이 되어 읽을 것이 없으리니, 어찌 그러하리오!

모름지기 여기에서 밝게 분별하여 그것이 一物인가, 二物인가, 先後와 異同을 看破하여, 氣를 理로 인식하지도 말고, 理를 氣로 착각하지도 말아서, 大本을 확립하고, 達道를 행하는 것으로 修治의 방법을 삼아야만 된다.

간혹 또한 학자는 마땅히 實踐에 힘써야지, 格物, 致知에 급급할 필요가 없다고 말하는 이가 있는데. 이것도 또한 世儒의 잘못된 말로, 올바른 논설이 아니다.

안타까워라, 만일 格物, 致知의 工夫가 없다면 비록 實踐을 하고자 하나 그 될 것인가? 그 일컬은바 실천이라는 것이 과연 무슨 일인가? 보통 사람이 힘써 행하지 못하는 것은 참으로 알지 못하기 때문이다.

가령 참으로 알아서 깨달았다면 어찌 행하지 못하는 이치가 있으리오? 어떤 사람이 말하기를 그 말이 해롭지 않도다. 俗儒가 실천에 노력하지 아니하고, 다만 이야기 자료로만 삼는 것을 걱정하여 그 폐단을 바로잡으려고 하는 말이라고 하도다.

아ㅡ, 이것은 폐단을 바로잡으려고 하다가 도리어 폐단을 만드는 논법이다. 그 講學의 길에 방해됨이 심하도다.

古來로 聖賢은 知와 行에 한쪽만 치우쳐서 논하지 않았으니, 수많은 말이 경전에 실려 있거늘 이제 무슨 까닭으로 이렇게 사람을 가르친다는 말인가?

그 까닭을 자세히 규명하여 보면 실로 보는 바의 차이에서 나오나니, 氣를 理로 오인하고, 理를 氣로 착각하여 先後異同處를 하나의 물건으로 보아 버린다. 그러므로 필경 理氣의 본질을 알지 못하게 되고 만다.

그들은 性性說을 들으면 문득 말하기를 마음도 또한 純善하다고 말하나니, 스스로 이 마음이 善함을 알았으면 별도로 講學할 道가 없는 것이요, 그 善하지 못한 것은 오로지 形氣에서 말미암는 까닭에 힘써 밖을 節制 하느라고 이에 그 本原上의 생각을 잊어버리도다.

이것은 性이 곧 理임을 알지 못하는 것이다. 性은 비록 본래 善하지만 心은 곧 氣이다. 氣는 곧 가지런하지 아니하여, 혹 착하기도 하고, 혹 착하지 못하기도 하나니, 心의 氣가 그러한 것이다. 形氣를 밖에서 節制하는 것도 또한 한마음에서 말미암지 아니함이 없는 것이니, 마음의 神明하고 活化한 것이 本性의 善에서 변화할 수 있는 準則이다.

이것이 몸을 다스리는 道인데, 이른바 性이 善함을 알아서 氣質을 변화한다는 이론인 것이다.

만일 저들의 논설을 따르면, 感情대로 즉시 행하여, 器를 道로 오인하고, 欲을 理로 착각하여, 스스로 밤길을 가는 듯하고, 장님이 지팡이를 두드리고 가는 듯하게 되어서, 그 폐해가 장차 猖狂自恣하여, 七顚八倒하는 데로 흘러가면서도, 자신은 그 잘못을 알지 못할 것이니, 매우 한탄스러운 것이다.

그렇다면 어떻게 하여야 되는가? 당세에 道를 걱정하는 사람은 장차 그 폐단을 바로잡기 위하여 그 학설을 분석하여야 될 것인가? 아니면 홀로 나의 心性이나 涵養하면서, 敬을 간직하고, 부지런히 知와 行의 방면에 종사하여, 장차 나의 道를 아는 사람과만 이야기 하여야 될 것인가? 이것이 알 수 없는 것이로다.

나는 일찍이 학문에 뜻을 둔 지 수십 년이로되, 아직도 理氣之辨과 知行之端에 대하여 얻은 바가 없으니, 비록 감히 더불어 논하지는 못하거니와, 탄식컨대 世儒가 늘 행동력이 부족한 것을 걱정하지만 그 행동력이 부족함은 실로 행하는 원리를 알지 못함에서 말미암고, 지나친 사람은 氣를 理로 오인하고, 理를 氣로 착각함으로써 나와 남을 그르치면서도 도도히 돌아올 줄을 모르는 것이다.

표자설(瓢子說) (庚子五月)

내가 늘 山行을 하는데 목이 말라서 샘물을 마시려면 손으로 쥐어 마시는 것을 면하지 못하였다. 바가지 하나를 가지고 다니고 싶었지만 마땅치가 않았다.

庚子년 여름에 山寺에 있으면서 우연히 뜰의 늙은 느티나무를 보니, 툭 튀어나와 둥글둥글 혹이 붙었도다.

드디어 살펴보고 싶은 마음이 생겨서, 스님과 상의하여, 톱으로 잘라, 끌로 파내고, 칼로 다듬으니, 금방 바가지가 되었다. 오목한 바가지가 아주 신기하고 절묘하므로 이로부터 春花秋楓에 시를 지으면서, 목이 마르면, 名山의 단물에 이 바가지를 띄우니, 또한 기막힌 멋이었다.

문득 또다시 옛날 巢父에게 오직 하나의 바가지가 있었거늘 나무에 걸어 놓고 떠나가는 데 생각이 미치니, 나도 역시 세상에 숨은 사람이라고 말하지 아니할 수 없는데 이제 다시 옛사람이 버린 것을 취하여 무엇 하리오? 그 또한 用器에 마음을 쓰는 사람인저!

아―, 巢父는 物質을 끊어 버리려고 마음을 먹은 까닭에 비록 하나의 바가지라도 外物로 보고, 스스로 無所有로 돌아간 것이다. 그러므로 길이 자연으로 돌아가, 돌아오지 않고, 새 짐승과 더불어 함께 사는 사람이라고 할 것이다.

나의 배운 바는 이것과 다르니, 天下萬物이 나의 用器가 아님이 없어서 모두 나의 分數 안의 일이다. 내 마음에 갖춘 바의 이치가 모두 한 바가지를 응용하는 일이니, 하필 구구하게 外物을 끊어 버리리오?

대저 君子의 出處는 오직 大義를 볼 것인즉 巢父가 세상에 숨는 것이 어찌 그 하고자 한 바이겠는가? 程子의 詩에 말하기를 聖賢의 事業은 본래 經綸이거니, 巢父, 許由에게 뒤를 잇게 할 거나라고 하였다. 이제 어찌 반드시 巢父를 말하리오! 謝上蔡같은 이는 硯匣의 일이 후학에게 玩物喪志가 된다고 하였으니, 경계할 진저!

명덕설(明德說)

근래에 明德을 講說함에 소견이 같지 아니하여, 혹 明德은 理만을 지적한다고 말하고, 혹 明德은 心만을 지적한다고 말하며, 각자 분석하여 밝히면서, 그 다른 편의 주장을 배척하고, 그 스승의 논설을 믿어 따른다.

나는 곧 先君子로부터 받은 바가 있으니, 明德은 心性情을 합친 이름이다.

늘 양쪽 학설을 절충하되 心에 속한다는 학설이 조금 낫고, 理에 속한다는 학설이 잘못이라고 하였다.

그러나 朱子의 학설을 고찰하여, 大學章句와 或問 및 小註의 諸說을 반복하여 參究하고, 아울러 南塘과 屏溪의 두 선생의 글로 講論하면 理에 속한다는 학설이 실로 옳고, 心에 속한다는 학설이 미진한 것 같다.

어째서 그렇게 말하는가? 대개 明德이라는 두 글자는 大學의 經一章에서 처음 보이는데 周易 晋의 象에도 自昭明德이라고 하였으니, 다같이 孔子의 말이라면 아마도 聖人이 萬世에 가르쳐주는 글인즉 반드시 그 理를 주장하여 밝힌 것이요, 고루지 못한 氣를 지적하여 일컬음이 아닐 것이다.

또한 해석하는 사람도 天之明命으로 首章에서 해설하였고, 또한 帝典의 克明俊德을 인용하여서 成德의 일을 밝혔으니, 그 理를 주장함을 가히 알 수 있는 것이다.

朱子가 해석하여 말하기를 天之明命은 곧 하늘이 나에게 준 원리가 문득 明命이요, 내가 얻어서 性이 된 것이 곧 明德이다. 命과 德을 모두 明으로서 말하였으니, 이것은 그 물건이 본래 스스로 光明한 것이다.

朱子가 이미 明德과 明命을 한가지로 파악하여 性으로 생각하였다면 그것이 理임을 알 수 있는 것이다. 그러므로 理에 속한다는 학설이 어찌 보는 바가 있지 아니하리오?

비록 그러하나, 해설한 사람의 뜻과 朱子의 註는 이에 그 本源을 推究한 것이다. 그 本源을 추구하면 明德은 내가 하늘에서 얻은 바이니 하늘이 준 것은 理이며, 내가 받은 것도 또한 理인데, 그 理를 버리면 氣인 것이다. 그 理를 버리면 明德이 무엇을 말미암아 이름을 얻겠는가?

理는 본래 無形하고 無像하니, 특별히 明과 暗으로 논할 것도 없는데, 이에 命과 德을 모두 밝다고 말하는 것은 무슨 까닭인가? 明字는 虛하고 德字는 實하므로 이 德이 虛靈不昧함을 갖춘 까닭에 虛靈不昧라는 말로 이 德을 일컬어서 明德이라고 하였으니, 대개 밝은 德이라는 말로, 마음에 갖추어 있는 體段의 그러한 것이다.

明明德章句에서 말하기를 明德은 사람이 하늘에서 얻은 것으로, 虛靈不昧하야, 衆理를 갖추어, 萬事에서 應하는 것이라고 하였다. 朱子는 여기에서 明德의 體와 用을 해석하고, 그 體段를 說破함으로써 다시 남은 이론이 없는 것이다.

虛靈不昧는 心이요, 具衆理는 性이며, 應萬事는 情이다. 性은 體요, 情은 用이며, 心은 곧 그 體段인즉 이것이 明德의 本來面目으로서 所得乎天의 한 구절은 理와 氣를 합쳐서 하는 말이니, 사람의 心性이 모두 하늘에서 얻었다는 것이다.

虛靈不昧와 具衆理는 理와 氣를 나누어서 하는 말이요, 應萬事의 한 구절은 다시 理氣를 합쳐서 하는 말이니, 氣가 發動함에 理가 타서 情이 되는 것이다. 이것이 이른바 明德은 心性情을 包括하여 일컫는다고 하는 것이다.

또한 갖춘다(具), 응한다(應)는 것이 모두 虛靈에 속한다고 하면, 語意에 또한 비교적 賓主가 있게 되나니, 지난번에 말한 마음에 속한다는 학설이 더욱 옳다고 하는 근거가 된다.

朱子가 또 말하기를, 하늘에서 얻은 光明正大한 것을 일컬어 明德이라 한다고 하였으니, 이 말이 가장 잘 밝혔다고 할 것이다. 虛靈과 具와 應이 문득 절로 光明正大한 氣像이 있으니, 明字를 어찌 의심하겠는가?

塘翁은 心이 性情을 統一한다고 하였고, 屛翁은 또한 心은 性情의 總稱으로 모두 理를 중시하는 뜻이라고 말하였다. 후학은 진실로 마땅히 믿고 따라서 會通하여야 될 것이다.

그러므로 이제 나의 소견은 참으로 두 선생의 가르침에서 벗어난 것이 아닌데, 柳省齋의 大學說에서도 또한 말하기를 사람의 몸에 나아가 그 等位를 크게 나누면 性과 氣일 뿐이니, 明德은 마땅히 性에 속하고, 氣에 속하지 않은 것이다. 또한 一心上에 나아가 그 區域을 細分하면 마음도 있고, 性도 있고, 情도 있는데, 明德은 실로 마음에 主體하여 性과 情이 그 가운데 있는 것이다.

心과 德을 나누어 말하면 마음은 마음이요, 德은 마음의 德이 아름다운 것이니, 자못 마음을 明德이라고 해서는 옳지 못하다고 하였다.

省齋의 이 학설은 나의 心性情을 包括하는 견해와 조금도 다름이 없거늘 그 門人들은 오로지 理에만 속한다고 주장하는 것은 무엇 때문인가?

柳省齋가 또 지은 학설이 있어서 이것은 定論이 아니란 말인가?

艮齋는 또 어째서 그 마음에 속한다는 학설을 주장하는가?

나는 이에 理氣의 분별에 대하여 그윽이 느끼는 바가 있으나 마치 달리는 말을 타고 산을 구경하듯이, 걸음을 옮길 때마다 모양새가 바뀌노니, 오직 분별하는 것은, 그 사람에 있을 따름인저!

사칠인도설(四七人道說) (癸巳七月)

대저 마음은 하나인데, 人心과 道心, 四端과 七情이 있어서 각각 그 나타낸 이름이 다른 것은 무슨 까닭인가?

대개 마음은 性을 包容하는 그릇인데, 性이 그 氣를 타고 發하면 情이다. 情은 幾이므로 그 幾가 나누어짐에 부득불 각각 그 標名하는 것이 다름이 있나니, 이른바 人心이나 道心은 發한 다음을 지목한 이름으로 對待雙說한 것이다.

形氣에서 말미암아 食色으로 發하는 것을 이름하여 人心이라 하고, 性命에 근원하여 義理에 합쳐서 發하는 것을 이름하여 道心이라고 한다. 두 가지 것이 發함은 실제로 四端七情을 벗어나지 아니하고, 또한 四端은 七情 속에 포함된다.

어떻게 그러한 원리를 밝히는가? 대개 四端을 벌리면 七情이 되고, 七情을 집약하면 四端이 되나니, 實質은 같은데 이름만 다른 것이다.

스스로 一等界를 나누어 보면 四端은 惻隱, 羞惡 등의 마음이 發하는 데 지나지 않고, 七情은 또한 喜怒哀樂 등의 마음이 發하는 데 지나지 않는다. 惻隱, 羞惡와 喜怒哀樂이 食色으로 發하는 것은 人心이 아닌가? 義理로 發하는 것은 道心이 아닌가?

惻隱 羞惡와 喜怒哀樂이 食色으로 發하여 中節하면 어찌 人心의 善한 것이 아니겠는가? 義理로 發하여 中節하면 어찌 道心의 善한 것이 아니겠는가? 그 中節하지 못한 것은 과연 人心의 惡, 道心의

反이 아니겠는가?

두 가지는 실로 모두 性命에서 근원하여 마음에서 發하였다. 마음의 氣가 發하는 곳에 이처럼 다양한 등차가 있을 따름이다.

그러면 四七人道는 모두 善과 不善이 있는가? 七情과 人心이 善과 惡을 아울러 가지고 있다고 말하는 것은 진실로 의심할 수 없지만, 四端과 道心도 또한 善惡이 있다고 말한다면 孟子는 어찌하여 四端을 擴充하라고 하였고, 帝舜은 어찌하여 道心은 오직 隱微하다고 하였는가?

말하건대 孟子가 말하는바 四端은 특별히 그 情 가운데 善한 一邊인 仁義禮智가 곧게 나타난 것이요, 道心도 또한 人心에 대하여 다만 純善한 것을 지적하여 말한 것이다.

그러므로 朱子가 말하기를 惻隱도 中節과 不中節이 있다고 하였으니, 대개 孟子는 그 善만을 말함이요, 朱子는 그 전체를 말한 것이다. 오직 道心도 또한 간혹 不善이 있다는 것을, 이에 類推할 수 있는 것이다.

그렇다면 七情은 참으로 四端을 內包하여 善도 있고, 惡도 있는데, 孟子가 이른바 四端은 곧 善의 一邊이니, 곧 人心과 道心은 본래 虛靈知覺 하나에서 말미암을 뿐이다. 그러나 또한 스스로 善과 不善의 분별이 있다고 할 것이다.

帝舜이 말하는 道心은, 즉 人心의 善한 一邊을 지적한 것이라면 人心의 善한 것이 곧 道心인가? 대답하노니, 그렇지 않다. 人心이 비록 道心에게서 命令을 들어 아주 착하다고 하여도 이것은 人心의 착함이다. 그러므로 道心으로 간주하여서는 안 된다.

道心도 비록 形氣에 가림으로 인하여 혹 中節하지 못함이 있는데, 이는 道心이 지나치거나, 미치지 못함이 있는 것이지, 人心으로 간주하여서는 안 된다. 그 각각 分界가 있어 본래 저절로 뚜렷한 것

이다. 만일 人心의 善한 것을 문득 道心이라 하면, 道心의 不善한
것은 당연히 人心이 되어버리나니, 人心은 단지 惡한 一邊으로 되
어버릴 것이다.

朱子가 어찌하여 비록 上智라도 人心이 없을 수 없다고 하였는가?
聖人의 人心도 또한 善하지 않음이 있다고 한다면 그 옳겠는가?

그윽이 생각건대 人心과 道心을 정밀하게 살피고 한결같이 간직
하여 中을 잡는 것은 이에 萬世心學의 根源宗旨이며, 精一執中은
곧 治心의 八字를 打開한다고 할 것이다.

우리가 학문을 함에 반드시 人心과 道心의 分界를 분명하게 辨別
한 다음에야 비로소 省察과 澄治의 工夫를 더할 수 있는 것이며,
그 下手處는 곧 모두 精一의 두 글자에 있으니, 저 執中과 같은 것
은 곧 이 工夫가 쌓이는 곳이다.

무릇 하나의 생각이 發함에 반드시 知覺하여 精하게 하고 한결같
이 하면 이것이 과연 道心인가 人心인가? 만일 道心이라면 지켜서
떠나지 않게 하고, 人慾으로 하여금 해치지 아니하여 中節하지 아니
한 때가 없게 하면, 이것은 이른바 道心이 항상 한 몸의 主體가 되
는 것이다.

혹시 人心이 일어나면 살펴서 섞이지 않게 하고, 반드시 天理로
하여금 制裁하여 저절로 義理의 바름에 합하게 할 것 같으면 이것
이 소위 人心이 道心에게 命令을 듣는다는 것인즉 여기에 執中의
길이 있다고 할 것이다.

그러나 四·七·人·道에 善도 있고, 不善도 있다는 것은, 즉 性
의 純善한 것이 氣質에 拘束되어 서로 섞이는 것을 면하지 못함이
니, 그 本然의 純善한 實體는 진실로 또한 그대로 간직하고 있는
것이다. 어찌 이에 分離와 綜合적인 측면으로 보지 아니하리오?

어떤 사람이 말하기를 道心은 마땅히 善한 一邊에 속하고, 人心

은 善惡을 아우르는데, 四端은 道心이요, 七情은 人心이라는 것이 마음을 말하는 총칭이다. 이것이 그대의 前言인즉 무슨 말인가? 대답하기를 이것은 大綱을 말함이다.

어떤 사람이 말하기를 退陶 선생은 人心은 七情이요, 道心은 四端이라고 하였고, 牛溪는 七情으로 人心을 삼고, 四端으로 道心을 삼았는데 이것은 어떤가?

대답하기를 石潭 선생이 이미 退翁의 理氣互發說이 잘못이라고 설파하면서, 七情은 마음의 움직임을 통틀어 말함이요, 四端은 그 가운데 善한 一邊을 골라서 말한다고 하였고, 華陽 선생은 또한 일찍이 性은 오로지 本然의 性을 지적한 것도 있고, 아울러 氣質의 性을 지적한 것도 있다고 하였다. 이미 氣質의 性이 있다면 그 發함에 어찌 善과 不善의 다름이 없겠는가?

文成公이 孟子의 말에 따라서 오로지 착한 한 면을 말하였으니, 바로 程子가 논한 바 孟子는 不備하다는 것과 같은 것이요, 朱子는 아울러 惻隱과 羞惡에도 善과 惡이 있다고 하였으니, 바로 朱子가 이른바 程子가 치밀하다고 하는 것과 같은 것이다. 이것은 모두 후학이 마땅히 준수하여야 될 곳이다.

어떤 사람이 말하기를 그대의 논리가 또한 栗谷의 長書 가운데 학설과 다름이 있는 것은 어째서인가? 대답하기를 이것은 곧 屛溪 선생이 말하였나니, 栗谷이 奉教製進한 人心道心圖說에서 明白灑落하게, 長書 가운데 初年說을 전부 버렸다고 하였다. 마땅히 이로써 의논하여야 하리니, 우리들도 또한 마땅히 이 가르침을 따라야 할 것이다.

아―, 우리가 학문을 함에는 知와 行의 두 길에서 敬으로 꿰뚫어 통하는 것에 불과하다. 知識을 연마하는 까닭은 장차 힘써 행하고자 함인 것이다.

나는 본래 게으르고 엉성하여, 意志力이 氣質을 이기지 못하니, 그 듣고 보는 것을 마침내 자신에 돌이켜 돈독하게 행하지 못하는 것은 곧 참으로 알지 못하는 까닭이다. 이에 항상 탄식만 나오므로 이제 이 글을 지어 스스로 힘써 밀어 행하고자 한다.

감히 참람되고 어리석음을 잊고, 대략 先賢의 緖論을 엮어 한 편을 만들었나니, 그 은미오묘한 경지에 그 논설이 어그러지지 아니하였는지 어찌 알리오?

이에 하여금 두려워하면서 서전에 말하기를 아는 것이 어려운 게 아니고, 행하는 것이 오직 어려운 것이라고 하였으니, 이 말이 뜻이 깊도다. 癸巳 七月 二十三日 書.

사칠인도후설(四七人道後說)

어떤 사람이 말하기를 四端과 七情은 人心과 道心에 나란히 비교함은 옳지 않다. 人心과 道心은 意志를 아우르거늘, 四端과 七情은 意志를 아우르지 아니한 까닭이다.

그윽이 이 논설을 자세히 살피건대 그 소견이 기필코 四·七·人·道를 억지로 나누어 둘로 하고자 함이다.

대개 四·七·人·道는 스스로 情의 一般的인 分界이다. 소위 意志라는 것은 商量하여 나아가는 것이니, 곧 情에 얽혀서 작용하는 것으로, 곧 情의 作用이요, 心의 發이다.

이제 그것은 모두 情에 속하는 것인데 아울러 비교함이 옳지 못하다고 말함은, 이것은 다만 情의 作用에 商量하여 나아갈 바를 정함이 있는 것만을 보고, 情의 動處에 心이 두 가지로 發함이 없는 것을 보지 못함이다.

오직 人心과 道心은 진실로 意志를 아울렀지만, 四端과 七情이 아니면 意志도 또한 인연할 바가 없는 것이다. 그러면 人心과 道心

이 意志를 아우른 것은 실제로 四·七 속에 包含된 것이니, 四·七이 作用하는 곳에 문득 意志가 있는 것이다.

만일 人心과 道心은 發한 뒤의 作用에 속하니, 자못 四·七의 情이 發함과 아울러 비교함이 옳지 못하다고 말하면 이것은 情에 두 근원이 있고, 마음이 發함에 두 길로 나누어 나오는 것이 되니, 그 옳겠는가?

비록 그렇다고 하여도 만일 四·七의 情은 人心과 道心을 包含하지만, 人心과 道心은 四·七의 情을 포함하지 못한다고 하면 옳겠는가?

四·七이 發함에 간혹 人心에 속하지 아니하면서도 악한 것이 있는 까닭은 지난번에 이른바 道心도 또한 간혹 不善한 것이 있다고 함이 아닌가? 아는 사람이 어떻다고 할지 모르겠도다.

채복령설(採茯苓說) (庚子四月)

내가 사는 곳은 산이 가깝거늘 이웃 사람으로 약초를 캐는 것을 직업으로 삼는 이가 있는데 나에게 靈塔의 산에 복령(茯苓)이 많이 난다고 하도다.

나는 여러 학생과 더불어 이 절에서 공부를 하는데 미쳐서 복령이 나는 곳을 물으니, 절에 중이 법당 뒤를 가리키면서 여기에서 생산되는 것은 그 품질이 매우 좋다고 하도다.

나는 이미 그곳을 알았지만 그러나 약초를 캐는 도구가 없음이 한이었다. 나는 이에 이웃 사람의 鐵錐를 빌려서 함께 山麓으로 올라가서, 중으로 하여금 시범을 보이게 하였다.

이에 鐵錐를 받아가지고 어지럽게 땅을 찔러 보면서 위아래, 좌우로 맥을 짚어 가는데 그 방향을 분별하지 아니하는 것이었다. 비로소 한 덩어리를 얻었는데 그 크기가 주먹만 하였다.

내가 묻기를 이 산은 땅이 넓은데 어떻게 그곳을 아는가? 대답하기를 복령은 송진이 뭉쳐진 것으로, 소나무를 베고 수십 년이 되어 그 뿌리가 썩으면 그 精液이 뿌리를 따라서 모여 뭉쳐진 것이다. 그러므로 松根이 썩은 곳에 그 싹이 있는 것이다.

그러면 어찌하여 뿌리를 따라 싹을 찾지 아니하고, 부질없이 鐵錐만 어지럽게 땅 속에 찌르면서 방향을 찾지 못하는가? 대답하기를 혹 위아래로 가고, 혹 좌우로 가서 遠近深淺을 자상하게 알 수 없는 까닭입니다.

종일토록 노력하여도 얻지 못함은 무슨 일인가? 대답하기를 소나무 뿌리가 썩어도 때로는 진액을 뭉치지 못하는 것도 있습니다. 나는 말하기를 그대가 이른바 복령을 캐는 것은 참으로 요행이니, 우리 儒學과는 다르도다.

무릇 사람은 性을 타고나지 아니함이 없나니, 그 처음에는 매우 착하여 혼연히 몸속에 있는 것이 마치 松根에 반드시 정액을 뭉쳤지만 땅속에 감추어 보이지 아니함과 같도다.

善端이 發見함은 썩은 뿌리가 싹이 됨과 같고, 鐵錐는 經典과 같으니, 그곳을 아는 것은 致知이며, 어지럽게 땅을 찔러 맥을 찾는 것은 力行과 같다.

위, 아래, 좌우의 멀고, 가깝고, 얕고, 깊은 것은 바로 이른바 밤길을 가듯, 장님이 지팡이 두들기듯 아리송하나니, 吾道의 차례와 조리가 井井한 것과는 다르도다.

만일 저 혹시 얻기도 하고, 혹시 얻지 못하기도 하여 어떤 썩은 뿌리 아래에는 도리어 鍾液이 없는 것도 있나니, 이는 우리들이 다 같이 얻은 萬善을 모두 갖춘 性과는 다르도다. 다만 사람이 찾지 아니함이 근심일 뿐인저!

드디어 山房으로 돌아와 同學諸生들과 함께 앉아 이 글을 지어 보이노니, 우리 이웃의 採藥하는 요령을 본받지 말고, 또한 모름지기 그 하루 이틀에 하나를 깨고, 두 개를 캠에 반드시 부지런히 일하는 것을 본받아야 할 것이다.

대국부인처의설(代國夫人處義說)

趙襄子의 누이가 代國夫人이 되었는데, 襄子가 이미 代君을 죽이고, 장차 그 나라를 빼앗으려고 하였다. 程子가 말하기를 夫人이 抗拒하여 싸운 것은 옳았다.

몸이 代國夫人이 되었으니, 社稷에 君主가 없으면 홀로 그 책임을 맡아서 지켜야 되는 것이다. 社稷을 버리고 아우에게 줍은 의리에 옳지 못하다. 즉 싸우다가 그를 죽이면, 누이가 아우를 죽인 것이 아니라, 代國夫人이 賊을 죽인 것이라고 하였다.

程子의 가르침이 당연하도다. 代國이 나라가 망하고, 임금이 죽는 날에, 그 夫人이 된 사람에게는 社稷이 중요하고, 아우가 가볍거늘, 하물며 이는 남편을 죽인 원수이니, 비록 그 아우를 죽였다고 하여도 괜찮은 것이다.

이것은 소위 大義는 滅親이라고 하는 것인즉 다시 논의할 필요가 없는 것이요, 달리 조치할 길도 없는 것이다.

一說에 가설하여 趙簡子가 襄子가 되어 代君을 죽이고, 그 나라를 빼앗는다면 代夫人은 장차 어떻게 처리하여야 될까? 이때에 아버지와 남편의 社稷에서 무엇이 더 중하고 어느 것이 더 가벼울까?

아버지를 남편 죽인 원수라고 하여 죽인다면 은혜와 의리에 장차 어떠할까? 女子는 이미 시집을 감에, 따르는 바가 이제 남편으로 벼리를 삼나니, 남편이 아버지보다 무거운 것이다. 그러므로 代國夫人이 홀로 그 책임을 진다면 代나라의 社稷이 나를 낳아준 은혜보다도 무거운가? 아니면 비녀를 갈아서 자살을 해야 될까? 어떻게 하면

天理에 합할까?

　東漢에 趙苞가 변방의 郡守가 되었는데, 오랑캐들이 그 어미를 빼앗아가지고, 城을 항복하라고 요구하였다. 苞가 문득 전쟁을 하니, 그 어미를 죽여 버렸다. 程子가 말하기를 잘못이다.

　임금으로서 城을 주고 항복하여, 그 어미를 살리는 것은 참으로 옳지 못하지만, 그러나 또한 마땅히 어미를 살릴 방법을 생각하여야 지, 어찌 갑자기 싸우리오? 부득이하면 몸소 항복하여도 괜찮은 것이다.

　王陵의 어미가 楚나라에 있으니, 楚나라로 하여금 인질로 잡아서 陵을 부른다면, 陵이 항복하는 것이 옳다.

　徐庶가 잘했으니, 이 일을 살피건대 달리 처치할 방법이 없다. 王陵과 徐庶는 이때에 책임을 맡은 官職이 있지 않았으니, 항복하고 어미를 살리는 것이 의리에 합하는 것이다.

　그러나 趙苞는 자신이 변방의 郡守로서 漢나라 疆土를 지키고 있으므로, 오랑캐에게 항복하면 漢의 疆土가 장차 오랑캐의 소유가 된다. 사람의 臣下가 되어서 임금의 강토를 오랑캐에게 준다면 이것은 하늘땅 사이에 용납할 수 없는 것이다.

　苞가 어미를 살리는 방법은 또한 알 수 없으나, 오직 위로 天子에게 보고하여, 他人으로 그 城을 지키는 책임을 바꾸게 한 다음에 몸소 오랑캐에게 항복하여 그 어미를 살리면 의리에 매우 합당한 것 같도다.

　그러나 이제 오랑캐의 요구는 城에 있거늘 만일 한갓 몸으로만 항복하면 장차 자신과 어머니가 함께 죽임을 당할지도 모르니, 모름지기 어미를 꼭 살리는 방법이 못된다.

　또한 종합적으로 생각하여야 될 곳이다. 그윽이 생각건대 남의 아들이 된 사람은 이러한 경우를 만나면 마땅히 哀痛迫切한 마음이 어찌할 수 없을 것이니, 다만 자신이 오랑캐에게 항복하여 어머니 살릴 길만 보이고, 자신과 어머니가 함께 죽을 경우는 문득 생각지 못할 것이다.

그렇다면 어떻게 될 줄을 모를 때에는 항복함이 옳다고 하리니, 趙苞가 갑자기 전쟁을 하여 그 어미를 죽이고 말았은즉 또한 天理에 합한지 알지 못하겠도다.

태극유편전설(太極有偏全說)

나는 일찍이 太極을 논함에 또한 偏全處가 있다고 하였더니, 어떤 사람이 말하기를 前古에 이와 같이 말한 사람이 없었다고 하였다.

나는 생각건대 이 학설을 비난하는 사람은, 太極을 특별한 한 가지 物로 파악하고, 감히 깊이 꿰뚫어 보지 아니한 것이다. 太極과 理는 실제로 두 가지 물건이 아니니, 이른바 太極이라는 것은 억지로 이름한 尊稱이다.

理가 흩어져 萬物萬事에 있는 것은 각자 같지 아니하다. 스스로 一物一事의 理가 되면 一物一事에 있어서 갖추어진 이치므로, 곧 偏도 있고, 全도 있는데, 全處는 萬理가 모두 갖추어 있음이요, 偏處는 이 理가 自在하나니, 곧 일컬은바 萬物이 각각 하나의 太極을 갖추고 있음이다.

理로서 관찰하면 太極이 萬物에 있는 것은 참으로 이른바 渾然한 全體라고 말할 수 있지만, 萬物로서 관찰하면 萬物에 준 바의 理도 또한 천 가지로 다르고, 만 가지 모양이다.

그렇다면 太極을 어찌 偏全으로 논하지 못하겠는가? 太極이 실제로 偏全이 있다는 말이 아니다. 대개 말하기를 太極이 萬物에 있는 것은 그 物을 따라서 저절로 一物의 理가 되나니, 곧 또한 偏全處가 있는 것이다.

朱子가 趙師夏에게 답하여 말하기를 理는 偏全으로 논할 수 없지만, 만일 氣稟을 논한다면 이 氣가 있는 다음에 理도 따라서 갖추어진다. 그러므로 이 氣가 있으면 이 理가 있고, 이 氣가 없으면 이 理도 없다, 이 氣가 많으면 이 理도 많고, 이 氣가 적으면 이 理도 적다고 하였으니, 또한 어찌 偏全으로 논할 수 없으리오?

내가 이른바 太極에 偏全한 곳이 있다는 것은 실제로 朱子의 가르침에서 기초하였을 따름이다.

사생경중설(死生輕重說)

어떤 사람이 말하기를 삶과 주검이 무엇이 더 중요한가? 대답하기를 생명을 버림과 쓸데없는 죽음이 때에 따라서 서로 무겁고 가볍고 한다.

묻기를 죽고 삶과 義理는 어느 것이 더 중요한가? 대답하기를 義가 중요하다. 더럽게 사는 것보다는 차라리 죽는 것이 낫다. 그러나 죽을 필요가 없는 데서 사는 것은 의리이다. 한 번 죽고, 한 번 사는 것으로부터 萬事에 이르기까지 모두 義를 행하고자 할 따름이다.

묻기를 죽어야 될 일은 없지만 굶주려서 죽게 되면 어떤가? 대답하기를 죽지 않도록 살려야 된다. 묻기를 집에 먹고살 길이 없어서, 굶어 죽게 되었으니, 장차 죽지 않으려면 남에게 꾸어서 먹은 다음에야 면할 것이다. 오늘 얻어먹고, 내일 얻어먹으면서도 가난하여 갚을 길이 없다면 어떤가? 대답하기를 반드시 갚아야만 될 것이다.

묻기를 혹시 非禮의 物이라도 꾀할 수 있다면 얻어가지고 갚으면 어떤가? 대답하기를 곤궁하면 그 꾸어 먹은 것을 갚을 수 없는 것이다. 非禮의 物을 구차하게 취함은 옳지 못하다.

묻기를 갚지도 않고, 다시 얻어먹는다면 내가 이미 염치가 없고, 남이 또한 장차 베풀지 않을 터인즉 마침내 죽게 될 것이니, 어떻게 그 주검을 구할 것인가? 대답하기를 죽고 사는 것은 命이다. 非禮의 物을 취하지 않음은 오직 내가 의리를 행함이니, 문득 이는 天命이다. 그 天命에 순응하면 죽고 사는 것쯤은 논할 것도 없는 것이다. 대답하기를 "네." "네."

생사순천리설(生死循天理說)

옛날에 주검으로 절개를 지킨 사람은 어찌 살면서 그 절개를 온전히 하고 싶지 않으리오? 그 사는 길을 찾고자 하면서도, 義理에 할 수 없다면, 한 번 죽어서 義理를 취하여 편안함만 같지 못한 것이다.

그러므로 삶을 버리고, 正義를 취하나니, 義는 天理이다. 하늘이 사람을 낳은 원리는 이 이치였나니, 내가 그 이치를 따르지 아니한다면, 어찌 사람이 되겠는가?

무릇 사람이 生死의 땅에서 義理로 대처하는 것은 天理를 따르려는 까닭이다.

중용천도인도설(中庸天道人道說)

나는 일찍이 友人들과 더불어 中庸의 天道와 人道에 대하여 논의함에 논리를 세울 수가 없었다. 대개 그 실마리가 여러 가지로 나오므로 나는 문득 그대로 따르면서 물러나 양보하였다.

요즈음 中庸을 읽고, 대략 보는 바가 있으므로, 망령되지만, 논설을 세운다.

대저 中庸의 글은 하나의 誠字가 실제로 그 骨子가 된다. 天이라는 것은 誠의 뿌리요, 하늘의 道는 誠이다. 그러므로 책머리에 문득 하늘을 말하였으니, 性은 誠의 돌이킴이요, 敎는 誠의 닦음이다.

道는 徹上徹下한 誠의 행함이요, 戒懼愼獨은 誠이 잠깐 동안도 떠날 수 없는 것이며, 大本과 達道는 誠의 體와 用이 되는 원리이며, 天地位와 萬物育은 誠의 能事이다.

이것은 一理가 흩어져 萬事가 되었다가 다시 합하여 하나가 되는 원리이니, 대개 誠은 實理인 까닭이다.

中和는 性情에서 誠을 말한 것이요, 中庸은 德行에서 誠을 말한 것이니, 中이 誠實하지 아니하면 족히 中이 되지 못하고, 庸이 誠實하지 아니하면 실천할 수 없는 것이다. 知仁勇은 誠이 말미암아 가는 길이다.

나라를 均平하게 하고, 爵祿을 사양하고, 칼날을 밟는 사람도 혹 知仁勇이 오로지 誠에서 나오지 아니하면 족히 中庸을 하지 못하는 것이며, 숨은 것을 찾고, 괴이한 행동을 함과, 중간쯤에서 버리는 사람은 誠이 知仁勇에 부족한 것이니, 오직 君子가 된 뒤에야 中庸을 말미암는 것이다.

저 費와 隱은 理의 體와 用이며, 誠의 所當然은 人事요, 所以然은 天理다. 다음 세 章에서 작은 것을 말함은 所當然을 이야기하는 가운데 저절로 所以然이 있는 것이다.

鬼神은 誠의 德됨이 盛大함이니, 誠은 神의 體요, 神은 誠의 用이다. 이는 性情의 功效인데 합하여 말하면, 하늘이니, 먼저 所以然을 말하여 所當然에까지 미치는 것이다.

首章의 天命은 性이요, 率性은 道라고 함은 하늘로부터 사람을 말하였고, 末章의 肫肫, 淵淵, 浩浩는 사람으로부터 하늘을 말하였으며, 鬼神은 하늘에 즉하여 하늘을 말한 것이다.

首章과 末章에서 하늘을 말한 것은 모두 誠은 감출 수 없다는 한 마디 말을 總會한 것이다. 微한 것은 그 所以然이 아닌가? 顯한 것은 그 所當然이 아닌가? 아래에 세 章에서 말한 큰 것은 스스로 所以然의 까닭이 있는 데서 이에 그 所當然을 보인 것이다. 이는 곧 사람에 즉하여 말이 하늘에까지 미치고, 하늘에 즉하여 이야기가 사람에게까지 미친 것이다.

鬼神의 誠은, 즉 아래 문장에서 말한 誠의 허다한 장본이다. 그 達德, 達道, 九經의 행하는 원리는 誠의 일이다. 知人, 知天은 또한 人道, 天道의 장본이 되나니, 이는 下學上達하면서 자신을 근본으로 하는 道이다. 그러므로 修身하는 誠으로 아래의 문장을 이었다.

성실하려고 하는 것은 사람의 도요, 성실한 것은 하늘의 道라고 함은 이에 中庸의 準的이다. 誠으로부터 明하는 性된 바와, 明으로부터 誠하는 교육원리와, 首章의 性과 敎는 비록 字義는 같지 않지만 뜻은 실로 이어지나니, 이것이 곧 이른바 道는 하나로서 꿰뚫는다고 하는 것이다.

여기에서 誠의 天道와 人道가 처음 제기되어 논설하였으니, 앞에 네 장은 하늘과 사람이 서로 틈이 있어서, 하늘은 앞서고, 사람은 뒤따르며, 여섯 장은 하늘과 사람을 가운데로 나누어 하늘을 사람보다 뒤로 하였다.

여러 장에서 하늘을 설명한 것은 모두 聖人의 경지는 움직임이 天然함을 논설한 것이요, 26章에서 聖人의 天道로부터 직접 道가 하늘에 있는 것을 말함은 天人이 合一한 것으로서, 誠의 體段에 대한 面目을 남김없이 說破한 것이다.

詩를 引用한 "天命은 오직 그윽하여 그만둠이 없다"고 함이나, "文王은 純一하여 또한 그침이 없다"고 함은 실로 다른 장에서 말한 天道와는 같지 않다. 그러나 위아래 장에서 하늘을 말하고, 사람을 말함이 넘치지도 않고 기울지도 않으니, 저절로 깨달아 알 수 있는 것이다.

天道는 행동이 앞서고, 知識이 뒤이므로 먼저 誠을 설명하고, 다음에 明을 말하였으며, 人道는 知識이 앞서고, 행동이 뒤이므로 먼저 明을 설명하고, 다음에 誠을 설명하였다. 誠으로부터 明함은 誠과 明이 하나요, 明으로부터 誠함은 誠과 明이 둘이다. 이것이 하늘과 사람의 갈림이다.

博厚하게 만물을 싣는 것으로 땅을 짝하고, 高明하게 만물을 덮는 것으로 하늘을 짝하며, 悠久하게 만물을 이루는 것으로 끝이 없는 것은 곧 誠의 情狀功效요, 成己成物은 自誠과 自道의 體用을 거듭 설명한 것이니, 하늘땅의 만물이 두 가지로 하지 않음은 스스로 誠함이며, 生物이 헤아릴 수 없음은 自道이다. 따라서 成己는 仁이요, 成物은 知인 것이다.

하늘이 無窮하고, 땅이 廣厚함은 이른바 高明함이 만물을 덮고, 博厚함이 만물을 실어서 스스로 성실하여 자기를 완성함이 아닌가? 산에 寶物이 저장되고, 물에 財貨가 번식함은 이른바 悠久함이 끝이 없어 자체의 道로 만물을 완성함이 아닌가?

大德이 淵泉과 같음은 스스로 이루어서 자기를 완성하는 길이요, 小德이 溥博과 같음은 자체의 도리로 만물을 완성하는 일이다.

溥博은 밝음을 다함이니, 道問學의 효과요, 淵泉은 誠의 지극함이니, 尊德性의 공덕이다. 만일 저 연못처럼 깊은 하늘과 같음은 곧 聖人의 極功이 하늘과 더불어 하나가 됨이요, 만일 저 天道로부터 人道에 대한 誠을 설명하여 그 物의 終始를 極言함과 같은 것은 안팎을 합하는 道로서 곧 하늘에 있는 道로 歸宿함이다.

大哉라 聖人의 道여! 人道의 誠을 논하여 점점 天道의 誠에 미친 것은 道가 하늘에 있는 것을 뒤집어 이은 것이니, 여기에 그 위아래가 서로 응하여 中庸一篇의 體裁를 이 절에서 다시 보인 것이다.

다만 일컬어 蓮實 속에 다시 작은 연꽃이 있다고 말할 것이며, 風水가 일컬은바 千里行龍이 머리를 한 번 돌려서 穴을 맺었다고 할 것이니, 그 이치가 中庸一篇에 있도다. 오호라, 그 맛이 깊고 멀거니, 마땅히 익히 연구할지어다.

은거구지설(隱居求志說)

　어떤 사람이 나에게 물어 말하기를 선생이 이곳에 초가집을 짓고 살면서, 발자취가 마당을 벗어나지 아니한 지가 거의 10여 년이 되었으니, 隱居한 사람이라고 할 수 있습니다. 반드시 그 뜻에 찾는 바가 있을 터인즉 얻어 들을 수 있겠습니까?

　나는 막연하여 한참 있다가 대답하여 말하기를 우리 선생의 질문이 어찌하여 여기에 이르렀는가? 내가 여기에 사는 것은 떠돌다가 낙오된 것이지, 숨어 사는 것이 아니며, 게을러서 폐인이 된 것이지, 뜻을 추구함이 아니거늘 우리 선생의 질문이 어찌 여기에 이르렀는가?

　비록 그렇지만 나는 어려서 외톨이가 된 뒤로, 세상에 추구한 바가 없이, 문을 잠그고, 떨어져 살면서 사람들과 더불어 오고 가지 않은 지가 오래됩니다.

　이곳은 벽지 마을로 시장이 멀어서 또한 족히 자유롭게 즐길 수 있는 까닭에, 숨어 사는 것이 아니라고 할 수도 없을 것입니다.

　그러나 隱居하는 사람도 종류가 많으니, 蕭散한 곳에 自由放任하면서 餘年을 마치지만, 나는 讀書講義하여 聖賢의 道를 배우고자 하므로 비록 소득은 없지만 또한 뜻한 바가 아주 없다고는 말하지 못하겠도다.

　대저 선비에게 진실한 뜻이 있음으로써 숨거나 나타남이 때가 있는 것이다. 나는 숨는 데 뜻을 두고, 그 뜻을 찾는 사람인가? 뜻을 간직하고, 스스로 숨어 사는 사람인가? 우리 선생의 질문이 어찌하여 여기에 이르렀는가?

　우리 夫子의 일이 그만인즉 후학이 어찌 감히 망령되게 논하리오만, 만일 지극히 어리석어 지각이 없는 사람이 아니라면 또한 반드시 그 뜻이 있을 것이다.

뜻이 지향하는 바는 비록 각각 같지 않을지나, 이미 孔子의 가르침을 들었은즉 뜻에 간직한 바를 알 수 있고, 그 추구한 바도 또한 알 수 있으리라.

嗟呼라, 孟子가 말하지 아니하였는가? 찾으면 얻고, 버리면 잃나니, 이러한 것은 추구하여 얻는 것이 유익하다. 구함이 나에게 있기 때문이다. 추구하는 데 법도가 있고, 얻음에 運命이 있나니, 이러한 것은 추구하여 얻는 것이 무익하다. 구함이 밖에 있기 때문이다.

무릇 내가 뜻하는 바는 마땅히 얻어야 될 것을 추구하고, 마땅히 얻지 않아야 될 것을 추구하지 아니함이다.

그윽이 듣건대 최고는 以義安命이요, 그 다음은 以命安義이며, 최하는 義도 모르고, 命도 모른다고 하였다. 저 최고의 수준이야 내가 어찌 그러하리오만, 또한 문득 최하의 인간은 되고 싶지 않도다.

돌아보건대 이제 流落하여 隱居한 사람은 命이 아님이 없으니, 참으로 마땅히 義에 편안하여야 되리라. 義가 있는 곳에 곧 뜻이 가는 바이니, 어찌 그 뜻이 가는 바를 추구하지 아니하리오?

선비에게 있는 뜻은 참으로 빼앗을 수 없다면 때에 따라 숨고 나타남도 또한 義로 조절할 따름이다. 이러한 경지에 이르러 혹시 命이 있다고 하여도 命은 도리어 족히 말할 것이 없는 것이다. 이른바 流落하여 隱居한 사람도 또한 오늘의 大義를 본다면 그 뜻에 추구한 바가 반드시 이에서 벗어나지 않을 것이다.

오직 이에 숨어 살면서 뜻을 찾는다고 말하는 사람도 비록 감히 스스로 夫子의 가르침에 비기지는 못하지만, 소원은 곧 夫子의 가르침을 배우는 것이로다 하니, 질문한 사람도 또한 그렇게 생각한다고 하도다.

천생남아기우연재설(天生男子豈偶然哉說)

옛사람이 그릇을 만드는 것은 장차 쓸데가 있는 까닭이다. 배로는 물을 건너고, 차로는 짐을 싣고, 집은 살림 살고, 길은 다니며, 베는 옷을 만들고, 그릇은 음식을 담으니, 一器一物이 그 쓸데가 있지 않음이 없다.

섬세한 저 옥술잔의 아름다움은 그릇 가운데 가장 귀중한 것이다. 그릇을 만듦에 모양새를 본뜨는 것이 어찌 우연이겠는가? 대저 사람은 하늘이 낳은 하나의 寶器인즉 간 데마다 알맞게 쓰일 곳이 없는 데가 없다. 천하가 크다고 하여도 적고 큰일에 모두 사람이 마땅히 하여야 되나니, 性分의 固有한 바이다.

男子의 책임은 더욱 무거우니, 아비는 자애하고, 자식은 효도하며, 임금은 義롭고, 신하는 충성하며, 형은 우애하고, 아우는 공경하며, 남편은 온화하고, 아내는 화순하여야 된다. 이것이 그 人事의 큰 것인데, 이것으로 나라를 다스리고, 천하를 화평케 하여, 평화를 누리고, 혼란을 제거하며, 紀綱을 세우고, 條理를 밝히는 모든 진리가 나타나는 것이다.

옛날에 진정한 큰 男子가 있었으니, 堯, 舜, 禹, 湯, 文, 武의 임금과 稷, 契, 伊, 傅, 周, 召의 정승과 孔, 孟, 顔, 曾, 程, 朱의 선생으로 道統을 이어서, 모두 皇天이 사람을 낸 뜻에 잘 副應함으로써 타고난 본성에 털끝만치라도 더하고 뺌이 없었다.

이로부터 이래로 남자라고 일컬은 사람이 몇이나 되는가? 이른바 天命의 性이 일찍이 옛날에는 풍성하고, 오늘날에는 인색한 것이 아니며, 하늘이 재질을 내림이 다르게 줌이 아니다.

요즈음 사람은 항상 第1等은 다른 사람에게 양보하고, 달게 자신을 포기하여 버리니, 마침내 쓸모없는 울타리 가에 물건이 되어 버린다. 어찌 슬프지 않으리오? 朱子가 일컬은바 "3일 新婦의 모양과

비슷하다"고 함에 가깝거니와, 실제로 男子란 이름에 부끄러움이 있는 것이다.

아, 世稱 男子를 내가 아노니, 英雄豪俊과 智士猛將의 떨치는 세력이 굉장하고, 기상이 우뚝 높은 사람이 대대로 이어 나와서, 참으로 용렬한 무리들이 우러러 바라보며, 두려워 복종하는 것이다. 그러나 이것은 하나의 傑然하게 뛰어난 것이니, 비록 한때에 有用한 그릇이 되었다고 하여도, 君子가 본다면 斗筲之人을 면하지 못한다.

이와 같은 것이 어찌 그 재질이 부족해서일까? 일찍이 근신하는 가운데서 나오는 것이 아님을 알 수 있는 것인즉 내가 말하는 큰 男子는 아니다.

오직 하늘이 남자를 냄에 각각 그 자질을 따라서 돈독히 하나니, 장차 큰 임무를 맡길 사람은 반드시 그 팔다리를 수고롭게 하고, 그 心志를 굳게 하여, 그 잘하지 못하는 것을 더욱 개발하도록 한다.

그러므로 남자는 마땅히 마음을 다하여 본성을 알고, 하늘을 섬겨, 命을 확립하여서, 德行을 쌓고, 事業을 성공하여, 하늘땅이 바로 서고, 만물이 자라는 데까지 이르면 어찌 참으로 큰 남자가 아니리오?

曾子가 말하기를 "선비는 크고 의젓하지 않을 수 없나니, 책임이 무겁고, 길이 멀도다."라고 하였고, 孟子는 또 말하기를 "만물이 모두 나에게 갖추어 있다."고 하였으니, 무릇 사람은 마땅히 나의 한 몸속에 만물이 모두 갖추어 있는 이치를 깨달아서, 遠大한 道를 自任하면 나의 본성을 다하고, 사물의 본성을 다하여, 堯舜 이래로 이어진 道가 그대로 나에게 돌아와서 하늘이 나에게 준 바의 이치가 그 여기에 있을진저! 그 여기에 있을진저!

이것이 重峰 趙 선생이 이른바 "하늘이 남자를 냄이 어찌 우연이겠는가?"라고 하는 것이다.

어떤 사람이 말하기를 그러나 진실로 우리 선생의 말과 같다면 하늘이 과연 마음이 있는가?

당초에 만물이 생김에, 氣로 形體가 됨으로써 理를 각각 얻었으니, 그러므로 각각 얻은 生理를 이른바 性이라고 한다. 性의 속에는 스스로 당연한 법칙이 있는 까닭에 發함에 각각 당연한 일이 있는 것이다. 이것은 人物이 타고난 뒤에 性 속의 本然한 道이다. 하늘이 무슨 말을 하는가? 또한 우연일 뿐이다.

어찌 자상하게 명령함이 마치 朝廷에서 벼슬 주고, 직책 맡기듯 한다고 말하리오, 비유하면 마치 큰 강물을 사람마다 길어 가는데 큰 그릇, 작은 그릇, 깨끗한 그릇, 더러운 그릇을 각자 쓰는 것과 같은 것이니, 이것이 어찌 큰 강물이 의식적으로 물줄기를 나누어 사람에게 주는 것인가? 모두 또한 길어가는 사람의 자유로운 용도인 것이다.

우리 선생은 어찌하여 하늘의 마음이 없는 곳을 지적하여, 意識이 있는 것처럼 생각하고, 어지럽게 하나의 남자라는 글자를 끄집어내서 억지로 변론을 하는가? 하늘은 이치다. 理는 作爲가 없는데 만일 선생처럼 말한다면 理도 또한 作爲가 있는가?

대답하여 말하기를 그렇지 않다. 하늘의 이치는 결코 우연한 데로 돌려서는 안 된다. 하늘은 만물을 살리는 것으로 마음을 삼나니, 形體를 만들어 理를 賦與함으로써 人物이 되는 것이다. 그러므로 人物의 性은 곧 하늘이 命한 바의 理로서, 性의 德이며, 이에 이른바 道는 곧 人生의 日用에 마땅히 행하여야 되는 原理이다. 사람의 道가 어찌 天命의 理가 아니리오?

하늘이 내고, 사람이 받았으니, 그 주고받는 사이가 마치 朝廷에서 벼슬을 주고, 직책을 맡김과 비슷한 것이다. 비록 作爲가 있지 못하지만 氣를 타고 流行한다면 氣의 作爲가 문득 이에 理의 作爲가 되는 것이다.

만일 물그릇에 담은 물이 큰 강물에서 떠왔으면 불가불 큰 강물에서 이 물을 받았다고 해야 되나니, 비록 큰 강물이 주었다고 해도 되는 것이다. 어찌 반드시 의심하겠는가?

이제 큰 그릇에 담은 물은 또한 많고, 작은 그릇에 담은 물은 또한 적으며, 깨끗하거나 더러운 그릇에 담은 물은 또한 그 그릇에 따라서 깨끗하고 더러운 것이다. 무릇 사람의 형체로 하늘 이치를 받아서 사람의 性이 되었으니, 그 性이 가장 고귀하다. 禽獸草木의 형체로 하늘의 理를 받은 까닭에 偏塞駁雜의 性이 되었으니, 偏塞駁雜한 가운데 또한 각각 本然의 性이 있는 것이다.

그러므로 한 마리의 새나 짐승 및 한 포기의 풀이나 나무도 각각 쓸데가 있어서 한 그릇의 알맞음을 해치지 아니하는 것이다.

만일 사람으로 萬善을 모두 갖춘 性을 타고나서, 道를 잘 따르지 않아가지고, 두루 쓰는 큰 그릇이 되지 못한다면 그 그릇이 아깝지 않은가?

인도설증혹인(人道說贈或人)

하늘이 人物을 냄에 오직 人性이 고귀하니, 人性에 갖춘 바는 이에 仁義禮智信의 다섯 가지인데, 이 다섯이 發用함에 五倫이 가장 큰 것이다.

父子有親은 仁이요, 君臣有義는 義이며, 夫婦有別은 智요, 長幼有序는 禮며, 朋友有信은 信이다. 사람에게 道가 있음은 그 五倫의 性이 있음으로써 인즉 그 性을 온전히 하면 사람이요, 그 性을 잃어버리면 사람이 아니다.

자식으로서 父母에게 不孝하면 사람이 아니요, 신하로서 임금에게 충성을 아니하면 사람이 아니요, 아내로서 그 지아비를 섬기지 아니하면 사람이 아니요, 어리면서 그 늙은이를 공경하지 아니하면 사람이 아니요, 벗으로서 믿음으로 사귀지 아니하면 사람이 아니다. 이는 모두 그 性을 잃은 것이니, 사람이 그 本性을 잃어서 人道를 행할 수 없다면, 名目은 비록 사람이지만 禽獸와 다름없는 것이다.

무릇 血氣가 있는 사람이 남으로부터 짐승과 같다고 욕을 얻어먹으면, 반드시 얼굴을 붉히고, 화를 내거늘, 이제 스스로 그 처신함이 禽獸와 똑같으면서도 부끄러워할 줄을 모르니, 불쌍하도다.

대개 人道의 百行萬事가 모두 五倫에 근본하여 펼쳐지는 것이다. 愛人好善은 仁이요, 傷人害物은 不仁이며, 착하지 못함을 부끄러워하고, 不仁을 미워함은 義요, 어짊을 질투하고, 재능을 시기함은 不義이며, 形體를 온전히 하여 衣冠을 바로 함은 禮요, 形式을 버리고 衣冠을 갖추지 아니함은 無禮이며, 道理를 깨닫고, 옳고 그름을 분별함은 智요, 時流에 영합하여 더러운 짓을 함은 不智이며, 誠實하여 기필코 邪惡함이 없는 것은 信이요, 放縱妄誕한 것은 不信이다.

이것은 悖德으로 사람이 될 수 없는 것이니, 사람으로 사람이 아니면, 하늘이 반드시 미워하고, 귀신이 반드시 해쳐서 하루도 세상에 설 수 없는 것이다. 그 삶이 욕되나니 차라리 죽는 것이 나을 것이다.

그런즉 人道를 행하고자 하면, 반드시 나의 한 몸을 주재하는 마음을 확립하여, 五常의 性을 잘 돌이키고, 五倫의 행실을 잘 닦아서, 몸을 지켜 세상에 처하고, 善과 惡을 잘 분별하여 善人은 따르고, 惡人은 멀리하며, 善事는 행하고, 惡事는 버리며, 착한 생각은 간직하고, 악한 생각은 끊어버려, 사람으로서 禽獸처럼 하는 일이 없도록 하여야 된다.

嗟呼라, 聖賢도 특별한 사람이 아니다. 오직 天性을 잃지 않고 人道를 행하는 사람일 뿐이다. 聖賢의 글은 곧 사람으로 하여금 그 性을 돌이켜서, 人道를 닦도록 하는 것이니, 사람이 되는 길을 알고자 할진대 모름지기 먼저 聖人의 글을 읽어야 할 것이다.

噫라, 이것이 비록 淺近한 常談에 지나지 않지만 참으로 이치가 있는 바이다. 그윽이 마음에 깊이 느끼는 바가 있어 촛불을 켜고, 붓을 들어 눈을 대고 대략 쓰노니, 蒙昧無識한 사람이라도 약간 깨달음이 있을진저!

치도치법설(治道治法說)

무릇 天下國家를 다스림에는 道治와 法治가 있다. 道는 古今이 없으나, 法은 古今이 있는 것이다.

道는 天理인데, 理는 古今의 다름이 없나니, 이른바 하늘이 변하지 않으므로 道도 또한 변하지 않는다고 함이 있는 것이다. 法은 人事인데, 일에는 古今의 다름이 있으므로, 이른바 때에 따라서 알맞게 制度하는 것이다.

오늘날에 태어나서 일마다 옛날의 법을 본받으려고 한다면 행할 수 없을 것이다. 三代의 법도 또한 덜고 보태는 바가 있었는데 이것이, 곧 그 증거이다.

비록 그렇지만 이른바 法治라는 것도 실제로는 道로 행하는 것이니, 法을 제정함에 道에 어그러지면 어떻게 될 것인가?

法治制度에서도 반드시 道로서 法을 삼아 때에 따라서 알맞게 조절하는 것인즉 法은 비록 때를 따라 바뀌지만, 道는 진실로 변하지 아니하나니, 이것도 또한 天理이다.

道治는 무엇을 말하는가? 말하기를 綱常의 道德으로 다스림이니, 大學의 絜矩와 中庸의 九經은 萬世에 변할 수 없는 것이다.

法治는 무엇을 말하는가? 말하기를 制度와 법률로 다스리는 것이니, 舜典의 九官과 周禮의 六官의 國法은 때를 따라서 바꾸지 않을 수 없는 것이다.

迂儒가 時宜를 통달하지 못하고 정치를 논함에 반드시 시원시원하게 말하기를 옛사람을 주장하며, 俗徒는 天理를 알지 못하여 크게 웃으면서 말하기를 앞사람에게서 못 들었다고 주장하도다. 시원시원하게 말하는 사람은 비록 有爲할 수는 없으나 또한 古人의 학도가 될 수 있지만, 크게 웃는 사람은 모든 制作이 禽獸의 무리로 돌아가게 되나니, 이 세상을 어찌할거나!

존심양성설(存心養性說)

어떤 사람이 묻기를 道는 넓고 넓은데 어느 곳에서부터 착수할까? 대답하기를 그 存養에서부터 시작할진저!

말하기를 存養의 道는 무엇인가? 대답하기를 程朱의 學說에 자상히 논하여 밝혔나니, 익히 읽어 자세히 연구하면 스스로 발견할 터인데 어찌 번거롭게 남에게 묻기만 하는가?

말하기를 그러니 이것은 未發인가, 已發인가? 대답하기를 한 번 움직이고 한 번 고요함에 기르지 아니한 때가 없는 것이다.

말하기를 知에 속한다고 해야 옳은가 行에 속한다고 해야 옳은가? 대답하기를 孟子가 이른바 盡心하여, 性을 알고, 하늘을 아는 것은 知識을 이루는 것이요, 存心하고 養性하여, 하늘을 섬기는 것은, 힘써 행하는 것이며, 夭壽가 둘이 아니니, 몸을 닦아서 때를 기다리는 것은 命을 따르는 원리인즉 知와 行이 함께하는 것이다. 대개 간직하고, 기르는 것이 어찌 행하는 바탕이 아니겠는가?

말하기를 마음은 기를 수 없고, 性은 간직할 수 없는가? 반드시 存心養性이라고, 말하는 것은 무엇인가? 대답하기를 그 마음을 간직하면 性이 길러지는 바를 얻는 것이지만, 마음은 간직할 수 있어도, 性은 간직할 수 없는 것은, 마음은 物이 있으나, 性은 形氣가 없는 까닭이다.

말하기를 또한 先後輕重으로 말할 수 있는가? 대답하기를 마음을 간직하면 性을 기를 수 있으니, 存心이 養性하는 근거인 것이다. 先後輕重을 어찌 밝히지 않으리오?

말하기를 學問의 道는 오직 이것뿐인가? 대답하기를 아니다. 이른바 存養은 이에 그 本領工夫요, 萬理萬事가 학문이 아닌 것이 없는데, 범범하게 存養하는 功夫만 하면서 다시 講學하지 아니하면 거의 陸子靜의 학문이 되지 않겠는가?

孟子가 말하기를 學問의 道는 다른 것이 없나니, 그 흩어진 마음을 찾아 모을 따름이라고 하였으니, 이것은 학문의 길이 오직 求放心 한 가지 일에만 있다는 것이 아니라, 그 흩어진 마음을 찾으면 학문에 방법이 생긴다는 말이다.

그러므로 朱子가 말하기를 孟子가 설파한 그 마음을 간직하고, 그 性을 기른다는 것은 오직 그 요체가, 사람이 항상 절도 있게 간직하여 이 마음이 放逸하지 못하게 하면 스스로 능히 義理를 講明하여 動靜하는 사이에 모두 그 性의 당연함을 따름이 있다고 한 것이다.

나는 생각건대 학문은 참으로 한 가지 일이 아니지만, 그러나 그 本領은 곧 存養함에 있는진저!

말하기를 存養의 학설이 비록 많더라도, 원컨대 그 요체를 듣고자 하나이다. 대답하기를 반드시 敬할 진저! 이른바 敬은 存養의 一事에 그치지 않지만, 그러나 그 요체는 곧 이것을 아는 것이다.

嗟呼라, 학문의 길은 知와 行의 두 길에 지나지 아니한즉 알지 못하면 행할 수 없는 것이다. 그러므로 옛사람이 先後를 논함에 반드시 先知後行을 말하였다.

이제 吾子가 이미 存心養性의 功夫에 뜻이 있다면 어찌하여 먼저 心性의 所以然을 알려고 하지 아니하는가? 나그네가 말하기를 "네." "네." 하도다.

경이직내설(敬以直內說)

무릇 敬은 徹上徹下 聖學의 終始이다. 堯의 欽明, 舜의 溫恭, 湯의 聖敬日躋, 文王의 緝熙敬止는 相傳의 眞訣이라고 할 것이요, 夫子의 敎育思想도 行篤敬이나 出門如賓, 承事如祭라고 말함에 지나지 않으며, 孟子도 이른바 必有事焉이라고 하였다.

역시 敬이 千聖의 서로 전한 뜻임을 단연코 알 수 있는 것이나, 오직 標題를 나타내지 않았을 뿐이다. 程子가 이에 밝혀내서 하나의 敬字로 入道의 方法을 삼으니, 그 聖門에 대한 공로가 크다고 할 것이다.

程子도 또한 받은 곳이 있나니, 周易에서 말하기를 敬으로 그 마음을 곧게 한다고 하였다. 乾九三에 종일토록 씩씩하다고 하였으니, 聖人의 學이며, 坤六二에 直方大라 익히지 않아도 이롭지 않음이 없다고 하였으니, 賢人의 學이다. 학자는 여기에서 힘쓰는 방향을 거의 알 것이다.

그러므로 程子가 일찍이 말하기를 切要한 道는 敬以直內와 같은 것이 없다고 하였다. 대저 敬은 하나를 主張하여 감이 없는 것을 일컬음이니, 心身을 收斂하여 整齊嚴肅하는 것이다.

整齊嚴肅하면 이 마음이 방종하지 않고, 항상 惺惺하게 여기에 있으므로 속이 저절로 正直하고, 直上直下하여, 털끝만치도 私意의 回曲이 없으면, 未發에는 湛然虛明하고, 已發에는 自然中節하나니, 이른바 사람이 사는 것은 正直이라는 것이요, 이른바 正直으로 기른다는 것이요, 이른바 하늘땅이 만물을 내고, 聖人이 萬事에 응함이 오직 直일 뿐이라고 하는 것이 바로 이것이다.

上蔡가 항상 惺惺하다는 학설이나, 和靖이 그 마음을 收斂하여, 한 물건도 용납하지 않는다는 논리가, 그 스승의 가르친 뜻을 잘 밝혔다고 할 것이다.

朱先生은 평생에 片言隻字라도 敬으로 사람에게 주지 않음이 없었나니, 敬齋箴을 더욱 익히 읽어야 될 것이다. 程子가 또한 말하기를 敬以直內와 義以方外는 仁이다. 以敬直內, 以義方外라고 하면 옳지 못하니, 敬과 義로 말하는 것은 마치 仁과 義를 행한다고 말하는 것과 같을 뿐이다. 어찌 正直에 이러한 뜻이 있겠는가? 반드시 세밀하게 분별해야 된다.

嗟呼라, 聖賢이 사람을 가르침에 이와 같이 깊고 절실하게 밝혀주었거늘 후학은 늘 持敬에서 힘을 얻지 못하고, 여러 가지 공부가 볼품없이 되어버리니, 참으로 아깝도다.

丹書에 敬義의 학설이 이미 黃帝 때로부터 이러한 의논이 있었다고 하니, 우리 道의 的訣이 또한 言語文字 이전에 있었던가!

고시천지명명설(顧諟天之明命說)

나는 大學을 읽음에 開卷 第一義가 在明明德의 一句인데, 이른바 明德이 어떤 물건인지 동시에 그 밝히는 工夫는 마땅히 어디로부터 착수하는지를 알지 못하도다.

다음으로 傳1章에서 말하는 顧諟天之明命과 章句에서 말하는 天之明命은, 즉 하늘이 나에게 주는 원리로, 내가 德으로 삼는 원리라는 것에 이르면 이에 明德의 名目을 알 수 있게 된다.

대저 하늘이 나에게 준 원리는, 즉 이른바 理이며, 내가 德으로 삼는 원리는 또한 이른바 性이다.

그러나 하늘이 준 바와 사람이 받은 바가 만일 氣가 아니면 실제로 걸어 붙일 데가 없는 것이며, 마음은 氣의 靈이요, 마음의 理는 곧 이른바 性이다. 만일 心과 性을 나누어 말하면 둘이 되지만, 그러나 합쳐서 말하면 一物이 된다. 그러므로 이른바 明德은 곧 心性情의 총칭인 것이다.

明命이라는 말도 비록 하늘의 뚜렷한 理라고 하였지만 그 사람에게 있어서 돌아보고 살피는 것이니, 그 물건 됨을 또한 알 수 있는 것이다.

顧諟가 무엇인가? 朱子가 말하기를 항상 눈이 거기에 있음이라고 하였으니, 하나의 물건이 항상 눈앞에 있다는 말이 아니라, 다만 항상 이 마음을 간직하여 그 道理의 光明不昧함이 있음을 깨닫는 것이다.

바야흐로 그 靜坐하여 外物과 접촉하지 않을 때에는 이 理가 참으로 湛然淸明하고, 그 일을 만나 應接하는 데 미치면 이 理가 또한 곳에 따라서 나타난다. 오직 요체는 사람이 항상 깨우쳐 반성하여 살피며, 생각 생각하여 잊지 않고, 오래오래 간직하여 기르면 이 理가 더욱 밝아져서 비록 잊고자 하나 할 수 없게 된다.

顧諟明命하는 길이 이 마음을 버리면 또한 어떻게 이룰 것인가? 그러므로 나는 반드시 말하기를 明德이라는 것은 心性情을 합쳐서 일컬음이니, 중요한 내용은 理인데, 간직하는 主體는 마음인 것이다.

무릇 사람이 하늘에서 받은 것은 理이다. 그러므로 그 중요함이 여기에 있다. 虛靈不昧는 心이요, 具衆理는 性이며, 應萬事는 情이다. 갖추고 응하는 것이 모두 虛靈에 속하지만 곧 또한 스스로 賓主가 있는 것이니, 知者가 무어라고 할는지 알지 못하겠도다.

跋文

　咸平 李氏 大興公派는 大興縣監을 지내신 諱恭 이후 그 후손들이 禮山郡 古德, 鳳山(古德豊縣) 등지에서 集姓村을 이루며 代代로 이어 왔는데 16世에 이르러 10個 小宗派로 번성하여 많은 人物이 배출되어 一部는 朝廷에 나아가 큰 벼슬을 하였고, 일부는 초야에서 學問을 닦아 선비의 지조를 지키며 살아왔다.

　10個 小宗派中 우리 家門은 派宗이신 懷德縣監 諱成元 이후로 크게 出仕하신 분은 없어도 世世로 學問을 崇尙하고 聖賢의 道를 깨우쳐 실천하고자 하는 長者遺風이 전하여 名門古家로 淸名과 雅望이 이 地方의 모범으로 이어 오다가 26世 諱邦憲에 이르러 그 學問과 德行이 朝野에 드날리니 마침내 湖西의 學統을 이어받은 이 지역의 儒宗이 되셨으니 雅號가 方山先生이시다.

　咸平 李氏의 始祖는 咸豊君 諱彦으로 高麗朝에 神武衛大將軍에 올라 知略과 勇猛을 떨쳤고 朝鮮朝에 와서는 그 자손이 매우 번성하여 11世에 이르자 宗派가 27派로 늘어나며 뛰어난 文武官僚가 많이 배출되었다. 그 가운데 咸成君 諱從生은 우리 門中의 小宗元祀가 되셨으니 벼슬이 漢城左尹 兼五衛都摠府副摠管으로 贈正憲大夫 兵曹判書이며 李時愛亂을 平定하여 精忠出氣 敵愾功臣이 되었으니 諡號가 莊襄이다. 12世 諱恭은 大興縣監을 지냈으니 咸城君의 아들이요, 16世 諱成元은 懷德縣監이셨으니 方山先生의 10代祖이다.

　우리 曾祖 方山先生은 哲宗8年(서기 1857) 1月 25日 德豊縣(現 禮山郡 德山, 古德, 鳳山) 金峙里에서 태어나 그 인근에 있는 沔川郡(現 唐津郡) 栗寺里로 이주하시어 栗里精舍를 지어 後學을 가르치며 性理學의 道統을 지키시고 倭政治下 癸亥(서기 1923)年 10月

3일 栗里精舍에서 卒하시니 亡國의 울분을 씻지 못하고 67세를 一期로 세상을 떠나셨다.

方山先生은 朱子, 栗谷, 尤庵으로 이어 전하는 性理學의 嫡統을 이어 湖西學派의 理氣心性說에 一家를 이루었고 또한 春秋義理에 입각하여 倭賊에게 復讐雪恥할 길을 찾기에 부심하셨으니 당대의 名儒인 勉菴 崔益鉉, 志山 金福漢, 艮齊 田愚公 등이 모두 方山先生과 학문사상적으로 교유하던 분들이었다.

方山先生이 卒한지 2년 뒤에 그 門人들이 詩, 序, 記, 論, 文, 箋, 銘, 表, 贊, 行狀 등을 모아 方山先生遺稿 16卷을 편집하고 筆書로 8冊을 만들어 놓았는데 어지러운 세상에 出刊하지 못하고 方山先生의 三子 啓東과 孫子 述範과 曾孫 載永으로 전해오면서 오늘에 이르렀다.

曾孫인 나는 祖考와 先親이 못 이룬 方山文集發刊을 이제는 내가 할 수 밖에 없다는 간절한 소망과 사명감만 있었을 뿐 힘이 미치지 못하여 오늘에까지 이르렀으니 죽어서 어찌 先祖를 대할 수 있으랴!

그리하여 丁亥(2007년)年 11月 方山門中 墓祀日에 일가친척이 모여 門中會議를 열고 그동안 우리 문중의 숙원사업 중 각지에 흩어져 있는 21世부터 29世까지의 山所를 移葬하여 墓域을 造成하고, 方山文集發刊을 결의하니 참으로 오랫동안 멸실될까 우려하며 소중히 간직한 보람이 있어 이제 빛을 보게 되었으니 家門의 榮光이며 천만다행한 일이다.

그리고 일찍이 周易, 春秋, 詩經을 譯註하여 成均館에서 삼경역주 훈로상을 받으신 巨儒로 湖西學統을 깊이 연구하여 方山先生의 學問精神과 抗日志操를 높이 評價하고 흔연히 이 文集을 교정하고 번역하였을 뿐만 아니라 序文과 解題를 써서 講演과 放送 등으로

紹介하며 널리 宣傳하여 주신 躍淵勳老 徐正淇 東洋文化研究所長님께 깊은 감사의 말씀을 드린다.

끝으로 文集 發刊의 盛事에 뜻을 같이하여 주신 方山의 曾孫들 가운데 특별히 애를 많이 쓴 載順, 載昇, 載寬, 載旭, 載浩, 載奭 그리고 宗孫 健行을 비롯하여 여러 宗人들에게 감사드린다.

2008년 8월 15일
前 成均館 總務處長 曾孫 載永 謹記

● **역자** ●

서정기(徐正淇)

4.19혁명 선봉 및 민족통일전국학생 성대조직위원장
한국유학연구회 유교사상 편집인, 동양문화연구소 연구실장, 성균관 전학(典學)
한국청년유도회 회장 - 예법(관례, 향음주례, 사상견례)부흥운동 전개
동양문화연구소 부소장 및 소장 - 세계 속의 한국학운동 전개
건국대학교 대학원 철학과 박사학위 심사위원
민중유교연합 의장 - 한글제사축문 보급운동 전개
성균관유교진흥대책위원회 위원장 - 도덕성 회복과 새사람운동 전개
성균관유교문화연구위원회 위원장, 태학지 번역분과 위원장,
민주평화통일 자문위원회 상임위원, 성균관 유교신보 편집인 겸 주간 역임,
삼경역주 성균훈로상 수상, 성균관 태학지 번역공로상 수상
현 동양문화연구소 소장, (사)한국예절교육협회 상임고문, 김동식 장군 기념사업회 상임고문

● **주요 저서** ●
『세계 속의 韓國文化』, 『세계 속의 韓國精神』, 『세계 속의 韓國儒敎』,
『세계 속의 韓國禮節』, 『세계 속의 韓國流風』, 『정통가정의례』, 『민중유교사상』,
『전기소설 공자』, 『새시대를 위한 대학·중용·예운』, 『새시대를 위한 춘추』(상·중·하),
『새시대를 위한 시경』(상·하), 『새시대를 위한 서경』(상·하),
『새시대를 위한 주역』(상·하), 『새시대를 여는 길』, 『根源探索』, 『도학통론』,
『성혼록』, 『김동식 장군』, 『아침햇살 영롱한 대나무 열매』,
『하늘로 날아라 못으로 뛰어라』
훈로 서정기 선생 『유교대전』 29권 외 다수
전자책 출판 www.kstudy.com

方山李邦憲先生文集 上

• 초판 인쇄	2008년 10월 30일
• 초판 발행	2008년 10월 30일
• 지 은 이	이방헌
• 역 자	서정기
• 펴 낸 이	채종준
• 펴 낸 곳	한국학술정보㈜
	경기도 파주시 교하읍 문발리 513-5
	파주출판문화정보산업단지
	전화 031) 908-3181(대표) · 팩스 031) 908-3189
	홈페이지 http://www.kstudy.com
	e-mail(출판사업부) publish@kstudy.com
• 등 록	제일산-115호(2000. 6. 19)
• 가 격	28,000원

ISBN   978-89-534-4592 5 94150 (Paper Book)
       978-89-534-4593 2 98150 (e-Book)
       89-534-2428-3 94150 (Paper Book set)
       89-534-2459-3 98150 (e-Book set)